FOM-Edition
FOM Hochschule für Oekonomie & Management

Weitere Bände in dieser Reihe
http://www.springer.com/series/12753

Thomas Abele
Herausgeber

Die frühe Phase des Innovationsprozesses

Neue, praxiserprobte Methoden und Ansätze

Herausgeber
Thomas Abele
FOM Hochschule für Oekonomie &
Management
Stuttgart, Deutschland

Dieses Werk erscheint in der FOM-Edition, herausgegeben von der FOM Hochschule für Oekonomie & Management.

FOM-Edition
ISBN 978-3-658-09721-9   ISBN 978-3-658-09722-6 (eBook)
DOI 10.1007/978-3-658-09722-6

Die Deutsche Nationalbibliothek verzeichnet diese Publikation in der Deutschen Nationalbibliografie; detaillierte bibliografische Daten sind im Internet über http://dnb.d-nb.de abrufbar.

Springer Gabler
© Springer Fachmedien Wiesbaden 2016
Das Werk einschließlich aller seiner Teile ist urheberrechtlich geschützt. Jede Verwertung, die nicht ausdrücklich vom Urheberrechtsgesetz zugelassen ist, bedarf der vorherigen Zustimmung des Verlags. Das gilt insbesondere für Vervielfältigungen, Bearbeitungen, Übersetzungen, Mikroverfilmungen und die Einspeicherung und Verarbeitung in elektronischen Systemen.
Die Wiedergabe von Gebrauchsnamen, Handelsnamen, Warenbezeichnungen usw. in diesem Werk berechtigt auch ohne besondere Kennzeichnung nicht zu der Annahme, dass solche Namen im Sinne der Warenzeichen- und Markenschutz-Gesetzgebung als frei zu betrachten wären und daher von jedermann benutzt werden dürften.
Der Verlag, die Autoren und die Herausgeber gehen davon aus, dass die Angaben und Informationen in diesem Werk zum Zeitpunkt der Veröffentlichung vollständig und korrekt sind. Weder der Verlag noch die Autoren oder die Herausgeber übernehmen, ausdrücklich oder implizit, Gewähr für den Inhalt des Werkes, etwaige Fehler oder Äußerungen.

Lektorat: Angela Meffert

Gedruckt auf säurefreiem und chlorfrei gebleichtem Papier.

Springer Gabler ist Teil von Springer Nature
Die eingetragene Gesellschaft ist Springer Fachmedien Wiesbaden GmbH

Vorwort

Zusammenkommen ist ein Beginn, Zusammenbleiben ist ein Fortschritt, Zusammenarbeiten ist ein Erfolg (Henry Ford).

Muss die Bedeutung der Innovation für den Standort Deutschland noch betont werden?

Nein, es geht vielmehr um die Frage, wie Innovationssysteme möglichst effektiv und effizient ausgestaltet werden können. Als logische Fortsetzung des ebenfalls bei Springer Gabler erschienenen Buches „Suchfeldbestimmung und Ideenbewertung" hat das vorliegende Werk daher das Ziel, die frühe Phase des Innovationsprozesses auszuleuchten. Sollten Unternehmen im „fuzzy front end of innovation" zu besseren Entscheidungen kommen, hat dies sehr positive Auswirkungen auf den gesamten Innovationsprozess. Einerseits können überflüssige Bewertungen, Prototypenentwicklung etc. eingespart werden, andererseits und noch wichtiger kann mithilfe treffsicherer Innovationen ein höherer Kundennutzen geschaffen werden.

In der Gesamtschau erhalten Sie eine logisch strukturierte Zusammenstellung von Konzepten, Methoden und Instrumenten, welche wichtige und vor allem aktuelle Aspekte bezüglich der frühen Phase des Innovationsprozesses abdecken. Diese umfassen die gesamte Bandbreite von market-pull-/kundenorientierten bis hin zu technology-push-basierten Ansätzen sowohl in produzierenden als auch serviceorientierten Unternehmen.

Der Zweck dieses Buches ist jedoch erst dann erfüllt, wenn Sie mithilfe der beschriebenen Prozesse und Methoden in der Lage sind, Ihren eigenen Innovationsprozess zu optimieren! Eine optimierte Suchfeldbestimmung sollte Ihnen helfen, bessere Ideen zu generieren und auszuwählen und somit sowohl die Effizienz des Innovationsprozesses zu verbessern, als auch marktseitig bessere Lösungen anzubieten.

Dieses Buch richtet sich an Fach- und Führungskräfte aus dem Bereich Corporate Development, R&D, Produktmanagement und Marketing, aber auch an Dozierende und Studierende, die sich mit Innovationsmanagement beschäftigen.

Die Anstrengungen zur Erstellung eines Buches treten in den Hintergrund vor der Freude, mit exzellenten Experten aktuelle Fragestellungen zu diskutieren. Mein Dank gilt daher allen Autorinnen und Autoren, die zu diesem Buch beigetragen haben. Alle arbeiten an der Grenze von Wissenschaft und praktischer Umsetzung und verfolgen die Zielsetzung, mit neuen Methoden und Konzepten die Wettbewerbsfähigkeit von Unternehmen zu steigern.

Ohne die phantastische Unterstützung von Frau Angela Meffert seitens des Springer Gabler Verlags wäre dieses Buch nur schwer vorstellbar! Ganz herzlich bedanken möchte ich mich auch bei der FOM Hochschule für Oekonomie & Management. Hier seien insbesondere Herr Prof. Dr. Thomas Heupel, Herr Dipl.-Jur. Kai Enno Stumpp und Herr Dipl.-Ing. (FH) Christoph Hohoff genannt. Exemplarisch möchte ich mich auch bei Frau Sabrina Fleißner für die vielen unterstützenden Arbeiten im Hintergrund bedanken.

Gemeinsam mit dem Autorenteam hoffe ich, dass Sie, liebe Leserinnen und Leser, mit diesem Buch konkrete Impulse zur Verbesserung der frühen Phase Ihres Innovationsprozesses erhalten!

Jedes lebendige System kann sich nur mithilfe von Feedback weiterentwickeln. Bitte melden Sie uns daher gerne per E-Mail an thomas.abele@fom.de:

- Was hat Ihnen gut gefallen?
- Was hat Ihnen nicht gut gefallen?
- Welche Themen fehlen bzw. sollten zukünftig berücksichtigt werden?

Stuttgart, im Sommer 2016   Thomas Abele

Inhaltsverzeichnis

1 **Einleitung** 1
  Thomas Abele

2 **Thematisches Denken** 7
  Julia K. Fröhlich

3 **Technologieentwicklung als Innovationstreiber in bestehenden
  und disruptiven Märkten – von der Beobachtung zur Umsetzung** 31
  Sven Schimpf, Daniel Heubach und Silvia Rummel

4 **Neue Technologien als Befähiger für ressourceneffiziente Produkte
  und Dienstleistungen** 51
  Claus Lang-Koetz

5 **Easy Rider** 75
  Alexander Hahn, Rupert Hofmann, Volker Bilgram, Jan Oliver Schwarz,
  Andreas Meinheit und Johann Füller

6 **Optimierung der Ideenbewertung durch neuroökonomische/
  -psychologische Ansätze/Lead User** 99
  Aly Sabri

7 **Cross-Industry Innovation** 109
  Annika Dingler und Ellen Enkel

8 **Kompetenzbasierte Ideengenerierung** 123
  Utz-Volker Jackisch, Thomas Abele und Zeynep Yaman

9 **Transparenz über den Innovationsprozess mithilfe der Wertstromanalyse** 143
  Henrik Gommel

10 **Vom Kunden zum Lastenheft – Systems Engineering in den frühen Phasen der Entwicklung intelligenter technischer Systeme** 163
Jan Stefan Michels

11 **Frühe Berücksichtigung von Aspekten der generativen Fertigung** 191
Arko Steinwender

12 **Integriertes Innovationsmanagement – Vom Umfeldscanning zur Roadmap** 217
Carolin Durst und Michael Durst

Anhang 235

Einleitung

Thomas Abele

Sind wir hinsichtlich des Innovationsmanagements dem „Ende der Geschichte" nahe? War alles schon einmal da und alter Wein in neuen Schläuchen?

Die Bandbreite aktuell diskutierter Themen, wie disruptive Innovationen, Open Innovation, Cross Industry Innovation etc. scheint dies zu widerlegen und zeigt zugleich auf, dass ein Schwerpunkt auf den frühen Phasen des Innovationsprozesses, der Ideengenerierung und -akzeptierung, liegt.

Es lohnt sich also, die Lupe zu nehmen und die aktuellen Konzepte im Detail zu betrachten. Anspruch jedes der folgenden Beiträge ist es, hierbei den aktuellen Stand der Wissenschaft darzustellen und zugleich dem Praktiker praxistaugliche Instrumente an die Hand zu geben, welche durch Implementierungstipps ergänzt werden.

Die einzelnen Beiträge stellen jeweils eine Perspektive auf die frühe Phase des Innovationsprozesses umfassend dar, lassen sich aber wie in Abb. 1.1 dargestellt in den Gesamtkontext einordnen.

Die Kap. 2 bis 4, welche im Folgenden kurz umrissen werden, beschäftigen sich insbesondere mit der **Suchfeldbestimmung,** also der Frage, wo am besten nach Ideen gesucht werden sollte.

Kap. 2: Thematisches Denken (Prof. Dr. Julia Fröhlich)
Welche der folgenden Begriffe sind sich am ähnlichsten: Pferd, Esel, Hund? Die Antwort auf diese Frage ist komplexer, als es zunächst scheinen mag, und spiegelt verschiedene Konzepte und Wahrnehmungen von Ähnlichkeit wider. Ähnlichkeitswahrnehmung spielt eine zentrale Rolle in der menschlichen Kognition und bildet die Basis von thematischem Denken, dem Thema des zweiten Kapitels des Buches. Dort stellt Julia K. Fröhlich

---

T. Abele (✉)
FOM Hochschule für Oekonomie & Management
Stuttgart, Deutschland
email: thomas.abele@fom.de

© Springer Fachmedien Wiesbaden 2016
T. Abele (Hrsg.), *Die frühe Phase des Innovationsprozesses*, FOM-Edition,
DOI 10.1007/978-3-658-09722-6_1

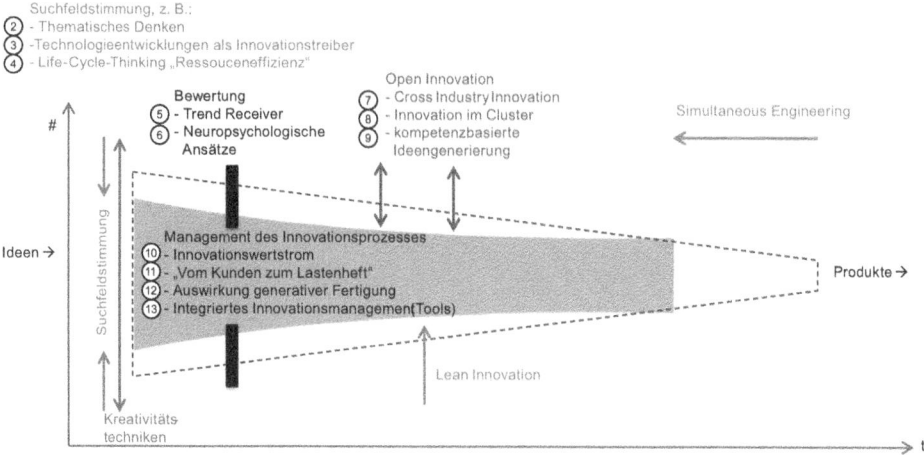

Abb. 1.1 Übersicht

thematisches Denken als Anwendungstool in der Suchfeldbestimmung und Ideenbewertung vor. Zunächst werden die Grundlagen thematischen Denkens erläutert, wobei sowohl die Bedeutung der Ähnlichkeitswahrnehmung für Managemententscheidungen als auch die zusammengefasste Darstellung der kognitionspsychologischen Grundlagen thematischen Denkens im Fokus stehen. Nachdem die Grundlagen erläutert wurden, werden Anwendungsfelder des thematischen Denkens beleuchtet. Hier wird zunächst auf die Entwicklung thematischer Ideen und anschließend auf Besonderheiten bei der Bewertung thematischer Ideen eingegangen.

Kap. 3: Technologieentwicklung als Innovationstreiber in bestehenden und disruptiven Märkten – von der Beobachtung zur Umsetzung (Dr. Sven Schimpf, Dr. Silvia Rummel, Dr. Daniel Heubach)

Der Beitrag von Sven Schimpf, Silvia Rummel und Daniel Heubach beschäftigt sich mit der Frage, wie Technologie-Entwicklungen als Innovationstreiber – sowohl in evolutionären als auch in disruptiven Märkten – schon in frühen Innovationsphasen identifiziert und bewertet werden können. Dabei hat insbesondere der Begriff der disruptiven Technologien in den vergangenen Jahren auch in der Praxis zunehmend an Bedeutung gewonnen. Um dem zu begegnen wurde eine Studie unter Teilnahme von acht führenden und technologiebasierten deutschen Unternehmen aus verschiedenen Branchen durchgeführt, in der neue Erkenntnisse im Umgang mit disruptiven Technologie-Entwicklungen – auch in der frühen Innovationsphase – gewonnen werden konnten.

Über einen Einblick in ausgewählte Ergebnisse der durchgeführten Studie hinaus werden auch praktische Beispiele zur Identifikation und Bewertung technologischer Entwicklungen bei den Unternehmen Festo AG & Co. KG sowie Alfred Kärcher GmbH & Co. KG vorgestellt.

Kap. 4: Neue Technologien als Befähiger für ressourceneffiziente Produkte und Dienstleistungen (Prof. Dr. Claus Lang-Koetz)

Das vierte Kapitel rückt neue Technologien als Befähiger für neuartige Produkte und Dienstleistungen in den Fokus. Claus Lang-Koetz beschreibt, wie ein Technologiemonitoring für ressourceneffiziente Produkte und Dienstleistungen in der Praxis angegangen und wie dabei Life Cycle Thinking eingesetzt werden kann. Für Unternehmen besteht die Herausforderung darin, in einem Technologiemonitoring die richtigen technologischen Ansätze aufzuspüren und auszuwählen. Ein wichtiger Punkt hierbei ist die Ressourceneffizienz: Produkte und Dienstleistungen, die sich durch einen effizienten Umgang mit Materialien und Energie auszeichnen, können vielfältige Chancen bieten. Als Unterstützung bei der ganzheitlichen Betrachtung und Bewertung neuer Technologien empfiehlt Claus Lang-Koetz das sogenannte Lebenszyklusdenken (Life Cycle Thinking), welches dabei behilflich sein kann, ein verbessertes Verständnis zu erhalten und Ansatzpunkte herauszuarbeiten, an denen neue Technologien ansetzen können.

Während sich Kap. 2 bis 4 vornehmlich mit dem Thema **Suchfeldbestimmung** beschäftigen, wird mit Kap. 5 und 6 die Brücke zur **Ideenbewertung** geschlagen.

Kap. 5: Easy Rider (Dr. Alexander Hahn, Dr. Rupert Hofmann, Volker Bilgram, Prof. Dr. Jan Oliver Schwarz, Andreas Meinheit, Prof. Dr. Johann Füller)

Am Beispiel des „autonomen Fahrens" wird in diesem Beitrag beleuchtet, wie sich die Audi AG mittels multidisziplinärer Studien dieser in vielerlei Hinsicht komplexen Fragestellung nähert. Es werden die eingesetzten Insight- und Foresight – Methoden vorgestellt und ein besondere Fokus auf das Konzept der Trend Receiver gelegt. Unter Trend-Receivern werden dabei Personen verstanden, welche Veränderungen und deren Potenziale „überaus feinfühlig und differenziert" erkennen. Das Kapitel schließt mit einem Ausblick über mögliche weitere Entwicklung der vorgestellten Methodik."

Kap. 6: Optimierung der Ideenbewertung durch neuroökonomische-psychologische Ansätze/Lead User (Dr. Aly Sabri)

Dr. Aly Sabri widmet sich der Frage, inwieweit sich aus den Erkenntnissen der modernen Hirnforschung Handlungskonsequenzen für den Innovationsprozess ableiten lassen. Die moderne Neurobiologie gibt heute immer tiefere und aufschlussreichere Einblicke in die Vorgänge menschlichen Verhaltens und identifiziert somit mehr und mehr Ursache und Wirkung von situativen Entscheidungen des Menschen. Es liegt nahe, sich diese Erkenntnisse auch im Innovationsprozess zunutze zu machen. Die menschliche Entscheidung ist in allen Stadien der Innovation von elementarer Tragweite, und so sind ihr Verständnis und ihre Vorhersagbarkeit von hoher Bedeutung. In diesem Kapitel werden die Herausforderungen bei der Auswahl von Lead Usern und der Umgang mit diesen unter neurobiologischen Aspekten betrachtet.

Die Kap. 7 und 8 widmen sich der bereits am Anfang angeführten Fragestellung, welcher Nutzen sich aus der Öffnung des Innovationsprozesses – **Open Innovation** sowie als Unterthema **Cross Industry Innovation** – ergibt und wie dies operativ im Unternehmen umgesetzt werden kann.

Kap. 7: Cross Industry Innovation (Annika Dingler, Prof. Dr. Ellen Enkel)
Cross Industry Innovation beschreibt einen Ansatz für Innovationsvorhaben, der vor allem hinsichtlich der systematischen Suche nach radikalen Innovationen von Unternehmen eingesetzt wird. Nach einer näheren Erläuterung von Cross Industry Innovation sowie einer Darstellung deren Chancen, Struktur und Systematik beschäftigen sich Annika Dingler und Ellen Enkel mit der Rolle der Kommunikation, Interaktion und Sozialisierung in Innovationskollaborationen. Da es sich bei Cross Industry Innovation um Innovationskollaborationen über etablierte Branchengrenzen hinweg handelt, spielen soziale Integrationsmechanismen eine wichtige Rolle. Sie beeinflussen einzeln und in Kombination, ob das Unternehmen in der Lage ist, das externe Wissen zu integrieren und zu verarbeiten. Diese enorme Bedeutung der sozialen Integration für eine erfolgreiche Cross Industry Innovation wird abschließend an einem Praxisbeispiel verdeutlicht.

Kap. 8: Kompetenzbasierte Ideengenerierung (Dr. Utz-Volker Jackisch, Prof. Dr. Thomas Abele, Zeynep Yaman)
Wachstum durch Erweiterung des Unternehmens um ein neues Geschäftsfeld ist eine weit verbreitete Strategie. Anstatt in teure Forschungs- und Entwicklungsaktivitäten zu investieren und neue Kompetenzen aufzubauen, bietet es sich an, neue Geschäftsfelder mit bereits bestehenden Kompetenzen zu entwickeln. Doch welche Methode eignet sich hierfür? Und vor allem – welche Methode erweist sich als wirklich effizient? Die Antwort lautet: Cross Industry Business. Es leitet sich von dem Begriff der Cross Industry Innovation ab und zielt insbesondere darauf ab, neue Geschäftsfelder zu identifizieren. Cross Industry deshalb, da Lösungen, welche sich in einem Kontext bewährt haben, auf eine andere Industrie übertragen, dort als innovative Lösung zum Einsatz kommen.

In Kap. 8 wird ein Cross-Industry-Business-Ansatz vorgestellt und seine Relevanz und Praktikabilität herausgestellt. Außerdem definiert das Kapitel den Prozessablauf für eine praktische Umsetzung des Ansatzes. Abgerundet wird das Thema mit einer Case Study, innerhalb derer die in der Theorie gewonnenen Werkzeuge und Methoden erprobt, beschrieben und kritisch hinterfragt werden.

Die letzten vier Kapitel des Buches beschäftigen sich mit dem Management des Innovationsprozesses. Neben der Transparenz über den Innovationsprozess stellt sich hier die Frage nach der bestmöglichen Verbindung zwischen früher Phase und dem effizienten Umsetzen in der Entwicklung. Abschließend wird der Einfluss generativer Fertigungsmethoden auf den Innovationsprozess untersucht und mit einem Ausblick geschlossen, wie dies toolseitig abgebildet werden kann.

Kap. 9: Transparenz über den Innovationsprozess mithilfe der Wertstromanalyse (Henrik Gommel)

Während andere Geschäftsprozesse in Unternehmen, insbesondere Produktionsprozesse, mithilfe einer Vielzahl von Kenngrößen gesteuert und hinsichtlich ihres Wertbeitrages bewertet werden, findet dies bei Innovationsprozessen in der Regel nur unzureichend statt. Begründet wird dies meist mit den unterschiedlichen Charakteristika der Prozesse: Die Vorhersehbarkeit der Produktionsprozesse im Gegensatz zum kreativen und von Unsicherheiten geprägten Innovationsprozess.

In seinem Beitrag hat sich Henrik Gommel das Ziel gesetzt, aufbauend auf Gommel et al. (2014) die Grundidee der Anwendung der Wertstromanalyse, welche im Produktionsprozess gängig ist, auf den Innovationsprozess aufzuzeigen und mit dem Fokus auf die frühen Phasen des Innovationsprozesses zu diskutieren. Dazu wird in Kap. 9 zunächst die klassische Wertstromanalyse kurz beschrieben, um anschließend über einen Vergleich der Gemeinsamkeiten und Unterschiede von Produktions- und Innovationsprozessen die Übertragbarkeit der Methode auf das Innovationsmanagement zu diskutieren. Im weiteren Verlauf des Beitrages wird die Grundidee der Innovationswertstromanalyse näher beschrieben. Abschließend werden mögliche Rückschlüsse aus der Analyse des Innovationswertstroms auf das Management früher Innovationsphasen abgeleitet.

Kap. 10: Vom Kunden zum Lastenheft – Systems Engineering in den frühen Phasen der Entwicklung intelligenter technischer Systeme (Dr. Jan Stefan Michels)

Getrieben durch neue Technologien in der Mikroelektronik und der Softwaretechnik nimmt die Dynamik bei der Entwicklung technischer Systeme rasant zu. Das lässt sich nicht nur im privaten Umfeld an der Vielzahl von technischen „Helferlein" erkennen, die wir mittlerweile alltäglich nutzen und die sich im Smartphone und im Automobil meist zuallererst zeigen, sondern auch im industriellen Umfeld. Es ist klar erkennbar, dass Maschinen immer intelligenter werden und sich aus eigener Kraft an neue Umgebungsbedingungen und Anforderungen anpassen. Gleichzeitig nehmen ihr Funktionsumfang, ihre Verlässlichkeit und ihre Effizienz in signifikant zu.

Um diese Komplexität zu beherrschen und mit solchen innovativen Systemen schnell und effizient auf den Markt kommen zu können, bedarf es einer methodischen Unterstützung der Entwicklungsprozesse. Entscheidend sind dafür in den meisten Fällen die frühen Phasen, in denen es darum geht, das Kundenbedürfnis in ein technisch und wirtschaftlich machbares Konzept zu übersetzen. Dieser Beitrag gibt vor diesem Hintergrund einen praxisorientierte Überblick über drei wesentliche Bausteine des Systems Engineering: das Prozess- und Projektmanagement, das Requirements Engineering sowie die integrative Konzeptentwicklung, mit dem Fokus auf die frühen Phasen des Innovationsprozesses.

Kap. 11: Frühe Berücksichtigung von Aspekten der generativen Fertigung –Auswirkungen von generativer Fertigung auf den Innovationsprozess (Arko Steinwender)
Im Mittelpunkt dieses Kapitels stehen die Auswirkungen von generativer Fertigung auf den Innovationsprozess. Zunächst gibt Arko Steinwender eine Definition der generativen Fertigung, welche im Volksmund durch den Begriff 3D-Drucken geprägt ist. Heute geht der Trend in diesem Bereich weg von dem Grundprinzip der schichtweisen Fertigung hin zu der Frage des effizienten Einsatzes und der Implementierung solcher Fertigungstheorien in Wertschöpfungsketten und -netzwerken. Daher werden in diesem Kapitel zunächst verschiedene Anwendungsfelder und Einsatzbereiche vorgestellt, die die generative Fertigung bietet. Dabei sieht Steinwender die wesentlichen Potenziale dieser Technologien vor allem in der industriellen Fertigung.

Schließlich soll eine Antwort auf die Frage gegeben werden, wo die Entwicklung bzw. der Innovationsprozess von Produkten „aus dem 3D-Drucker" beginnt und wie die Entscheidung pro generativer Fertigung den Innovationsprozess verändert. Dabei wird noch einmal deutlich herausgestellt, dass Unternehmen, die generativ gefertigte Bauteile in ihren Endprodukten einsetzten möchten, sich über die Veränderungen auf die gesamte Wertschöpfungskette schon zu Beginn des Innovationsprozesses im Klaren sein müssen, um die Stufen der Implementierung im Unternehmen erfolgreich meistern zu können.

Kap. 12: Integriertes Innovationsmanagement – Vom Umfeldscanning zur Roadmap (Prof. Dr. Carolin Durst, Prof. Dr. Michael Durst)
Die Zukunft lässt sich immer nur bedingt verstehen und planen. Doch eine Organisation, die keine Idee von der Zukunft hat, hat auch keine Zukunft. Daher ist ein gezieltes Management von Innovationen unabdingbar, um Unternehmen auf Überraschungen vorzubereiten und fundierte Entscheidungen zu ermöglichen. In Kap. 12 stellen Carolin Durst und Michael Durst einen ganzheitlichen, IT-gestützten Innovationsansatz vom Umfeldscanning bis zur Innovations-Roadmap vor und gehen auf die Herausforderungen bei der Umsetzung dieses Ansatzes ein. Auch die, in bisherigen Modellen für das Innovationsmanagement vernachlässigte, frühe Phase des Innovationsprozesses – das sogenannte „Front End of Innovation" – ist in diesem Ansatz eines „integrierten Innovationsmanagements" vertreten. Mit den vorgestellten Werkzeugen ist es möglich, Innovation zielgerichtet, ganzheitlich und nachhaltig zu betreiben und weniger abhängig vom Zufall „guter Ideen" zu machen.

Thematisches Denken

Julia K. Fröhlich

Zusammenfassung

Im Rahmen der Suchfeldbestimmung und Ideenbewertung kann thematisches Denken als Anwendungstool betrachtet werden. Der Ansatz beruht auf Erkenntnissen der Kognitionspsychologie und basiert auf der Wahrnehmung verschiedener Formen von Ähnlichkeit. Hierbei wird zwischen thematischer und taxonomischer Ähnlichkeit unterschieden. Thematische Ähnlichkeit basiert dabei darauf, dass verschiedene Objekte, Konzepte, oder Ideen external – über ein Thema – verbunden sind. Taxonomische Ähnlichkeit basiert auf gleichen Eigenschaften solcher Entitäten. Zwei Dinge sind sich also dann besonders ähnlich, wenn sie viele gemeinsame Eigenschaften oder Charakteristika haben.

Inhaltsverzeichnis

2.1	Was ist thematisches Denken?	8
2.2	Definitionen von Ähnlichkeit als Basis thematischen Denkens	9
	2.2.1 Zwei-Prozess-Modell der Ähnlichkeitswahrnehmung	10
	2.2.2 Interindividuelle Unterschiede in Ähnlichkeitspräferenzen	12
	2.2.3 Relevanz der Ähnlichkeitswahrnehmung im Innovationsmanagement	15
2.3	Entwicklung thematischer Ideen	17
	2.3.1 Beispiele für thematische und taxonomische Ideen	17
	2.3.2 Einschränkung des Suchfelds als Weg zu neuen Ideen	19
	2.3.3 Themen als Basis der Ideenentwicklung	20
	2.3.4 Die Kundenperspektive als Ausgangspunkt thematischen Denkens	22
2.4	Thematisches Denken in der Ideenbewertung	23
	2.4.1 Das „Überleben" thematischer Ideen ist kontextabhängig	23

J. K. Fröhlich (✉)
Universität Bern
Bern, Schweiz
email: julia.froehlich@iop.unibe.ch

	2.4.2 Identifikation thematischer Ideen	24
	2.4.3 Unterscheidung von „guten" und „schlechten" Ideen	26
2.5	Zusammenfassung und Ausblick	27
Literatur		27

2.1 Was ist thematisches Denken?

Welche der folgenden Begriffe sind sich am ähnlichsten: Pferd, Esel, Hund? Die Antwort auf diese Frage ist komplexer, als es zunächst scheinen mag. Bei allen drei handelt es sich um Säugetiere. Darüber hinaus haben alle drei Konzepte gemeinsame Eigenschaften. So haben Pferde, Esel sowie Hunde in der Regel vier Beine, einen Schwanz und Fell. Dabei weisen Pferde und Esel die meisten Gemeinsamkeiten auf: Sie haben eine ähnliche Größe und werden beide als Last- und Reittiere genutzt. Sind sich nun Esel und Pferde ähnlicher als Hunde und Pferde? Auf Basis der genannten gemeinsamen Eigenschaften scheint die Antwort klar. Aktuelle Ergebnisse aus dem Bereich der Kognitionspsychologie zeigen jedoch, dass die Antwort nicht so eindeutig ist.

Hunde und Pferde können durchaus über ihre gemeinsamen Eigenschaften hinaus als ähnlich betrachtet werden. In einem Jagdszenario ergänzen sich Pferd und Hund bei der Unterstützung des Jägers. Diese Verbindung führt dazu, dass Hunde und Pferde als ähnlicher wahrgenommen werden als z. B. Pferde und Luchse. Ähnlichkeit basiert also nicht nur auf gemeinsamen Eigenschaften, sondern auch darauf, ob zwei Konzepte Teil eines Szenarios oder Ereignisses sind, in dem sie miteinander interagieren. Diese Form der Ähnlichkeit wird als thematische Ähnlichkeit bezeichnet. Die Ähnlichkeit zwischen Pferden und Eseln dagegen basiert auf gemeinsamen Eigenschaften und wird als taxonomische Ähnlichkeit bezeichnet.

Thematisches Denken basiert auf der Wahrnehmung von Ähnlichkeit. Ähnlichkeitswahrnehmung spielt eine zentrale Rolle bei der menschlichen Kognition. Sie beeinflusst verschiedenste kognitive Prozesse, z. B. Wissensrepräsentation, Kategorisierung, logisches Denken, Kreativität und damit auch Ideenentwicklung und Bewertung (Ashby und Perrin 1988; Gentner und Markman 1997; Goldenberg und Mazursky 1999; Hampton 1988, 1998; Ordoobadi et al. 2005; Saalbach und Imai 2007). Der Grad der Ähnlichkeit wurde traditionell über eine taxonomische Definition von Ähnlichkeit bestimmt. Zwei Objekte sind sich taxonomisch ähnlich, wenn sie aufgrund gleicher Eigenschaften zu derselben Kategorie gehören (Farjoun und Lai 1997; Tversky 1977). Je mehr Eigenschaften sie teilen, desto ähnlicher sind sie sich. Damit liegt der Fokus auf der Frage, wie ähnlich sich zwei Dinge sind. Betrachtet man nun die verschiedenen Konzepte von Ähnlichkeit, muss man sich allerdings auch die Frage stellen, *wie* sich zwei Dinge ähnlich sind.

Traditionellerweise wird Ähnlichkeit im betriebswirtschaftlichen Bereich über gemeinsame Eigenschaften, also nach einer taxonomischen Logik definiert. Ein Großteil der existierenden Forschung, sei es im Bereich Strategie oder Marketing, beschränkt sich auf diese Perspektive. Auch in der Praxis dominiert diese Herangehensweise. Aktuelle

Forschungsergebnisse aus dem Bereich der Kognitionspsychologie zeigen, dass taxonomische Ähnlichkeit nicht die einzige Quelle von wahrgenommener Ähnlichkeit ist (Golonka und Estes 2009; Lin und Murphy 2001). Thematisches Denken ergänzt das taxonomische und hilft, das „große Ganze" zu sehen. Bildlich gesprochen bleibt eine rein taxonomische Herangehensweise auf einem Auge blind und kann dazu führen, dass Chancen verpasst oder Risiken unterschätzt werden.

Der potenzielle kommerzielle Nutzen von thematischen Ideen kann mit einem Produktbeispiel illustriert werden, das in der Literatur zu thematischem Denken immer wieder angeführt wird und zuerst von Gibbert und Mazursky (2009) im Kontext von Hybridprodukten beschrieben wurde. Den Ausgangspunkt bilden Joggingschuhe und MP3-Player. Auf den ersten Blick sind sich MP3-Player und Joggingschuhe eindeutig nicht ähnlich. Auch bei näherer Betrachtung sind die beiden Produkte taxonomisch betrachtet sehr unterschiedlich. Sie haben kaum gemeinsame Eigenschaften und gehören völlig unterschiedlichen Produktkategorien an. Wie ähnlich können sie sich also sein? Aus einer Perspektive der thematischen Ähnlichkeit sind sie sogar sehr ähnlich. Beide sind Teil eines „Jogging-Themas", da Jogger häufig MP3-Player gleichzeitig mit Joggingschuhen nutzen. Der kommerzielle Nutzen dieser Kombination wurde von Nike und Apple mit dem Nike + entdeckt und genutzt. Die Laufschuhe der Nike +-Serie lassen sich mit einem Chip ausstatten, der gemeinsam mit dem iPhone oder iPod genutzt werden kann. Diese Produktkombination ermöglicht, die gelaufenen Kilometer oder die Geschwindigkeit auf dem Display des iPhones oder iPods anzuzeigen. Die Idee war sehr erfolgreich und das, obwohl sie auf einer Technologie basiert, die über 40 Jahre alt und sehr simpel ist (McClusky 2009). Bis heute wurden Millionen von Nike + iPod (bzw. inzwischen eher iPhone) Sport Kits verkauft, und es hat sich eine aktive Online Community von Nutzern entwickelt.

Im vorliegenden Kapitel werden zunächst die Grundlagen thematischen Denkens erläutert. Hierbei liegt der Fokus zum einen auf der Bedeutung der Ähnlichkeitswahrnehmung für Managemententscheidungen, zum anderen auf der zusammengefassten Darstellung der kognitionspsychologischen Grundlagen thematischen Denkens. Nachdem die Grundlagen erläutert wurden, werden Anwendungsfelder des thematischen Denkens beleuchtet. Hier wird zunächst auf die Entwicklung thematischer Ideen und anschließend auf Besonderheiten bei der Bewertung thematischer Ideen eingegangen.

2.2 Definitionen von Ähnlichkeit als Basis thematischen Denkens

Thematisches Denken, basierend auf Wahrnehmung und Anwendung thematischer Ähnlichkeit, bezeichnet kognitive Prozesse und deren Ergebnisse, die auf thematischer Ähnlichkeit basieren (Froehlich und Hoegl 2012). Ein Verständnis der kognitionspsychologischen Grundlagen verschiedener Formen von Ähnlichkeit bildet die Basis, um thematisches Denken in der Innovationspraxis anwenden zu können. Im Folgenden werden diese Grundlagen sowie zentrale Definitionen erläutert.

▶ **Thematisches Denken** bezeichnet kognitive Prozesse und deren Ergebnisse, die auf thematischer Ähnlichkeit basieren (Froehlich und Hoegl 2012).

2.2.1 Zwei-Prozess-Modell der Ähnlichkeitswahrnehmung

Golonka und Estes (2009) haben herausgefunden, dass thematische Beziehungen die wahrgenommene Ähnlichkeit zwischen zwei Entitäten verstärken. Als Konsequenz daraus wurde ein Zwei-Prozess-Modell der Ähnlichkeit vorgeschlagen (Estes 2003; Simmons und Estes 2008; Wisniewski und Bassok 1999). In diesem Modell wird die Wahrnehmung der Ähnlichkeit nicht nur von gleichen Eigenschaften, sondern auch durch thematische Ähnlichkeit bestimmt. Basierend auf dieser Annahme werden zum Beispiel Kaffee und Milch als ähnlicher wahrgenommen als Kaffee und Limonade, weil sie neben ihren gemeinsamen Eigenschaften (z. B. sind beides trinkbare Flüssigkeiten) eine thematische Beziehung haben. Thematische Beziehungen können definiert werden als „die externale oder komplementäre Beziehung zwischen Objekten, Ereignissen, Personen und anderen Entitäten, die in Zeit und Raum gemeinsam auftreten oder interagieren" (Lin und Murphy 2001, S. 3), in anderen Worten über ein Thema verbunden sind. Im erwähnten Beispiel sind Milch und Kaffee diese Entitäten, die eine externale Beziehung im Thema „Kaffee trinken" haben. Andere Entitäten, die zu diesem Thema gehören, sind z. B. Kaffeetasse und Zucker.

▶ **Taxonomische Ähnlichkeit** Zwei Entitäten sind sich ähnlich, wenn sie charakteristische Merkmale gemeinsam haben (Gati und Tversky 1984; Tversky 1977).

▶ **Thematische Ähnlichkeit** Eine thematische Beziehung ist eine zeitliche, räumliche, kausale oder funktionelle Beziehung zwischen Entitäten (Estes et al. 2011).

Entitäten sind thematisch verbunden, wenn sie komplementäre Rollen in einem Szenario oder Ereignis einnehmen (Lin und Murphy 2001; Golonka und Estes 2009; Wisniewski und Bassok 1999).

2.2.1.1 Komplementarität als Bestandteil thematischer Ähnlichkeit

Ein zentraler Aspekt der Definition thematischer Ähnlichkeit ist, dass sich thematisch ähnliche Entitäten innerhalb eines Themas komplementär zueinander verhalten. Dies wird erst dadurch ermöglicht, dass sie dazu tendieren, keine oder nur wenige gemeinsame Eigenschaften zu haben. Im Gegensatz zu thematisch ähnlichen Entitäten tendieren taxonomische Entitäten dazu, nicht komplementär zueinander zu sein (Estes et al. 2011). Zwei Dinge, die zu derselben Kategorie gehören, haben zwangsläufig gemeinsame Eigenschaften und Attribute. Dieser Fakt beschränkt die Möglichkeit für diese Entitäten, sich komplementär zueinander zu verhalten.

Bleistifte und Filzstifte haben zum Beispiel viele gemeinsame Eigenschaften. In vielen Situationen können sie daher als Substitute füreinander genutzt werden. Die Möglichkeit, als Substitut füreinander stehen zu können, ist ein Indikator für eine ausgeprägte taxonomische Ähnlichkeit. Ein hohes Maß an gleichen Eigenschaften schränkt die Möglichkeit für externale Beziehungen zwischen Entitäten, und damit auch die Möglichkeit, sich komplementär zueinander zu verhalten, ein. Ein Filzstift ist nützlich, wenn ich keinen Bleistift zur Hand habe. Habe ich aber einen Bleistift zur Hand, ist ein Radiergummi – der dem Bleistift taxonomisch unähnlich ist und ihn nicht ersetzen kann – deutlich nützlicher als ein Filzstift. Eben gerade aufgrund der taxonomischen Unähnlichkeit zwischen Bleistift und Radiergummi ergibt sich erst die Möglichkeit eines Mehrwerts in der gemeinsamen Nutzung. Hiermit wird deutlich, dass thematisch ähnliche Entitäten beinahe komplementäre Eigenschaften annehmen müssen. Das eine ohne das andere erzeugt einen geringeren Nutzen bzw. kann erst durch dessen Komplement mit seinen ergänzenden Eigenschaften wirklich sinnvoll eingesetzt werden (Estes und Jones 2009; Golonka und Estes 2009; Lin und Murphy, 2001; Wilkenfeld und Ward 2001; Wisniewski 1996; Wisniewski und Bassok 1999; Wisniewski und Love 1998).

2.2.1.2 Schlussfolgern auf Basis thematischer und taxonomischer Ähnlichkeit

Taxonomische Kategorien helfen nicht nur, Informationen zu kategorisieren und zu speichern, sie helfen auch, gespeicherte Informationen abzurufen und Annahmen bezüglich neuer Objekte zu treffen (Cohen und Basu 1987; Moreau et al. 2001; Ross und Murphy 1999). Gehören zwei Entitäten zu derselben taxonomischen Kategorie, kann davon ausgegangen werden, dass sie sich, aufgrund der gemeinsamen Eigenschaften, auch ähnlich verhalten bzw. ähnlich verwendet werden können. So gehören Filzstifte und Bleistifte beide zu der Kategorie der Schreibwerkzeuge. Ist ein Individuum nun mit einem unbekannten Objekt derselben Kategorie konfrontiert, kann, obwohl das Objekt neu ist, der Schluss gezogen werden, dass sich das unbekannte Objekt zum Schreiben eignet (z. B. ein Füllfederhalter).

Je nachdem, ob eine taxonomische oder thematische Ähnlichkeit betrachtet wird, werden jeweils gänzlich andere Schlüsse gezogen: Wenn man mit zwei Zeitschriften konfrontiert ist, beispielsweise mit einer Sportzeitschrift und einer Modezeitschrift, wird jeder – selbst wenn er noch nie eine Sportzeitschrift in der Hand hatte – wissen, dass die jeweilige Zeitschrift wahrscheinlich Texte und Bilder zu einem Thema beinhalten wird. In diesem Fall hilft die taxonomische Ähnlichkeit, das unbekannte Objekt richtig einzuordnen. Thematische Ähnlichkeit dagegen ist eher von Nutzen, wenn es darum geht, Situationen richtig einzuschätzen. Bei einem Restaurantbesuch ist die thematische Information, dass die Speisekarte von einem Kellner gebracht wird, der dann wahrscheinlich die Bestellung aufnehmen wird und daraufhin die ausgewählten Speisen bringt, wertvoller, als die Information, dass eine Speisekarte einige taxonomische Eigenschaften mit Zeitschriften gemeinsam hat (enthält schriftliche Informationen, hat in etwa dieselbe Größe, man kann darin blättern).

2.2.1.3 Thematische Ähnlichkeit in Abgrenzung zu Assoziationen

Auf den ersten Blick könnte der Eindruck entstehen, dass es sich bei thematischer Ähnlichkeit um eine Form der Assoziation handelt. Das ist nicht der Fall. Beide Konzepte gilt es grundlegend zu unterscheiden. Grundsätzlich sind zwei Konzepte assoziiert, wenn das eine Gedanken an das andere hervorruft (Estes et al. 2011). Dabei wird die Assoziationsstärke meist operativ über die freie Assoziationswahrscheinlichkeit definiert. Diese bezeichnet dabei die Wahrscheinlichkeit, dass ein Individuum, als Reaktion auf ein Konzept, mit dem jeweils anderen Konzept reagiert. Zum Beispiel könnte eine Person gefragt werden, was ihr als Erstes zum Konzept „Kuh" einfällt. Eine wahrscheinliche, und damit assoziierte Antwortmöglichkeit, wäre „Milch".

Thematisches Denken geht über reine Assoziation hinaus. Das lässt sich allein schon daran erkennen, dass es thematisch ähnliche Konzepte gibt, die nicht miteinander assoziiert werden (z. B. „Milch" und „Katze"), es aber ebenso Konzepte gibt, die miteinander assoziiert werden, aber nicht thematisch ähnlich sind (Estes et al. 2011; Estes und Jones 2009; Simmons und Estes 2008).

Diese Unabhängigkeit von thematischer Ähnlichkeit und Assoziation führt insbesondere im Innovationskontext dazu, dass thematisches Denken interessante neue Optionen eröffnet. Wenn es wahrscheinlicher ist, dass ein Konzept jemandem „einfällt", weil es mit einem anderen assoziiert ist, führt dies dazu, dass bei ähnlichen Assoziationsstrukturen auch ähnliche Ideen entwickelt werden. Wird nun aber systematisch in Themen und nicht Assoziationsstrukturen gedacht, können Ideen entwickelt werden, die sonst möglicherweise übersehen worden wären, da die enthaltenen Konzepte eben nicht assoziiert sind.

Assoziation kann auch als langfristiges Ergebnis thematischer Ähnlichkeit und darauf basierender thematischer Ideen betrachtet werden. Wenn die Bestandteile einer thematischen (Produkt-)Idee zuvor nicht assoziiert waren und diese über lange Zeit erfolgreich ist, kann dies zur Assoziation der Konzepte führen. Dabei beschränkt sich die Veränderung der Assoziationsstärke wahrscheinlich auf die direkte Zielgruppe. In der Gesamtpopulation wird sich kaum eine Änderung in der Assoziationsstärke zeigen. Wenn sich die Innovation auf einen bestimmten Kontext bzw. auf ein spezifisches Thema (z. B. Joggen) bezieht, wird die Änderung in der Assoziation nur den joggenden Teil der Population betreffen (z. B. eine Verstärkung der Assoziation zwischen Joggen und MP3-Playern).

2.2.2 Interindividuelle Unterschiede in Ähnlichkeitspräferenzen

Bei der Ähnlichkeitswahrnehmung handelt es sich nicht um einen objektiven Prozess. Verschiedene Individuen kommen bei ein und derselben Ähnlichkeitsentscheidung zu unterschiedlichen Ergebnissen. Unterschiede können sich darauf beziehen, ob sich zwei Entitäten grundsätzlich ähnlich sind oder nicht, sie können sich aber auch auf den Grad der Ähnlichkeit beziehen.

Studien zu Ähnlichkeitspräferenzen zeigen, dass die Tendenz, thematisch zu denken, einerseits mit stabilen interindividuellen Merkmalen korreliert ist, zum anderen aber auch situativ beeinflusst werden kann. Thematisches Denken steht zum Beispiel in einem negativen Zusammenhang mit *Need for Cognition* (etwa Engagement und Motivation bei Denkaufgaben) (Simmons und Estes 2008). Das lässt sich darauf zurückführen, dass für die Verarbeitung taxonomischer Zusammenhänge ein höheres Maß an kognitivem Aufwand notwendig ist. Da Faktenwissen (z. B. Schulwissen), so wie es in Bildungsinstitutionen vermittelt wird, meist auf taxonomischen Klassifikationen beruht, wird angenommen, dass es einen negativen Zusammenhang zwischen thematischem Denken und formaler Bildung gibt. Dieser Zusammenhang ist verknüpft mit dem U-förmigen Zusammenhang von thematischem Denken und Alter. Während Kinder im Vorschulalter Kategorien hauptsächlich auf thematischer Ähnlichkeit aufbauen, nimmt diese Tendenz bis zum jungen Erwachsenenalter ab (Smiley und Brown 1979). Dabei ist es nicht so, wie zunächst in der einschlägigen Literatur angenommen wurde, dass es eine Verschiebung von einer rein thematischen Denkweise zu einer rein taxonomischen Denkweise gibt. Neuere Untersuchungen zeigen, dass auch Erwachsene sehr wohl eine Präferenz zu thematischem Denken zeigen können. Diese Tendenz nimmt mit fortschreitendem Alter zu (Froehlich und Hoegl 2012).

Neben den genannten interindividuellen Unterschieden werden auch kulturelle Einflüsse angenommen. Zwischen Angehörigen unterschiedlicher Kulturen bestehen Unterschiede in den kognitiven Prozessen. Westliche Kulturen haben einen stärkeren Fokus auf individuelle Eigenschaften von Entitäten (Nisbett et al. 2001). Angehörige ostasiatischer Kulturen dagegen fokussieren stärker auf Beziehungen, auf das große Ganze. Dieser kognitive Stil begünstigt thematisches Denken.

Neben stabilen Unterschieden wurden auch situative Einflussfaktoren aufgedeckt. Untersuchungen zeigen, dass Priming-Techniken die Präferenz für die eine oder andere Wahrnehmung von Ähnlichkeit beeinflussen können (Estes et al. 2011). Darüber hinaus kann thematisches Denken mit positiven Emotionen in Verbindung gebracht werden. Individuen in besserer Stimmung zeigen eine stärkere Tendenz, thematische Ähnlichkeit der taxonomischen Ähnlichkeit vorzuziehen. Diese Ergebnisse passen zu früheren Ergebnissen von Studien über den Zusammenhang von Emotionen und Kreativität. Diese zeigten, dass Individuen in positiver Stimmung kreativer sind als Individuen, die negativ gestimmt sind (Isen et al. 1987). Zusammengenommen sprechen diese Erkenntnisse dafür, dass positive Emotionen dabei helfen, „das große Ganze" zu sehen.

Der Kontext, in dem thematisches Denken stattfindet, beeinflusst dessen Konsequenzen. Unterschiedliche Arbeitsumgebungen stellen unterschiedliche Anforderungen. Daher wirken sich persönliche Eigenschaften auch in bestimmten Umfeldern anders auf die individuelle Arbeitsleistung aus. Die meisten Untersuchungen zu thematischem Denken beziehen sich nicht auf bestimmte Berufsgruppen oder wurden nicht in organisationalen Kontexten durchgeführt. Eine Studie von Froehlich et al. (2015) betrachtet thematisches Denken und dessen Auswirkungen im Kontext von Forschung und Entwicklung. In diesem Arbeitsumfeld spielen die Wissensverknüpfung sowie die Entwicklung und das Vorantreiben von neuen Ideen eine wichtige Rolle. Daher sollten hier unterschiedliche Ausprägungen in der Präferenz für bestimmte Ähnlichkeiten (bzw. thematisches

Abb. 2.1 Wort-Triade   Wählen Sie den Begriff, der dem oben stehenden Begriff **am ähnlichsten** ist:

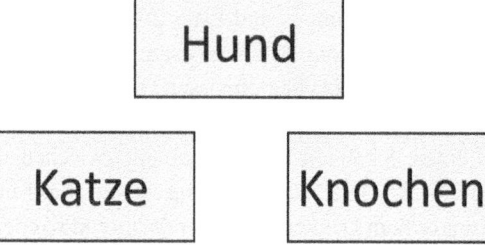

Denken) eine besondere Rolle spielen. Die Ergebnisse der Studie zeigen, dass es tatsächlich einen positiven Zusammenhang zwischen thematischem Denken und individueller Innovationskraft sowie beruflicher Leistung im Allgemeinen gibt. Die Untersuchungsergebnisse zeigen auch, dass in diesem Tätigkeitsfeld die individuelle Innovationskraft als Kern der Arbeitsleistung wahrgenommen wird.

Grundsätzlich sind Erwachsene in der Lage, sowohl thematische als auch taxonomische Ähnlichkeit zu verarbeiten und dementsprechend auch thematische und taxonomische Ideen zu entwickeln. Daraus, dass es einerseits Individuen gibt, die eine stärker ausgeprägte Tendenz zu thematischem Denken haben, und andererseits diese Tendenz aber auch bewusst beeinflusst werden kann, ergeben sich Möglichkeiten für die Innovationspraxis. Zum einen können für Aufgaben, die besonders vernetztes Denken erfordern, oder für Projekte, bei denen explizit thematische Lösungen gewünscht sind, Individuen eingesetzt werden, die über eine „natürliche" Präferenz für thematisches Denken verfügen. Zum anderen kann thematisches Denken trainiert und auch durch Priming unterstützt werden. Durch entsprechendes Training können auch Individuen, die eigentlich eine Präferenz für taxonomische Ähnlichkeit haben, bewusst thematisch denken.

Messung der Ähnlichkeitspräferenz
Die Ähnlichkeitspräferenz bzw. die Tendenz zu thematischem Denken wird in den meisten Untersuchungen mit einem sogenannten Wort-Triaden-Test gemessen. Dabei werden den Probanden Kombinationen aus jeweils drei Begriffen präsentiert (daher Wort-Triaden-Test). Einer der Begriffe bildet die Entscheidungsbasis und steht oberhalb der beiden anderen Begriffe (z. B. Hund). Unterhalb steht jeweils ein Begriff, der dem oben stehenden Begriff taxonomisch ähnlich ist (z. B. Katze) und ein Begriff, der dem obenstehenden Begriff thematisch ähnlich ist (z. B. Knochen). Die Probanden werden dann gebeten jeweils den Begriff auszuwählen, den sie als dem oben stehenden Begriff am ähnlichsten empfinden. Anhand der Anzahl der gewählten thematischen Alternativen wird der Anteil der thematischen Auswahlentscheidungen an der Gesamtzahl der Wort-Triaden berechnet *(thematic proportion)*. Dieser Wert wird dann in die Berechnungen in der Auswertung einbezogen. Abb. 2.1 zeigt ein Beispiel für eine Wort-Triade.

2.2.3 Relevanz der Ähnlichkeitswahrnehmung im Innovationsmanagement

Wie können nun die Wahrnehmung von thematischer Ähnlichkeit und das darauf basierende thematische Denken mit Managemententscheidungen in Verbindung gebracht werden? Ähnlichkeitsentscheidungen bilden die Basis für eine Vielzahl kognitiver Prozesse wie z. B. Lernen, Kreativität, Wissensrepräsentation und -abruf, Kategorisierung und logisches Denken. Diese Prozesse bilden die Grundlage für Managemententscheidungen.

2.2.3.1 Ähnlichkeitswahrnehmung als Basis zu wahrgenommenem strategischem „Fit"

Bei strategischen Entscheidungen kommt der Einschätzung der strategischen Passung, des „Fits", eine zentrale Rolle zu. Die Wahrnehmung von Fit ist eng mit der Wahrnehmung der Ähnlichkeit von neuen mit den bereits bestehenden Konzepten verknüpft. Hierzu zählt zum Beispiel die Entscheidung, ob eine neue Idee einen strategischen Fit zum Kerngeschäft des Unternehmens aufweist oder nicht.

Insbesondere bei der Definition des Kerngeschäfts orientieren sich Unternehmen allzu häufig an einer rein taxonomischen Logik. Neue Ideen, die keine offensichtliche, eigenschaftsbasierte Ähnlichkeit mit dem bestehenden Geschäft haben, haben daher oft keine Chance auf Umsetzung. Neben dem Übersehen oder unbewusstem Übergehen von Ideen und den damit verpassten Chancen, ergeben sich auch Risiken. Fehlt es an einem ganzheitlichen Bild der Marktsituation können Wettbewerber leicht übersehen werden und das Risiko, das von ihnen ausgeht, erst erkannt werden, wenn es bereits zu spät ist.

2.2.3.2 Ähnlichkeitswahrnehmung als Basis der Ideengenerierung

Bei der Entwicklung und Bewertung von neuen Ideen spielt die Wahrnehmung von Ähnlichkeit – und damit auch ein Verständnis von thematischer und taxonomischer Ähnlichkeit – eine entscheidende Rolle. Ideen entstehen nicht aus dem Nichts. Ideen basieren in der Regel auf der neuen Kombination bestehender Konzepte. Die Ähnlichkeit zwischen Konzepten spielt also bereits eine Rolle bevor eine Idee überhaupt erst entsteht. Um thematische Ähnlichkeit zur Ideengenerierung einsetzen zu können, müssen Themen bekannt sein. Damit lässt sich auch erklären, wieso Experten auf einem Gebiet dazu tendieren, thematische Zusammenhänge in ihren Schlussfolgerungen stärker mit einzubeziehen als Laien (Froehlich und Hoegl 2012).

2.2.3.3 Ähnlichkeitswahrnehmung als Entscheidungsparameter in organisationalen Prozessen

Neue Ideen durchlaufen in Unternehmen in aller Regel mehrere Stationen, bevor eine Entscheidung bezüglich ihrer Umsetzung gefällt wird. Jede dieser Stationen birgt auch die Gefahr für Fehlentscheidungen. Zum einen kann es zu „falschen Positiven" kommen. Eine Idee wird dann als wertvoller beurteilt als sie eigentlich ist. Zum anderen kann es aber auch zu „falsch-negativen" Entscheidungen kommen. Ideen werden dann zu „Unrecht" bzw. vorschnell abgelehnt. Diese Art der Fehlentscheidung ist mindestens so risikoreich, wie eine falsch-positive Entscheidung.

Ähnlichkeit spielt hier eine Rolle, da tendenziell Ideen bevorzugt werden, die als ähnlich wie das wahrgenommen werden, was bereits besteht. Darüber hinaus haben es besonders ausgefallene Ideen häufig überaus schwer, da ihre Umsetzung oft als zu aufwendig wahrgenommen wird oder es schlicht an einem Verständnis für die Idee fehlt. Thematische Ideen sind hier besonders gefährdet, aussortiert zu werden, bevor sie eine Chance haben, sich zu beweisen.

2.2.3.4 Ähnlichkeitswahrnehmung als Unterscheidungsmerkmal von Individuen

Um bestehende Konzepte neu zu kombinieren, bedarf es verschiedener Voraussetzungen. Als Erstes müssen sie demjenigen, der die Idee entwickelt, bekannt sein. Im nächsten Schritt müssen sie das Bewusstsein erreichen und kombiniert werden. Wie bereits erwähnt, spielt Ähnlichkeit eine wichtige Rolle beim Abspeichern von Informationen, aber auch beim Abruf von Informationen. Der neuralgische Punkt an dieser Stelle ist aber vielmehr die Kombination der Entitäten und die Logik, auf der die Kombination und die Schlussfolgerung aufbauen. Ein Individuum mit einer stärkeren Präferenz für thematische Ähnlichkeit wird mit größerer Wahrscheinlichkeit thematische Ideen entwickeln und auch mit einer größeren Wahrscheinlichkeit solche Ideen positiv beurteilen.

Unabhängig von der Ideenentwicklung selbst spielt das Individuum als Promoter einer Idee eine wichtige Rolle. Wurde eine Idee als passend und sinnvoll erkannt, kann sie innerhalb eines Unternehmens vorangetrieben werden. Ohne solche Unterstützung haben neue Ideen keine Überlebenschance. Das Individuum beeinflusst so das Schicksal der Idee zum einen bereits bei der Generierung, zum anderen aber auch beim Vorantreiben der Idee innerhalb des Unternehmens. Hier spielt nicht nur die Ähnlichkeitswahrnehmung, sondern auch Faktoren wie das soziale Geschick, die Position innerhalb von Netzwerken und die Abteilungszugehörigkeit eine Rolle.

Wofür werden Ähnlichkeitsbeurteilungen im Innovationsmanagement benötigt?

- **Strategien:** Der wahrgenommene „Fit" einer Idee basiert auf Ähnlichkeit (Deephouse 1999; Farjoun und Lai 1997; Grégoire et al. 2010).
- **Ideen:** Neue Ideen basieren auf der Kombination von Objekten/Konzepten, die sich in irgendeiner Art und Weise ähnlich sind (Goldenberg et al. 1999; Seshadri und Shapira 2003).
- **Prozesse:** Ob eine Idee weiterverfolgt wird, hängt von der wahrgenommenen Ähnlichkeit mit bereits bestehenden Ideen ab (Mueller et al. 2012; Reid und De Brentani 2004).

- **Individuum:** Bei Individuen basieren kognitive Prozesse (z. B. Kreativität) auf Ähnlichkeitswahrnehmungen. Diese unterscheiden sich zwischen Individuen (Estes et al. 2011; Simmons und Estes 2008).

Ähnlichkeit in der Managementforschung
Im betriebswirtschaftlichen Kontext bildet taxonomische Ähnlichkeit die Grundlage für wichtige Bezugssysteme wie strategische Verbundenheit (*strategic relatedness*) (D'Aveni et al. 2004; Gary 2005; Kogut et al. 2002; Markides 1995; Mayer und Whittington 2003; Palich et al. 2000), das Standard Industry Classification System (SIC; siehe Busija et al. 1997; Li und Wong 2003; Park 2002) oder die International Patent Classification (IPC; siehe Leten et al. 2007; Miller 2004). Zum Beispiel enthält die IPC-Kategorie F02 (Verbrennungsmotoren) Hubkolbenmotoren, Gasturbinen, Aggregate, Düsentriebwerke usw.

Auch wenn der taxonomischen Ähnlichkeit damit eine unbestrittene Bedeutung zukommt, wurde das Konzept der Ähnlichkeit als solches in der Managementforschung weitgehend ignoriert. Ausnahmen bilden die Arbeiten von Farjoun und Lai (1997) und Porac et al. (1995). Farjoun und Lai (1997) betonen die Wichtigkeit einer korrekten Beurteilung von Ähnlichkeit bei strategischen Entscheidungen. Sie zeigen Entscheidungsfallen auf, die durch eine korrekte Einschätzung von Ähnlichkeit vermieden werden können. Allerdings beruhen ihre Empfehlungen auf einer rein taxonomischen Ähnlichkeitsdefinition, sodass sie keine Möglichkeit aufzeigen, Risiken, die durch Fehleinschätzung thematischer Ähnlichkeiten entstehen, zu verhindern. Die Wettbewerberdefinition ist ein Feld in der Strategieforschung, in dem die Definition von Ähnlichkeit eine zentrale Rolle spielt. Insbesondere die Arbeiten von Porac und Kollegen im Kontext der schottischen Strickwarenindustrie waren wegweisend bezüglich der kognitiven Grundlagen der Wettbewerberdefinition. Strategen definieren Wettbewerber basierend auf der (taxonomischen) Ähnlichkeit von Unternehmen und nutzen Ähnlichkeiten zwischen Firmen, um diese in strategisch bedeutsame Gruppen einzuteilen (Porac und Thomas 1990; Porac et al. 1989; Porac et al. 1995; Reger und Huff 1993).

2.3 Entwicklung thematischer Ideen

Im folgenden Abschnitt wird die Entwicklung thematischer Ideen erläutert. Als Einführung werden einige thematische Ideen in Abgrenzung zu taxonomischen Ideen beschrieben. Mithilfe dieser Bespiele werden dann zentrale Konzepte und Tools des thematischen Denkens dargestellt.

2.3.1 Beispiele für thematische und taxonomische Ideen

Das folgende Beispiel nimmt das Produkt „Kaffee" als Ausgangspunkt. Wird Kaffee als Startpunkt zur Ideenentwicklung herangezogen, können sich aus der Anwendung taxonomischen oder thematischen Denkens völlig unterschiedliche Ansätze ergeben. Ein mögliches Beispiel wäre, dass ein Kaffeeröster ein neues Produkt auf den Markt bringen möchte. Hier ergeben sich einige – taxonomisch betrachtet – recht naheliegende Optionen. Zum einen könnten bereits bestehende Eigenschaften des vorhandenen Produkts verändert oder verbessert werden. Bei Kaffee könnte das zum Beispiel der Geschmack oder der Koffeingehalt sein.

Soll nicht das bestehende Produkt verändert werden, so wäre ein neues Produkt für das Markenportfolio eine Möglichkeit; eine Markenerweiterung. Um die Kaffeemarke taxonomisch zu erweitern, würden sich zum Beispiel Tee oder Energy-Drinks anbieten. Bei beiden Produkten handelt es sich um alkoholfreie Getränke mit ähnlicher Farbe, die häufig zum „Wachwerden" getrunken werden. Hieran lässt sich eine spezifische Eigenschaft taxonomisch ähnlicher Produkte verdeutlichen: Sie können einander ersetzen. Dabei steht, wie bei den meisten Substituten, besonders der Kernnutzen im Vordergrund. Hier wird Kaffee als Muntermacher substituiert.

Darüber hinaus kann man hier auch einen weiteren Hinweis auf die Bedeutung von Fit finden. Tee und Kaffee werden zum Beispiel als ähnlicher wahrgenommen als Kaffee und Energy-Drinks. Das liegt daran, dass Kaffee und Tee häufig am Morgen getrunken werden. Energy-Drinks mögen zwar für manche Menschen auch eine Alternative am Morgen darstellen, dies wirkt aber aufgrund der Assoziationen, die damit verbunden sind, eher irritierend. Die Vorstellung, sich am Morgen gemütlich mit einer Zeitung und einer Dose Energy-Drink an den Frühstückstisch zu setzen, wird den meisten absurd erscheinen.

Neben dem übergeordneten thematischen Kontext spielt auch das Image der Marke eine Rolle. Die Marke kann dabei als eigenes Thema wirken. Die Marke entscheidet dabei auch über den wahrgenommenen Fit. Starbucks hat vorgemacht, wie eine Kombination, die auf den ersten Blick unpassend scheinen mag, durch die konsequente Ausrichtung an der eigenen Marke doch zu einem wahrgenommenen Fit führen kann (siehe hierzu auch Froehlich et al. 2014). Kaffee und Energy-Drinks sind sich taxonomisch sehr ähnlich, passen aber aufgrund des jeweiligen Images doch nicht wirklich zusammen. Wie könnte nun Starbucks, das selbst auch für Gemütlichkeit steht, einen Energy-Drink vermarkten? Der Starbucks Energydrink *Refreshers* wird mit seiner Natürlichkeit beworben. Die Sorten basieren auf natürlichen Geschmacksrichtungen (z. B. Beeren und Hibiskus). Durch diese Positionierung kommt es nicht zu einem Widerspruch, da die Art und Weise der Vermarktung einen hohen Fit zum Gesamtimage der Marke Starbucks aufweist und keine direkten Bezüge zu klassischen Energy-Drinks hergestellt werden.

Im Umfeld des Kaffeethemas lassen sich noch weitere Beispiele aufzeigen. Kaffee gehört nicht nur zum Thema „Kaffee trinken" sondern auch zum breiter gefassten Thema „in den Tag starten". Wird Kaffee nun innerhalb dieses Themas betrachtet, ergeben sich auch neue Möglichkeiten der Ideenentwicklung. Teil des Themas ist eine Vielzahl von Objekten und Abläufen. Für die meisten Menschen, die pünktlich aufstehen müssen, gehört zum Beispiel ein Wecker dazu. Wecker und Kaffee sind sich thematisch ähnlich, da beide zum selben Thema gehören.

Ein neues Produkt macht sich das zunutze. „The Bariseur" ist ein Wecker, der durch den Geruch frisch gebrühten Kaffees weckt. Im Wecker ist eine Kaffeemaschine integriert, die zur eingestellten Zeit startet, sodass der Nutzer direkt einen frischen Kaffee am Bett genießen kann. Ein weiterer Ablauf, der zum Thema „in den Tag starten" gehört, ist das Zähneputzen. An einem von Colgate eingereichten Patent zeigt sich hier eine weitere Möglichkeit der thematischen Ideenentwicklung. Ein wichtiger Aspekt des Themas ist das „Wachwerden". Das Koffein im Kaffee ist dafür ein häufig genutzter Weg. Aber geht es nicht noch effizienter? Das könnte der Gedanke hinter mit Koffein angereicherter Zahnpasta sein. Die Funktion des Genusses des Kaffees wird dabei zwar ausgeblendet, die Funktion des „Wachmachens" mit Koffein bleibt aber erhalten. Hier wird wieder die Bedeutung thematischer Ähnlichkeit für die Bewertung von Fit deutlich: Ein ähnliches Patent wurde für Zahnpasta mit Schmerzstillern beantragt. Abgesehen von der unangenehmen Assoziation „Zahnschmerzen" sind Schmerzmittel (zumindest sollte es so sein) bei den meisten Menschen kein fester Bestandteil des morgendlichen Rituals.

Im Bereich der Produkte, die etwas mit Kaffee zu tun haben, gibt es weitere Beispiele, die noch weiter hergeholt erscheinen, aber trotzdem durch ihren thematischen Zusammenhang überzeugen. Wie bereits erwähnt, transportiert die Marke eines Produkts häufig auch thematische Informationen, die Ideen, die als passend empfunden werden, eine Richtung geben. Kaffee gehört für viele nicht nur zu einem gelungen Morgen, sondern auch zu einer längeren Autofahrt. Guter Espresso gehört zu Italien. Diese thematischen Verbindungen und Assoziationen haben sich Lavazza, ein traditionsreicher Produzent von Kaffee und Kaffeemaschinen, und Fiat, ein italienischer Autohersteller, zunutze gemacht. Der Fiat 500 L ist mit einer eingebauten Lavazza Espressomaschine zu haben (die natürlich nicht während der Fahrt funktioniert). Autohersteller und Kaffeeproduzenten passen auf den ersten Blick nicht zusammen; werden hier aber das in beiden Fällen durch italienisches Flair geprägte Markenimage und der thematische Bezug betrachtet, handelt es sich um eine gute, wenn auch überraschende, Idee.

2.3.2 Einschränkung des Suchfelds als Weg zu neuen Ideen

Thematisches Denken kann zu den Ansätzen der sogenannten „bounded creativity" gezählt werden. Solche Ansätze gehen davon aus, dass eine Einschränkung kein Hindernis, sondern eine Chance für die Kreativität und damit auch die Ideenentwicklung ist. In den *Unbounded*-Ansätzen wird angenommen, dass ein möglichst großer Grad an Freiheit im Denken zu besonders guten Ergebnissen führt. Häufig steht bei diesen Ansätzen die Ideenquantität im Vordergrund. Ein typisches Beispiel ist das Brainstorming. Brainstorming hat zum Ziel, möglichst viele und möglichst ausgefallene Ideen zu entwickeln. So erfolgreich wie diese Ansätze auch sein mögen, so ergibt sich doch aus der Unbegrenztheit ein ökonomisches Problem. Alle Ideen, die generiert werden, müssen auch beurteilt werden; und das kostet wertvolle Ressourcen. Ein Grundgedanke der *bounded creativity* ist es, nicht unendlich viele Ideen zu entwickeln, sondern danach zu streben, möglichst gezielt „gute" Ideen zu entwickeln. Dadurch kann eine höhere Effizienz in der Ideenbewertung erreicht werden.

Der Grundgedanke, der dahinter steht, lässt sich gut an der Metapher des *„outside the box"* Denkens illustrieren. Der Ratschlag, die Box zu verlassen, mag ein guter sein. Aber wo soll es hingehen, wenn die Box verlassen wurde?

Bei der Anwendung des thematischen Denkens geht es darum, genau auf diese Frage eine Lösung zu haben. Thematische Ähnlichkeiten können die Ideengenerierung und auch deren Evaluation leiten. Die Bestandteile thematischer Ideen sind nie völlig unabhängig voneinander. Sie sind immer Teil eines Themas. Im Beispiel des Kaffeerösters wäre eine Herangehensweise, die auf einem *Unbounded*-Ansatz beruht, ein Brainstorming zu Kaffee durchzuführen und diese Ideen anschließend zu bewerten. Eine thematische Herangehensweise würde von einem Thema ausgehen. Hierzu müssen zunächst die Themen identifiziert werden, von denen Kaffee ein Teil ist, zum Beispiel „in den Tag starten". Die so entwickelten Ideen bewegen sich vom Kernprodukt Kaffee weg, bleiben aber durch das vorgegebene Thema verbunden. So wird *bounded creativity* zwar nicht „outside the box" betrieben. Die „box" wird aber neu definiert und bietet so neue Möglichkeiten.

2.3.3 Themen als Basis der Ideenentwicklung

Themen bilden die Grundlage thematischer Ideen und thematischen Denkens. In weiten Teilen der Literatur wird nicht näher auf die Definition eines Themas eingegangen. Themen lassen sich als Ideen, die mehrere Konzepte verbinden, definieren. Diese recht abstrakte Definition lässt sich mithilfe der Definition von thematischer Ähnlichkeit konkretisieren. Ein zentraler Bestandteil sind Szenarien und Ereignisse, innerhalb derer verschiedene Entitäten interagieren. „Kaffee trinken" oder „In den Tag starten" sind Beispiele für solche Szenarien und damit Themen.

Um mithilfe eines Themas gezielt eine thematische Idee entwickeln zu können, müssen neben dem Thema auch alle Entitäten innerhalb und in direkter Umgebung des Themas bestimmt werden (für eine detaillierte Beschreibung des Prozesses der thematischen Ideenentwicklung siehe Froehlich et al. 2014). Dabei sollte möglichst unvoreingenommen vorgegangen werden, damit am Ende nicht die Assoziation, sondern tatsächlich die thematische Ähnlichkeit die Idee bestimmt.

Wurden sowohl das Thema, das die Basis für die Idee bilden soll, als auch die dazugehörigen Entitäten bestimmt, kann auf dieser Basis eine neue Idee entwickelt werden. In ihren Arbeiten, die auch zu den Ansätzen der *bounded creativity* gerechnet werden können, zeigen Goldenberg und Kollegen (Goldenberg et al. 1999, 2001) verschiedene sogenannte Operatoren auf, mithilfe derer Elemente eines bzw. mehrerer bestehender Konzepte zu neuen (Produkt-)Ideen kombiniert werden können. Dieses Konzept lässt sich in Teilen auch auf thematisches Denken anwenden.

Abb. 2.2 illustriert vier Operatoren und wie sich auf deren Basis Entitäten in Bezug zu einem Thema zu neuen Ideen kombinieren lassen. Dargestellt sind die Operatoren Verbindung *(linking)*, Trennung *(unlinking)*, Exklusion *(exclusion)* und Inklusion *(inclusion)*. Bei der Anwendung der Verbindung werden zwei Entitäten, die zuvor innerhalb eines

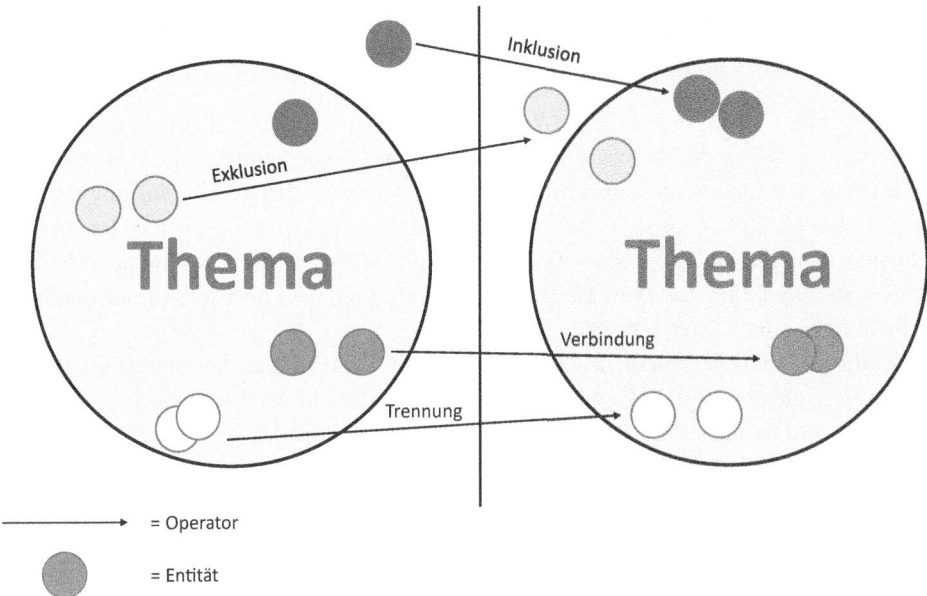

Abb. 2.2 Themen als Basis der Ideengenerierung. (Quelle: In Anlehnung an Froehlich et al. 2014)

Themas existiert haben, aber nicht interagiert haben, miteinander verbunden. Das ist zum Beispiel der Fall, wenn im Thema „in den Tag starten" das Kaffeekochen und das Klingeln des Weckers in einem Produkt kombiniert werden. Bei der Trennung ist das Gegenteil der Fall. Hier werden zwei Elemente eines Themas, die zuvor miteinander verbunden waren, getrennt und interagieren innerhalb der neuen Idee nicht mehr (z. B. bei der Anwendung von Trockenshampoo). Die Operatoren der Exklusion und der Inklusion gehen über die Grenzen eines Themas hinaus. Bei der Inklusion wird eine Entität Teil eines Themas, die sich zuvor außerhalb dessen befand. Bei der Exklusion ist das Gegenteil der Fall. Hier wird ein Element aus dem Thema entfernt. Wird das Kaffeetrinken am Morgen durch eine mit Koffein versetzte Zahnpasta ersetzt, bleibt das Thema bestehen, der Kaffee wird jedoch aus dem Thema ausgeschlossen.

Eine neue Idee ist in der Realität selten so simpel, dass tatsächlich nur zwei Entitäten neu kombiniert werden und nur ein Operator angewandt wird. Die meisten neuen Ideen sind deutlich komplexer. Die Operatoren schließen sich auch nicht gegenseitig aus. Eine neue Idee kann auch auf Basis mehrerer Operatoren, Entitäten und manchmal auch Themen zustande kommen. Je näher sich dabei die Themen und Entitäten sind und je weniger Operatoren eingesetzt werden, desto einfacher fällt die Entwicklung einer Idee. Dagegen zu setzen ist, dass gerade Ideen, bei denen besonders weit entfernte Entitäten kombiniert werden, höchst überraschend und damit innovativ sind.

2.3.4 Die Kundenperspektive als Ausgangspunkt thematischen Denkens

Thematisches Denken steht in enger Verbindung mit persönlichen Erfahrungen. Der Wert von Themen lässt sich am besten „von innen heraus" erkunden. Das macht Nutzer von Produkten zu Experten und damit zu wichtigen Quellen für thematische Inspiration. Hat jemand Erfahrung mit einem Thema, kann der thematische Nutzen einer Idee leichter erkannt werden. Für viele Jogger wird es zum Beispiel selbstverständlich sein, beim Joggen Musik zu hören und sich auch gleichzeitig für Informationen über ihren Lauf, wie Geschwindigkeit und Distanz, zu interessieren.

In diesem selbstverständlichen Umgang mit dem Thema und den thematischen Bezügen liegt gleichzeitig ein Problem. Kunden sind selten in der Lage, bewusst ihre Bedürfnisse, insbesondere ihre zukünftigen, zu antizipieren. Die Möglichkeit, durch direkte Befragung oder das Sammeln von Innovationsideen eine wirklich neue und gute Idee zu finden, ist also begrenzt.

Dieser Problematik kann in verschiedener Weise begegnet werden. Werden Kunden in den Ideenentwicklungsprozess einbezogen, zum Beispiel im Rahmen eines Ideenwettbewerbs, können sie gezielt zu thematischen Ideen hingeführt werden. Die Aufgabe kann so gestellt sein, dass sie Denkanreize bietet, die den Blick weg vom Offensichtlichen hin zu eher versteckten Zusammenhängen innerhalb eines Nutzungskontexts lenkt. Eine andere Möglichkeit ist es, Kunden zu beobachten, anstatt sie direkt zu befragen. Im Bereich der Marktforschung gibt es verschiedene ethnographische Ansätze, die so gestaltet werden können, dass sie zur Identifikation von Themen und damit zur Entwicklung thematischer Ideen beitragen können.

Ein Blick von außen kann also hilfreich sein. Insgesamt sollte eine holistische Herangehensweise unter Einbezug verschiedener Perspektiven gewählt werden. An einem Innovationsprozess und schließlich an dessen Erfolg sind sehr unterschiedliche Stakeholder beteiligt. Auf Unternehmensseite sind dies zum Beispiel Vertreter verschiedener Abteilungen (z. B. Forschung und Entwicklung, Marketing), die verschiedene Ansichten und Interessen vertreten können. Jede Betrachtungsweise hat dabei blinde Flecken, die es durch andere Perspektiven zu beleuchten gilt. Im Management kann der Fokus auf einem weiteren Ausbau des Kerngeschäfts liegen. Somit würden höchstwahrscheinlich thematische Ideen, die taxonomisch betrachtet davon abweichen, von vornherein ausgeschlossen. Sich auf sein Kerngeschäft und damit auf seine Kernkompetenzen zu konzentrieren, ist aus Sicht des Managements sinnvoll. Allerdings kann es sein, dass diese Definition gewisse Aspekte ausblendet und zu eng gefasst ist. Darüber hinaus sind die Kernkompetenzen und das Kerngeschäft eines Unternehmens für Kunden nicht von Relevanz. Kunden wünschen sich Produkte, die ihren Bedürfnissen entsprechen. Ob ein Unternehmen, um diese auf den Markt zu bringen, von seinen Kernkompetenzen abweichen muss, interessiert aus dieser Perspektive nicht. Da aber der Erfolg beim Kunden auch über den Erfolg des Unternehmens entscheidet, kann diese Perspektive nicht ignoriert werden. Eine Möglichkeit, diese Problematik zu lösen, ist das Eingehen strategischer Partnerschaften. Gute Beispiele sind

Apple und Nike im Fall des Nike + Sport Kits sowie Lavazza und Fiat, die sich für die Entwicklung und Vermarktung einer autokompatiblen Espressomaschine zusammengetan haben.

2.4 Thematisches Denken in der Ideenbewertung

Ideenkonzepte lassen sich, dank der weiten Verbreitung von Hilfsmitteln wie Crowdsourcing oder der Anwendung von Kreativitätstechniken, relativ problemlos und kostengünstig in großer Zahl entwickeln. Wirklich schwierig und kostenintensiv wird es bei der Auswahl und Weiterentwicklung von Ideen. Die Bewertung und Auswahl von Ideen stellt für viele Unternehmen also eine größere Herausforderung dar als deren Generierung.

Thematisches Denken ist aus mehreren Gründen in diesem Prozess von Bedeutung. Zum einen werden thematische Ideen anders beurteilt als taxonomische Ideen. Sollen thematische Ideen also entwickelt werden und innerhalb des Unternehmens eine Chance haben, erfolgreich zu sein, muss bei der Ideenbewertung darauf geachtet werden, dass sie nicht zu früh ausgeschlossen werden. Zum anderen lassen sich aus der Idee thematischen Denkens Ansätze zur Bewertung von Ideen ableiten.

2.4.1 Das „Überleben" thematischer Ideen ist kontextabhängig

Wie thematische Ideen bewertet werden, hängt von dem Kontext ab, in dem sie entstehen. Insgesamt kann – gerade im Managementkontext – eine Dominanz taxonomischer Denkweisen und damit auch eine Präferenz für taxonomische Ideen angenommen werden (Gibbert und Hoegl 2011). Dies wiederum führt dazu, dass thematische Ideen klassischerweise im Nachteil gegenüber taxonomischen Ideen sind. Thematische Ideen werden häufig als zu weit weg vom Kerngeschäft wahrgenommen und daher ebenso häufig übergangen.

Im Kontext von Unternehmenszusammenschlüssen (Mergers and Acquisitions) zeigen Studienergebnisse, dass thematische Ideen ebenfalls zunächst im Nachteil sind. Hier werden thematische Merger zunächst schlechter beurteilt als taxonomische. Über einen Zeitraum von einigen Tagen nach der Ankündigung des Deals nähern sich die Bewertungen wieder an, was dafür spricht, dass Zusammenschlüsse thematisch ähnlicher Unternehmen zunächst nicht als „sinnvoll" wahrgenommen werden, diese Einschätzung der Investoren mit der Zeit aber revidiert wird. Die zunächst negative Reaktion lässt sich auch damit erklären, dass im Bereich von Unternehmenszusammenschlüssen eine taxonomische Logik eindeutig dominiert und Unternehmen daher auch mehr Erfahrung mit dem Zusammenschluss taxonomisch ähnlicher Unternehmen haben.

Eine andere Untersuchung befasst sich mit der Auswahl von Ideen in Ideenmanagementsystemen im Innovationsbereich (Froehlich et al. im Druck). Für diese Untersuchung wurden mehrere hundert Innovationsideen analysiert, die von Mitarbeitern der Forschungs- und Entwicklungsabteilung eines multinationalen Konsumgüterherstellers in einem Innovationssystem eingereicht wurden. Die Ergebnisse zeigen, dass die unternehmensinternen Bewertungen von Innovationsideen maßgeblich durch die Eigenschaften der Ideen beeinflusst werden. Dabei spielt nicht nur die Art der Idee an sich eine Rolle, auch die Art und Weise der Präsentation steht im direkten Zusammenhang mit der Bewertung. So werden Ideen, die auf einer thematischen Logik aufbauen, besser beurteilt als taxonomische Ideen. Das kann darauf zurückgeführt werden, dass in diesem Umfeld besonders außergewöhnliche Ideen, die aber gleichzeitig nah an der Nutzungsrealität der Kunden orientiert sind, gesucht werden. Von den 386 untersuchten Ideen erreichten gerade einmal 14 die unternehmensintern festgelegte Bewertungsschwelle, um in die Weiterentwicklung zu gelangen. Alle dieser 14 Ideen waren thematisch. Das unterstreicht den Wert thematischer Ideen insbesondere in hochinnovativen Kontexten.

Eine weitere Studie von Estes et al. (2012) beschäftigt sich explizit mit dem Einfluss des Entscheidungskontexts auf die Bewertung von thematischen und taxonomischen Ideen. Den Kern der Untersuchung bilden Kundenbewertungen von thematischen und taxonomischen Markenerweiterungen. Die Ergebnisse zeigen, dass je nach Versuchsbedingung unterschiedliche Typen von Ideen als besser und neuer beurteilt werden, wobei es einen negativen Zusammenhang zwischen der Beurteilung der Güte und der Neuartigkeit gibt.

2.4.2 Identifikation thematischer Ideen

Soll thematisches Denken in der Praxis angewendet werden, ist eine Grundvoraussetzung, dass thematische Ideen als solche identifiziert werden können. Dies kann von Nutzen sein, wenn thematisches Denken eingeübt werden soll. Hier ist es wichtig zu überprüfen, ob es sich bei den Ergebnissen tatsächlich um thematische Ideen handelt. Darüber hinaus sind Situationen denkbar, bei denen aus einer bereits bestehenden Auswahl an Ideen thematische Ideen ausgewählt bzw. identifiziert werden sollen. Dies könnte zum Beispiel der Fall sein, wenn ein Unternehmen einen Ideenwettbewerb ausgerufen hat und sich explizit thematische Problemlösungen wünscht.

Das zentrale Identifikationsmerkmal thematischer Ideen ist, dass sie innerhalb eines Themas oder aus der Kombination von Themen entstehen. Da die allgemeine Definition für ein Thema an sich sehr breit gefasst ist, ist diese zunächst einfach scheinende Aufgabe eine Gratwanderung. Ideen, die nicht thematisch sind, können durchaus thematisch erscheinen. Eine typische Fehleinschätzung ist es, jede Idee, die ungewöhnlich erscheint als thematisch einzuschätzen. Ein Beispiel für eine Idee, die aufgrund ihres ungewöhnliches Charakters thematisch erscheinen mag, es aber nicht ist, sind sogenannte *Pet Stones*. Dabei handelt es sich um Steine, die mit Augen bemalt werden und in kleinen Pappschachteln mit Stroheinlage und Luftlöchern verkauft werden. Dieses, im wahrsten Sinne des Wortes aus einer Schnapsidee entstandene Produkt hat seinen Erfinder zum Millionär gemacht. Die Idee könnte thematisch erscheinen, Steine und Haustiere lassen sich aber nicht in einem sinnvollen Thema vereinen. Es lässt sich auch kein Thema benennen, dass diese Idee umfassen würde.

Eine weitere Situation, in der das Erkennen thematischer Ideen erschwert ist, ergibt sich, wenn neue Produkte unter einer bestehenden Marke verkauft werden. Als Beispiel können hier verschiedene Produkte der Marke adidas herangezogen werden. Adidas ist ein Sportartikelhersteller, der neben klassischen Sportartikeln inzwischen eine breite Produktpalette anbietet. Dazu zählen neben Freizeitkleidung (eine eindeutig taxonomische Ergänzung zu Sportbekleidung) auch Kosmetikprodukte. Bei adidas Deodorant besteht ein eindeutig thematischer Bezug, da Deodorant ein typischer Bestandteil des Workout-Themas ist (es wird von den meisten Sportlern vor dem Workout genutzt). Das Gleiche gilt für Duschgel (nach dem Workout gehen Sportler duschen). Dieses bettet adidas im Marketing teilweise sogar durch das Design und die Duftnote in verschiedene Sportarten ein (z. B. Yoga). Dass diese beiden Produkte eine thematische Erweiterung darstellen, bedeutet allerdings nicht, dass jedes Kosmetikprodukt auch in die thematische Kategorie passt. Gesichtsmasken würden zwar zu Deodorant und Duschgel passen, stehen aber in keiner Beziehung zum Thema Workout.

Ideen können zugleich auf thematischer und taxonomischer Ähnlichkeit basieren. Diese doppelte Verbundenheit der beteiligten Entitäten führt häufig dazu, dass diese Ideen nicht wirklich neuartig erscheinen, insbesondere wenn die Elemente zuvor schon assoziiert waren. Ein Beispiel für eine solche Idee ist Shampoo, das gleichzeitig Pflegespülung enthält. Pflegespülungen und Shampoos haben viele gemeinsame Eigenschaften, was sie taxonomisch ähnlich macht. Sie sind aber auch beide Teil des Themas „Haarewaschen" und somit auch thematisch ähnlich.

Neben dem gleichzeitigen Auftreten von thematischer und taxonomischer Ähnlichkeit innerhalb einer Idee können auch taxonomische Ideen in einer thematischen Art und Weise präsentiert werden. Die bereits erwähnte Untersuchung zur Ideenauswahl in Ideenmanagementsystemen (Froehlich et al. im Druck) zeigt, dass in einem Kontext, in dem besonders innovative Produktideen gesucht werden Ideen, die im Grunde taxonomischer Natur sind, aber thematisch präsentiert werden, bessere Beurteilungen erhalten als Ideen, bei denen dies nicht der Fall ist.

Szenarien und Ereignisse sind ein zentrales Konzept in der Definition thematischen Denkens. Werden Ideen innerhalb eines solchen Ereignisses oder Szenarios dargestellt (eine „Geschichte" wird erzählt), werden sie besser bewertet als Ideen, die diese Eigenschaft nicht haben. Wird die Idee in einer Art und Weise beschrieben, die darauf hindeutet, dass derjenige, der die Idee entwickelt hat, seine Idee aus persönlicher Erfahrung oder aus der Beobachtung von Nutzern eines Produkts ableitet, erhält sie bessere Beurteilungen – unabhängig davon, ob sie thematisch oder taxonomisch ist. Diese Erkenntnisse können helfen, Ideenmanagementsysteme und damit verbundene Auswahlprozesse zu optimieren, zeigen aber gleichzeitig, dass die Unterscheidung thematischer und taxonomischer Ideen in der Praxis nicht leicht fällt.

2.4.3 Unterscheidung von „guten" und „schlechten" Ideen

Ob eine Idee gut oder schlecht ist, hängt in erster Linie davon ab, welches Ziel mit ihrer Entwicklung verfolgt wird. Soll es sich gezielt um eine inkrementelle Veränderung eines bestehenden Produktes handeln, sind die Voraussetzungen der Bewertung völlig andere, als wenn es um die Suche nach „dem nächsten großen Ding" geht. Einige Attribute, die eine Idee zu einer guten Idee machen, lassen sich allerdings allgemein auf fast alle Situationen übertragen, in denen Ideen generiert und bewertet werden. Die Beurteilung von Innovationsideen orientiert sich meist an der klassischen Definition von kreativen Ideen: Sie sollten neuartig und nützlich sein.

Neuartigkeit kann bei thematischen Ideen insbesondere dadurch erzielt werden, dass Entitäten innerhalb eines Themas kombiniert werden, die nicht assoziiert sind. Eine Kombination von thematisch zwar ähnlichen, aber dennoch distanten Konzepten führt zu einem gewissen Überraschungsmoment in der Idee, das diese besonders neuartig erscheinen lässt. Sind die Konzepte zu weit voneinander entfernt, kann es dazu kommen, dass eine Idee zu neuartig wirkt und daher auf Ablehnung stößt.

Thematische Ideen können auf verschiedene Weise Nutzen stiften und so dem Kriterium der Nützlichkeit genügen (siehe hierzu auch Froehlich et al. 2014). Zunächst können sie die Nutzungserfahrung eines bestimmten Produktes verbessern. Bleistift und Radiergummi gehören zum Thema „ein Bild zeichnen". Ein thematisches Problem kann entstehen, wenn der Zeichner ständig den Radiergummi oder den Bleistift verlegt. Eine einfache thematische Lösung für dieses Problem sind Bleistifte, bei denen der Radiergummi integriert bzw. am Ende befestigt ist. Neben dem Lösen thematischer Probleme und der Verbesserung des Nutzungserlebnisses können thematische Ideen auch der Kundenbindung oder der Erschließung neuer Kundensegmente, die zuvor zum Beispiel an der Nutzung eines Produkts gehindert waren, dienen.

Eine im thematischen Sinne schlechte Idee lässt sich an thematischen Brüchen erkennen. Neue Ideen können Teil eines Themas sein, neuartig und nützlich sein, womit sie eigentlich alle Voraussetzungen für eine gute Idee erfüllen, aber dennoch keinen thematischen Fit aufweisen. Das ist zum Beispiel der Fall, wenn durch die Umsetzung der Idee unangenehme thematische Zusammenhänge offensichtlich werden, die es zuvor nicht waren (siehe hierzu Froehlich et al. 2014). Ein Praxisbeispiel lässt sich in der thematischen Platzierung von Werbung finden. Wird in der Dusche eines Fitnessstudios mit Plakaten für Mittel gegen Fußpilz geworben, ist das definitiv thematisch. Allerdings stellt sich hier die Frage, ob es wirklich im Interesse des Fitnessstudiobetreibers sein kann, die Kunden daran zu erinnern, dass Gemeinschaftsduschen häufig ein Infektionsherd von Fußpilz sind. Aus Perspektive des Werbenden handelt es sich um eine gute thematische Idee. Aus Sicht des Fitnessstudiobetreibers sollte die Umsetzung solcher Ideen jedoch vermieden werden.

2.5 Zusammenfassung und Ausblick

Im Rahmen der Suchfeldbestimmung und Ideenbewertung kann thematisches Denken als Anwendungstool betrachtet werden. Der Ansatz beruht auf Erkenntnissen der Kognitionspsychologie und basiert auf der Wahrnehmung verschiedener Formen von Ähnlichkeit. Hierbei wird zwischen thematischer und taxonomischer Ähnlichkeit unterschieden. Thematische Ähnlichkeit basiert dabei darauf, dass verschiedene Objekte, Konzepte, oder Ideen external – über ein Thema – verbunden sind. Taxonomische Ähnlichkeit basiert auf gleichen Eigenschaften solcher Entitäten. Zwei Dinge sind sich also dann besonders ähnlich, wenn sie viele gemeinsame Eigenschaften oder Charakteristika haben.

Das Konzept der thematischen Ähnlichkeit bzw. des thematisches Denkens kann vom Anfang (Aufdeckung der Problemstellung) bis zum Ende (Umsetzung einer Idee) von Bedeutung sein. Aus Themen können sich Problemstellungen ergeben, die zu einer Neuentwicklung anregen. Thematische Ähnlichkeit kann genutzt werden, um neue Ideen zu entwickeln. Dies gilt für verschiedene Typen von Ideen – von Neuproduktentwicklungen bis hin zu strategischen Neuausrichtungen. Thematische Ideen gehen dabei in der Regel über reine Verbesserungen bestehender Ideen hinaus und stellen neue – häufig ungewöhnliche – Kombinationen bestehender Konzepte dar. Bei der Ideenbewertung eröffnet thematisches Denken eine neue Perspektive. Ideen, die auf den ersten Blick als nicht passend empfunden werden, da sie zum Beispiel Grenzen zwischen bestehenden Produktkategorien überschreiten, laufen Gefahr, von vornherein ausgeschlossen zu werden. Thematisches Denken kann helfen, solche oft wertvollen Ideen zu „retten". Auch bei der Umsetzung von Ideen spielen thematische Aspekte eine Rolle. Eine Einbeziehung der thematischen Perspektive kann helfen, Fehler bei der Ideenumsetzung zu vermeiden.

Im Unternehmenskontext soll das Konzept der thematischen Ähnlichkeit bzw. des thematischen Denkens das taxonomische Denken mit all seinen Vorzügen auf keinen Fall herausfordern oder gar ersetzen. Thematisches Denken vervollständigt vielmehr eine taxonomische Herangehensweise und eröffnet neue Möglichkeiten.

Thematisches Denken ist in der Anwendung und in der Wissenschaft ein recht junges Feld. Weitere Anwendungserfahrung und wissenschaftliche Forschung sind vonnöten, um dieses spannende Forschungs- und Tätigkeitsfeld weiter voranzutreiben und weiterzuentwickeln.

Literatur

Ashby, F. G., & Perrin, N. A. (1988). Toward a unified theory of similarity and recognition. *Psychological Review*, *95*(1), 124–150.

Busija, E. C., O'Neill, H. M., & Zeithaml, C. P. (1997). Diversification Strategy, Entry Mode, and Performacne: Evidence of Choice and Constraints. *Strategic Management Journal*, *18*(4), 321–327.

Cohen, J. B., & Basu, K. (1987). Alternative models of categorization: Toward a contingent processing framework. *Journal of Consumer Research*, *13*, 455–472.

D'Aveni, R. A., Ravenscraft, D. J., & Anderson, P. (2004). From corporate strategy to business-level advantage: Relatedness as resource congruence. *Managerial & Decision Economics*, *25*(6/7), 365–381.

Deephouse, D. L. (1999). To be different, or to be the same? It's a question (and theory) of strategic balance. *Strategic Management Journal*, *20*, 147–166.

Estes, Z. (2003). A tale of two similarities: Comparison and integration in conceptual combination. *Cognitive Science*, *27*, 911–921.

Estes, Z., & Jones, L. L. (2009). Integrative priming occurs rapidly and uncontrollably during lexical processing. *Journal of Experimental Psychology: General*, *138*(1), 112–130.

Estes, Z., Golonka, S., & Jones, L. L. (2011). Thematic thinking: The apprehension and consequences of thematic relations. *Psychology of Learning and Motivation*, *54*, 249–294.

Estes, Z., Gibbert, M., Guest, D., & Mazursky, D. (2012). Similarity and processing ease in evaluation of brand extensions. *Journal of Consumer Psychology*, *22*, 86–101.

Farjoun, M., & Lai, L. (1997). Similarity judgments in strategy formulation: role, process and implications. *Strategic Management Journal*, *18*(4), 255–273.

Froehlich, J. K., & Hoegl, M. (2012). Thematic ideation – Antecedents and consequences of individuals' thematic similarity recognition. *Creativity & Innovation Management*, *21*(4), 443–456.

Froehlich, J. K., Gibbert, M., & Hoegl, M. (2014). *Using Thematic Thinking to Achieve Business Success, Growth, and Innovation: Finding Opportunities Where Others Don't Look*. New York: Financial Times Press.

Froehlich, J. K., Hoegl, M., & Weiss, M. (2015). Thematic Thinking and Individual Performance in Research and Development. *Journal of Product Innovation Management*, *32*, 939–953.

Froehlich, J. K., Hoegl, M., & Gibbert, M. i.D. Idea selection in suggestion systems: A thematic similarity perspective. *R&D Management*.

Gary, M. S. (2005). Implementation strategy and performance outcomes in related diversification. *Strategic Management Journal*, *26*, 643–664.

Gati, I., & Tversky, A. (1984). Weighting common and distinctive features perceptual and conceptual judgments. *Cognitive Psychology*, *16*, 341–370.

Gentner, D., & Markman, A. (1997). Structure mapping in analogy and similarity. *American Psychologist*, *52*(1), 45–56.

Gibbert, M., & Hoegl, M. (2011). That's not our business, or is it? – In praise of dissimilarity. *MIT Sloan Management Review*, *52*(4), 20–22.

Gibbert, M., & Mazursky, D. (2009). How successful would a phone-pillow be: Using dual process theory to predict the success of hybrids involving dissimilar products. *Journal of Consumer Psychology*, *19*, 652–660.

Goldenberg, J., & Mazursky, D. (1999). The voice of the product: Templates of new product emergence. *Creativity & Innovation Management*, *8*(3), 157–164.

Goldenberg, J., Mazursky, D., & Solomon, S. (1999). Toward identifying the inventive templates of new products: A channeled ideation approach. *Journal of Marketing Research*, *36*(2), 200–210.

Goldenberg, J., Lehmann, D. R., & Mazursky, D. (2001). The idea itself and the circumstances of its emergence as predictors of new product success. *Management Science*, *47*(1), 69–84.

Golonka, S., & Estes, Z. (2009). Thematic relations affect similarity via commonalities. *Journal of Experimental Psychology: Learning, Memory,and Cognition*, *35*(6), 1454–1464.

Grégoire, D. A., Barr, P. S., & Shepherd, D. A. (2010). Cognitive processes of opportunity recognition: The role of structural alignment. *Organization science*, *21*, 413–431.

Hampton, J. A. (1988). Overextension of conjunctive concepts: Evidence for a unitary model of concept typicality and class inclusion. *Journal of Experimental Psychology: Learning, Memory,and Cognition*, *14*(1), 12–32.

Hampton, J. A. (1998). Similarity-based categorization and fuzziness of natural categories. *Cognition*, *65*, 137–165.

Isen, A. M., Daubman, K. A., & Nowicki, G. P. (1987). Positive affect facilitates creative problem solving. *Journal of Personality & Social Psychology*, *52*, 1122–1131.

Kogut, B., Walker, G., & Anand, J. (2002). Agency and institutions: National divergences in diversification behavior. *Organization Science*, *13*(2), 162–178.

Leten, B., Belderbos, R., & Van Looy, B. (2007). Technological diversification, coherence, and performance of firms. *Journal of Product Innovation Management*, *24*, 567–579.

Li, M., & Wong, Y.-Y. (2003). Diversification and Economic Performance: An Empirical Assessment of Chinese Firms. *Asia Pacific Journal of Management*, *20*, 243–265.

Lin, E. L., & Murphy, G. L. (2001). Thematic relations in adults' concepts. *Journal of Experimental Psychology: General*, *130*(1), 3–28.

Markides, C. C. (1995). Diversification, restructuring and economic performance. *Strategic Management Journal*, *16*, 101–118.

Mayer, M., & Whittington, R. (2003). Diversification in context: a cross-national and cross-temporal extension. *Strategic Management Journal*, *24*(8), 773–781.

McClusky, M. 2009. The Nike Experiment: How the Shoe Giant Unleashed the Power of Personal Metrics, Vol. 2011.

Miller, D. J. (2004). Firms' technological resources and the performance eeffects of diversification: A longnitudinal study. *Strategic Management Journal*, *25*(11), 1097–1119.

Moreau, C. P., Markman, A. B., & Lehmann, D. R. (2001). "What is it?" Categorization flexibility and consumers' responses to really new products. *Journal of Consumer Research*, *27*, 489–499.

Mueller, J. S., Melwani, S., & Goncalo, J. A. (2012). The bias against creativity: Why people desire but reject creative ideas. *Psychological Science*, *23*, 13–17.

Nisbett, R. E., Peng, K., Choi, I., & Norenzayan, A. (2001). Culture and systems of thought: Holistic vs. analytic cognition. *Psychological Review*, *108*, 291–310.

Ordoobadi, S., Xue, Y., & Shanteau, J. (2005). Similarity-based reasoning using proverbs in managing technological innovations for small manufacturers. *Technology Management*, *2*(4), 433–449.

Palich, L. E., Cardinal, L. B., & Miller, C. C. (2000). Curvilinearity in the diversification-performance linkage: An examination of over three decades. *Strategic Management Journal*, *21*(2), 155.

Park, C. (2002). The Effects of Prior Performance on the Choice Between Related and Uunrelated Acquisitions: Implications for the Performance Consequences of Diversification Strategy. *Journal of Management Studies*, *39*(7), 1003–1019.

Porac, J. F., & Thomas, H. (1990). Taxonomic mental models in competitor definition. *Academy of Management Review*, *15*(2), 224–240.

Porac, J. F., Thomas, H., & Baden-Fuller, C. (1989). Competitive groups as cognitive communities: The case of scottish knitwear manufacturers. *Journal of Management Studies, 26*(4), 397–416.

Porac, J. F., Thomas, H., Wilson, F., Paton, D., & Kanfer, A. (1995). Rivalry and the industry model of Scottish knitwear producers. *Administrative Science Quarterly, 40*(2), 203–227.

Reger, R. K., & Huff, A. S. (1993). Strategic groups: A cognitive perspective. *Strategic Management Journal, 14*(2), 103–123.

Reid, S. E., & Brentani, U. De (2004). The fuzzy front end of new product development for discontinuous innovations: A theoretical model. *Journal of Product Innovation Management, 21*, 170–184.

Ross, B. H., & Murphy, G. L. (1999). Food for thought: Cross-classification and category organization in a complex real-world domain. *Cognitive Psychology, 38*(4), 495.

Saalbach, H., & Imai, M. (2007). Scope of linguistic influence: Does classifier system alter object concepts? *Journal of Experimental Psychology: General, 136*(3), 485–501.

Seshadri, S., & Shapira, Z. (2003). The flow of ideas and timing of evaluation as determinants of knowledge creation. *Industrial & Corporate Change, 12*, 1099–1124.

Simmons, S., & Estes, Z. (2008). Individual differences in the perception of similarity and difference. *Cognition, 108*, 781–795.

Smiley, S. S., & Brown, A. L. (1979). Conceptual preference for thematic or taxonomic relations: A nonmonotonic age trend from preschool to old age. *Journal of Experimental Child Psychology, 28*(2), 249–257.

Tversky, A. (1977). Features of similarity. *Psychological Review, 84*(4), 327–352.

Wilkenfeld, M. J., & Ward, T. B. (2001). Similarity and emergence in conceptual combination. *Journal of Memory and Language, 45*(1), 21–38.

Wisniewski, E. J. (1996). Construal and similarity in conceptual combination. *Journal of Memory and Language, 35*(3), 434–453.

Wisniewski, E. J., & Bassok, M. (1999). What makes a man similar to a tie? Stimulus compatibility with comparison and integration. *Cognitive Psychology, 39*(3–4), 208–238.

Wisniewski, E. J., & Love, B. C. (1998). Relations versus properties in conceptual combination. *Journal of Memory and Language, 38*(2), 177–202.

Technologieentwicklung als Innovationstreiber in bestehenden und disruptiven Märkten – von der Beobachtung zur Umsetzung

Technologieentwicklung in frühen Innovationsphasen identifizieren und bewerten

Sven Schimpf, Daniel Heubach und Silvia Rummel

Zusammenfassung

Technologieentwicklung, insbesondere auch solche, die nicht zu den Kernaktivitäten eines Unternehmens gehört, stellt oft den Treiber für Innovationen in evolutionären wie auch in disruptiven Märkten dar. Um technologische Entwicklungen bereits in den frühen Innovationsphasen zu erkennen und bezüglich ihres Potenzials im unternehmerischen Kontext zu bewerten, stellt die Suchstrategie den Ausgangspunkt für die Identifikation technologischer Entwicklungen dar. In dieser sollten sowohl relevante Funktionen als auch Informationsquellen definiert und durch adäquate Suchbegriffe ergänzt werden. Für eine einheitliche und transparente Bewertung technologischer Entwicklungen gilt es im nächsten Schritt, diese auf Basis festgelegter Kriterien zu bewerten. Da Technologieentwicklungen als Treiber disruptiver Märkte oft in den frühen Innovationsphasen nur schwer zu bewerten sind, stellen die Kontinuität und die Offenheit gegenüber Neuheiten einen Schlüssel für die erfolgreiche Technologiebeobachtung dar. Die größte Herausforderung liegt jedoch oftmals in der langfristigen Implementierung im Unternehmen, insbesondere bezüglich der Einbindung der Mitarbeiter in die Identifikation, Bewertung, Speicherung und Kommunikation technologischer Ent-

S. Schimpf (✉)
CC R&D Management, Fraunhofer IAO
Stuttgart, Deutschland
email: sven.schimpf@iao.fraunhofer.de

D. Heubach
Winnenden, Deutschland
email: Daniel.Heubach@de.kaercher.com

S. Rummel
Festo AG & Co. KG
Ostfildern, Deutschland
email: Silvia.Rummel@festo.com

wicklungen. Dieser Beitrag zeigt ausgewählte Methoden auf und ergänzt diese durch Einblicke in die praktische Umsetzung.

Inhaltsverzeichnis

3.1 Innovationstreiber Technologieentwicklung 32
3.2 Erfolgsfaktoren bei der Beobachtung technologischer Entwicklungen 35
    3.2.1 Identifikation technologischer Entwicklungen 35
    3.2.2 Bewertung technologischer Entwicklungen 37
    3.2.3 Speicherung und Kommunikation identifizierter Technologieentwicklungen .. 39
    3.2.4 Empfehlungen zur Beobachtung disruptiver Technologieentwicklungen in den frühen Innovationsphasen 41
3.3 Praxiseinblicke: Beobachtung von Technologieentwicklung in den frühen Innovationsphasen 42
    3.3.1 Dezentrales Technologieradar zur kontinuierlichen Verfolgung von Technologieentwicklungen bei Alfred Kärcher GmbH & Co. KG 43
    3.3.2 Priorisierung von Technologieentwicklung durch die Bewertung technologischer Projekte bei Festo AG & Co. KG 46
Literatur 48

3.1 Innovationstreiber Technologieentwicklung

Dass Technologieentwicklungen einen wesentlichen Treiber für neue Produkte, Dienstleistungen, Prozesse oder Geschäftsmodelle darstellen, kann in einem unternehmerischen Kontext heutzutage fast als unumstritten angenommen werden. In vielen Fällen wird die erfolgreiche Umsetzung einer Idee durch die Entwicklung einer oder mehrerer Technologien ermöglicht. Im Mittelpunkt dieses Beitrags steht die Herausforderung, Technologieentwicklungen zu erkennen und bezüglich der daraus entstehenden Innovationschancen und -risiken für das eigene Unternehmen zu bewerten.

Zuallererst muss hierzu der Innovationsbegriff eingegrenzt werden, da dieser in unserer Gesellschaft einer kontinuierlichen Inflation und einer fast allumfassenden Verwendung in Medien und Literatur unterliegt. Als gängigste Definition im unternehmerischen Kontext wird eine Innovation als erfolgreich ein- oder umgesetzte Idee angesehen, wobei sich das Wesen der Idee durch den Neuigkeitsgrad auszeichnet (vgl. Hinterhuber 1975, S. 26). Hilfreich bei der Definition von Innovation im Einzelfall ist der normative Neuigkeitsgrad, der den Fortschritt bezüglich des Status quo bezeichnet, sowie der subjektive Neuigkeitsgrad, der festlegt, für welche Zielgruppe etwas neu ist. Insbesondere der subjektive Aspekt des Neuigkeitsgrades muss für jeden Einsatzbereich erneut definiert werden, was eine konkrete und allgemeingültige Definition kaum möglich macht. Entscheidend für Unternehmen ist, ob der Anspruch der Neuheit für das eigene Unternehmen ausreichend ist, dieser für die Branche oder sogar die gesamte Welt beansprucht wird. Darüber hinaus ist es notwendig, eine Referenz in Form von Produkten, Dienstleistungen, Prozessen oder Geschäftsmodellen festzulegen, gegenüber der die Höhe des Neuigkeitsgrades dargestellt werden kann (zur weitergehenden Ausführung des Neuigkeitsbegriffes siehe bspw. Hauschildt und Salomo 2011, S. 5 f.).

Wie kann die Technologieentwicklung als Innovationstreiber wirken? Eine Technologie ist in der Regel durch die Erfüllung einer Funktion definiert (vgl. Schimpf und Rummel 2015, S. 46). Diese kann einerseits eine direkt durch den Nutzer gewünschte Funktion erfüllen oder andererseits indirekt zur Erfüllung einer dieser Funktionen beitragen. Technologien, die direkt durch den Kunden gewünschte Funktionen erfüllen, werden als Kern- oder Primärtechnologien bezeichnet, solche, die für den Einsatz der Primärtechnologien notwendig sind und indirekt die Erfüllung dieser Funktionen unterstützen, als Peripher- oder Sekundärtechnologien (vgl. Kurr 2003, S. 57 f.; Bullinger 1994, S. 157). Durch die ständig wachsende Vernetzung von Produkten, Prozessen und Dienstleistungen steigt der Einsatz von Sekundärtechnologien, was zu einer steigenden technologischen Komplexität für Unternehmen führen kann.

Als Treiber für Innovationen kommen sowohl Entwicklungen von Primär- als auch von Sekundärtechnologien in Frage. Eine besondere Herausforderung stellen für Unternehmen Technologien dar, die nicht durch interne Kompetenzen abgedeckt sind. Insbesondere der Begriff der disruptiven Technologien hat in diesem Bereich in den vergangenen Jahren auch in der Praxis zunehmend an Bedeutung gewonnen. Disruptive Technologien zeichnen sich durch ihre Eigenschaft aus, dass sie Investitionen in bisherige Technologien obsolet machen. Oftmals sind sie verbunden mit einem Wechsel der Wettbewerbsverhältnisse von einer Vormachtstellung etablierter Unternehmen hin zur Machtübernahme durch neue Player (vgl. Daneels 2004, S. 248). Durch diese Eigenschaft stellt die Gefahr von disruptiven Technologieentwicklungen einerseits eine kontinuierliche Bedrohung für etablierte Unternehmen dar. Andererseits können diese Entwicklungen genutzt werden, um eine Vormachtstellung am Markt zu halten oder gar zu erweitern.

Zum Verständnis von disruptiven Technologien bzw. Innovationen muss ein wenig auf die Begriffshistorie eingegangen werden. Ursprüngliche Beispiele disruptiver Technologieentwicklungen beinhalten einzelne Leistungsparameter wie die Speicherkapazität von Festplatten oder die Kapazität von Schaufelbaggeraktoren. Disruptionen dieser Beispiele entstanden vorwiegend durch die technologische Substitution der ursprünglich eingesetzten Technologie, da die Entwicklungspfade der neuen Technologie eine Erfüllung der wichtigsten Kundenwünsche ermöglichten. Bei Festplatten wurden hierzu die Anforderungen an die Speicherkapazität, gemessen in Megabytes, auch durch kleinere Festplatten erfüllt. Bei Schaufelbaggeraktoren erreichten hydraulische Elemente die Kapazität, gemessen in Kubikyards, der ursprünglich eingesetzten Seilzüge (siehe Christensen 1997). Über Technologien hinaus wurde die ursprüngliche Definition des Begriffes dann hin zur disruptiven Innovation ergänzt. Außerdem wurde das Modell der Low-End-Disruption durch die New-Market-Disruption erweitert. Low-End-Disruptionen bezeichnen Situationen, in denen ein bestehendes Angebot die Kundenanforderungen übererfüllt und durch eine kostengünstigere Lösung substituiert wird. New-Market-Disruptionen bezeichnen Brüche in bisher nicht existenten Märkten und visieren Kunden an, die eine bestimmte Leistung bisher nicht in Anspruch nehmen konnten. Gründe hierfür können sowohl die

Nicht-Existenz als auch das Preisgefüge einer Leistung sein (Christensen et al. 2004, Abschn. 31.8/717). Eine besondere Neudefinition des Begriffes ist die sogenannte Big-Bang-Disruption. Diese zeichnet sich durch den Wettbewerb in allen strategischen Dimensionen (qualitativ besser, kostengünstiger, individueller), durch eine schnelle Skalierung im gesamten Markt und durch frühe Experimente aus (siehe Downes und Nunes 2014). In diesem Beitrag wird im Wesentlichen der Begriff der disruptiven Low-End-Disruption adressiert, da dieser sich mit der Auswirkung technologischer Entwicklungen auf existente Märkte auseinandersetzt.

Beobachtung und Bewertung von Technologieentwicklungen findet in nahezu jedem Unternehmen statt. Ab einer bestimmten Unternehmensgröße oder technologischen Komplexität existiert jedoch die Herausforderung, die Identifikation von Technologieentwicklungen abzustimmen, zu koordinieren und Transparenz über die Bewertung zu schaffen. Ähnlich der subjektiven Dimension des Neuigkeitsgrades von Innovationen kann auch eine Technologieentwicklung mehr als einmal in einem Unternehmen „entdeckt" werden, obwohl sie in anderen Unternehmensbereichen schon zum Einsatz kommt. Der im Weiteren beschriebene Methodeneinsatz sollte daher jenseits des Selbstzwecks immer der Zielsetzung einer verbesserten Abstimmung, Transparenz und Koordination der Technologiebeobachtung zur verbesserten Entscheidungsfindung beim Einsatz von Technologien im unternehmerischen Kontext dienen.

Auf Basis einer Studie unter Teilnahme von acht führenden und technologiebasierten deutschen Unternehmen aus verschiedenen Branchen konnten neue Erkenntnisse im Umgang mit disruptiven Technologieentwicklungen gewonnen werden (siehe für eine weitergehende Ausführung der Ergebnisse Schimpf 2015). Im Mittelpunkt stand dabei das Ziel, herauszufinden, welche Methoden, organisatorischen Strukturen und Prozesse zum Einsatz kommen, um die Identifikation und Bewertung disruptiver Technologien zu unterstützen. Im Kreis der teilnehmenden Unternehmen waren sowohl KMUs ab 20 Mitarbeitern und einem Umsatz ab 2,5 Mio. Euro als auch Großunternehmen mit bis zu 40.000 Mitarbeitern und Umsätzen bis 40 Mrd. Euro vertreten. Über ihren technologischen Fokus hinaus wurden sie auf Basis ihres Innovationsgrades, gemessen über bisher gewonnene Innovationspreise, ausgewählt. Eine der wesentlichen Erkenntnisse war, dass in der in frühen Phasen des Innovationsmanagements in der Praxis kaum zwischen potenziellen Disruptionen und sonstigen technologischen Entwicklungen unterschieden wird. Vielmehr gilt es, spezielle Erfolgsfaktoren zu beachten, um disruptive technologische Entwicklungen frühzeitig zu erkennen und deren Nutzenpotenziale realistisch einschätzen zu können.

Als Basis für die durchgeführte Studie wurde der im Verbundforschungsprojekt sync-Tech[1] entwickelte Prozess der synchronisierten Technologieadaption verwendet. Dieser untergliedert den Prozess der Technologiebeobachtung in die Phasen der Identifikation, Bewertung und Integration von Technologien, wobei die Identifikation technologischer

---

[1] Das Verbundforschungsprojekt syncTech „synchronisierte Technologieadaption als Treiber der strategischen Produktinnovation" wurde mit Mitteln des Bundesministeriums für Bildung und Forschung (BMBF) im Zeitraum 2012 bis 2015 gefördert.

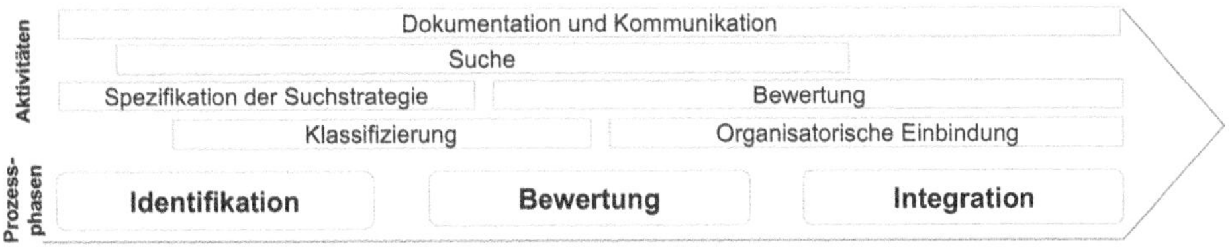

3 Technologieentwicklung als Innovationstreiber

```
Aktivitäten:
  Dokumentation und Kommunikation
  Suche
  Spezifikation der Suchstrategie    Bewertung
  Klassifizierung                     Organisatorische Einbindung

Prozessphasen:
  Identifikation    Bewertung    Integration
```

Abb. 3.1 Prozessphasen und Aktivitäten von der Identifikation bis zur Integration technologischer Entwicklungen. (Quelle: Korell und Schimpf 2015, S. 12)

Entwicklung in die Erstellung der Suchstrategie und die Suche nach technologischen Entwicklungen eingeteilt wird (siehe Abb. 3.1). Darüber hinaus wurden Querschnittsthemen wie die Nutzung von IT-Unterstützung, speziellen Methoden, Prozessen und Strukturen für die Beobachtung disruptiver Technologieentwicklungen sowie weiterzuempfehlende Praktiken aus Sicht der Studienteilnehmer abgefragt. Da die frühen Phasen des Innovationsprozesses im Mittelpunkt dieses Buches stehen, liegt der Fokus der folgenden Abschnitte insbesondere auf den Phasen der Identifikation und Bewertung technologischer Entwicklungen. Über einen Einblick in ausgewählte Ergebnisse der durchgeführten Studie hinaus werden in den folgenden Abschnitten auch praktische Beispiele zur Identifikation und Bewertung technologischer Entwicklungen bei den Unternehmen Festo AG & Co. KG sowie Alfred Kärcher GmbH & Co. KG vorgestellt.

3.2 Erfolgsfaktoren bei der Beobachtung technologischer Entwicklungen

In jedem auch noch so kleinen Unternehmen werden Technologien beobachtet und bezüglich des Einsatzes im unternehmerischen Kontext bewertet. Die strukturierte Unterstützung bei der Identifikation und Bewertung technologischer Entwicklungen kann dazu beitragen, sowohl die Effizienz als auch die Qualität der Bewertung zu steigern und damit eine verbesserte Basis für die nachfolgende Technologie- und Produktentwicklung zu schaffen.

3.2.1 Identifikation technologischer Entwicklungen

Zuallererst stellt sich die Frage, ob eine Suchstrategie für die Identifikation und Beobachtung technologischer Entwicklungen, oft auch als Scouting oder Monitoring bezeichnet, definiert wurde. Diese Suchstrategie sollte sich an der Unternehmens-, Technologie- und Innovationsstrategie orientieren, um mittel- und langfristigen Zielen gerecht zu werden. Darüber hinaus muss diese aktuell durch Produkte, Prozesse, Dienstleistungen und Geschäftsmodelle erfüllte Funktionen abbilden (siehe Schimpf 2010, S. 90 f.). Über die

Suchstrategie wird der Suchraum für potenziell relevante technologische Entwicklungen eingegrenzt und somit handhabbar gemacht. Hierzu gehören die Bestimmung des Informationsbedarfes, die Definition relevanter Informationsquellen sowie die Formalisierung des Informationsbedarfs in einem gemeinsamen Verständnis der Suchtermini, die für die Identifikation und Beobachtung technologischer Entwicklungen verwendet werden (siehe Schmitz 2015).

Auf strategischer Ebene sollten Technologiefelder definiert werden, die für das Unternehmen in der Zukunft zur Unterstützung der Technologie-, Innovations- oder Unternehmensstrategie von hoher Relevanz sind. Diese können sowohl über eine technologische Eigenschaft als auch durch einen bestimmten Funktionsbereich definiert werden. Sofern auf der strategischen Ebene produktbezogene Ziele im Mittelpunkt stehen, sollten diese entsprechend der operativen Ebene in relevante funktionale Bereiche untergliedert werden, die eine technologieoffene Suche nach technologischen Entwicklungen erlauben.

Für die Bestimmung des Informationsbedarfes auf operationaler Ebene wird auf bestehende Strukturen und die funktionale Dekomposition eingesetzter Technologien zurückgegriffen. Technologiebäume helfen, relevante Technologien und Funktionen in einer übersichtlichen Form zu identifizieren. Sie sind jedoch nicht geeignet, um Redundanzen des Technologieeinsatzes gerecht zu werden. Hierzu eignet sich vielmehr die Methode der Funktionsanwendungsmatrix, die die Erfüllung mehrerer Funktionen durch eine Technologie zulässt (siehe Schimpf et al. 2011, S. 284). Die Zuordnung von Technologien zu Funktionen stellt über den gesamten Prozess eines der wesentlichen Klassifizierungskriterien dar, das eine schnelle Zuordnung und damit die Grundlage für die Dokumentation und Kommunikation relevanter technologischer Entwicklungen bildet. Disruptive technologische Entwicklungen als Bedrohung etablierter Märkte zeichnen sich meist durch die kostengünstigere Erfüllung der Kundenbedürfnisse aus. Daher sind die strukturierte Definition sowie das kontinuierliche Hinterfragen derzeit erfüllter Funktionen sowie ein beständiger Abgleich mit den tatsächlichen Anforderungen der Kunden ein wesentlicher Erfolgsfaktor, um auf technologische Disruptionen vorbereitet zu sein. Als Ergänzung zur Identifikation und Beobachtung technologischer Entwicklungen bietet sich daher die kontinuierliche Nutzerbeobachtung durch ethnografische Methoden oder Design Thinking an, um Einblicke insbesondere in latente Kundenbedürfnisse zu bekommen, die das Potenzial für eine andersartige Erfüllung der Nachfrage bieten (siehe bspw. Williams 2010).

Auf Basis des Informationsbedarfes auf strategischer und operationaler Ebene sollten dann im nächsten Schritt relevante Informationsquellen definiert werden. Dies dient zum einen einer Erhöhung der Suchgenauigkeit, da Informationsquellen oft Informationen zu Technologien mit einem bestimmten Reifegrad oder Informationen mit einer bestimmten Qualität beinhalten. Zum anderen führt es zu erhöhter Transparenz über die Nutzung von Informationsquellen und damit zur Vermeidung von Redundanzen im Unternehmen. Lieferanten als Informationsquelle für technologische Entwicklungen sind für anwendungsnähere Reifegrade geeignet, wohingegen wissenschaftliche Veröffentlichungen meist Erkenntnisse über technologische Grundlagen beinhalten und damit eher für sehr frühe Entwicklungsphasen zweckmäßig sind.

Zur Erzielung bestmöglicher Suchergebnisse über verschiedene Informationskanäle ermöglicht die Definition von relevanten Begriffen, z. B. Synonymen der initialen Funktion, Definitionen relevanter Objekte sowie technischer Verben, die gezielte und wiederholbare Suche (siehe Schmitz 2015, S. 21). Hierzu kann in Abhängigkeit des Themenbereiches auch der Einsatz verschiedener Sprachen von Nutzen sein. Die Definition von Suchtermini ist speziell dann notwendig, wenn formale Informationsquellen in die Suche eingebunden werden sollen.

Bei den an der Studie teilnehmenden Unternehmen kamen verschiedene Ansätze zur Unterstützung der Identifikation und Beobachtung technologischer Entwicklungen zum Einsatz. Hierzu wurden für die Identifikation und Beobachtung disruptiver technologischer Entwicklungen sowohl generelle Methoden wie Ideenwettbewerbe, Verbundforschungsprojekte, wissenschaftliche Arbeiten oder Technologiestudien genannt. Zur Bewertung und Klassifizierung von Kundenanforderungen kamen Methoden wie Quality Function Deployment (QFD), Conjoint-Analysen oder das Kano-Modell der Kundenzufriedenheit zur Anwendung. Speziell zur Unterstützung der Technologiebeobachtung wurden Methoden wie der Technologieatlas, Technologieroadmapping sowie das Technologieradar genannt.

3.2.2 Bewertung technologischer Entwicklungen

Die Bewertung technologischer Entwicklungen in Unternehmen wird oftmals intuitiv durch einzelne interne Experten oder Expertengruppen durchgeführt. Die Bedeutung von Intuition ist im Bewertungsprozess als Erfolgsfaktor in keinem Fall zu vernachlässigen. Um jedoch auch in den nachfolgenden Phasen des Innovationsprozesses technologische Entscheidungen nachvollziehbar und transparent zu machen, können die Definition einheitlicher Bewertungskriterien und eine kompetenzbasierte Verteilung der Verantwortlichkeiten einen klaren Vorteil darstellen. Grundsätzlich spielen Intuition und qualitative Bewertungsverfahren in frühen Phasen des Innovationsprozesses, in denen nur wenige Informationen vorhanden sind, eine wichtigere Rolle als in späteren Phasen. Die Bewertung technologischer Entwicklungen kann in drei aufeinander aufbauenden Ebenen der Visualisierung und Entscheidungsunterstützung, der Klassifizierung und Bewertung sowie der Datenerhebung, Analyse und Projektion untergliedert werden (siehe Abb. 3.2).

In den drei Ebenen der Technologiebewertung stellen sich die folgenden Leitfragen (siehe zur weitergehenden Ausführung Schimpf und Rummel 2015, S. 51 f.):

- **Wie werden die Ergebnisse der Bewertung und Klassifizierung dargestellt?** Die Unterstützung technologischer Entscheidungen stellt den Hauptzweck der Technologiebewertung in Unternehmen dar. Oftmals sind die Rollen des Bewerters und des Entscheiders bezüglich technologischer Entwicklungen in Unternehmen getrennt. Daher spielt es eine wichtige Rolle, wie die Zusammenhänge und insbesondere die Bedeutung einer technologischen Entwicklung für das Unternehmen zur Unterstützung

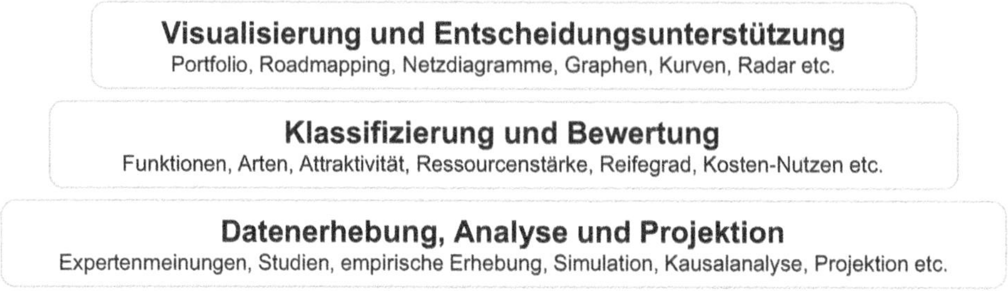

Visualisierung und Entscheidungsunterstützung
Portfolio, Roadmapping, Netzdiagramme, Graphen, Kurven, Radar etc.

Klassifizierung und Bewertung
Funktionen, Arten, Attraktivität, Ressourcenstärke, Reifegrad, Kosten-Nutzen etc.

Datenerhebung, Analyse und Projektion
Expertenmeinungen, Studien, empirische Erhebung, Simulation, Kausalanalyse, Projektion etc.

Abb. 3.2 Ebenen der Technologiebewertung. (Quelle: Schimpf und Rummel 2015, S. 50)

der Entscheidungsfindung aufbereitet und dargestellt werden. Zu den Möglichkeiten der Darstellung gehören verschiedene Metaphern wie die der Straßenkarte in Technologie-Roadmaps oder die des Radar-Systems. Darüber hinaus stellen Portfolios und Lebenszyklusmodelle wichtige Möglichkeiten dar, um anhand von drei Dimensionen Technologien im Vergleich darzustellen oder deren Entwicklung über den zeitlichen Verlauf zu verfolgen.

- **Welche Kriterien werden für die Bewertung und Klassifizierung verwendet?** Klassifizierungskriterien, die bereits zum Teil in der Suchstrategie definiert werden, dienen der Zuordnung technologischer Entwicklungen zu bestimmten Gruppen entsprechend beispielsweise Reifegraden, Einsatzgebieten oder Technologiefeldern. Bewertungskriterien dienen der strukturierten Unterstützung der Bewertung einer technologischen Entwicklung bezüglich des Einsatzes im Unternehmenskontext. Bewertungskriterien sollten unternehmensspezifisch definiert werden, damit sie den unternehmensspezifischen Kontext der Bewertung bestmöglich abbilden können. Generell empfiehlt es sich, sowohl technische als auch wirtschaftliche Dimensionen zu berücksichtigen und diese durch strategische oder sonstige Bewertungskriterien zu ergänzen.

- **Wo kommen die Daten her, die für die Bewertung und Klassifizierung notwendig sind?** Die Herkunft der Daten für die Bewertung technologischer Entwicklung hängt in hohem Maße von Art und Reifegrad der Technologie sowohl von potenziellen Einsatzbereichen ab. Sekundärdaten, also solche, die bereits in irgendeiner Art formalisiert sind, ermöglichen den einfachen Zugang zu relevanten Informationen. Primärdaten, die in Eigenarbeit erhoben werden, bedeuten einen erhöhten Aufwand, erlauben jedoch eine verbesserte Anpassung an den speziellen Kontext der Bewertung. Die ergebnisoffene Analyse ist oft eine der größten Herausforderungen, insbesondere wenn es um die Bewertung von technologischen Entwicklungen in technologieintensiven Unternehmensbereichen geht. Die Analyse der Bewertungsdaten in einer interdisziplinären Gruppe mit Vertretern aus unterschiedlichen Unternehmensbereichen ist daher empfehlenswert.

In der durchgeführten Studie wurden zur Bewertung disruptiver technologischer Entwicklungen insbesondere die verwendeten Kriterien hervorgehoben und sowohl marktorientierte Kriterien wie die Nachfrage und der potenzielle Marktanteil als auch technologieorientierte Kriterien wie der Reifegrad und das notwendige Investment genannt. Darüber hinaus wurden Kriterien wie der strategische Fit sowie die Nachhaltigkeit genannt. In den frühen Phasen der Bewertung wurden insbesondere Forschung und Entwicklung, Engineering, Technologieentwicklung, Mergers & Acquisitions sowie die Patentabteilung als Verantwortliche genannt, wohingegen die Bewertung in späteren Phasen durch detailliertere Studien stattfindet. Besonders für kleine Unternehmen spielt hier die frühe Einbindung von Lieferanten und Kunden eine wichtige Rolle.

Da sich disruptive technologische Entwicklungen durch ihre Entwicklungspfade auszeichnen, stellt die kontinuierliche Bewertung einen wichtigen Faktor für deren erfolgreiche Beobachtung dar. Die Innovationsfalle, dass eine bestimmte Technologie schon in der Vergangenheit negativ bewertet wurde, und daher nicht mehr berücksichtigt wird, sollte hier über entsprechende Mechanismen im Prozess vermieden werden.

3.2.3 Speicherung und Kommunikation identifizierter Technologieentwicklungen

Zur Nutzung und Weitergabe der aufgearbeiteten Bewertungen technologischer Entwicklungen für ein Unternehmen ergibt sich die Notwendigkeit der Speicherung und Kommunikation. Da es sich um Informationen handelt, die z. T. wenig strukturiert sind und meist noch keine technischen Detailinformationen beinhalten, ist die Speicherung und Kommunikation kaum durch gängige Instrumente wie Produktdatenmanagementsysteme oder Produkt-Life-Cycle-Managementsysteme abgedeckt. Grundlage der Speicherung und Kommunikation stellen sogenannte Technologiedatenblätter oder Technologiesteckbriefe dar (siehe Masior und Schimpf 2015). Datenblattbausteine sollten entsprechend den Anforderungen im Unternehmen definiert werden und beinhalten beispielsweise generelle Dokumentationen und Beschreibungen, mögliche Anwendungsbereiche, Informationen zum Lebenszyklusverhalten einer Technologie, Bewertungsergebnisse, Verweise auf Informationsträger sowie Verantwortlichkeiten (siehe Tab. 3.1).

Über die Dokumentation einzelner Technologien in Technologiedatenblättern hinaus ist für eine effiziente Nutzung auch die Verfügbarkeit einer übergeordneten Klassifikation, bestenfalls ergänzt durch intelligente Suchalgorithmen, notwendig. Minimallösungen basieren hier auf Strukturen, die an Technologiebäume angelehnt sind. Diese haben entsprechend dem Einsatz von Technologiebäumen den Nachteil, dass sie einer 1:n-Beziehung zwischen Technologien und Anwendungen nicht gerecht werden können. Für den schnellen Zugriff auf relevante Bewertungen sollten bei der Speicherung Visualisierungen zum Einsatz kommen, die den Vergleich oder die Darstellung von Zusammenhängen unterschiedlicher Technologien in einem Modell ermöglichen. Hierzu gehören beispielsweise Technologieradare, Technologieroadmaps oder das House of Technology.

Die Kommunikation von Ergebnissen der Identifikation und Bewertung technologischer Entwicklungen sollte weitgehend in Anlehnung an existierende und im Unter-

Tab. 3.1 Beschreibung der Bausteine eines Technologiedatenblattes. (Quelle: In Anlehnung an Schuh und Klappert 2010, S. 138 f.; Schimpf 2010, S. 131 f.)

Bausteine Technologiedatenblatt	Beschreibung
Beschreibung und Dokumentation	Generelle Beschreibung der Technologie, um eine schnelle Einordnung und einen ersten Überblick über die Möglichkeiten der Technologie zu bekommen
Anwendungsbereiche	Auflistung oder Kurzbeschreibung möglicher Einsatzbereiche. Da die Bewertung entsprechend den Einsatzbereichen oft unterschiedlich ausfällt, muss auch die Anzahl der Bewertungen entsprechend den Einsatzbereichen vorgesehen werden. Sinnvoll in diesem Baustein ist oft auch die Nennung einer Referenztechnologie, die derzeit im Einsatz ist und als Maßstab für den Vergleich dienen kann
Lebenszyklusverhalten	Generelle Informationen über den Einsatz der Technologie sowie die Besonderheiten in den Lebenszyklusphasen wie Entwicklung, Herstellung, Betrieb oder Entsorgung
Bewertung	Unter Verwendung der definierten Bewertungskriterien sollte in diesem Baustein die Bewertung der technologischen Entwicklung im Unternehmenskontext dargestellt werden – je nach Informationsstand zur Technologie mit unterschiedlichen Detaillierungsgraden. Für die schnelle Erfassung der Bewertung und den Vergleich zwischen verschiedenen Technologien kann auch hier eine Visualisierung der Bewertungsergebnisse von Vorteil sein
Verweise auf Informationsträger	Da detaillierte Informationen nicht im Mittelpunkt der Technologiebeobachtung stehen, sollte in diesem Baustein auf relevante Informationsträger hingewiesen werden, bei denen weitergehende Informationen gefunden werden können
Verantwortlichkeiten	Kern der Technologiebeobachtung ist das Netzwerk aus Experten. Verantwortlichkeiten für die Beobachtung technologischer Entwicklungen müssen daher an Experten geknüpft sein, zu denen entsprechende Kontaktmöglichkeiten in diesem Baustein ersichtlich sein sollten

nehmen gängige Kommunikationskanäle stattfinden. In der Kommunikation wird hierzu zwischen einem Informations-Push und einem Informations-Pull unterschieden. Informations-Pull beinhaltet die Bereitstellung von Informationen für den Abruf durch einen Nutzer, im Informations-Push werden Informationen an eine definierte Zielgruppe weitergeleitet. Die Speicherung der Bewertung technologischer Entwicklungen in Technologiedatenblättern in Kombination mit geeigneten Klassifikations- und Suchmechanismen stellt die Basis für den Informations-Pull dar. Dieser kann durch Zugangsberechtigungen gegebenenfalls angepasst werden, insbesondere, um sensiblen Informationen gerecht zu werden. Für einen gezielten Informations-Push können Unternehmenszeitschriften, E-Mail oder Sofortnachrichtendienste genutzt werden. Hier gilt es zu berücksichtigen, dass die Zielgruppen sorgfältig zusammengestellt werden, um eine Überladung einzelner Personen mit zu vielen Informationen zu vermeiden.

Neben der persönlichen Kommunikation stellen Informationstechnologien heutzutage einen der wesentlichen Enabler unternehmensbezogener Kommunikation dar. Für die Kommunikation von Informationen zu disruptiven technologischen Entwicklungen wurden in der durchgeführten Studie interne Datenbanken, Kollaborationsplattformen, Produktdatenmanagementsysteme, Enterprise Resource Planning, E-Mail, Office-Anwendungen und Fileserver genannt. Komplementär zum Einsatz von IT-Systemen wurde jedoch die Einbindung hochqualifizierter Mitarbeiter als wichtigster Erfolgsfaktor hervorgehoben. Auf Basis dieser Erkenntnis wurde im Verbundforschungsprojekt syncTech an einer verbesserten Nutzung sozialer Medien zur Beobachtung disruptiver technologischer Entwicklungen gearbeitet. Unter anderem wurde hierzu die Open-Source-Plattform des Semantic MediaWiki[2] durch Visualisierungen wie ein Technologieradar und eine Portfoliodarstellung ergänzt.

3.2.4 Empfehlungen zur Beobachtung disruptiver Technologieentwicklungen in den frühen Innovationsphasen

Als Abschluss der durchgeführten Studie wurde die Frage gestellt, welche Praktiken die beteiligten Unternehmen als besonders erfolgversprechend weiterempfehlen würden. Dieser Abschnitt gibt eine Zusammenfassung der wichtigsten Antworten und damit Empfehlungen für die Beobachtung disruptiver Technologieentwicklungen (siehe auch Schimpf 2015).

- **Mitarbeitereinbindung:** Über alle Phasen der Beobachtung disruptiver technologischer Entwicklungen hinweg wurden in der durchgeführten Studie die Mitarbeiter als wesentlicher Erfolgsfaktor genannt. Über die unternehmensbezogenen Kompetenzen hinaus wurden auch Freiräume genannt, die es ermöglichen, vom Know-how der Mitarbeiter in nicht geplanten, und damit potenziell disruptiven Bereichen, zu profitieren.
- **Zentrale Planung der F&E:** Dezentrale Bereiche tendieren dazu, in der Technologieplanung ihr derzeitiges Wissen zur Erfüllung von Kunden- und Nutzerwünschen in den Mittelpunkt zu stellen. Eine zentrale Stelle, durch welche die F&E-Planung unterstützt wird, kann dazu beitragen auch neue, bisher wenig beachtete technologische Entwicklungen objektiv zu bewerten und in die F&E-Planung einzubinden.
- **Offene und experimentierfreudige Unternehmenskultur:** Die Akzeptanz von Neuerungen und der Umgang mit Veränderungen einer Organisation wurden als erfolgsbestimmend für die Identifikation und den Umgang mit disruptiven Technologieentwicklungen genannt.
- **Regelmäßige Diskussion technologischer Trends:** Die Diskussion technologischer Trends in internen und externen Netzwerken, innerhalb und außerhalb der eigenen

---

[2] Semantic MediaWiki: Semantisches Wiki das auf der Open-Source-Software MediaWiki beruht. Weitere Informationen unter http://www.semantic-mediawiki.org (Juli 2015).

Branche, ermöglicht eine verbesserte Einschätzung des Disruptionspotenzials von Technologieentwicklungen und damit eine verbesserte Planung entsprechender Maßnahmen.
- **Einsatz von Methoden der Technologiebeobachtung:** Der Einsatz von Instrumenten wie einem Technologieatlas, Technologieradaren oder Technologieroadmaps ermöglicht die strukturierte Beobachtung technologischer Entwicklungen und deren frühzeitige Einbindung in die Unternehmensplanung. Darüber hinaus stellen diese Instrumente die Grundlage für die Kommunikation dar, durch die verschiedene Handlungsoptionen berücksichtigt werden können.
- **Gemeinsame Zukunftsbilder:** Die Erstellung von gemeinsamen Zukunftsbildern für das eigene Unternehmen oder die eigene Branche wurde als Grundlage für die verbesserte Wahrnehmung von Chancen und Risiken hervorgehoben. Diese unterstützen bei der Diskussion relevanter Trends und deren Auswirkungen auf das Unternehmen sowie bei Entscheidungen über verschiedene Handlungsoptionen.

Um der hohen Unsicherheit der frühen Innovationsphasen gerecht zu werden und potenzielle disruptive Technologieentwicklungen zu erkennen, gilt es, Netzwerke aus Mitarbeitern und externen Partnern bestmöglich zu nutzen und in die Planung einzubinden. Darüber hinaus ist es notwendig, den Umgang mit Neuem im Unternehmen zu etablieren, dessen Auswirkungen regelmäßig zu diskutieren und in den Unternehmensalltag einzubinden. Im folgenden Abschnitt werden zwei Praxisbeispiele der Unternehmen Festo AG & Co. KG sowie der Alfred Kärcher GmbH & Co. KG dargestellt, um einen Einblick in die praktische Umsetzung zu geben.

3.3 Praxiseinblicke: Beobachtung von Technologieentwicklung in den frühen Innovationsphasen

Für die erfolgreiche Identifikation und Bewertung technologischer Entwicklung gibt es zahlreiche erfolgreiche sowie weniger erfolgreiche Beispiele aus der Praxis. Die Unternehmen Kärcher und Festo haben es geschafft, sich in ihrer Historie auf neue Entwicklungen einzustellen und diese in ihrer Branche maßgeblich mitzugestalten. Um einen möglichst breiten Einblick in die Praxis zu geben, liegt der Schwerpunkt bei Kärcher auf dem System des Technologieradars als Methode zur kontinuierlichen Verfolgung technologischer Entwicklungen und bei Festo auf der Bewertung von Technologieentwicklungen, die bereits intern vorangetrieben werden.

3.3.1 Dezentrales Technologieradar zur kontinuierlichen Verfolgung von Technologieentwicklungen bei Alfred Kärcher GmbH & Co. KG

Die Alfred Kärcher GmbH & Co.KG (Kärcher) ist der weltweit führende Anbieter von Reinigungstechnologiesystemen, -produkten sowie -dienstleistungen für Freizeit, Haushalt, Gewerbe und Industrie. Die Produkte ermöglichen es den Kunden, ihre Reinigungsaufgaben in einer wirtschaftlichen und umweltschonenden Weise zu lösen. Die Produktpalette reicht vom innovativen Fenstersauger für Endkonsumenten (B2C), der eine neue Produktkategorie eröffnet hat, bis hin zu Kommunaltechnik (B2B) mit kommunalen Geräteträgern, die Kommunen bei vielfältigen Reinigungs-, Räum- und Pflegearbeiten unterstützen. 2014 hat Kärcher einen Umsatz von 2,12 Millionen Euro erzielt und mit 12,72 Millionen verkauften Geräten die höchste Stückzahl in seiner Geschichte erreicht. Innovation war wieder einer der wichtigsten Wachstumsfaktoren: 90 % der Kärcher-Produkte sind nicht älter als fünf Jahre. Allein 2014 hat das Unternehmen über 120 neue Produkte auf den Markt gebracht und mehr als 50 neue Patente angemeldet (534 aktive Patente). Zahlreiche Auszeichnungen wie zu Technologie, Reinigungsleistung, Design und Service zeigen auch die Innovationsfähigkeit des Unternehmens auf.

Technologie spielt für das Produktportfolio sowie für das Selbstverständnis des Unternehmens Kärcher eine wichtige Rolle: Nach wie vor stellt die Entwicklung des ersten europäischen Heißwasser-Hochdruckreinigers und speziell die Konstruktion zur Wassererhitzung durch den Unternehmensgründer Alfred Kärcher im Jahr 1950 die Basis aller Brenner dar. Darüber hinaus stellt der Einsatz neuester Technologien bei Kärcher in den heute zahlreichen Geschäftsbereichen einen wesentlichen Bestandteil des Unternehmensalltags dar (siehe für eine weitere Ausführung auch Heubach und Schimpf 2015; Schimpf und Heubach 2013).

Ein wichtiges Instrument für die Identifikation und Bewertung technologischer Entwicklungen ist bei Kärcher das Technologieradar. Relevante Technologiefelder werden hierzu auf Basis von Kundenanforderungen über Funktionen definiert. Entsprechend den Technologiefeldern sind verantwortliche Mitarbeiter in dezentralen Abteilungen definiert, die die Entwicklung relevanter Technologien in den einzelnen Technologiefeldern nachverfolgen. Schwerpunkt der Technologiebeobachtung bei Kärcher liegt auf der Entwicklung von Technologien und deren Integration von Produkten, Produktion und Dienstleistungen. Dies kann am Beispiel der Reinigungstechnologie, die durch eine funktionale Aufteilung entsprechend den dahinterliegenden technischen Prinzipien auf Basis der Normung DIN 8592 (DIN 2003) vorgenommen wurde, gut dargestellt werden (siehe Abb. 3.3).

Entsprechend der Komplexität und der Relevanz des Technologiefeldes werden bei Kärcher Verantwortlichkeiten entweder auf der Ebene des Technologiefeldes oder einzelner Technologien definiert.

Unterstützend in der Technologiebeobachtung kommt bei Kärcher ein Technologie-Wiki zum Einsatz, um die Speicherung und Kommunikation relevanter Informationen in der dezentralen Organisationsstruktur zu ermöglichen. In einer ersten prototypischen

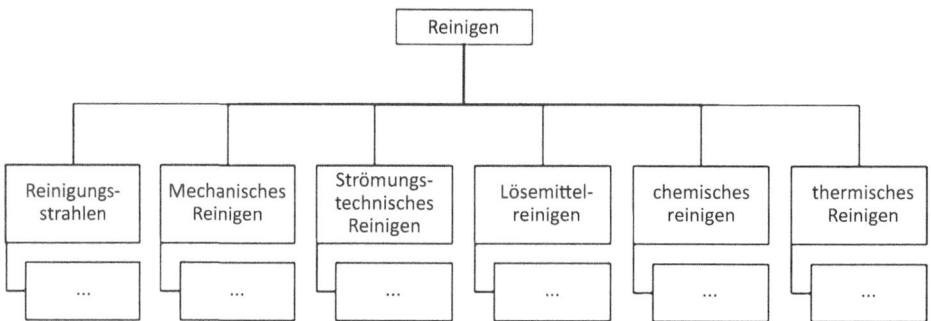

Abb. 3.3 Strukturierung von Technologiefeldern am Beispiel von Reinigungstechnologien. (Quelle: DIN 2003)

Umsetzung auf Basis des Semantic Mediawiki wurde hierzu ein Technologiedatenblatt aufgebaut, das sich in drei Kategorien untergliedert: erstens die Beschreibung und Kategorisierung der zugrunde liegenden technologischen Prinzipien, zweitens die Relevanzbewertung der Technologie für Kärcher auf Basis vordefinierter Kriterien und drittens weitere Informationsquellen und Kontaktdetails für den Zugang zu weiteren Informationen über die derzeitige und zukünftige Entwicklung der Technologie. Maßgeblich für den Einsatz des TechnologieWikis ist die Mischform aus formalisierten, notwendigen Informationsfeldern und einer frei editierbaren Umgebung. Hierdurch wird es möglich, einer hohen Anzahl an unterschiedlichen Technologien gerecht zu werden (Abb. 3.4).

Da bei Kärcher bereits im Vorfeld das kommerzielle Enterprise Wiki „Confluence" des australischen Unternehmens Atlassian[3] zum Einsatz kam, wurde dieses als Basis für die längerfristige Etablierung des TechnologieWikis bei Kärcher eingesetzt.

Ein zentraler Erfolgsfaktor für die dezentrale Organisation der Technologiebeobachtung war es, spezielle Rollen und Verantwortlichkeiten zu definieren. Hierzu gehören unter anderem Rollen wie das Mitglied eines Technologieradarteams oder der Technologieradarkoordinator. Mitglieder der Technologieradarteams beispielsweise haben bei Kärcher die Funktion des Gate Keepers und sind für das regelmäßige Scanning, Monitoring und Scouting in ihrem Technologiebereich verantwortlich. Darüber hinaus beinhaltet diese Rolle die Teilnahme an regelmäßigen Treffen sowie die Dokumentation in regelmäßigen Trendreports und Ad-hoc-Technologiealerts. Damit die Technologiebeobachtung nicht zu einer Nebentätigkeit abgestuft wird, wurden allen Rollen die entsprechenden Ressourcen zugeordnet. Zusätzlich zur dezentralen, inhaltlichen Verteilung der Verantwortlichkeiten ist der Technologieradarkoordinator für die strategische Steuerung und die Unterstützung der Technologieradarteams zuständig. Dies beinhaltet beispielsweise die Einberufung von Treffen, die Konsolidierung und Weiterentwicklung des Technologieradars sowie die operative Unterstützung zwischen den einzelnen Teams.

---

[3] Weitere Informationen unter http://de.atlassian.com/software/confluence (Juli 2015).

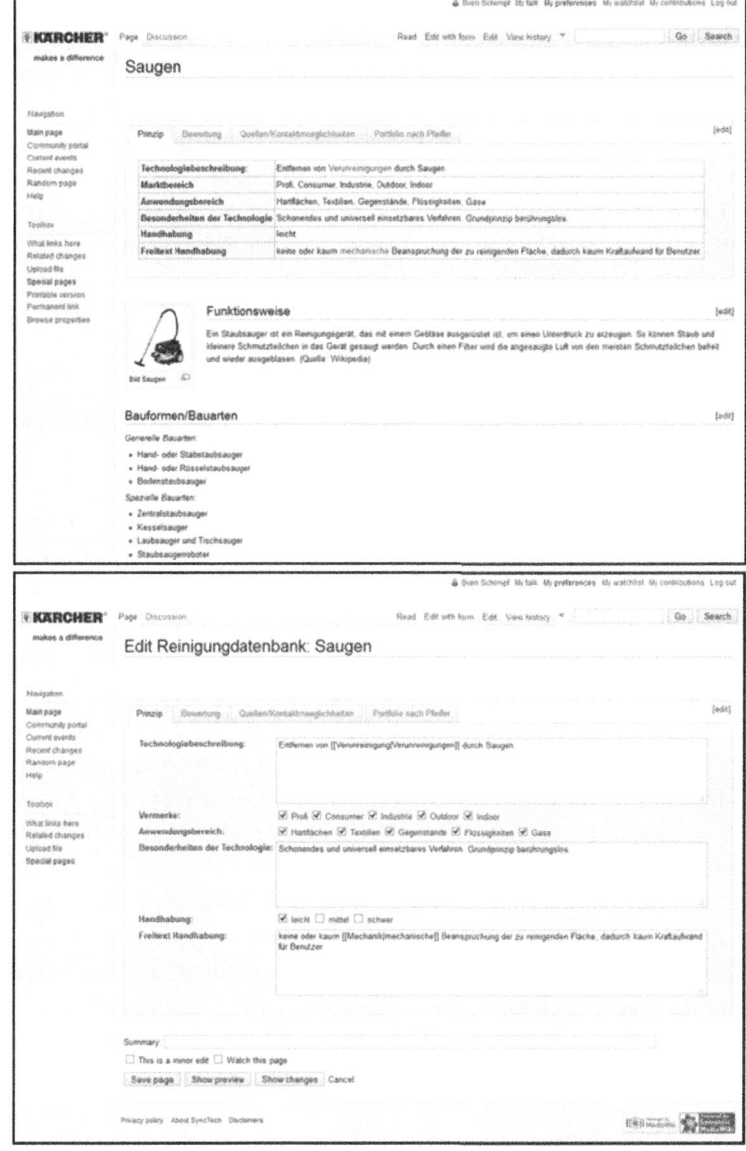

Abb. 3.4 IT Prototyp des Kärcher Technologieradars auf Basis des Semantic MediaWiki. (Quelle: Schimpf und Heubach 2013, S. 12)

In Kombination mit der Definition von Verantwortlichkeiten zur Beobachtung technologischer Entwicklungen konnte durch die prototypische Umsetzung des TechnologieWikis in kurzer Zeit das Feedback der zuständigen Personen eingeholt und diskutiert werden. Darüber hinaus wurde durch die funktionale Klassifizierung ein System geschaffen, in dem Informationen zu technologischen Entwicklungen abgelegt und effizient wiedergefunden werden. Wesentlicher Erfolgsfaktor für die Identifikation und Bewertung auch disruptiver Entwicklungen ist die kontinuierliche Einbindung der Mitarbeiter in die Technologiebeobachtung. Eine Herausforderung, die es in der Zukunft noch zu meistern gilt, ist eine verbesserte Unterstützung der Technologieradarteams, insbesondere bei komplexen Abfragen in großen Wissensfeldern.

3.3.2 Priorisierung von Technologieentwicklung durch die Bewertung technologischer Projekte bei Festo AG & Co. KG

Die Festo AG & Co. KG (Festo) ist ein weltweiter Technologie- und Innovationsführer im Bereich der Industrie- und Prozessautomation mit elektrischen und pneumatischen Komponenten sowie Systemen. Mit 59 Landesgesellschaften und über 250 Niederlassungen ist das Unternehmen international in 176 Ländern vertreten, es beschäftigt weltweit ca. 16.700 Mitarbeiter und erzielte 2014 einen Umsatz von 2,3 Mrd. Euro. Darüber hinaus hält das Unternehmen weltweit mehr als 2600 Patente. Die Zahl der jährlichen Neuanmeldungen liegt bei etwa 100. Um diesen Erfolg an Neuanmeldungen und die Innovationsführerschaft zu fördern, setzt Festo auf die Entwicklung und Nutzung neuer Technologien im eigenen Unternehmen. Wesentliche Basis zur Schaffung technologischer Entwicklungen bildet dabei vor allem das bereichsübergreifende Innovations- und Technologiemanagement im Unternehmen.

Eine Herausforderung, der sich Festo wie auch andere technologieorientierte Unternehmen gegenübergestellt sehen, ist, dass Technologieentwicklungsaktivitäten nach der strategischen Entscheidung oft große technische und wirtschaftliche Herausforderungen mit sich bringen und eine Einschätzung des gegenwärtigen Entwicklungsstands nur schwer möglich ist (Rummel et al. 2013). Um dieser Herausforderung zu begegnen und eine effektive Entwicklung neuer Technologien zu fördern, hat das Unternehmen den in Abb. 3.5 skizzierten Bewertungsprozess zur Reifegradermittlung von Technologieentwicklungsprojekten pilothaft eingeführt (Rummel et al 2013). Basierend auf den Erfahrungen mit bereits etablierten Innovations- und Technologiemanagementinstrumenten, wie beispielsweise dem bereichsübergreifenden Forschungs- und Vorentwicklungsprozesses, ist es Ziel im Unternehmen, mit diesem Instrument ein Rahmengerüst bereitzustellen, mit dessen Hilfe eine Entscheidungsfindung in der Technologieentwicklung in Bezug auf eine Weiterentwicklung oder einen Abbruch von Entwicklungsaktivitäten nachvollziehbar erfolgen kann.

Die entwickelte Methode ist in die vier Phasen Konzept definieren, Konzept zerlegen, mehrperspektivische Reifegradbetrachtung und Ergebniszusammenführung unterteilt

3 Technologieentwicklung als Innovationstreiber

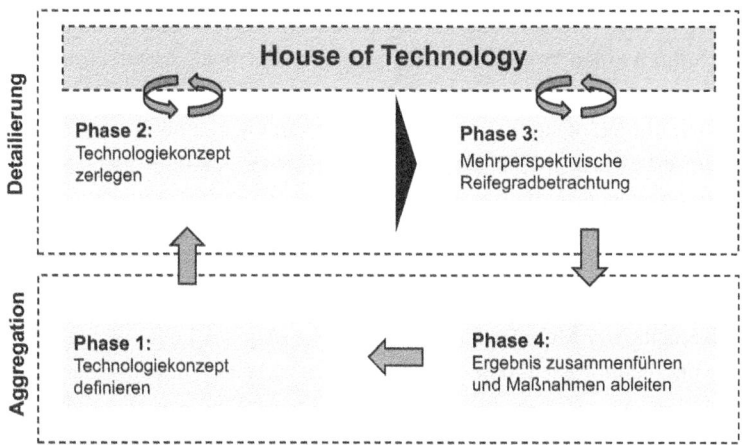

Abb. 3.5 Bewertungsprozess für Technologieentwicklungsprojekte. (Quelle: Rummel 2015, S. 100)

(Rummel 2015). Maßgeblich für den Einsatz der Methode (vgl. Abb. 3.5) ist die Bereitschaft, Zeit für eine mehrstufige und umfassende Evaluierung aufzubringen, welche über klassische Projektmanagementansätze hinausgeht und die Zusammenführung unterschiedlichster Informationen erfordert. Wenn dies gelingt, dann können sowohl mithilfe einer systematischen Zielbestimmung als auch eines festgelegten Methodeneinsatzes während der Bewertungen bislang subjektiv getroffene Entscheidungen durch ein systematisches Vorgehen zur Reifegradbewertung abgelöst werden.

Um einen operablen Zugang zu den eingesetzten Technologien in laufenden Technologieentwicklungsprojekten zu erhalten und deren Reifegrad zu ermitteln, wird auf einen abgewandelten Funktionsansatz (House of Technology) für technische Systeme zurückgegriffen (Rummel et al. 2013, S. 179). Durch Expertenwissen aus unterschiedlichen Unternehmensbereichen kann zudem vorhandenes Know-how gezielt in die Bewertungen einfließen. Die Berücksichtigung von Fertigungs- und Wirtschaftlichkeitsaspekten in Phase 3 des Vorgehens ermöglicht es, sowohl herstellungs- als auch monetäre Aspekte über reine Technikbetrachtungen hinaus in die Bewertung einzubinden. Zugrunde gelegte Templates, festgelegte Berechnungslogiken sowie vordefinierte Handlungsoptionen ermöglichen es Experten und Entscheidungsträgern, die Planung weiterer Schritte im Entwicklungsverlauf gezielter durchzuführen. Der Einsatz des entwickelten Bewertungsprozesses kann während eines Technologieentwicklungsprojektes mehrmals herangezogen werden. Die erneute Bewertung erfolgt im Bewertungsprozess (vgl. Abb. 3.5) immer auf der Detaillierungsebene in Phase 3 mit einer sich anschließenden Zusammenführung und Maßnahmenableitung für das Projekt in Phase 4.

Die Wirksamkeit der Methode ist im Unternehmen bereits anhand verschiedener laufender Projekte getestet worden. Als Erfolgsfaktoren für den Einsatz im Unternehmen haben sich dabei folgende Punkte herauskristallisiert:

- Es ist eine gezielte Unterstützung bei der Durchführung von Bewertungen sicherzustellen, sei es durch einen kontinuierlichen Support oder feste Ansprechpartner während der Methodenanwendung.
- Zudem kann ein Workshopkonzept die zielgerechte Vor- und Nachbereitung der Bewertungen verbessern, indem klare Vorgaben, Templates oder gar eine feststehende Agenda den Anwendern die Bearbeitungsschritte während der Bewertung erleichtern.
- Die Nutzung von toolbasierten Ansätzen bietet die Möglichkeit, die Bewertungsergebnisse visuell aufzubereiten und besser darzustellen, den Ergebnisverlauf zu dokumentieren und Möglichkeiten für Präsentationsvorlagen zu schaffen.
- Nicht zuletzt sind der Mehrwert und die Akzeptanz für solche neuartigen Methoden im Rahmen von Technologieentwicklungsprojekten zu schaffen, bspw. durch die frühzeitige Einbindung von Ansprechpartnern in den Entwicklungsprozess oder einer detaillierten Erläuterung der zugrunde liegenden Bewertungssystematik und deren Mehrwert für Anwender.
- Einen wesentlichen Mehrwert stellt das Prinzip der systematischen Prüfung interner Technologieentwicklungsprojekte dar. Dieses ermöglicht es, den aktuellen Stand bezüglich Konsistenz zwischen Planung und Zielstellungen zu prüfen und die vorhandenen Ressourcen auf relevante und erfolgversprechende Entwicklungsaktivitäten zu konzentrieren. Insbesondere in größeren Unternehmen kann hierdurch die Synchronisierung von Aktivitäten der Technologie- und Vorentwicklung mit nachgelagerten Aktivitäten erheblich verbessert werden.

Literatur

Bullinger, H.-J. (1994). *Einführung in das Technologiemanagement*. Stuttgart: Teubner.

Christensen, C. M. (1997). *The Innovator's Dilemma*. Boston, Massachusetts: Harvard Business School Press. First eBook Edition.

Christensen, C. M., Anthony, S., & Roth, E. (2004). *Seeing What's Next: Using the Theories of Innovation to Predict Industry Change*. Boston, Massachusetts: Harvard Business School Publishing Corporation. First eBook Edition.

Daneels, E. (2004). Disruptive Technology Reconsidered: A Critique and Research Agenda. *Journal of Product Innovation Management, 21*(4), 246–256.

DIN (2003). *DIN 8592 : 2003–09 Fertigungsverfahren Reinigen – Einordnung, Unterteilung, Begriffe*. Berlin: Beuth Verlag.

Downes, L., & Nunes, P. (2014). *Big Bang Disruption: Strategy in the Age of Devastating Innovation*. London: Penguin Group.

Hauschildt, J., & Salomo, S. (2011). *Innovationsmanagement*. München: Vahlen.

Heubach, D., & Schimpf, S. (2015). Kärcher – ein gemeinschaftlicher und IT-gestützter Ansatz zum Technologiemonitoring von Reinigungstechnologien. In J. Warschat, S. Schimpf, & M. Korell (Hrsg.), *Technologien frühzeitig erkennen, Nutzenpotenziale systematisch bewerten*. Stuttgart: Fraunhofer Verlag.

Hinterhuber, H. (1975). *Innovationsdynamik und Unternehmensführung*. Wien: Springer.

Korell, M., & Schimpf, S. (2015). Das syncTech Modell zur synchronisierten Technologieadaption. In J. Warschat, S. Schimpf, & M. Korell (Hrsg.), *Technologien frühzeitig erkennen, Nutzenpotenziale systematisch bewerten* (S. 8–12). Stuttgart: Fraunhofer Verlag.

Kurr, T. (2003). Technology „Due Diligence" – Methodik zur Bewertung von Produkttechnologien. Dissertation RWTH Aachen.

Masior, J., & Schimpf, S. (2015). *Informationsspeicherung und Kommunikation. In J Warschat, S Schimpf, M Korell, Technologien frühzeitig erkennen, Nutzenpotenziale systematisch bewerten* (S. 62–69). Stuttgart: Fraunhofer Verlag.

Rummel, S. (2013). Reifegradbestimmung von Technologiekonzepten. Bewertungsbasierte Entscheidungsfindung in der Technologieentwicklung. In J. Gausemeier et al. (Hrsg.), *Vorausschau und Technologieplanung. 9. Symposium für Vorausschau und Technologieplanung* HNI-Verlagsschriftenreihe, (Bd. 318, S. 179–198).

Rummel, S. (2015). Festo – Prozesse, Rollen und Dokumentationsstrukturen zur Beobachtung und Reifegradbewertung von Technologien. In J. Warschat, S. Schimpf, & M. Korell (Hrsg.), *Technologien frühzeitig erkennen, Nutzenpotenziale systematisch bewerten*. Stuttgart: Fraunhofer Verlag.

Schimpf, S. (2010). *Social Software-Supported Technology Monitoring for Custom-Built Products*. Stuttgart: Jost-Jetter.

Schimpf, S. (2015). *Insights into the monitoring of disruptive technologies: evidence from a study of global industry leaders from Germany*. The R&D Management Conference 2015, Pisa, June 23rd–26th.

Schimpf, S., & Heubach, D. (2013). *The wisdom of technology experts: a collaborative and IT supported approach to monitoring technological developments*. Proceedings of the R&D Management Conference 2013, Manchester, UK, June 25th to 28th.

Schimpf, S., & Rummel, S. (2015). Bewertung von technologischen Entwicklungen. In J. Warschat, S. Schimpf, & M. Korell (Hrsg.), *Technologien frühzeitig erkennen, Nutzenpotenziale systematisch bewerten*. Stuttgart: Fraunhofer Verlag.

Schimpf, S., Kürümlüoglu, M., & Finger, J. (2011). Technologie-Roadmap: Oberflächen- und Beschichtungstechnologien für Haushaltsgeräte. In D. Spath (Hrsg.), *Mit Ideen zum Erfolg: Technologiemanagement in der Praxis* (S. 283–288). Stuttgart: Fraunhofer Verlag.

Schmitz, M. (2015). Erstellung der Suchstrategie. In J. Warschat, S. Schimpf, & M. Korell (Hrsg.), *Technologien frühzeitzeitig erkennen, Nutzenpotenziale systematisch bewerten* (S. 14–22). Stuttgart: Fraunhofer Verlag.

Schuh, G., & Klappert, S. (2010). *Technologiemanagement – Handbuch Produktion und Management 2*. Berlin: Springer.

Williams, L. (2010). *Disrupt: Think the Unthinkable to Spark Transformation in Your Business*. New Jersey: FT Press.

Neue Technologien als Befähiger für ressourceneffiziente Produkte und Dienstleistungen

Perspektivwechsel durch Life Cycle Thinking

Claus Lang-Koetz

Zusammenfassung

Neue Technologien können als Befähiger für neuartige Produkte und Dienstleistungen dienen. Für Unternehmen besteht die Herausforderung darin, in einem Technologiemonitoring die richtigen technologischen Ansätze aufzuspüren und auszuwählen. Produkte und Dienstleistungen, die sich durch einen effizienten Umgang mit Materialien und Energie auszeichnen, können vielfältige Chancen bieten. Bei ihrer Konzeption kann das sog. Lebenszyklusdenken (Life Cycle Thinking) behilflich dabei sein, ein verbessertes Verständnis zu erhalten und Ansatzpunkte herauszuarbeiten, an denen neue Technologien ansetzen können. In diesem Beitrag wird beschrieben, wie ein Technologiemonitoring für ressourceneffiziente Produkte und Dienstleistungen in der Praxis angegangen und wie dabei Life Cycle Thinking eingesetzt werden kann.

Inhaltsverzeichnis

4.1	Ressourceneffizientes Wirtschaften – Chance für produzierende Unternehmen	52
4.2	Technology Push durch neue Technologien	54
4.3	Aufspüren technologischer Chancen durch Technologiemonitoring	55
	4.3.1 Suchfeldbestimmung	56
	4.3.2 Suchen und Beobachten	57
	4.3.3 Bewerten und Entscheiden	57
	4.3.4 Speichern und Verteilen	59
4.4	Neue Perspektiven durch Life Cycle Thinking	60
4.5	Methodische Herangehensweise in der Praxis	64
	4.5.1 Suchfeldbestimmung für Ressourceneffizienz	64
	4.5.2 Suche nach neuen Technologien für ressourceneffiziente Lösungen	66

C. Lang-Koetz (✉)
Hochschule Pforzheim
Pforzheim, Deutschland
email: claus.lan_koetz@hs-pforzheim.de

© Springer Fachmedien Wiesbaden 2016
T. Abele (Hrsg.), *Die frühe Phase des Innovationsprozesses*, FOM-Edition,
DOI 10.1007/978-3-658-09722-6_4

         4.5.3   Bewertung der Ressourceneffizienz von Technologien (bzw. deren Anwendung) 66
4.6   Fazit 70
Literatur 70

4.1 Ressourceneffizientes Wirtschaften – Chance für produzierende Unternehmen

Die Bedeutung des nachhaltigen Wirtschaftens nimmt für Unternehmen immer mehr zu. Die Schlagworte Sustainability und Corporate Social Responsibility haben mittlerweile Eingang in die Managementpraxis vieler Unternehmen gefunden und sind auch in der Öffentlichkeit in aller Munde. Nachhaltigkeitsaspekte werden in der Praxis mittlerweile von vielen Unternehmen berücksichtigt – auch, um gesellschaftliche Verantwortung zu übernehmen (Koch 2015).

Nachhaltigkeit wird im Allgemeinen in eine ökologische, wirtschaftliche und soziale Dimension unterteilt. Oft verbleibt der Begriff auf einem abstrakten Level.

Etwas konkreter wird das Konzept der Ressourceneffizienz, das den effizienten Umgang mit natürlichen Ressourcen, also insbesondere Materialien und Energie, adressiert. In der Praxis wird oftmals zunächst die Energieeffizienz betrachtet, ausgelöst insbesondere durch langfristig steigende Energiepreise (auch wenn hier in letzter Zeit eher ein Einbruch stattgefunden hat). Unterbelichtet, aber oft wichtiger ist die Materialeffizienz, also der effiziente Umgang mit Materialien und Rohstoffen im Unternehmen. Das zeigen die Statistiken über die Aufteilung der Gesamtkosten der Unternehmen des verarbeitenden Gewerbes in Deutschland. Materialkosten machten 2013 mit 43,4 % der Gesamtkosten einen wesentlichen Kostenblock aus. Energiekosten hatten einen Anteil von 2,1 %, auf den Kostenblock Personal entfielen 17,9 %, siehe Abb. 4.1 (vgl. Statistisches Bundesamt 2015, S. 280).

Die Erhöhung der Ressourceneffizienz ist mittlerweile auch ein politisches Thema, das u. a. auf nationaler Ebene und in der Europäischen Union forciert wird. In Deutschland gibt es das sogenannte Deutsche Ressourceneffizienzprogramm (ProgRess, vgl. BMUB 2015), in der Europäischen Union ist das Thema „Resource Efficient Europe" ein wichtiger Teil der Zukunftsstrategie „Europe 2020", als eine von sieben sogenannten Flagship Initiatives (vgl. European Comission 2010).

Viele Unternehmen haben das Thema Material- und Energieeffizienz schon angegangen. So zeigen vielfältige Veröffentlichungen von Landes- und Bundesinitiativen, wie in der Praxis technische oder organisatorische Maßnahmen umgesetzt wurden, um Materialkosten zu reduzieren (siehe Links in Tab. 4.2).

Schließlich wurde kürzlich in einem Expertengremium des Vereins Deutscher Ingenieure (VDI) mit der VDI-Richtlinie 4800 eine Grundlage für einen Umgang mit dem Thema Ressourceneffizienz in der Praxis erarbeitet (Verein Deutscher Ingenieure e. V. 2015).

4 Neue Technologien als Befähiger für ressourceneffiziente Produkte

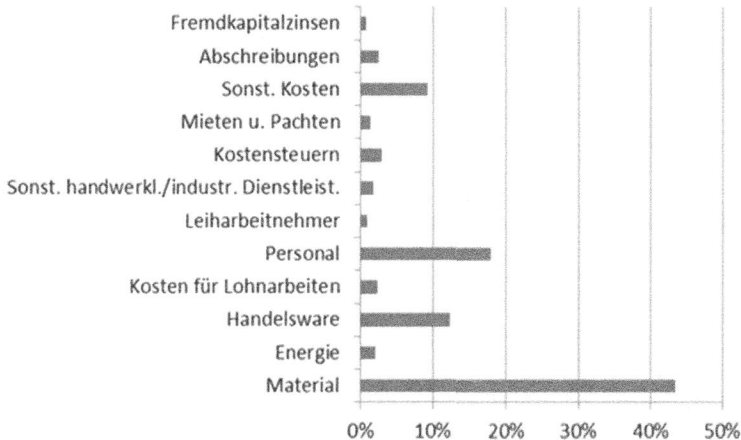

Abb. 4.1 Aufteilung der Gesamtkosten der Unternehmen des verarbeitenden Gewerbes 2013. (Quelle: Statistisches Bundesamt 2015, S. 280)

Wie kann aber nun im Unternehmen konkret die Ressourceneffizienz gesteigert werden? Hier werden immer wieder folgende Punkte genannt (vgl. Ritthoff et al. 2007):

- Optimierung der Produktionsprozesse (z. B. Verringerung des Verschnitts),
- Erhöhung der Auslastung von Maschinen und Anlagen,
- Verminderung von Ausschuss,
- Recycling von Werkstoffen,
- verbessertes Produktdesign bzw. veränderte Konstruktion, ggf. Umsetzung von Leichtbauprinzipien,
- firmenübergreifende Optimierungen (insbesondere mit Kunden und Lieferanten).

Welche Vorteile bieten nun Produkte und Dienstleistungen, die wenig Material und Energie verbrauchen? Bei der Konzeption und Entwicklung neuer Angebote stehen zunächst das Kundeninteresse und die Anforderungen, die daraus resultieren, im Vordergrund. Für viele Märkte und Kundengruppen spielen mittlerweile Material- und Energieverbrauch, die Langlebigkeit der Produkte und deren Freiheit von umwelt- und gesundheitsschädlichen Inhaltsstoffen eine wichtige Rolle. Dies ist begründet durch Interesse an geringen Betriebs-, Wartungs- und Instandhaltungskosten oder auch durch die Motivation vieler Endverbraucher, umweltfreundliche Gegenstände zu erwerben.

Unter dem Begriff Ressourceneffizienz wird also der effizientere Umgang mit Material und Energie verstanden. Unter dem Begriff Ultraeffizienz wird momentan gefordert, bestehende Prozesse in der Industrie komplett zu überdenken, um eine verlustfreie Produktion zu ermöglichen.[1] Ob der Begriff „Ultraeffizienz" als eine Steigerungsform des

---

[1] Der Begriff wurde vom Fraunhofer IPA geprägt, das Thema wird im Forschungsprojekt „Ultraeffizienzfabrik" verfolgt, siehe http://www.ultraeffizienzfabrik.de/.

Substantivs „Effizienz" semantisch überhaupt Sinn macht, ist durchaus fraglich. Jedoch steht er treffend für eine neue Denkweise, um mit neuen Ansätzen nicht nur inkrementelle Verbesserungen zu ermöglichen, sondern Material- und Energieverbräuche im größeren Umfang zu senken und so die Ressourceneffizienz maßgeblich zu erhöhen.

4.2 Technology Push durch neue Technologien

Technologien spielen eine wichtige Rolle in Industrieunternehmen und können in Produkten oder bei deren Herstellung eingesetzt werden (Produkttechnologien vs. Produktionstechnologien). Neue Technologien können grundsätzlich als Befähiger (engl. „Enabler") für ressourceneffiziente Innovationen dienen und Produkte und Prozesse mit höherer Ressourceneffizienz ermöglichen.

Leitfragen könnten zum Beispiel sein:

- Mit welchem Produktionsverfahren kann der Energieverbrauch bei der Herstellung der Produkte um 10 % gesenkt werden?
- Welche Technologie kann den CO_2-Footprint meines Produkts halbieren?
- Welches umweltfreundliche Material kann einen problematischen Stoff ersetzen?

Solche Fragen können Ausgangspunkte für eine Suche nach neuen Technologien sein. Mögliche technologische Ansätze für ressourceneffiziente Produkte und Prozesse werden unter anderem in folgenden Bereichen/Technologiefeldern gesehen (Rohn et al. 2009):

- „Sensorik (z. B. Condition Monitoring von Material und Struktur, standardisierte, mobile elektronische Steuerungs- und Regelungstechnik, autonome verteilte Mikrosysteme),
- Oberflächentechnologien (z. B. Oberflächenveredelung, Oberflächenfunktionalisierungen mit Nanotechnologien, Optimierung tribologischer Systeme, neue Beschichtungstechnologien wie Plasma-/Vakuumtechnik),
- Prozesstechnologien (z. B. Reinigung mit etwa Vibrationstechnik, Trocknungstechnologien wie IR-Trocknung, Simulationsmethoden, neuartige Umformtechnologien für Stahl, abfallfreie Verfahren),
- Prozessintensivierungstechniken (z. B. Mikroreaktionstechnik und Mikroverfahrenstechnik, neuartige Katalysetechniken, Kopplung bestehender Verfahrenstechnik mit biotechnologischen Prozessen),
- Wassermanagement (z. B. Membrantechnologie für Spezialanwendungen, Einengung der Prozesswasserkreisläufe, dezentrales Wassernutzungsmanagement wie Regenwassernutzung),
- Recyclinginfrastrukturen und -technologien (z. B. Recycling von anspruchsvollen Produkten wie Schiffen, Trennverfahren für komplexe Stoffverbünde),

- Werkstofftechnologien (z. B. Werkstoffe mit hoher Funktionsintegration, Nutzung von Sekundärrohstoffen aus dem Erdbau, Nutzung der Werkstoffvielfalt für den Leichtbau),
- Technologien zur Nutzung nachwachsender Rohstoffe (z. B. Rohstoffgewinnung und Herstellung von Produkten aus Pflanzen – speziell Algen, Kunststoffe aus nachwachsenden Rohstoffen),
- Technologien für Energiebereitstellung (z. B. Energiespeichertechnologien und Speichermedien, Wärme- und Kältetechnik, organische Photovoltaik, Ressourceneffizienz erneuerbarer Energien wie Offshore-Windkraftanlagen)".

Konkretere Anwendungsbeispiele für ausgewählte Teilthemen aus dieser Liste finden sich in Rohn et al. (2013).

Diese Übersicht und Informationen aus anderen Technologiestudien und -analysen können erste Anhaltspunkte aufzeigen, welche Technologien für ein Unternehmen relevant sein können. Sie können jedoch nur der Anfang einer detaillierten Analyse sein. Diese führt oft in „unsicheres Terrain", da man sich oft mit technologischen Themen beschäftigen muss, zu denen im Unternehmen wenig oder gar kein Know-how vorhanden ist. Die mit neuen Technologien oft einhergehende technologische Komplexität und/oder der damit verbundene hohe Neuheitsgrad erschwert es, den aktuellen Stand der Entwicklung und die Anwendbarkeit für das eigene Themengebiet zu durchschauen.

Konkret bedeutet dies: Das Auffinden relevanten Wissens ist im Allgemeinen mit hohem Aufwand verbunden, und die Bewertung neuer technologischer Ansätze kann schwierig sein.

4.3 Aufspüren technologischer Chancen durch Technologiemonitoring

Technologien können also in Produkt- oder Produktionssystemen eingesetzt werden und dort Chancen bieten, aber auch Risiken bergen. Wie kann nun ein Unternehmen unter vernünftigem Aufwand-Nutzen-Verhältnis relevante technologische Optionen aufspüren und bewerten? Das Konzept des Technologiemonitorings bietet hier interessante Möglichkeiten, die im Folgenden kurz vorgestellt werden.

„Technologiemonitoring beinhaltet die Identifikation, Bewertung und Beobachtung von Technologien in festgelegten und nicht festgelegten Technologiefeldern." (Schimpf und Lang-Koetz 2010).

Das Technologiemonitoring stellt damit wichtige Informationen für die strategische Planung der Entwicklung von Technologien und daraus resultierenden Produkt- oder Produktionssystemen zur Verfügung. Vergleichbare Ansätze werden mit den Begriffen Technology Intelligence, Technologiefrühaufklärung und Technologiescouting beschrieben. Ein guter Überblick zum Thema mit Praxisbeispielen findet sich in der Studie „Technologiemonitoring: Technologien identifizieren, beobachten und bewerten" des Fraunhofer-Instituts für Arbeitswirtschaft und Organisation IAO (vgl. Schimpf und Lang-Koetz 2010)[2] sowie in der Abschlusspublikation des Forschungsprojekts syncTech[3].

Technologiemonitoring kann in vier Phasen unterteilt werden (vgl. Schimpf und Lang-Koetz 2010):

1. Identifikation relevanter Technologie- oder Anwendungsfelder (Suchfeldbestimmung).
2. Informationssammlung zu relevanten Technologie- und Anwendungsfeldern (Suchen und Beobachten).
3. Bewertung relevanter Technologie- und Anwendungsfelder (Bewerten und Entscheiden).
4. Kommunikation der Ergebnisse des Technologiemonitorings (Speichern und Verteilen).

Ein Technologiemonitoring ist in enger Verknüpfung mit der Technologiestrategie eines Unternehmens zu sehen. Diese „dient der Planung und Festlegung der Maßnahmen und Aktivitäten zur Erreichung der technologischen Ziele von Unternehmen, die i. d. R. auf die Stärkung der Wettbewerbsfähigkeit abstellen" (Gabler Wirtschaftslexikon 2015).

In einer Technologiestrategie können verschiedene Maßnahmen festgelegt werden, zum Beispiel die Zusammenarbeit mit Forschungsinstituten, die Initiierung und Durchführung von Forschungs- oder Entwicklungsprojekten, Maßnahmen zur technischen Standardisierung oder Machbarkeitsuntersuchungen. Sie enthält im Allgemeinen auch das Suchfeld zur langfristigen Beobachtung neuer Technologien. Die Technologiestrategie ordnet sich dann wiederum in übergeordnete Überlegungen zu neuen Produkten und Innovationsthemen aus der Unternehmensstrategie ein. Im Technologiemonitoring können Informationen ermittelt werden, die zu einer Überarbeitung oder auch Neuformulierung der Strategie führen können (vgl. Wichert und Lang-Koetz 2015).

In der Praxis können die genannten vier Phasen des Technologiemonitorings wie im Folgenden beschrieben durchgeführt werden (in Anlehnung an Wichert und Lang-Koetz 2015).

4.3.1 Suchfeldbestimmung

Die als Informationsquellen potenziell wichtigen Technologiefelder, Märkte, Unternehmen und Institute werden festgelegt, um die spätere Suche zu konkretisieren. Hier ist ein Kompromiss zu finden zwischen Offenheit und freier Suche auf der einen und einem

---

[2] Die Studie steht unter http://publica.fraunhofer.de/documents/N-146352.html zum Download zur Verfügung.
[3] Vgl. Warschat et al. 2015, Als eBook verfügbar unter http://publica.fraunhofer.de/eprints/urn_nbn_de_0011-n-3372495.pdf.

Tab. 4.1 Auswahl formaler und informeller Informationsquellen für das Technologiemonitoring. (Quelle: Schimpf und Lang-Koetz 2010; in Anlehnung an Reger 2001)

Formale Informationsquellen	Informelle Informationsquellen
Statistiken	Konferenzen, Messen, Seminare
Zeitschriften, Literatur	Öffentliche F&E-Programme
Geschäftsberichte	Kundeninterviews, -umfragen
Vorausschauberichte	Persönliche Kontakte
Start-ups	Interne Netzwerke
Externe Auftragsstudien	Expertenrunden
Internet und Intranet	Standardisierungskomitees
Datenbanken	Allianzen mit Unternehmen
Patente und Lizenzierungen	F&E-Kooperationen
Standards	Wissensgemeinschaften

vernünftigen Aufwand auf der anderen Seite. Die Suchfelder leiten sich aus der Ausgangssituation des Unternehmens und dessen Umfeld und seinen strategischen Zielen ab.

4.3.2 Suchen und Beobachten

Zur Suche werden geeignete formale und informelle Informationsquellen genutzt, um relevante Informationen zu technologischen Ansätzen zu ermitteln. Eine Liste möglicher Quellen findet sich in Tab. 4.1. Mit der Suche können Fachexperten und Management aus verschiedenen Fachabteilungen betraut sein, die sich im Idealfall regelmäßig über die ermittelten Erkenntnisse austauschen. Die Herausforderung hierbei ist, dass vernünftige Maß zu finden, denn das „Suchen und Beobachten" kann sehr unterschiedlich ausgestaltet werden. So kann eine Suchaktivität eine einzelne Person ein bis zwei Tage pro Quartal oder auch ein ganzes Projektteam mehrere Monate beschäftigen. Eine Unterstützung durch Software zur Informationsrecherche ist hierbei sinnvoll, geeignete Software-Tools finden sich u. a. in Warschat et al. (2015).

4.3.3 Bewerten und Entscheiden

Das „Suchen und Beobachten" führt zu Informationen in unterschiedlicher Form, die nun gesichtet und bewertet werden müssen. In der Bewertung ist festzulegen, inwiefern ein gefundener technologischer Ansatz eine Chance oder ein Risiko für das Unternehmen darstellt und welcher mögliche Handlungsbedarf besteht. Im Allgemeinen lässt sich eine solche Bewertung im Unternehmen nur durchführen, wenn für die Technologie erste Anwendungsideen für Produkte oder Produktionsverfahren vorliegen. Dabei kann es sich um Produktideen auf Basis der betrachteten Technologien handeln, die eine neue Produktfunktion ermöglicht oder eine vorhandene Produktfunktion substituieren. Weiterhin kann eine Anwendung auch in der Realisierung eines neuartigen Produktionsprozesses liegen, der eine höhere Produktionsqualität oder eine verbesserte Materialeffizienz ermöglicht.

Zur Bewertung technologischer Optionen gibt es eine Vielzahl möglicher Ansätze (vgl. Schimpf und Rummel 2015; Kröll 2007). Eine verbreitete und auch praxisnahe Methode ist das Technologieportfolio nach Pfeiffer et al. (1991), in dem die Position einer Technologie bezüglich der Bewertungsdimensionen Technologieattraktivität und Ressourcenstärke abgebildet wird. Dies ist in Abb. 4.2 dargestellt. Dort findet sich auch eine Liste möglicher Bewertungskriterien für die beiden Dimensionen (aus Schimpf und Rummel 2015). Weitere Informationen zur Technologiebewertung finden sich im Artikel von Schimpf et al. in diesem Buch (siehe Kap. 3).

Eine Bewertung aus Perspektive der Ressourceneffizienz kann mit der Ökoeffizienzanalyse erfolgen, eine Methode, die ursprünglich von der BASF entwickelt wurde (vgl. Saling et al. 2002), mittlerweile aber auch standardisiert wurde (vgl. DIN EN ISO 14045 2012). Dabei wird die Wirtschaftlichkeit eines Produkts oder eines Verfahrens den Auswirkungen auf die Umwelt gegenübergestellt. Der Betrachtung liegt die Analyse des Lebenszyklus zugrunde. Mögliche Umweltwirkungen werden ermittelt, in einer Zahl für die Umweltbelastung aggregiert und dann in einem Portfolio dargestellt (vgl. Abb. 4.3). Das Portfolio kann dann für einen Vergleich von Produkten oder Verfahren genutzt werden.

Wie wird nun eine Bewertung konkret durchgeführt? Dazu reicht in vielen Fällen schon eine qualifizierte Abschätzung interner und ggf. auch externer Experten. Es kann jedoch

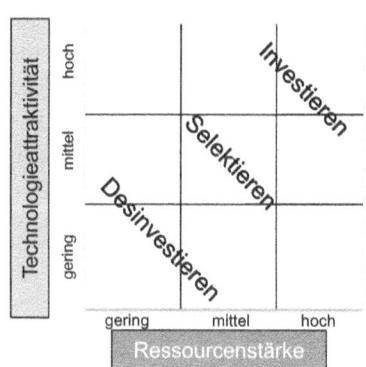

Abb. 4.2 Bewertung mit dem Technologieportfolio nach Pfeiffer et al. (1991) und geeigneten Kriterien für die beiden Zieldimensionen. (Quelle: Schimpf und Rummel 2015)

Abb. 4.3 Ökoeffizienz-Portfolio. (Quelle: In Anlehnung an Saling et al. 2002)

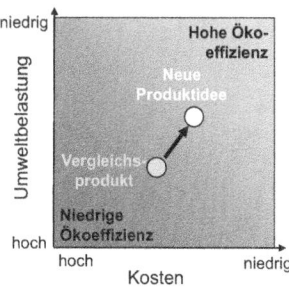

auch sinnvoll sein, eine detaillierte Analyse durchzuführen, um die Ausprägung der gewählten Bewertungskriterien zu ermitteln.

Ist die Bewertung abgeschlossen, folgt eine Entscheidung über das weitere Vorgehen. Wird entschieden, ein Forschungs- und Entwicklungsprojekt zu beginnen, so erfolgt dies dann in den für Forschung und Entwicklung vorgesehenen Abläufen im Unternehmen.

Eine weitere Möglichkeit ist, dass die betrachtete Technologie als interessant für das Unternehmen eingestuft wird, sie aber noch nicht den geeigneten technischen Reifegrad erreicht hat. Dann kann eine weitere Beobachtung sinnvoll sein, bevor mit F&E-Aktivitäten begonnen wird. In diesem Fall sollte genau dokumentiert werden, welche Faktoren sich ändern müssen, damit die Technologie interessant ist (z. B. ein bestimmter technischer Leistungsparameter oder die Produktionskosten), um den richtigen Zeitpunkt für einen eventuellen Einstieg in Forschungs- und Entwicklungsaktivitäten ermitteln zu können.

4.3.4 Speichern und Verteilen

Die ermittelten Informationen werden zusammen mit der erzielten Bewertung und den ermittelten Handlungsempfehlungen und getroffenen Entscheidungen dokumentiert und strukturiert abgelegt. Sie sind dann an die relevanten Personen im Unternehmen zu verteilen. Hierzu eignen sich gängige Softwarelösungen zur Dokumenten- und Workflowverwaltung.

Um Informationen aus dem Technologiemonitoring verständlich aufzubereiten und zu visualisieren, eignen sich Technologiesteckbriefe oder ein Technologieradar. In einem solchen Radar werden technologische Optionen vor dem Hintergrund der bestehenden Märkte und Kundenanforderungen dargestellt. Sie werden anhand von Reifegrad und Attraktivität bewertet und in eine strategische Perspektive eingeordnet (vgl. Abb. 4.4). Diese Informationen können dann wiederum in der Strategieplanung des Unternehmens genutzt werden.

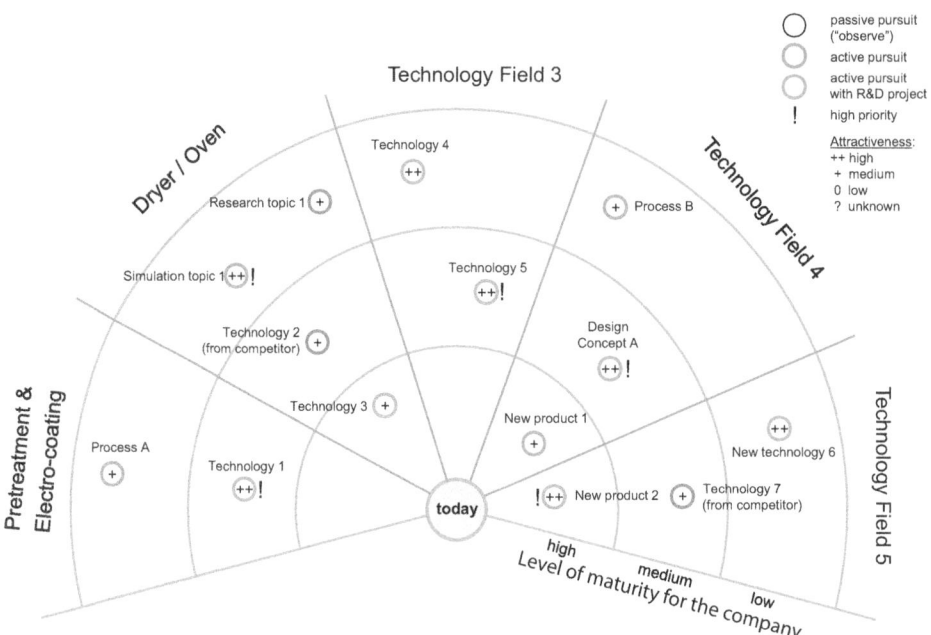

Abb. 4.4 Technologieradar (anonymisiertes Beispiel). (Quelle: In Anlehnung an Lang-Koetz 2013)

4.4 Neue Perspektiven durch Life Cycle Thinking

Wo treten die wesentlichen Material- und Energieverbräuche bei einem Produkt oder einem Produktionsverfahren auf? Wo kommen eigentlich die Materialien und Komponenten her, die das Unternehmen einkauft und weiter verwendet? Welche Wege haben die Materialien schon durchschritten und welche möglichen Auswirkungen gehen damit einher? Wie werden Produkte beim Kunden genutzt und an ihrem Lebensende entsorgt oder recycelt?

Das Lebenszyklusdenken, oder Englisch „Life Cycle Thinking", hilft bei der Beantwortung solcher Fragen. Es dient als Grundlage für die ganzheitliche Betrachtung von Produkten und Dienstleistungen sowie Produktionsverfahren. Ziel ist unter anderem, konkrete Ansatzpunkte zur Verringerung von Material- und Energieverbräuchen aufzeigen. Dazu ist die gesamte Prozesskette zu berücksichtigen, von der Wiege (also der Gewinnung von Rohstoffen und Energieträgern), über die Herstellung von Zwischen- und Endprodukten und die Nutzungsphase bis zur Bahre (der Entsorgung anfallender Abfälle und Emissionen in die Umwelt) (vgl. Klöpffer und Grahl 2011). Dies ist in Abb. 4.5 verdeutlicht.

Auf Life Cycle Thinking beruhen Methoden wie die Ökobilanz (vgl. DIN EN ISO 14040 2009) oder Carbon Footprint (vgl. Hottenroth et al. 2014). Bei deren An-

4 Neue Technologien als Befähiger für ressourceneffiziente Produkte

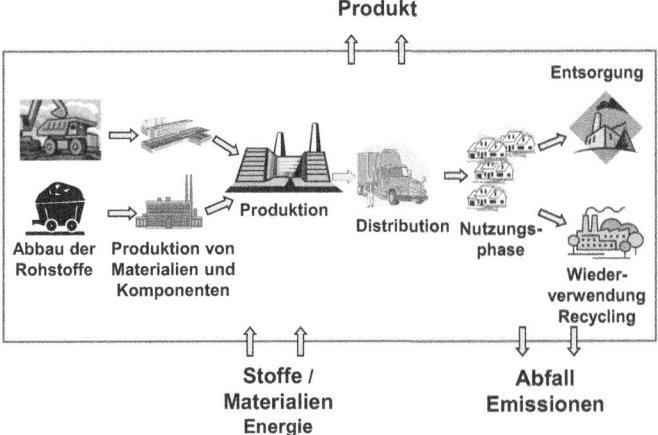

Abb. 4.5 Darstellung eines Produktlebenszyklus

wendung wird zunächst der Lebensweg des betrachteten Produkts/der Dienstleistung dargestellt und die dabei auftretenden Material- und Energieströme ermittelt. Sie werden in Input-Output-Betrachtungen aufgenommen und bilanziert. Dazu werden Rohdaten erhoben bzw. gemessen und/oder Prozessbeschreibungen in Form von Datensätzen aus Ökobilanzdatenbanken wie EcoInvent 3, Gabi, ELCD 3.0 oder anderen verwendet.[4] Es resultiert die Sachbilanz, in der tabellarisch alle Massen- und Energieinputs und -outputs aufgelistet sind (vgl. Klöpffer und Grahl 2011). Fachleute greifen im Allgemeinen auf Modellierungslösungen wie SimaPro 7, Gabi6, Umberto NXT LCA, OpenLCA zurück oder nutzen Microsoft Excel und eine Ökobilanzdatenbank.[5] Aus der Sachbilanz werden dann schließlich in der Wirkungsabschätzung quantitative Umweltauswirkungen ermittelt, die ein Produkt verursacht (z. B. Beitrag zum Treibhauseffekt, zum stratosphärischen Ozonabbau, zur Humantoxizität oder zur Versauerung). Zur vereinfachten Bewertung gibt es darüber hinaus Kurzbilanzierungsmethoden wie die Methode Materialinput pro Serviceeinheit (MIPS) (Schmidt-Bleek 1998), in der nur Inputströme und keine Emissionen berücksichtigt werden.

Mittlerweile ist in der Industrie das Treibhauspotenzial (engl. Global Warming Potential) ein bekanntes Bewertungskriterium. Hierbei wird der relative Effekt des Beitrags eines Stoffes zum Treibhauseffekt über 100 Jahre angegeben, ausgedrückt in Kilogramm CO_2-Äquivalenten (vgl. Klöpffer und Grahl 2011). Zu beachten ist jedoch, dass ein Stoff durchaus ein geringes Treibhauspotenzial, aber trotzdem erhebliche Umweltauswirkun-

---

[4] Weitere Informationen: siehe http://www.ecoinvent.org/database/, http://www.gabi-software.com/deutsch/databases/gabi-databases/ und http://elcd.jrc.ec.europa.eu/ELCD3/.
[5] Eine Liste verbreiteter Tools findet sich unter http://eplca.jrc.ec.europa.eu/ResourceDirectory/faces/tools/toolList.xhtml.

gen in anderen Bereichen haben kann (z. B. im Bereich Toxizität). Das Treibhauspotenzial beleuchtet also nur einen von vielen Aspekten.

Ein anderer wichtiger Aspekt ist, inwiefern die Verfügbarkeit benötigter Rohstoffe für eine Technologie gegeben ist. Diese Frage wird in den letzten Jahren von Unternehmen genauer betrachtet, da es insbesondere für einige Metalle wie zum Beispiel Platin, Indium oder Neodym oder auch die sogenannten seltenen Erden eine steigende Nachfrage gibt, das Angebot aber nicht immer Schritt hält. Allerdings kann bei den meisten Fällen die auch oft geäußerte Frage, ob es eine geologische Knappheit gibt, verneint werden (anders als bei Energieträgern wie Öl). Als Bewertungsmaßstab eignet sich das Konzept der Rohstoffkritikalität. Dies stellt einerseits potenzielle Versorgungsrisiken dar (z. B. durch Ausfall von Lieferanten, Transportwegen oder ganzer Länder als Rohstoffquelle). Andererseits wird die Verletzbarkeit eines Systems gegenüber einer Versorgungsstörung dargestellt (z. B. dadurch, dass ein großer Anteil des Umsatzes eines Unternehmens von Produkten abhängt, die auf einem kritischen Rohstoff basieren) (vgl. Erdmann et al. 2011; Angerer et al. 2009). Aktuelle Übersichten zu Rohstoffen finden sich in den Analysen der Deutschen Rohstoffagentur (DERA) im Internet (siehe Link in Tab. 4.2).

Mithilfe von Life Cycle Thinking können also mögliche Umweltauswirkungen bewertet und auch eine Informationsbasis zur Verfügbarkeit von Rohstoffen geschaffen werden. Die traditionelle Betrachtung „von der Entwicklung über Produktion und Distribution zum Kunden" wird ergänzt durch die Perspektive „von der Wiege bis zur Bahre". Dies ermöglicht eine ganzheitliche Betrachtung auch aus unternehmerischer Sicht, denn die Transparenz über das Produktleben kann mögliche Chancen und Risiken aufdecken. Beispiele für wertvolle Erkenntnisse für das Unternehmen sind:

- Vergleich der Material- und Energieeffizienz der verwendeten Prozesse mit gängigen Prozessen im Sinne eines Benchmarks, zum Beispiel mit Informationen aus Ökobilanzdatenbanken,
- Aufzeigen der Verwendung von Rohstoffen, bei denen ein potenzielles Verfügbarkeitsrisiko besteht (z. B. seltene Erden),
- Hinweise auf Risiken beim Bezug von Rohstoffen und Komponenten in Bezug auf eine Lieferantenkonzentration, Lieferanten mit nicht akzeptablen Arbeits- und Umweltstandards oder die Herkunft aus Krisenländern,
- Informationen zur Verwendung der hergestellten Produkte beim Endkunden (insbesondere für Firmen, die nicht direkt im Kontakt mit dem Endkunden stehen),
- Aktuelle Praktiken und weitere Potenziale zur Wiederverwendung, Recycling oder Entsorgung der Produkte nach Verwendung beim Endkunden sowie
- Ableitung von Optimierungspotenzialen für die Weiterentwicklung des Produkts/der Dienstleistung.

Wie kann der Ansatz des Life Cycle Thinkings nun in die Beobachtung und Bewertung neuer Technologien integriert werden? Diese Frage ist nicht einfach zu beantworten. Folgende kritische Punkte sind zu beachten:

Tab. 4.2 Informationsquellen für Ressourceneffizienztechnologien und Rohstoffe

Informationsquelle	Link	Kommentar
VDI-Zentrum für Ressourceneffizienz	http://www.ressource-deutschland.de/	Umfangreiches Informationsportal mit „Innovationsradar" und „Gute-Praxis-Beispielen"
Ressourceneffizienzatlas	http://www.ressourceneffizienzatlas.de/	Ausgewählte Beispiele für ressourceneffiziente Technologien
EFA Effizienzagentur Nordrhein-Westfalen	http://www.ressourceneffizienz.de/startseite.html	Umfangreiches Informationsportal mit Umsetzungsbeispielen von Unternehmen in Nordrhein-Westfalen
Portal Umwelttechnik Ressourceneffizienz Baden-Württemberg	http://pure-bw.de/de	Informationsplattform mit Schwerpunkt auf Baden-Württemberg
Fördermaßnahme r^2 „Innovative Technologien für Ressourceneffizienz – rohstoffintensive Produktionsprozesse"	http://www.r-zwei-innovation.de/	Ergebnisse aus Forschungsprojekten zu ressourceneffizienten Technologien
Deutsche Rohstoffagentur (DERA):	http://www.deutsche-rohstoffagentur.de/DERA/DE/Publikationen/Schriftenreihe/schriftenreihe_node.html	Aktuelle Informationen zu Rohstoffen, deren Herkunft und Verfügbarkeit
VDI-Technologiezentrum	http://www.vditz.de/	Studien zu neuen Technologien und deren Potenzialen
Fraunhofer Institut für System- und Innovationsforschung ISI	http://www.isi.fraunhofer.de	Studien zu neuen Technologien und deren Potenzialen
KIT-Institut für Technikfolgenabschätzung und Systemanalyse	https://www.itas.kit.edu/	Studien zu neuen Technologien und deren Potenzialen

- Im Normalfall ist eine Technologie nicht per se ressourceneffizient, umweltfreundlich oder umweltschädlich. Um eine solche Bewertung durchführen zu können, ist immer der Anwendungskontext der Technologie mit zu betrachten. Dies muss für den jeweiligen Einzelfall durchgeführt werden. Erste Hinweise geben Technologiestudien von Forschungsinstituten oder auch Unternehmensberatungen (siehe Links in Tab. 4.2).
- Die genaue Ausgestaltung eines zukünftigen Produkts/einer Dienstleistung ist gerade in frühen Phasen des Innovationsprozesses oft noch nicht bekannt: So sind die verwendeten Materialien und die zur Herstellung einzusetzenden Produktions- und Logistikprozesse noch nicht final festgelegt und entsprechende Daten auch noch nicht verfügbar. Daher ist eine vollständige Bewertung möglicher Umweltwirkungen von Produktideen in frühen Innovationsphasen praktisch unmöglich (vgl. Lang-Koetz et al. 2008). Auf der anderen Seite gibt es in frühen Innovationsphasen noch viele Stellschrauben,

um interessante Alternativen in Bezug auf Material- und Prozessauswahl zu bestimmen. Dieses Dilemma ist nur eingeschränkt lösbar.
- Der Aufwand zur Durchführung einer Ökobilanz ist relativ hoch und kann im Allgemeinen nur von einem hinzugezogenen Spezialisten durchgeführt werden. Nur wenige Unternehmen haben solche Experten im eigenen Haus. Dienstleister und Forschungsinstitute führen Ökobilanzen als Auftragsprojekte durch.

Eine erste Abschätzung kann durch eine Annäherung an das zukünftige Produkt oder Verfahren, das in einer Innovationsidee beschrieben ist, erfolgen. Die Beschreibung des erwarteten Lebenszyklus und dabei möglicher Energie- und Stoffströme ergibt erste Erkenntnisse, inwiefern die beobachtete Technologie einen Beitrag zur Ressourceneffizienz leisten kann. Eine „Richtungssicherheit" kann weiterhin gewährleistet werden, dass schon früh Anforderungen der relevanten Anspruchsgruppen (engl. Stakeholder) und gesetzliche Anforderungen berücksichtigt werden (vgl. Fichter und Paech 2003; Lang-Koetz et al. 2008). Dies bedeutet, dass mögliche Anforderungen in Bezug auf Markt-, Technik- und Umweltaspekte frühzeitig ermittelt werden sollten, um sie bei der weiteren Ausarbeitung und Umsetzung von Innovationsideen zu berücksichtigen. Im Laufe des Innovationsprozesses sind diese dann immer weiter zu konkretisieren.

4.5 Methodische Herangehensweise in der Praxis

Wie können nun in der Praxis neue Technologien identifiziert und bewertet werden – und dabei auch der Aspekt Ressourceneffizienz berücksichtigt werden?

Grundsätzlich können die vorgestellten vier Phasen des Technologiemonitorings weiter angewendet werden. Besonderheiten sind jedoch bei der Suchfeldbestimmung, der Suche nach neuen Technologien und der Bewertung der aufgefundenen Technologien zu beachten. Dies ist im Folgenden dargestellt.

4.5.1 Suchfeldbestimmung für Ressourceneffizienz

In der Suchfeldbestimmung werden prinzipiell Sinn und Zweck einer Technologierecherche definiert. Hier ist herauszuarbeiten. welche Aspekte des Lebenszyklus von bestehenden oder geplanten Produkten bzw. Angeboten adressiert werden sollen.

Anknüpfungspunkte für ressourceneffiziente Produkte und Verfahren können folgende Handlungsstrategien aus dem Bereich umweltgerechte Produktentwicklung geben (vgl. Brezet und van Hemel 1997; UNEP und Delft University 2009):

- Gestaltung der Innovation/des Produktnutzens:
  - Erzielung eines klaren Verständnisses über den vom Anwender benötigten Nutzen, um das Produkt bzw. die Dienstleistung entsprechend zu gestalten.

- Realisierung eines langlebigen und zuverlässigen Produkts, das leicht zu warten, zu reparieren und nachzurüsten ist.
- Verringerung des Material- und Energieverbrauchs bei der Nutzung des Produkts, ggf. Nutzung regenerativer Energien, Berücksichtigung des Nutzerverhaltens und ggf. Übermittlung von Informationen, dass bei der Nutzung des Produkts wenig Material und Energie verbraucht wird.
- Eventuell Anbieten einer Dienstleistung statt des Produkts selbst, um die Auslastung des Produkts zu erhöhen.
- Berücksichtigung der Möglichkeiten neuer technologischer Ansätze und neuer Materialien bei der Produktkonzeption.

- Auswahl von Materialien mit geringen Umweltwirkungen:
Vermeidung von toxischen Materialien, Materialien mit großem „ökologischen Rucksack" (die aufwändig und mit hohem Energieeinsatz gewonnen bzw. hergestellt werden), nicht erneuerbarer Materialien, nicht rezyklierte oder nicht rezyklierbare Materialien, schwer entsorgbare Materialien.

- Reduktion des Werkstoffeinsatzes:
Die Reduktion von Gewicht und Transportvolumen durch Leichtbaustrategien führt i. A. zu geringerem Ressourcenverbrauch bei Transport und Nutzung des Produkts. Eine geringe Anzahl verwendeter Werkstoffe und leichte Trennbarkeit der Komponenten erleichtern die Recyclingfähigkeit.

- Material- und energieeffiziente Produktion:
Optimierung der innerbetrieblichen Material- und Energieströme und der Produktionsprozesse, zum Beispiel durch alternative Produktionstechniken mit geringem Material- und Energieverbrauch, geringe Anzahl von Produktionsschritten, optimierte Abläufe, Verringerung von Abfällen, Verschnitt und Ausschuss und effizienter Einsatz von Hilfs- und Betriebsstoffen.

- Optimierte Distribution:
Kurze Transportwege (z. B. über Routenoptimierung), Wahl energieeffizienter Transportwege, ressourceneffiziente Verpackung (geringe Masse, geringes Transportvolumen, umweltfreundliche und rezyklierbare Inhaltsstoffe).

- Soziale und ethische Aspekte:
Gewährleistung vernünftiger Arbeitsbedingungen bei Produktion und Distribution von Materialien, Komponenten und Produkt, auch bei Lieferanten.

- Lebensende des Produkts („End of life"):
  - Produkt so konzipieren, dass es leicht aufarbeitbar ist (Remanufacturing), um es wiederzuverwenden.
  - Gewährleistung einer einfachen Demontierbarkeit, um ein Recycling zu ermöglichen.
  - Aufbau eines Rücknahmeprozesses, um das Produkt am Lebensende einzusammeln und es einer Wiederverwendung oder einem Recycling zuzuführen.

Mit diesen Handlungsstrategien können konkrete Zielsetzungen erarbeitet werden, zum Beispiel die Senkung des Energieverbrauchs in der Produktion um 10 % oder Halbierung des CO_2-Footprints eines bestimmten Produkts. Diese Ziele definieren dann auch das Suchfeld für die Suche nach neuen Technologien mit.

4.5.2 Suche nach neuen Technologien für ressourceneffiziente Lösungen

Bei der Suche nach neuen Technologien können die in Abschn. 4.2 aufgeführten Technologien mit Ressourceneffizienzpotenzial überprüft werden. Jedoch sollte die Suche nicht hierauf eingeschränkt erfolgen.

Insofern sind die geeigneten Informationsquellen (z. B. Datenbanken und Internet, Gespräche mit Kunden und Lieferanten, Messebesuche, siehe Tab. 4.1) zu definieren und zu durchsuchen.

Anhaltspunkte für aktuelle Informationen finden sich in Tab. 4.2.

4.5.3 Bewertung der Ressourceneffizienz von Technologien (bzw. deren Anwendung)

Die Ressourceneffizienz ist ein zusätzlicher Bewertungsaspekt neben den in Abschn. 4.3.3 genannten Bewertungsdimensionen bzw. Bewertungskriterien. Wie kann nun die Ressourceneffizienz einer neuen Technologie bewertet werden? Dazu muss, wie schon ausgeführt, die mögliche Anwendung der Technologie zumindest als erste Idee vorliegen. Diese kann dann mit einer Alternative (z. B. einem bestehenden Produkt) verglichen werden.

Für die Produkt- oder Prozessidee auf Basis der neuen Technologie muss der Lebenszyklus in geeigneter Detailtiefe skizziert werden, um so eine Reflexion über mögliche Material- und Energieverbräuche zu ermöglichen. Erwartete Energie- und Materialströme sind – soweit möglich – zu quantifizieren.

Um die verwendeten Stoffe zu bewerten und damit auch deren Lebenszyklus zu berücksichtigen, wäre nun die Durchführung einer Ökobilanz zielführend. Da dies aber relativ aufwändig ist, sollte eine Kurzbewertungsmethode genutzt werden. Hierzu eignet sich die Betrachtung der Materialintensität nach der MIPS-Methode, auch als ökologischer Rucksack bezeichnet (nach Schmidt-Bleek 1998). Die Materialintensität wird dabei in kg/kg angegeben. Sie berücksichtigt das Gewicht aller natürlichen Rohstoffe, die bei der Verwendung eines Stoffes über dessen Lebenszyklus hinweg anfallen.

Damit wird schnell klar, wie viel Materialien und Energien verwendet werden, denn auch die verwendete Energie wird umgerechnet in kg verwendete Ressourcen. So werden für die Herstellung von 1 g Gold 540 kg abiotische Materialien verwendet, für 1 g Platin 320 kg. Eine Auswahl weiterer Werte findet sich in Tab. 4.3. Die Materialintensität stellt demnach eine vereinfachte Darstellung dar, denn Emissionen werden nicht berücksich-

Tab. 4.3 Materialintensität für ausgewählte Stoffe [kg/kg] bzw. [kg/kWh für Elektrizität]. (Quelle: Wuppertal Institut o.J.)

Stoff	Abiotisches Material	Wasser	Luft
Aluminium (Durchschnittswert)	18,98	539,21	5,91
Kupfer (50 % primär, 50 % sekundär)	179,07	236,39	1,16
Edelstahl (rostfrei) 17%Cr 12%Ni	17,94	240,33	3,38
Gold (abgeschätzt)	540.000,00		
Elektr. Strom (in europ. OECD-Ländern)	1,58	63,83	0,425
Diesel (Heizwert: 42,8 MJ/kg)	1,36	9,70	0,02
Erdgas (Heizwert: 41 MJ/kg)	1,22	0,50	0,00

tigt. Sie gibt jedoch einen ersten Hinweis, wie material- und energieintensiv ein Stoff ist. Detaillierte Informationen finden sich auf der Website des Wuppertal Instituts.[6]

Im folgenden Beispiel ist dargestellt, wie ein Vergleich eines neuen technologischen Ansatzes mit einer bestehenden Lösung in der Praxis durchgeführt werden kann.

Beispiel: Sitzschale

In Kraftfahrzeugen wie dem VW Golf wird als Tragstruktur für die Rückbank eine Sitzschale genutzt. Eine konventionelle Sitzschale besteht aus Stahl und wird aus einem Stahlrohr und vier Stahlblechen gefertigt (vgl. Hufenbach et al. 2013). Alternativ kann die Sitzschale auch aus glasfaserverstärktem Polypropylen in Leichtbauweise hergestellt werden (siehe Abb. 4.6).

Wie kann nun das neuartige Produkt Leichtbausitzschale mit dem herkömmlichen Produkt Stahlsitzschale verglichen werden? Hufenbach et al. (2013) haben dazu eine detaillierte Analyse im Forschungsprojekt MaRess durchgeführt. Die Vorgehensweise stellt gut dar, wie eine Ressourceneffizienzbewertung durchgeführt werden kann.

Zunächst wird der Lebenszyklus beider Produktalternativen dargestellt (vgl. Abb. 4.7).

Dann wird ermittelt, welche Stoff- und Energieströme auftreten. Diese werden zusammengeführt und ihre Materialintensität mit der MIPS-Methode ermittelt. Die benötigten Ressourcen werden in kg ausgedrückt und in die Kategorien „abiotisches Material", „Wasser" und „Luft" eingeteilt. Das Ergebnis für die Berechnung ist in Abb. 4.8 dargestellt.

Man erkennt, dass der Ressourcenverbrauch durch die Sitzschale in Leichtbauweise verringert werden kann. Es zeigte sich weiterhin, dass bei der Herstellung der Rohstoffe für die Stahlsitzschale mehr abiotisches Material und mehr Wasser verbraucht werden (dafür aber weniger Luft). Die Leichtbausitzschale benötigt dafür mehr Ressourcen für die Produktion des Bauteils (in allen drei Kategorien). Durch das leichtere Gewicht verringert sich auch der Verbrauch des Gesamtfahrzeugs, was sich in einem verringerten Ressourcenverbrauch in der Nutzungsphase niederschlägt.

---

[6] Siehe http://wupperinst.org/themen/ressourcen-berechnen/.

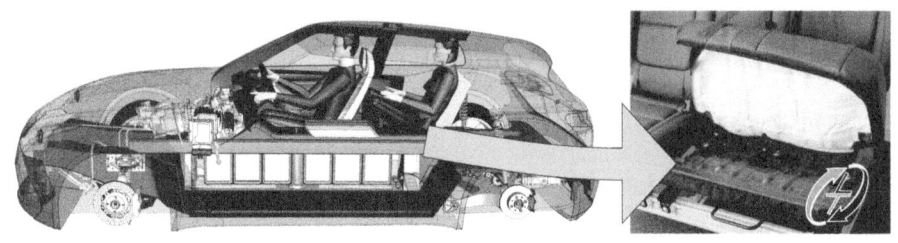

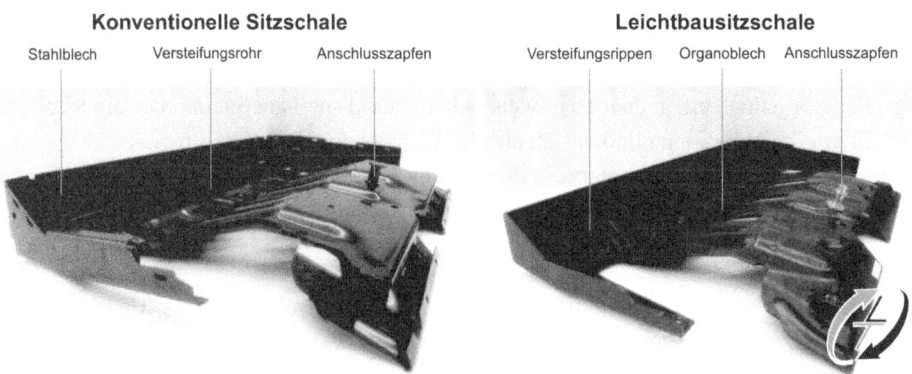

Abb. 4.6 Sitzschale mit verschiedenen Varianten. (Bildnachweis: TUD/ILK, Sebastian Rothenberg, Quelle: Hufenbach et al. 2013)

Die Analyse liefert also ein für die Leichtbauweise auf Basis von glasfaserverstärktem Polypropylen positives Ergebnis. Mit dem erstellten Modell können auch Szenarien durchgespielt werden, um im Rahmen von Forschungs- und Entwicklungstätigkeiten Alternativenvergleiche und Optimierungen durchzuführen.

Das Beispiel der Sitzschale zeigt, wie ein Vergleich für eine Bewertung eines technologischen Ansatzes bzw. einer darauf basierenden Produktidee erfolgen kann. Dazu lagen schon detaillierte Daten vor – in vielen Fällen wird eine Abschätzung des Lebenszyklus und der auftretenden Energie- und Stoffströme ausreichen müssen.

Zur Aggregierung der Informationen über mehrere Technologien eignet sich wiederum das Technologieradar. In Abb. 4.9 ist dargestellt, wie Technologien für einen Hersteller von Anlagen für Fahrzeugwäsche in einem Ressourceneffizienz-Technologieradar zusammengestellt wurden (aus Lang-Koetz und Pastewski 2010). So kann ein Ausblick auf neue Technologien zusammenfassend visualisiert werden, als Basis für die weitere Beobachtung und langfristige Planung von Forschungs- und Entwicklungsaktivitäten.

4 Neue Technologien als Befähiger für ressourceneffiziente Produkte

Konventionelle Sitzschale
(Gewicht: 4,6kg, aus Stahl hergestellt)

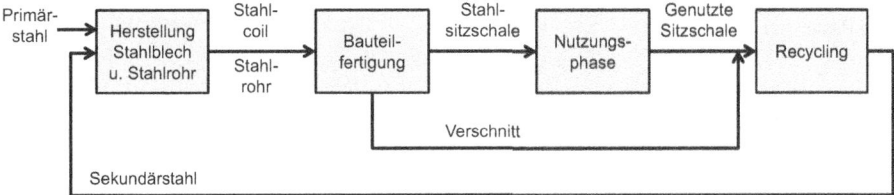

Leichtbausitzschale
(Gewicht: 2,3kg, aus glasfaserverstärktem Polypropylen hergestellt)

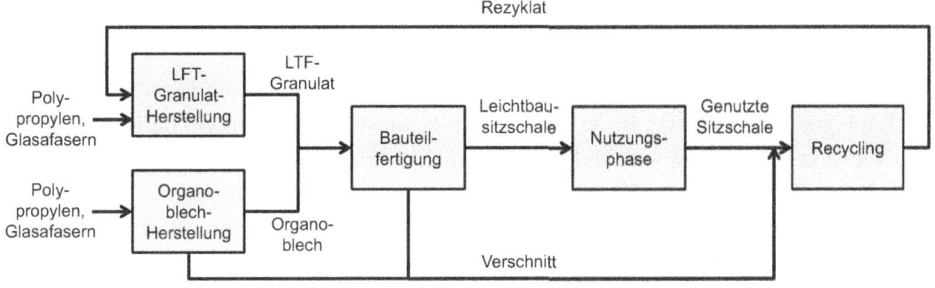

LFT: Langfaser-Thermoplast-Pressmasse

Abb. 4.7 Lebenszyklus einer Kfz-Sitzschale in Stahl- und Leichtbauweise. (Quelle: Hufenbach et al. 2013)

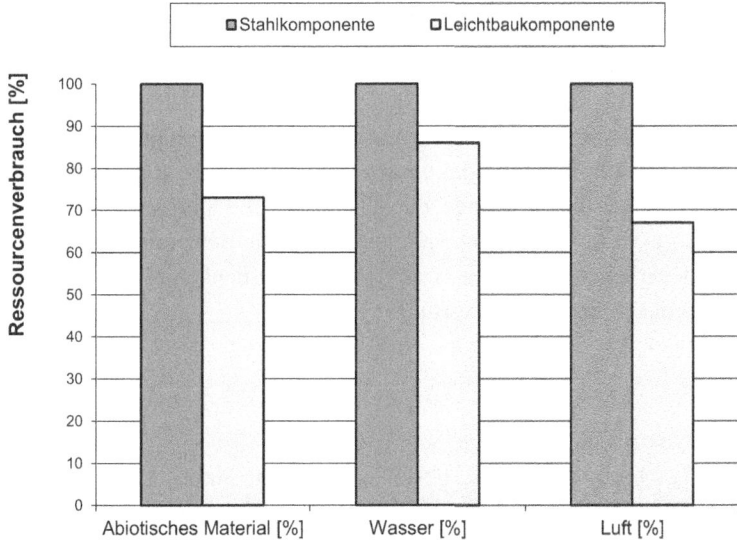

Abb. 4.8 Ergebnis des Vergleichs der Kfz-Sitzschale in Stahl- und Leichtbauweise. (Quelle: In Anlehnung an Hufenbach et al. 2013)

Abb. 4.9 Ressourceneffizienz-Technologieradar. (Quelle: In Anlehnung an Lang-Koetz und Pastewski 2010)

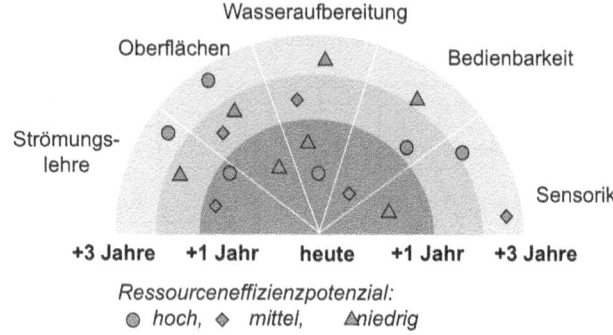

4.6 Fazit

Bei der Verbesserung der Ressourceneffizienz in Produkten oder Produktion können neue Technologien eine wichtige Rolle spielen. Die Herausforderung besteht darin, die richtigen Technologien aufzuspüren und zu bewerten. Ein strukturiertes Technologiemonitoring kann hierbei unterstützen.

Das Lebenszyklusdenken (Life Cycle Thinking) schafft eine neue Betrachtungsperspektive bei der Bestimmung des Suchfeldes, der Suche nach relevanten Technologien und bei deren Bewertung. So können technologische Optionen herausgearbeitet werden und eine erste Bewertung von Produkt- oder Prozessideen auf Basis ausgewählter neuer Technologie durchgeführt werden. Dazu sind die über den Lebenszyklus anfallenden Ressourcenbewegungen bzw. Energie- und Stoffströme zu betrachten und zu bewerten, zum Beispiel mit einer Kurzbewertungsmethode wie MIPS. Je weiter die Beobachtung, Entwicklung oder Umsetzung eines technologischen Ansatzes fortschreitet, desto detaillierter sollte die Analyse erfolgen, zum Beispiel mit einer Ökobilanz.

Ein solch ganzheitlicher Ansatz zeigt Chancen und Risiken in verschiedenen Bereichen auf (z. B. Möglichkeiten für eine ressourcenschonende Verwendung des Produkts, Optimierungsmöglichkeiten für die Produktionsprozesse, eventuelle Risiken beim Bezug von Rohstoffen) und bietet die Grundlage zur Ableitung von Optimierungspotenzialen. Wie auch andere Aspekte des Technologiemonitorings ist die Bewertung der Ressourceneffizienz mit Unsicherheiten verbunden. Das Lebenszyklusdenken schafft jedoch eine gute Grundlage für eine umfassende Bewertung.

Literatur

Angerer, G., Marscheider-Weidemann, F., Lüllmann, A., Erdmann, L., Scharp, M., Handke, V., & Marwede, M. (2009). *Rohstoffe für Zukunftstechnologien. Einfluss des branchenspezifischen Rohstoffbedarfs in rohstoffintensiven Zukunftstechnologien auf die zukünftige Rohstoffnachfrage. Studie im Auftrag des Bundesministeriums für Wirtschaft und Techno-

logie. Stuttgart: Fraunhofer IRB Verlag. http://www.isi.fraunhofer.de/isi-de/n/publikationen/zukunftstechnologien.php.

BMUB (2015). *Bundesministerium für Umwelt, Naturschutz, Bau und Reaktorsicherheit: Deutsches Ressourceneffizienzprogramm (ProgRess). Programm zur nachhaltigen Nutzung und zum Schutz der natürlichen Ressourcen* (2. Aufl.). Berlin: Bundesministerium für Umwelt, Naturschutz, Bau und Reaktorsicherheit. http://www.bmub.bund.de/fileadmin/Daten_BMU/Pools/Broschueren/progress_broschuere_de_bf.pdf.

Brezet, H., & van Hemel, C. (1997). *Ecodesign – A promising approach to sustainable production and consumption*. Paris, France: United Nations Environmental Program UNEP.

DIN EN ISO 14040 (2009). Umweltmanagement – Ökobilanz – Grundsätze und Rahmenbedingungen. Berlin, Beuth Verlag.

DIN EN ISO 14045 (2012). Umweltmanagement – Ökoeffizienzbewertung von Produktsystemen – Prinzipien, Anforderungen und Leitlinien (ISO 14045:2012). Berlin, Beuth Verlag.

Erdmann, L., Behrendt, S., & Feil, M. (2011). *Kritische Rohstoffe für Deutschland, Abschlussbericht einer Studie im Auftrag der KFW-Gruppe*. Berlin: Institut für Zukunftsstudien und Technologiebewertung (IZT). https://www.izt.de/fileadmin/downloads/pdf/54416.pdf.

European Commission (2010). *EUROPE 2020. A strategy for smart, sustainable and inclusive growth, COM (2010) 2020 final*. Brüssel: Europäische Kommission.

Fichter, K., & Paech, N. (2003). *Nachhaltigkeitsorientiertes Innovationsmanagement – Prozessgestaltung unter besonderer Berücksichtigung von Internet-Nutzungen. Endbericht der Basisstudie 4 des vom BMBF geförderten Vorhabens „SUstainable Markets eMERge" (SUMMER)*. Berlin/Oldenburg: Schriftenreihe am Lehrstuhl für Allgemeine Betriebswirtschaftslehre, Unternehmensführung und Betriebliche Umweltpolitik, 40., Oktober 2003.

Gabler Wirtschaftslexikon (2015). Stichwort: Technologiestrategie. http://wirtschaftslexikon.gabler.de/Archiv/82859/technologiestrategie-v8.html. Zugegriffen: 1. 03 2015.

Hottenroth, H., Joa, B., & Schmidt, M. (2014). *Carbon Footprints für Produkte – Handbuch für die betriebliche Praxis kleiner und mittlerer Unternehmen*. Münster: MV-Verlag. http://umwelt.hs-pforzheim.de/fileadmin/dokumente/2013/Hottenroth_et_al_Carbon_Footprints_fuer_Produkte_web.pdf.

Hufenbach, W., Kupfer, R., Lucas, P., & Rothenberg, S. (2013). Ressourceneffizienzpotenziale durch Umsetzung des Leichtbaus unter Nutzung neuartiger Werkstoffe. In H. Rohn, N. Pastewski, & M. Lettenmeier (Hrsg.), *Ressourceneffizienz. Potenziale von Technologien, Produkten und Strategien*. Stuttgart: Fraunhofer Verlag.

Klöpffer, W., & Grahl, B. (2011). *Ökobilanz (LCA). Ein Leitfaden für Ausbildung und Beruf*. Weinheim: WILEY-VCH Verlag. 1. Nachdruck.

Koch, H.-E. (2015). Die Initiative Baden-Württembergs zur Ressourceneffizienz aus Sicht der Baden-Württembergischen Industrie. *Umweltwirtschaftsforum*, 22(2–3), 105–107. doi:10.1007/s00550-014-0320-9.

Kröll, M. (2007). *Methode zur Technologiebewertung für eine ergebnisorientierte Produktentwicklung*. Heimsheim: Jost Jetter Verlag. zugl. Dissertation Univ. Stuttgart, online verfügbar unter http://elib.uni-stuttgart.de/opus/volltexte/2008/3440/pdf/diss_kroell_hs.pdf.

Lang-Koetz, C. (2013). Technologiemonitoring zur Unterstützung von Forschung und Entwicklung im Anlagenbau. In T. Abele (Hrsg.), *Suchfeldbestimmung und Ideenbewertung. Methoden und Prozesse in den frühen Phasen des Innovationsprozesses* (S. 59–79). Wiesbaden: Springer Gabler.

Lang-Koetz, C., & Pastewski, N. (2010). TechnologieRadar – Technologien beobachten. In S. Schimpf, & C. Lang-Koetz (Hrsg.), *Technologiemonitoring. Technologien identifizieren, beobachten und bewerten*. Stuttgart: Fraunhofer Verlag. http://publica.fraunhofer.de/documents/N-146352.html.

Lang-Koetz, C., Beucker, S., & Heubach, D. (2008). Estimating Environmental Impact in the Early Stages of the Product Innovation Process. In S. Schaltegger, M. Bennett, R. L. Burritt, & C. M. Jasch (Hrsg.), *Environmental Accounting for Cleaner Production* (S. 49–64). Springer Science + Business Media B.V.

Pfeiffer, W., Metze, G., Schneider, W., & Amler, R. (1991). *Technologie-Portfolio zum Management strategischer Zukunftsgeschäftsfelder* (6. Aufl.). Göttingen: Vandenhoeck & Ruprecht.

Reger, G. (2001). Risikoreduzierung durch Technologie-Früherkennung. In O. Gassmann, C. Kobe, & E. Voit (Hrsg.), *High-Risk-Projekte: Quantensprünge in der Entwicklung erfolgreich managen* (S. 251–277). Berlin: Springer.

Ritthoff, M., Liedtke, C., & Kaiser, C. (2007). Technologien zur Ressourceneffizienzsteigerung: Hot Spots und Ansatzpunkte, Bericht aus dem BMBF-Projekt „Steigerung der Ressourcenproduktivität als Kernstrategie einer nachhaltigen Entwicklung, Wuppertal Institut für Klima, Umwelt, Energie GmbH, Wuppertal.

Rohn, H., Lang-Koetz, C., Pastewski, N., & Lettenmeier, M. (2009). Identifikation von Technologien, Produkten und Strategien mit hohem Ressourceneffizienzpotenzial, Ergebnisse eines kooperativen Auswahlprozesses, Meilensteinbericht aus dem Arbeitspaket 1 des MaRess-Projekts, Ressourceneffizienz Paper 1.2, Wuppertal Institut für Klima, Umwelt, Energie, Wuppertal, 29 S., urn:nbn:de:0011-n-1133103.

Rohn, H., Pastewski, N., & Lettenmeier, M. (2013). *Ressourceneffizienz. Potenziale von Technologien, Produkten und Strategien*. Stuttgart: Fraunhofer Verlag.

Saling, P., Kicherer, A., Dittrich-Krämer, B., Wittlinger., R., Zombik, W., Schmidt, I., Schrott, W., & Schmidt, S. (2002). Eco-efficiency analysis by BASF: The method. *The International Journal of Life Cycle Assessment, 7*(4), 203–218. doi:10.1007/BF02978875.

Schimpf, S., & Lang-Koetz, C. (2010). *Technologiemonitoring. Technologien identifizieren, beobachten und bewerten*. Stuttgart: Fraunhofer Verlag. http://publica.fraunhofer.de/documents/N-146352.html.

Schimpf, S., & Rummel, S. (2015). Bewertung von technologischen Entwicklungen. In J. Warschat, S. Schimpf, & M. Korell (Hrsg.), *Technologien frühzeitig erkennen, Nutzenpotenziale systematisch bewerten* (S. 115–133). Stuttgart: Fraunhofer Verlag. http://publica.fraunhofer.de/eprints/urn_nbn_de_0011-n-3372495.pdf.

Schmidt-Bleek, F. (1998). *Das MIPS-Konzept. Weniger Naturverbrauch – mehr Lebensqualität durch Faktor 10*. München: Droemer Knaur.

Statistisches Bundesamt (2015). *Produzierendes Gewerbe. Kostenstruktur der Unternehmen des Verarbeitenden Gewerbes sowie des Bergbaus und der Gewinnung von Steinen und Erden. Fachserie 4, Reihe 4.3* (S. 240). Wiesbaden: Statistisches Bundesamt.

UNEP and Delft University (2009). *Design for Sustainabilty. A step by step approach*. Paris: United Nations Environment Program and Delft University of Technology. http://www.d4s-sbs.org/d4s_sbs_manual_site_S.pdf.

Verein Deutscher Ingenieure e. V. (2015). *VDI-Richtlinie 4800: Ressourceneffizienz. Methodische Grundlagen, Prinzipien und Strategien*. Berlin: Beuth-Verlag.

Warschat, J., Schimpf, S., & Korell, M. (Hrsg.). (2015). *Technologien frühzeitig erkennen, Nutzenpotenziale systematisch bewerten* (S. 115–133). Stuttgart: Fraunhofer Verlag. Als eBook verfügbar unter http://publica.fraunhofer.de/eprints/urn_nbn_de_0011-n-3372495.pdf.

Wichert, P., & Lang-Koetz (2015). Eisenmann – Technologiemonitoring als wichtiger Baustein zur frühzeitigen Adaption neuer Technologien und Verfahren im Anlagenbau. In J. Warschat, S. Schimpf, & M. Korell (Hrsg.), *Technologien frühzeitig erkennen, Nutzenpotenziale systematisch bewerten* (S. 115–133). Stuttgart: Fraunhofer Verlag. Als eBook verfügbar unter http://publica.fraunhofer.de/eprints/urn_nbn_de_0011-n-3372495.pdf.

Wuppertal Institut (o.J.). Ressourcen berechnen, http://wupperinst.org/themen/ressourcen/ressourcen-berechnen/. Zugegriffen: 23.05.2016.

Easy Rider

Die Erschließung der Welt des autonomen Fahrens aus Sicht von Markt und Kunde

Alexander Hahn, Rupert Hofmann, Volker Bilgram, Jan Oliver Schwarz, Andreas Meinheit und Johann Füller

Zusammenfassung

Dieser Beitrag führt anhand eines konkreten Studienbeispiels aus, wie die AUDI AG komplexe zukünftige Entwicklungen wie „autonomes Fahren" mittels multidisziplinärer Studien analysiert. Die Autoren beschreiben, welche Insight- und Foresight-Methoden dabei zum Einsatz kommen und was eine erfolgreiche Durchführung ausmacht. Dabei gehen sie insbesondere auf das Konzept der Trend Receiver ein. Abschließend geben sie einen Ausblick auf zukünftige Weiterentwicklungen der Vorgehensweise.

A. Hahn (✉)
München, Deutschland
email: alexanderhahn1705@gmail.com

R. Hofmann
Audi Business Innovation GmbH
München, Deutschland
email: rupert.hofmann@audi.de

V. Bilgram · J. Füller
HYVE AG the innovation company
München, Deutschland
email: volker.bilgram@hyve.net

J. Füller
email: johann.fueller@hyve.net

J. O. Schwarz
AMD München
München, Deutschland
email: jan.schwarz@gmx.de

A. Meinheit
Audi AG
Ingolstadt, Deutschland
email: andreas.meinheit@audi.de

© Springer Fachmedien Wiesbaden 2016
T. Abele (Hrsg.), *Die frühe Phase des Innovationsprozesses*, FOM-Edition,
DOI 10.1007/978-3-658-09722-6_5

Inhaltsverzeichnis

5.1   Motivation der Studie 76
5.2   Studiendesign 79
      5.2.1   Desk Research 81
      5.2.2   Trend-Receiver-Konversation 83
      5.2.3   Szenarioplanung 86
      5.2.4   Verhaltensökonomische Analysen 87
      5.2.5   Filmwissenschaftliche Analyse 88
      5.2.6   Ideengeschichtliche Analyse 88
      5.2.7   Quantitative Kundenbefragung 89
      5.2.8   Zusammenfassende Darstellung des Ablaufs mit Wechselwirkungen 90
5.3   Erfolgsfaktoren der Gesamtstudie und Mehrwert einzelner Methoden 90
5.4   Implikationen und weitere Entwicklungen 94
Literatur 96

5.1 Motivation der Studie

Die Entscheidungsfindung innerhalb der Automobilindustrie ist äußerst vielschichtig: Im komplexen System (Johnson 2009) Automobilindustrie unterhält eine Vielzahl von Beteiligten miteinander vielfältige und dynamische Beziehungen (Hersteller, Zulieferer, Händler, Regulierer, Kunden etc.), es besteht Abhängigkeit von anderen Industrien (z. B. Rohstoffe, Unterhaltung, Tourismus), und darüber hinaus agiert die Automobilindustrie aufgrund langer Entwicklungszeiten teilweise stark pfadabhängig. Diese Aspekte verdeutlichen, dass die Entscheidungsfindung in der Automobilindustrie und die Abschätzung der Folgen einzelner Entscheidungen eine nicht-triviale Herausforderung darstellen.

Vor allem die zeitliche Dimension erhöht den Grad der Komplexität der Entscheidungen. Während bereits kurzfristige Planungen eine Vielzahl an Parametern in Betracht ziehen müssen (z. B. Produktionsplanung, Absatzplanung, Preisplanung, Kommunikationsplanung, Reaktionen des Wettbewerbs), so können diese Parameter und ihre Ausprägungen doch zumindest mit einigermaßen robusten Einschätzungen und oftmals definierten Wahrscheinlichkeiten versehen und deren Risiko eingeschätzt werden. Im Gegensatz dazu sind Entscheidungen in Bezug auf längerfristige Zeiträume in der Automobilindustrie mit immensen Unsicherheiten hinsichtlich zukünftiger Entwicklungen behaftet aufgrund tiefgreifender technologischer und gesellschaftlicher Veränderungen. Aus Sicht von Markt und Kunde erscheinen vier maßgebliche Entwicklungen als zentrale Treiber dieser Dynamik und der damit einhergehenden Entscheidungsunsicherheit:

Autonomes Fahren
Die wohl größte Revolution in der Geschichte des Automobils steht mit der Entwicklung teilweise und insbesondere vollständig selbstfahrender Fahrzeuge bevor. Ermöglicht wird diese disruptive Technologie durch die rasant steigende Rechenleistung von Mikrochips, neue Sensortechniken und intelligente Algorithmen. Die Auswirkungen sind

mannigfaltig und aufgrund der Innovationsgeschwindigkeit der Digitalbranche schwierig zu prognostizieren. So sind neue Nutzungsgewohnheiten (z. B. das Arbeiten während der Fahrt), Zielgruppen (z. B. Kinder) und Marktteilnehmer (z. B. Google, Uber und Apple) wahrscheinliche Folgen dieser Entwicklung. Ein regulatorischer Rahmen und das Zusammenspiel mit dem öffentlichen Sektor sind notwendig, um mit der technologischen Entwicklung Schritt zu halten und den sich ändernden Bedingungen Rechnung zu tragen. Gleichzeitig sind das Tempo und die Richtung dieser Entwicklungen nur schwer plan- und vorhersehbar. Für die Automobilbranche ändern sich somit zahlreiche zentrale Faktoren und sorgen in der Branche derzeit für große Aufmerksamkeit.

Konnektivität im Auto
Im Zeitalter des „Internet of Things", in dem zukünftig beinahe jeder Gegenstand ein vernetztes Endgerät ist, wird auch die Schnittstellenfähigkeit des Autos zu einem entscheidenden Faktor im Kaufprozess der Kunden werden. Automobilkunden erwarten heute schon eine nahtlose und intelligente Integration ihrer Geräte aus anderen Lebensbereichen (z. B. Smartphone, Smartwatch oder Tablet), womit sich das Ökosystem des Automobils drastisch erweitert hat. Herausforderungen für die Planung entstehen dabei an verschiedenen Stellen. So prallen z. T. deutlich kürzere Lebenszyklen von Elektronikprodukten auf die Planungshorizonte der Automobilindustrie. Gleichzeitig geraten margenträchtige Zusatzprodukte wie Infotainment- und Navigationssysteme unter gehörigen Druck und müssen sich der Konkurrenz neuer und bereits tief im Leben der Kunden verankerter Produkte stellen.

E-Mobilität und weitere Antriebstechnologien
Auch das Herzstück eines jeden Autos, der Motor, findet sich derzeit in einem äußerst dynamischen Umfeld wieder. Strengere gesetzliche Vorgaben zur CO_2-Reduktion in verschiedenen absatzstarken Regionen (Kalifornien, EU, China) setzen regulatorische Anreize für die Innovationskraft von Automobilbauern im Bereich neuer Antriebstechnologien. War Elektromobilität noch vor einigen Jahren ein Vernunftsthema und überwiegend proklamiert durch „Ökos", haben neue Marktakteure wie Tesla durch die Emotionalisierung dieser Antriebsform für eine Kehrtwende gesorgt. Traditionelle Automobilunternehmen sind gefordert, ihre Kernkompetenzen auf neue Bereiche wie Batterien oder Leichtbauweise auszudehnen und sind zu signifikanten und riskanten Investitionen in der Entwicklung gezwungen.

Access-Economy-Modelle
Ein zentraler Trend der letzten Jahre ist branchenunabhängig die sogenannte „Shareconomy". Die Tendenz zu Modellen situativen Besitzes anstelle von dauerhaftem Eigentum wird insbesondere jüngeren Zielgruppen wie den „Millennials" oder der „Generation Z" attestiert. In den letzten Jahren sind „Car Sharing"-Anbieter in allen deutschen Großstädten massiv auf dem Vormarsch und finden verstärkt Anklang in diesen Zielgruppen. Bisweilen scheint es, als überwögen für diese Zielgruppen die rationalen Argumente in

den Überlegungen im Kaufprozess und verlören emotionale Kaufmotive wie Prestige und Image immer weiter an Bedeutung. Für die Automobilindustrie bedeutet diese sich abzeichnende Entwicklung, dass neue Geschäftsmodelle mit ganz anderen Stellschrauben in die Planungen einbezogen werden müssen, gleichzeitig aber auch der Fortlauf dieses Trends über die kommenden Jahre genauestens verfolgt werden muss.

Der grundlegende Unterschied zwischen Risiko und Unsicherheit besteht hierbei, dass kurz- und mittelfristige Veränderungen mit Eintrittswahrscheinlichkeiten verschiedener Ausprägungen bewertet werden können (Risikoeinschätzung), während längerfristige Entwicklungen meist nicht einer solch quantifizierbaren Evaluation unterzogen werden können (Unsicherheit, siehe Eisenführ et al. 2010). Der weite Zeithorizont der automobilbezogenen Entwicklungen erhöht damit die Komplexität der Entscheidungsfindung und wirft grundlegende Fragen auf: Werden diese Entwicklungen Einfluss auf die Automobilindustrie nehmen? Wenn ja, in welcher Stärke und Qualität? Wann und für welche Zielgruppen werden sie wie wichtig sein?

Vor diesem Hintergrund ist es die Aufgabe der Trend- und Marktforschung, Entscheidungsträger im Unternehmen mit geeigneten Informationen und Einschätzungen zu versorgen, um Produktstrategie und -entwicklung sowie Markenführung zukunftsorientiert ausrichten zu können. Die immense Komplexität der Markt-, Gesellschafts- und Technologieentwicklungen erfordert dabei Ansätze und Instrumente der Trend- und Marktforschung, die ihr gerecht werden. Während der isolierte Einsatz einzelner Foresight- oder Insight-Methoden dies kaum erreichen kann, zeigt der organisationskybernetische Ansatz eine vielversprechende Richtung auf: Dieser zielt darauf ab, Firmen auch in Situationen mit sehr hoher Komplexität, geringer Prognostizierbarkeit zukünftiger Veränderungen und beschränkter Informationslage steuerungsfähig zu halten. Kerngedanke hierbei ist, durch iterative Rückkopplungen sowie Methodenvielfalt und -varietät den Herausforderungen zunehmender Unsicherheit gerecht zu werden (Conant und Ashby 1970; Malik 2006).

In diesem Beitrag wird anhand eines konkreten Projekts dargestellt, wie die Audi AG Trendforschung Insight- und Foresight-Wissen zu einer komplexen Entwicklung erschließt und es entscheidungsorientiert aufbereitet. Konkret beschreibt der Beitrag ein Projekt, das sich auf die Entwicklung des autonomen Fahrens fokussierte. Während die Entwicklung des autonomen Fahrens aus interner Perspektive technologisch erschlossen und verstanden werden kann, stellten sich dabei aus Kunden- und Marktperspektive folgende grundlegende Fragen:

Autonomes Fahren und der Weg dahin:

- Wollen Kunden autonom fahren?
- Warum wollen Kunden autonom fahren?

- Wie sehen Kunden die Entwicklung des semi-[1] und vollautonomen[2] Fahrens?
- Was erwarten sie von Audi?

Adaption des autonomen Fahrens:

- Welche generellen Erwartungen haben Kunden an semi-autonomes Fahren?
- Was machen Kunden mit der gewonnen Zeit?
- Wie lassen sich konkrete Anforderungen zügig im Innenraum umsetzen?
- Wollen Kunden weiter selbst fahren?
- Welche Ängste und Krisen kann autonomes Fahren bei Kunden auslösen?
- Wie kann Audi diese vermeiden oder überwinden?

Umsetzung des autonomen Fahrens:

- Welche konkreten Konzepte können sich Kunden für das voll-autonome Fahren vorstellen?
- Welche Potenziale ergeben sich für Marke, Produkt, Handel, Service und Kommunikation von Audi?

Neben der Beantwortung dieser konkreten Fragestellungen bestand die Zielsetzung auch darin, weitere Potenziale und Herausforderungen z. B. für eine frühzeitige Identifikation neuer Geschäftsmodelle zu finden.

5.2 Studiendesign

Wie eingangs erwähnt, stand neben der Bewältigung hoher Unsicherheit durch die Komplexität und Dynamik der Entwicklung des autonomen Fahrens zur Beantwortung konkreter Fragen auch die explorative und iterative Suche nach weiteren Themenstellungen und möglichen Geschäftsfeldern als Aufgabenstellung im Raum.

---

[1] Definition: Fahrzeug kann in bestimmten Situationen für einen bestimmten Zeitraum die Fahraufgabe für den Fahrer übernehmen, z. B. auf der Autobahn bei Geschwindigkeiten bis zu 100 km/h. Fahrer kann Hände vom Lenkrad nehmen und Aufmerksamkeit auf andere Aktivitäten lenken. Fahrzeug warnt den Fahrer akustisch und visuell zehn Sekunden vor Situationen, die sein aktives Eingreifen erfordern, z. B. bei Wanderbaustellen. Sollte Fahrer nicht reagieren, bremst das Fahrzeug automatisch. Letzte Instanz in der Verantwortung liegt bei Fahrer. Technisch: Fahrzeug übernimmt die Kontrolle über Längs- und Querführung für einen bestimmten Zeitraum und in bestimmten Situationen.

[2] Fahrzeug übernimmt auf Wunsch die Fahraufgabe für den Fahrer in jeder Situation. Fahrer muss nicht mehr aktiv das Fahrzeug steuern und kann die Aufmerksamkeit vollständig auf andere Aktivitäten lenken. Fahrzeug bringt Fahrer/Passagier sicher und selbstständig ans Ziel. Technisch: Fahrzeug übernimmt die volle Kontrolle über Längs- und Querführung im definierten Szenario. System ist in der Lage, in allen Situationen einen Zustand mit minimalem Risiko herzustellen.

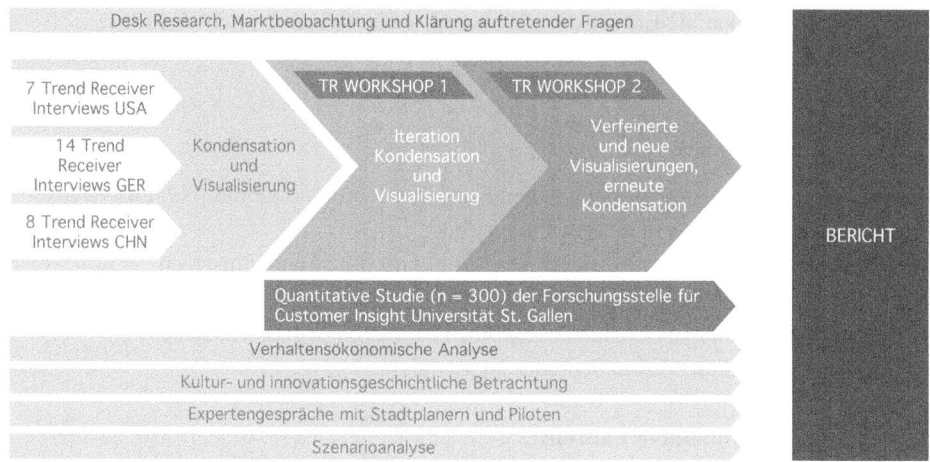

Abb. 5.1 Studiendesign Easy Rider (Quelle: AUDI AG 2015)

Um diesem dualen Ansatz gerecht zu werden, wurde ein iteratives, multi-methodisches Studiendesign gewählt (siehe Abb. 5.1). Zunächst wird nun beschrieben, wieso ein Multi-Methodenansatz gewählt wurde. Anschließend werden zugrunde liegende Kriterien für die Auswahl der Methoden hergeleitet und die eingesetzten Methoden im Einzelnen beschrieben. Abschließend werden die Methoden in ihrer Gesamtheit in Kontext gesetzt.

Die Kombination mehrerer Methoden bietet dabei mehrere Vorteile: Betrachtet man das Untersuchungsobjekt autonomes Fahren als latentes Konstrukt[3], das als zentrales Untersuchungsobjekt fungiert, erhöht sich durch den multi-methodischen Ansatz zunächst die Reliabilität[4] der Aussagen durch multiple Operationalisierung, da die Fragestellungen aus unterschiedlichen Quellen betrachtet werden und diese Quellen trianguliert werden können (Campbell und Fiske 1959). Allgemein erhöht sich auch die Konstruktvalidität[5], da das Untersuchungsobjekt durch unterschiedliche Methoden betrachtet wird und dadurch keine Verzerrung in der Studie durch Unzulänglichkeiten einzelner Methoden auftreten (Vermeidung des Common Method Bias[6]). Im Spezifischen diente das Studiendesign auch zur Erhöhung der Inhaltsvalidität[7], da die Fragestellung in ihren unterschiedlichen Aspek-

---

[3] Ein latentes (oder auch komplexes) Konstrukt ist ein theoretischer, nicht direkt empirisch messbarer Sachverhalt. Er kann nur durch indirekte Messung mittels Indikatoren (z. B. Multi-item-Skalen) annäherungsweise gemessen/operationalisiert werden (Homburg und Giering 1996).

[4] Freiheit der Ergebnisse einer Messung von Zufallsfehlern (Homburg 2015).

[5] Validität bezüglich Schlussfolgerungen über latente Konstrukte (Shadish et al. 2002).

[6] Verzerrungen in Wirkungsbeziehungen, die darauf zurückgeführt werden können, dass dieselbe Datenquelle zur Messung unterschiedlicher Variablen verwendet wird (Homburg und Klarmann 2009).

[7] Inhaltsvalidität liegt vor, wenn die unterschiedlichen Messungen bzw. Methoden der Messung eines Konstrukts dessen Inhalt in all seinen Aspekten vollständig erfassen (Homburg und Giering 1996).

ten vollständiger erfasst werden konnte. Durch die Ausweitung der Methoden auch auf angrenzende Fragestellungen und Entwicklungen kann auch die nomologische Validität[8] erhöht werden, indem über verschiedene Methoden hinweg die Zusammenhänge der Einschätzung des autonomen Fahrens mit anderen Entwicklungen, z. B. Konnektivität, betrachtet werden.

Zur Auswahl der Methoden wurden Kriterien eingesetzt, um die Komplexität des Untersuchungsobjekts Autonomes Fahren in verschiedenen Dimensionen spiegeln zu können:

- Erhebungsmethode (qualitativ/quantitativ): Es sollten sowohl kontextreiche als auch tiefgehende Aussagen hergeleitet werden, um erste Potenzialabschätzungen leisten zu können.
- Erkenntnismethode (analytisch/empirisch/hermeneutisch): Es wurden analytische (verhaltenswissenschaftlich orientierte Mikro- und Makro-Ökonomie), empirisch orientierte Ansätze (Trend-Receiver-Studie, quantitative Befragung) und hermeneutische (ideengeschichtliche Analyse) Methoden kombiniert, um verschiedene Wissens- und Erkenntnisräume und -horizonte nutzen und kombinieren zu können.
- Zeitlicher Fokus (retrospektiv/prospektiv): Es wurden retrospektive (ideengeschichtliche Analyse, filmwissenschaftliche Analyse) mit prospektiven Methoden kombiniert (Trend Receiver, Szenarioplanung), um das Thema aus einer kontinuierlichen Zeitachse heraus betrachten zu können.
- Involvement (Projektteam/interne Experten/externe Experten): Es wurden sowohl interne (Projektteam, interne Audi-Experten) als auch externe (Premiumkunden, Trend Receiver, wissenschaftliche Experten, User analoge Märkte, ...) Beteiligte ins Projekt integriert.

Die Abb. 5.2 gibt einen Überblick über die eingesetzten Methoden sowie ihre Ausprägungen und die zentralen Schritte. Hinsichtlich der entscheidungsorientierten Anschlussfähigkeit der Resultate zeigt die letzte Spalte die konkreten Ergebnisse sowie deren kommunikatives Potenzial.

5.2.1 Desk Research

Als Informationsgrundlage wurde dabei eine qualitative und quantitative Desk-Research-Phase durch das Projektteam durchgeführt. Diese hermeneutische Methode diente dazu, bereits vorhandenes Wissen und Informationen sowohl retro- als auch prospektiv zu scannen und somit bestehende Erkenntnisse zum autonomen Fahren zu sammeln und zu kondensieren. Die Kondensation erfolgte dabei im bekannten STEEP Framework, das

---

[8] Nomologische Validität meint hier, dass über verschiedene Methoden die Zusammenhänge zwischen mehreren Konstrukten/Entwicklungen bestätigt werden können (Homburg und Giering 1996).

Methode	Methodische Ausprägungen	Vorgehen	Ergebnisse und kommunikatives Potenzial
Desk Research	• Qualitativ und quantitativ • Hermeneutisch • Retro- und prospektiv • Intern: Projektteam	• Scan und Synthese bestehender Erkenntnisse zu autonomen Fahren • Kondensation in STEEP-Framework	• Überblick Status und Einschätzungen zu politischen, ökonomischen, sozialen, technologischen, rechtlichen und gesellschaftlichen Entwicklungen • Identifizieren analoger (weiter entwickelter) Märkte mit ähnlichen Herausforderungen • Visualisierter Trendbericht sowie Trendbibliothek • Konzeption und schematisierte Darstellung potenzieller Customer Needs und Pain Points sowie deren Entwicklung • Ableitung Struktur für TR-Konversationen sowie Szenarioplanung
Trend Receiver Konversation	• Qualitativ • Empirisch/hermeneutisch • Prospektiv • Extern: Trend Receiver aus	• Identifizierung TR • Rekrutierung TR sowie Erstellung TR Interview Leitfäden • TR-Interviews • TR-Workshops • Kondensation	• > 400 qualifizierte, pointierte TR-Statements inkl. Action Shots • Integration Perspektiven Trend Receiver mit Perspektiven von AUDI-Projektteam, AUDI-internen Experten, internen Kunden sowie HYVE • Exploration und Identifikation > 20 kunden- und marktorientierter Treiber und Barrieren des autonomen Fahrens • Ableitung, Visualisierung und Validierung 12 möglicher Use Cases autonomen Fahrens • Ableitung, Visualisierung und Validierung 3 begeisternder User Journeys autonomen Fahrens • Aufbau eines themenspezifischen Netzwerks • Input für Szenarioplanung
Szenarioplanung	• Qualitativ • Empirisch • Prospektiv • Intern: Projektteam	• Sammlung der Treiber aus TR-Konversation • Quantitative Bewertung der Treiber hinsichtlich Unsicherheit und Relevanz • Identifikation von zwei zentralen Szenario-Matrix-Dimensionen • Anreicherung der resultierenden 4 Szenarien	• Re-Definition und Priorisierung der Treiber des autonomen Fahrens • 4 angereicherte Szenarien anhand zentraler (hohe Unsicherheit und hohe Relevanz) Treiber des autonomen Fahrens • Input für TR-Konversation im Rahmen der Kondensation
Verhaltenswissenschaftliche ökonomische Analysen	• Quantitativ • Analytisch • Prospektiv • Extern: Experte	• Verhaltenswissenschaftliche Analyse Angebots- und Nachfrageseite autonomen Fahrens • Mikro- und makroökonomische Modellbildungen und Schätzungen	• Visualisierte Quantifizierungen zukünftiger Nutzenpotenziale • Berechnung potenzieller Infrastrukturprojekte • Input für TR-Konversationen sowie Szenarioplanung
Filmwissenschaftliche Analyse	• Qualitativ • Hermeneutisch • Retrospektiv/immanent prospektiv • Extern: Filmrezipienten	• Screening von > 500 Science-Fiction-Filmen auf Szenen autonomen Fahrens • Zusammenschnitt Trailer • Extraktion Stills	• Exploration und Darstellung des kulturellen Resonanzbodens autonomen Fahrens durch Analyse der Pop-Kultur • Filmzusammenschnitt der Bilder des autonomen Fahrens • Stills der Filme für Visualisierung projektbezogener Berichte
Geschichtliche Ideen-Analyse	• Qualitativ • Hermeneutisch • Extern: Bevölkerung • Retro- und prospektiv	• Iterative Sichtung historischer Bild- und Textquellen	• 3 historische Analogien technischer Disruptionen inkl. Visualisierungen • Schematisierte Geschichte des Status des Selbst-Fahrens • Analyse des kulturellen Resonanzbodens durch Identifikation von 4 potenziellen Krisen des fahrenden Individuums • Ableitung möglicher Überwindungsmechanismen für Automobilhersteller
Quantitative Kundenbefragung	• Quantitativ • Prospektiv • Region: USA, GER, CHN • Extern: Premiumkunden	• Quantitative Online-Befragung • Statistische Auswertung • Segmentspezifische Auswertung	• Testen erster Projekthypothesen • Quantifizierung des Nutzens zukünftiger Use Cases • Erste Differenzierung der Nutzenpotenziale nach Kundensegmenten

Kondensation:
- Iterative Strukturierung, Verdichtung, Wiederanreicherung und Priorisierung der Inhalte
- Erstellung finaler Reports unterschiedlicher Komplexitätstiefe (6 Seiten, 60 Seiten, 120 Seiten)

Abb. 5.2 Überblick über die eingesetzten Methoden. (Quelle: In Anlehnung an fünf Dimensionen der strategischen Frühaufklärung nach Rohrbeck 2010)

einen Überblick zu Status und Einschätzungen zu politischen, ökonomischen, sozialen, technologischen, rechtlichen und gesellschaftlichen Entwicklungen ermöglicht. Der Desk Research half dabei der Identifizierung analoger (weiter entwickelter) Märkte mit ähnlichen Herausforderungen, ergab für die weitere Nutzung der Rechercheergebnisse einen visualisierten Trendbericht sowie eine erste Trendbibliothek, ermöglichte die Konzeption und schematisierte Darstellung potenzieller Customer Needs und Pain Points und erlaubte für den folgenden Workstream eine Ableitung der Struktur für die Trend-Receiver-Konversationen sowie erste Ergebnisse für die Szenarioplanung in Form von Trendwissen.

5.2.2 Trend-Receiver-Konversation

Die Trend-Receiver-Konversationen sind eine qualitativ-empirisch/hermeneutische Methode. Die empirischen Daten aus den Gesprächen mit unternehmensexternen Trend Receivern – Personen, die in einem bestimmten Bereich Veränderungen und Potenziale des Neuen weit überdurchschnittlich feinfühlig und differenziert erkennen (siehe auch Abb. 5.3 zur Einordnung und Abgrenzung des Konzepts) – werden sowohl als qualitative Datengrundlage verstanden, dienen aber auch als hermeneutische Erkenntnisgrundlage für iterative Weiterentwicklung von Hypothesen und Implikationen. Der Fokus der Methode ist prospektiv auf zukünftige mögliche Alltagswelten gerichtet. Im Rahmen dieses Artikels soll der Trend-Receiver-Ansatz, aktuell noch wenig verbreitet, aber an Bedeutung gewinnend, hervorgehoben werden.

Die einzelnen Schritte dieses Workstreams umfassten: Profiling und Identifizierung möglicher Trend Receiver (TR), Rekrutierung der TR, Erstellung TR-Interview-Leitfäden, Durchführung der TR-Interviews, Durchführung von TR-Workshops und iterative Kondensation der Inhalte.

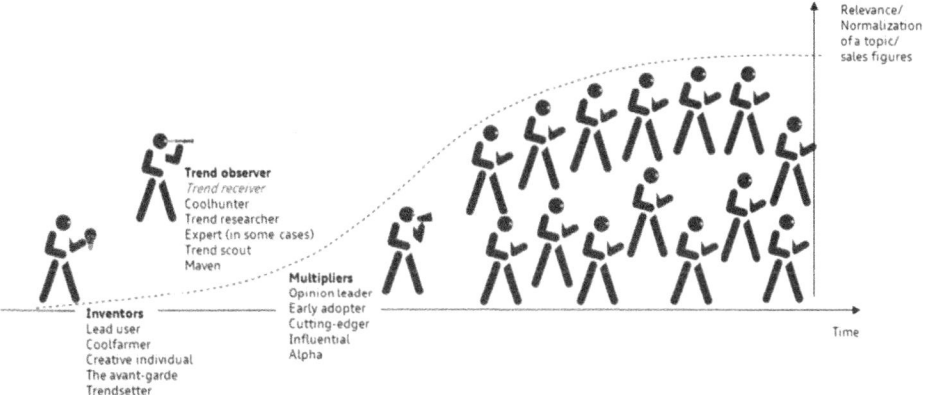

Abb. 5.3 Was zeichnet Trend Receiver aus? (Quelle: Hofmann 2014)

Zunächst sollen TR in Anlehnung an Hofmann (2011, 2014) genauer beschrieben werden: Trend Receiver verfügen über einen geschärften und kritischen Blick dafür, was Menschen treibt und was sich ändert. Sie können sich in realistische Möglichkeitsräume bzw. kommende Produkt- und Servicewelten hineindenken. Ihre qualifizierte Visionskraft entsteht aus dem Zusammenspiel eigener Alltagserfahrung im relevanten Kontext (z. B. der Nutzung von Premiumautomobilen) mit Neugier, Beobachtungsfreude, Offenheit, Erfahrung, Vernetzung, Abstraktionsfähigkeit und Intuition.

Das Zusammenspiel von Erfahrung und Offenheit
Trend Receiver zeichnen sich durch Eigenschaften wie empathische Begabung, umfangreiche Menschenkenntnis und Verständnis von Motiven und Werten der Menschen in dem jeweiligen Kontext aus.

Für die Disziplin der Insight- und Foresight-Forschung sind Trend Receiver vor allem aufgrund ihres feinen Gespürs für diverse Marktsegmente interessante und wertvolle Partner. Mit ihren Fähigkeiten sind sie in der Lage, ein relativ exaktes Bild offensichtlicher und subtiler Erwartungen zu zeichnen, die Kunden in verschiedenen Situationen an ein Produkt oder eine Dienstleistung haben könnten. Mit ihrer nuancierten Wahrnehmung von Kundeneinstellungen und -motiven erlangen Trend Receiver ein differenziertes Verständnis der prägenden Strukturen in einem bestimmten Kontext.

Trend Receiver verstehen eigene Präferenzen und Emotionen als hilfreichen Referenzpunkt zur Einordnung ihrer Beobachtungen und Schlussfolgerungen. Gleichzeitig verfügen sie jedoch über eine reflektierte Selbstwahrnehmung und können von sich selbst abstrahieren. Verschiedenartige Menschen und Positionen interessieren sie und werden ernst genommen. Aufgrund ihrer weit überdurchschnittlichen geistigen Agilität können Trend Receiver mit scheinbaren Widersprüchlichkeiten gut umgehen, ohne einer beliebigen oder undifferenzierten Wahrnehmung zu verfallen.

Trend Receiver sind getrieben vom Wunsch, Zusammenhänge zu verstehen, was ihr Interesse an neuen Einflüssen und an Veränderungsprozessen erklärt. Ihre Neugier und Beobachtungsgabe lassen Trend Receiver nicht nur aktuelle Strukturen begreifen, sondern Entwicklungsdynamiken erkennen und auch sogenannte „Weak Signals" wahrnehmen und hinsichtlich ihrer Relevanz filtern. Der Trend Receiver vereint dabei zwei grundlegende Eigenschaften. Einerseits ist er höchst sensibler „Empfänger" von neuen Themen, Tendenzen und Entwicklungen im Zeitverlauf; andererseits zeichnet er sich durch das Filtern, Verarbeiten, Einordnen und das exakte Artikulieren der gewonnenen Informationen aus.

Marktpotenziale und zeitliche Horizonte für die Adoption von Innovationen und neuen Entwicklungen einzuschätzen, ist eine der wichtigsten Fähigkeiten von Trend Receivern. Dabei hilft es ihnen häufig, dass sie bereits Entwicklungen von Personen, Initiativen und Innovationen über einen längeren Zeitraum hinweg beobachtet und deren Erfolge registriert haben. Für das Rekrutierungsprofil von Trend Receivern bedeutet dies, dass in vielen Bereichen Trend Receiver zumindest 25 bis 30 Jahre alt, häufig aber auch 40 Jahre und älter sind und so longitudinale Veränderungen besser einordnen und beurteilen können.

Laien-Trendforscher
Ein wichtiger Aspekt ist, dass Trend Receiver normalerweise nicht hauptberuflich als Trend Receiver tätig sind – hierin besteht auch ein wesentlicher Unterschied zu Experten. Vielmehr sammeln sie Wissen zu den Strukturen und Veränderungsprozessen eines bestimmten Kontextes, ohne es sich vorher bewusst zu machen bzw. ohne vorherigen Auftrag. An dem Bereich, um den es jeweils geht, haben Trend Receiver teil und verfügen über eine Kunden- bzw. Userperspektive. Sie sind dort gewissermaßen beheimatet und „mitten drin" und erhalten Informationen von ihren Bekannten oder Kollegen „nebenbei". Trend Receiver fungieren dann als eine Art „Laien-Trendforscher" – eben in dem Bereich, in dem sie neue Einflüsse und Strukturen wahrnehmen und so Veränderungen und Potenziale des Neuen besonders gut einschätzen können.

Das konkrete Suchprofil für interne sowie externe Vermittler umfasste daher detaillierte Informationen, Operationalisierungen sowie Beispiele zu Ausprägungen der folgenden Kategorien und weiterer Unterkategorien:

- Fähigkeit zur Selbstabstraktion und Verständnis von Strukturen und Motivlagen,
- Neugier, Wahrnehmungsbreite und Internationalität,
- Gespür für schwache Signale, Zeithorizonte, Normalisierungsprozesse und realistische Möglichkeitsräume,
- Biographische Besonderheiten/Diskontinuitäten,
- Qualifizierte Visionskraft im Hinblick auf Alltagsmobilität und neue Konzepte,
- Kommunikationsstärke.

Die Suche nach TR erfolgte dabei nach dem in Abb. 5.4 dargestellten iterativen Prozess. Für eine Identifikation und Gewinnung relevanter TR wird hier die zentrale Rolle starker Netzwerke und geeigneter Vermittler deutlich.

Nach der Identifikation und Gewinnung der Trend Receiver wurden individuelle Tiefeninterviews anhand eines angepassten Interviewleitfadens durchgeführt. Zwischen den einzelnen Gesprächen wurden Inhalt und Struktur des Leitfadens kontinuierlich und iterativ angepasst, um die Weiterentwicklung der Hypothesen dynamisch an den erweiterten Möglichkeitsraum und Wissensstand des Projektteams aufgrund der jeweiligen Interviewerkenntnisse anzupassen. Die kondensierten Ergebnisse wurden in 12 Use Cases überführt und diese in Workshops mit den Trend Receivern sowohl systematisch strukturiert als auch in freien Diskussionsrunden in Einzel-, Gruppen- und Plenumarbeit hinterfragt, verworfen, angereichert und verfeinert. Detaillierte inhaltliche Informationen können zu diesem Zeitpunkt nicht veröffentlicht werden.

Im beschriebenen Projekt konnten über 400 qualifizierte, pointierte TR-Statements inkl. Action Shots gewonnen werden. Die Integration der externen Perspektiven der Trend Receiver erfolgte mit den Perspektiven des AUDI-Projektteams, AUDI-interner Experten zum Thema autonomes Fahren, internen Stakeholdern sowie den Mitarbeitern des externen Dienstleisters HYVE. Als kondensiertes Ergebnis konnten mehr als 20 relevante kunden- und marktorientierte Treiber und Barrieren des autonomen Fahrens aus Sicht und

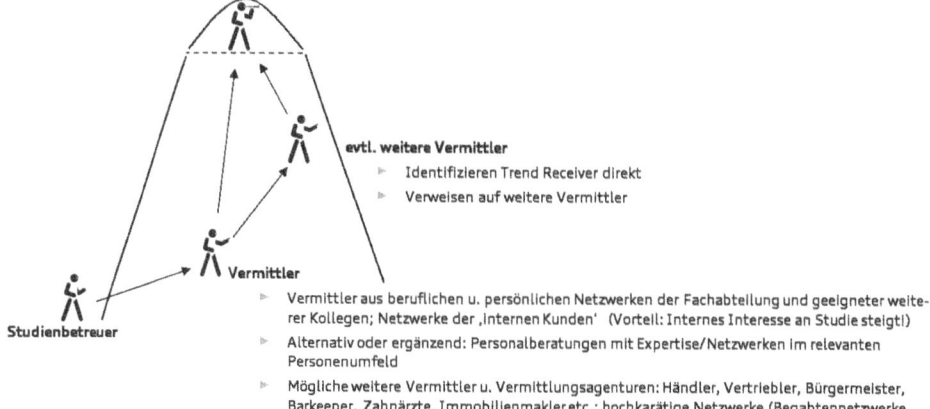

Abb. 5.4 Samplebildung mittels interner und externer Netzwerke. (Quelle: Hofmann 2011)

in der Sprache von Premiumkunden exploriert und definiert werden. Diese dienten auch als Input für die Szenarioplanung.

Folglich wurden 12 mögliche Use Cases des autonomen Fahrens identifiziert, visualisiert und zusammen im Dialog mit den Trend Receivern validiert. Darüber hinaus wurden drei attraktive Alltagssituationen in Form von visualisierten User Journeys abgeleitet und validiert. Letztendlich ergab sich auch eine Erweiterung des AUDI-spezifischen Trend-Receiver-Netzwerks.

5.2.3 Szenarioplanung

Der Workstream der Szenarioplanung ermöglichte es, die qualitativ-empirisch vorliegenden Ergebnisse aus der Trendrecherche sowie den Trend-Receiver-Konversationen im Rahmen des Projektteams prospektiv aufzuarbeiten und zu kondensieren. Bei der Erstellung der Szenarien wurde auf den sogenannten Scenario-Planning-Ansatz (Schoemaker 1995; Schoemaker und van der Heijden 1992; van der Heijden et al. 2002; Wack 1985a, 1985b) zurückgegriffen. Während die Entwicklung der ersten Szenarien Herman Kahn von der RAND Corporation in den 50er-Jahren zugeschrieben wird (Pohl 1996), wurde die Szenario-Technik wesentlich in den 70er-Jahren von Royal Dutch/Shell weiterentwickelt. Ziel war es, die Szenario-Technik mit der strategischen Planung zu dem sogenannten „Scenario-based Planning" zu verknüpfen (Fahey und Randall 1998). Das Scenario Planning hat in den vergangenen Jahren nicht nur Einzug in Standardwerke des Strategischen Managements gehalten, sondern wird von einer Reihe von Unternehmen und Organisationen aktiv verwendet. Gutes Beispiel dafür sind etwa die vielfältigen Szenariostudien des World Economic Forum. Die Managementberatung Bain & Company, die regelmäßig die Verbreitung von Managementmethoden untersucht, beschreibt Scenario Planning als Management-Tool, das zunehmend häufiger genutzt wird (Rigby und Bilodeau 2011). Darüber hinaus ist Scenario Planning ein wesentliches Tool im Kontext von Corporate Foresight (Rohrbeck und Schwarz 2013; Schwarz 2008).

Die Grundidee bei der Erstellung von Szenarien ist es, nicht alle Eventualitäten aufzuzählen, sondern die existierenden Trends zu kombinieren und diese in Bilder der Zukunft umzusetzen. Die Szenarien sollen die Grenzen der möglichen Zukunft beschreiben und nicht nur Variationen eines Szenarios (Schoemaker 1995; Schoemaker und van der Heijden 1992). Dabei wird im Scenario Planning auf die sogenannten „Uncertainties" fokussiert. Unter Uncertainties werden Trends verstanden, die sehr starke Gegentrends haben und somit ein hohes Maß an Unsicherheit mit sich bringen.

In diesem Projekt bildeten die Erkenntnisse aus den Interviews mit den Trend-Receivern in Kombination mit einem Desk-Research zu Trends die Ausgangsbasis für die Arbeit mit Szenarien. In einem ersten Workshop wurde mithilfe einer Relevanz/Unsicherheit-Matrix erarbeitet, welche Trends für die Zukunft des autonomen Fahrens zum einen eine hohe Relevanz und zum anderen eine hohe Unsicherheit in Bezug auf ihre zukünftige Entwicklung haben. Die Logik hinter diesem Vorgehen ist es, dass die Trends mit hoher Relevanz und hoher Unsicherheit die sind, die die Zukunft von autonomem Fahren wesentlich verändern können, abhängig davon, wie sie sich entwickeln.

In einem weiteren Schritt wurden dann die Extrema der Trends genauer beschrieben, die in der Matrix als relevant und als sehr unsicher diskutiert worden waren. Hierauf folgte eine Priorisierung, mit dem Ziel, zwei Trends zu identifizieren, die die höchste Relevanz für die Fragestellung haben. In einem weiteren Workshop bildeten dann diese zwei Trends mit ihren jeweiligen zwei Extrema die Achsen für den sogenannten Szenario-Quadranten, bestehend aus vier Szenarien. Diese vier Szenarien wurden dann mit den übrigen erarbeiteten Trends detaillierter beschrieben.

5.2.4 Verhaltensökonomische Analysen

Um erste quantitative Abschätzungen zu den abgeleiteten Veränderungspotenzialen sowie Use Cases erstellen zu können, wurde eine verhaltenswissenschaftliche Analyse zur Angebots- und Nachfrageseite des autonomen Fahrens durchgeführt und iterativ in Workshops verfeinert. Als Ergebnisse wurden unter anderem mikro- und makroökonomische Modellbildungen und Schätzungen, visualisierte Quantifizierungen zukünftiger Nutzenpotenziale (siehe z. B. Abb. 5.5) sowie die Schätzung des Nutzens potenzieller Infrastrukturprojekte hergeleitet. Darüber hinaus lieferten die Analysen wertvolle Erkenntnisse für die parallel laufenden Workstreams der TR-Konversationen sowie der Szenarioplanung.

5.2.5 Filmwissenschaftliche Analyse

Als qualitativ-hermeneutischer Workstream wurde mit externen Experten eine filmwissenschaftliche Analyse durchgeführt. Obwohl die Analyse existierender Filme per Definition retrospektiv ist, erlaubte der Fokus auf Science-Fiction-Filme einen immanent prospektiven Charakter. So wurden mehr als 500 Science-Fiction-Filme auf Szenen autonomen Fahrens gescannt, diese extrahiert und in zwei Trailer unterschiedlicher Länge zusammengeschnitten. Ebenso wurden Stills der Filme extrahiert.

Die Filmanalyse ermöglichte die Exploration und Darstellung des kulturellen Resonanzbodens autonomen Fahrens durch die Analyse der existierenden Pop-Kultur. Darüber hinaus lagen dem Team zwei Trailer der Bilder des autonomen Fahrens sowie Stills der Filme für das Rückspielen in die TR-Konversationen und an interne Stakeholder vor.

5.2.6 Ideengeschichtliche Analyse

Ein weiterer qualitativ-hermeneutischer Workstream analysierte ideengeschichtliche Aspekte des autonomen Fahrens, sowohl retrospektiv hinsichtlich historischer Technologiesprünge und deren Rezeption als auch prospektiv übertragen auf Potenziale und mögliche Krisen des autonomen Fahrens. Insbesondere prüfte die externe Expertise den Einfluss der Mentalität der westlichen Kultur auf Adoptionspfade autonomen Fahrens. Dazu erfasste und analysierte sie mögliche Vorbehalte und Hemmnisse in Relation zu

Stadt: PRIVATVERKEHR	Stadt: GESCHÄFTLICHER VERKEHR
Annahmen: ▸ 30 km/h Geschwindigkeit ▸ 40 Cent/km Kosten für Autofahrt ▸ 20 Euro/h Opportunitätskosten Fahrtzeit	Annahmen: ▸ 30 km/h Geschwindigkeit ▸ 40 Cent/km Kosten für Auto ▸ 80 Euro/h Opportunitätskosten Fahrtzeit
Prognose:	Prognose:
▸ Autonomes Fahren hat den gleichen Effekt wie ein Rückgang der Grenzkosten um 45% ▸ Unter den Annahmen kommt es zu einer **Steigerung** der gefahrenen Kilometer um **14%**	▸ Autonomes Fahren hat den gleichen Effekt wie ein Rückgang der Grenzkosten um 77% ▸ Unter den Annahmen kommt es zu einer **Steigerung** der gefahrenen Kilometer um **23%**
ABSCHÄTZUNG DER KÜNFTIGEN KILOMETERLEISTUNG	**FAZIT**
▸ Betrachtung der **Nachfragefunktionen** nach Privat- und Geschäftsverkehr für 60 km Pendeln ▸ Sehr konservative Annahme einer Preiselastizität der **Nachfrage von 30%** ▸ Konservative **Annahme von Mischverkehr** autonomer Autos mit herkömmlichem Verkehr ▸ Im **rein autonomen Verkehr** würde die **Nachfrage viel stärker steigen**	Substantielle Steigerung der gefahrenen Kilometer Vorliegende, konservative Schätzung ist **absolute Untergrenze** des Wachstums. Wesentlich **stärkeres Wachstum wird eintreten, falls vollautonome Straßen/Spuren eingeführt** werden. Nur dort kann das vollautonome Auto seine Vorteile voll ausspielen.

Abb. 5.5 Beispielhaftes Ergebnis – Autonomes Fahren könnte die gefahrene Kilometerleistung spürbar erhöhen. (Quelle: Schonger 2015)

5 Easy Rider

PRÄFERIERTER STATUS DER AUTONOMIE DER MOBILITÄT

Mittelalter	15.–17. Jh.	19. Jh.	frühes 20. Jh.	20. Jh.	21. Jh.
Selbstbestimmte Mobilität	Übergang Fremdbestimmung	Fremdbestimmte Mobilität	Selbstbestimmte Mobilität	Selbstbestimmte Mobilität	Rückkehr der fremdbestimmten Mobilität?
Das Reiten der Pferde durch die Ritter	Ablösung des Reitens durch das Kutschenfahren mit Fahrer	Motorisierte Kutschen mit Fahrer standen für Prestige und Komfort	Die Rückkehr der Ritter – die Gentlemen Drivers (Herrenfahrer)	Das selbstgefahrene Auto wird zum bedeutendsten Statussymbol	Nachlassende statussymbolische Funktion schafft neue Chancen für die Entwicklung autonomer Technologien

Abb. 5.6 Beispielhaftes Ergebnis: Wendepunkte des Status des Selbstfahrens. (Quelle: Kohout und Ullrich 2015)

Innovationen früherer Zeiten. Die Auswahl der Innovationsvergleiche erfolgte dabei aufgrund der Ähnlichkeit zu autonomem Fahren in Bezug auf psychische, emotionale oder soziale Hemmschwellen.

Dieser Workstream ergab drei historische Analogien technischer Disruptionen sowie diese veranschaulichende Visualisierungen, eine Analyse des potenziell negativen kulturellen Resonanzbodens durch die Identifikation von vier potenziellen Krisen des fahrenden Individuums sowie die Ableitung konkreter möglicher Überwindungsmechanismen für Automobilhersteller. Darüber hinaus ermöglichte die Analyse eine schematisierte Darstellung der Geschichte des Status des Selbst-Fahrens (siehe Abb. 5.6). Diese zeigt Wendepunkte des präferierten Status der Autonomie der Mobilität.

5.2.7 Quantitative Kundenbefragung

Auf Basis der Erkenntnisse und Visualisierungen der TR-Konversationen erfolgte eine quantitative, repräsentative Kundenbefragung, um mittels statistischer Auswertungen erste Hypothesen der Studie quantitativ zu prüfen. Die Zielgruppe der Premiumkunden wurde dabei mit unterschiedlichen Use Cases als Stimuli konfrontiert und konnte eine fiktive Fahrt im autonomen Auto hinsichtlich unterschiedlicher Nutzungsmöglichkeiten strukturieren. Kundensegmentspezifische deskriptive Auswertungen erlaubten darauf aufbauend eine Quantifizierung des Nutzens zukünftiger Use Cases sowie eine Differenzierung der Nutzenpotenziale nach Kundensegmenten. Neben soziodemografischen Segmentierungsvariablen wurden auch psychografische Segmentierungsvariablen genutzt wie z. B. die

Emergent-Nature-Consumer-Skala, die eine Messung der Konsumentenfähigkeit erlaubt: „to imagine or envision how concepts might be developed so that they will be successful in the mainstream marketplace" (Hoffman et al. 2010, S. 100).

5.2.8 Zusammenfassende Darstellung des Ablaufs mit Wechselwirkungen

Nachdem in den vorhergehenden Unterabschnitten gezeigt wurde, welche Foresight- und Insight-Methoden zur Abschätzung der langfristigen, unsicheren Entwicklungen des autonomen Fahrens eingesetzt und kombiniert wurden und wie deren Kombination den Mehrwert jeder einzelnen Methode erhöhte, stellen sich konkrete, weiterführende Fragen:

- Wie kann man die Unterschiedlichkeit der Methoden hinsichtlich ihrer Ausprägungen (qualitativ/quantitativ, empirisch/hermeneutisch, retrospektiv/prospektiv, intern/extern) steuern und koordinieren?
- Wie kann die Vielzahl von Beteiligten sowie deren Unterschiedlichkeit (Trend Receiver, Marktforscher, Filmwissenschaftler, Ökonomen, Ideenhistoriker, ...) positiv genutzt werden?
- Wie können dadurch fortschreitende iterative und interaktive Rückkopplungen zwischen den Workstreams stattfinden?
- Wie können vielfältige und dynamische Beziehungen der Workstreams positive Wechselwirkungen stimulieren?
- Wie können divergierende Erkenntnisse bewertet werden?
- Wie können unterschiedliche Wissens- und Informationsarten (qualitative Statements, Trendbericht, ökonomische Analysen, hermeneutische Analysen und Visualisierungen) kondensiert und mittels Storytelling eingängig und prägnant an relevante Stakeholder kommuniziert werden?

Auf diese Fragen soll in den folgenden beiden Abschnitten eingegangen werden.

5.3 Erfolgsfaktoren der Gesamtstudie und Mehrwert einzelner Methoden

In diesem Abschnitt werden zunächst die Erfolgsfaktoren des Projekts (siehe Abb. 5.7) dargestellt. Anschließend werden die spezifischen Mehrwerte des Studiendesigns sowie der Kombination der einzelnen Methoden beschrieben.

Ein zentraler Erfolgsfaktor der Studie bestand in der Offenheit aller Projektbeteiligten gegenüber der Zusammenarbeit verschiedenster Disziplinen sowie der gemeinsamen Vision, die einzelnen inhaltlichen Aspekte und Methoden zu fundierten Insights zusammenzufügen. Dies führte insbesondere dazu, dass die Diversität der jeweiligen wissenschaftli-

Abb. 5.7 Erfolgsfaktoren der Studie

chen Perspektiven und Denkschulen nicht nur toleriert, sondern als Mehrwert respektiert wurde. Gerade bei unterschiedlichen Perspektiven sowie divergierenden Meinungen ergaben sich fruchtbare Konversationen, die zentrale Erkenntnisgewinne ermöglichten, z. B. im Rahmen der Bewertung der Relevanz einzelner Treiber im Szenarioplanungs-Workshop oder in der Ausformulierung und Visualisierung attraktiver User Journeys.

Wichtig für den Projekterfolg war auch das aktive Schnittstellenmanagement, da z. B. an der Übertragung von Erkenntnissen aus dem Desk Research Workstream in die TR-Konversationen oder den Szenarioplanungs-Workshop mögliche Soll-Bruchstellen der Informationsübertragung lagen. Hier galt es, durch Informationsselektions- und Interpretationskompetenz relevante Informationen zu filtern und zu übertragen.

Ein weiterer Erfolgsfaktor bestand in der agilen, d. h. dynamischen und flexiblen Projektsteuerung. Die hohe Geschwindigkeit der externen Marktveränderungen während des Projektverlaufs (neue Entwicklungen und Technologien, Use Cases, ...), die Variabilität und hohe Geschwindigkeit des Erkenntnisgewinns innerhalb der Studie sowie die Notwendigkeit flexibler Reaktionspotenziale wurden durch das agile Projektmanagement beherrscht. Besonders unterstützend für die Agilität sämtlicher Projektbeteiligter war ein systematisches Wissensmanagement.

Der Wissenstransfer wurde auch durch einen weiteren Erfolgsfaktor des Projekts ermöglicht – die Sprache unterschiedlicher Disziplinen zu verstehen und zu sprechen.

Während des Projekts wurden Informationen und Erkenntnisse unterschiedlichster Ausbildungsrichtungen (Trend Receiver, Marktforscher, Ingenieure, Geisteswissenschaftler, Ökonomen, ...) generiert und diskutiert und diese galt es zu verstehen, zu bewerten, in den Kontext anderer Erkenntnisse zu setzen und zu kondensieren. Hier zeigten sich sowohl Mehrwert als auch Herausforderungen der Multipolarität des Studiendesigns.

Aufgrund der Aktualität der Studie war es ebenso wichtig, externe und interne Stakeholder regelmäßig zu integrieren und deren zentrale Anliegen (Informationsmenge, Informationsdichte, Informationstiefe, Informationsaktualität, ...) zu verstehen, um die Anschlussfähigkeit der Resultate und die weitere Nutzung möglichst einfach zu gestalten.

Konkrete Mehrwerte der einzelnen Workstreams sowie deren Integration werden im Folgenden erläutert.

Trend Receiver: Visionäre Kompetenz und Bezug zum konkreten Kundenalltag
Die maßgeschneiderte Integration passender TR in diese Studie erlaubte es, zu konkreten Fragestellungen einen sehr direkten Wissenstransfer durch die sehr begabten und sehr gut informierten Laien-Trendforscher zu erzielen. Bereits vor der Studie verfügten die TR über breites, tiefes und vielseitiges Trendwissen. Dieses erlaubte ihnen, die Stimuli und Informationen sowie auch die Informationen und Beobachtungen während des Studienverlaufs schnell zu verarbeiten und zu integrieren. Darüber hinaus funktioniert ihr Kontextwissen – im Rahmen dieser Studie ihre Erfahrung als Premiumneuwagenkäufer – als Katalysator, mittels dessen sie ihr Wissen und ihre Beobachtungen auf konkrete Fragestellungen im Kontext des autonomen Fahrens anwenden können. Dies erlaubt eine Konkretisierung der Trendinformationen und führt zu greifbareren und konkreten Aussagen und Antworten der TR. Die TR-Statements der Studie verknüpfen daher Visionskraft mit konkreten Alltagswünschen.

Dies erhöht die Anschlussfähigkeit der Studienergebnisse enorm: Insight- und Foresight-Marktforscher sehen sich der Aufgabe gegenüber, Trendinformationen für ihre jeweilige Firma nutzbar bzw. anwendbar zu machen. Sie müssen die grundsätzliche Frage beantworten: „Was bedeuten nun die jeweiligen Trendannahmen, Aussagen und Ergebnisse für unsere Strategie, unsere Marke, unsere Services, die Kommunikation oder das Geschäftsmodell und die Strukturen und Prozesse der Firma?" Das Brücken-in-die-konkrete-Anwendung-Bauen bzw. das Kreieren von Ableitungen wird so zur zentralen Aufgabe.

Eine gängige Methode dazu ist in vielen Industrien die Vorstellung und Diskussion von Megatrends in Workshops und der Versuch, diese in Bezug zum eigenen Geschäft zu setzen bzw. auf dieser Basis Ideen im Hinblick auf Veränderungen zu generieren. Gespräche und Workshops mit Trend Receivern können eine nützliche Alternative oder Ergänzung dieses Prozesses sein: Sie schaffen Bezug zum allgemeinen Kundenalltag sowie ein Vertrauensverhältnis zu den TR-Statementquellen. Sie ermöglichen Zugriff und Anbindung auf vielfältige Alltagswelten der TR – die Statements werden geerdet und in Lebenskontexte gesetzt. Durch Storytelling-Techniken und Visualisierungen der TR-Statements können im Rahmen der Berichterstellung und -rezeption bei Entscheidern in Organisationen auch Pfadabhängigkeiten des zukunftsbezogenen Denkens aufgebrochen werden (Schwarz und Masrani 2009).

Ein wichtiger Aspekt hierbei ist, dass die visionäre Kompetenz der TR sowie verschiedene Interviewtechniken (Projektion, Visualisierung, ...) verhindern, dass die Kunden sich nur „schnellere Pferde" wünschen (in Anlehnung an das Zitat des Automobilpioniers Henry Ford: „If I had asked people what they wanted, they would have said faster horses."). Vielmehr ermöglicht diese Qualität der TR auch visionäre und wegweisende Konzepte und Ideen, die gleichzeitig ein Normalisierungs- und Umsetzungspotenzial aufweisen.

Die Szenarioplanung als Kondensations- und Priorisierungsinstrument
Wesentlicher Mehrwert der Szenarioplanung für die hier beschriebene Studie war, dass die in die Szenarioplanung eingehenden Trends durch den Einbezug der TR hochwertig waren und, im Vergleich zu allgemeinen Technologie- oder Industrietrends, bereits sehr spezifisch in die Fragestellungen im Rahmen von Kundenerwartungen eingebettet waren. Ein zusätzlicher wesentlicher Aspekt der Erstellung der Szenarien war, dass mit dieser Vorgehensweise sogenannte Blind Spots anderer Workstreams reduziert werden konnten. Zusätzlich zeigte sich, dass die Szenario-Workshops dazu beigetragen haben, Annahmen über die wesentlichen Treiber von autonomem Fahren zu hinterfragen und tatsächlich durch den Prozess der Szenarioerstellung neue Priorisierungen im Projekt vorgenommen werden konnten.

Die ideengeschichtlichen und filmwissenschaftlichen Analysen zur Herleitung des kulturellen Resonanzbodens und Identifikation potenzieller Dissonanzen und Krisen
Die beiden Workstreams der ideengeschichtlichen und filmwissenschaftlichen Analyse boten vor allem durch die Identifikation und Einordnung kultureller Bedeutungen von Mobilität und Automobilen eine wichtige Analyse, wie die Entwicklung des autonomen Fahrens gesellschaftlich rezipiert werden könnte. Dies ermöglichte auch ein Erkennen zukünftig relevanter Aspekte für Kommunikationsbotschaften, z. B. eine Erweiterung individueller Mobilitäts-Use-Cases. Ebenso konnte die kulturelle und historische Betrachtung zu mehr Pragmatik und Gelassenheit im Umgang mit dem Thema führen, indem der Status der individuellen Mobilität in den historischen Kontext eingeordnet wurde.

Iterative und zukunftsorientierte Visualisierung
Ein wichtiger Mechanismus zur Steuerung und zum Transfer der Studienergebnisse waren iterative und kondensierende Visualisierungen. Visualisierungen sind bereits ein essenzieller Bestandteil vieler Foresight- und Insight-Studien sowie auch in der Szenarioplanung – sie schaffen bereits heute greifbare Bilder einer möglichen Zukunft und werden von Unternehmen wie Siemens genutzt. Visualisierungen helfen dabei – ähnlich wie Storytelling –, organisationale und kognitive Pfadabhängigkeiten aufzubrechen und durch die Verankerung der Bilder zukünftige Entscheidungen zu beeinflussen (Müller und Schwarz 2013).

Quantifizierung qualitativer Insights zur ersten Potenzialabschätzung qualitativer Erkenntnisse

Die drei (teilweise) quantitativ ausgerichteten Workstreams (Desk Research, quantitative Befragung, ökonomische Analyse) erlaubten, qualitative Möglichkeitsräume durch die Extrapolation vorhandener Daten, aber vor allem auch durch die Bildung neuer Modelle anhand zutreffender Prämissen, erste Potenziale abzuschätzen. Dadurch konnten qualitative Hypothesen quantitativ getestet bzw. der quantitative Hypothesentest vorbereitet werden und die Anschlussfähigkeit sowie der Wissenstransfer zur Adoption der Erkenntnisse beschleunigt werden.

5.4 Implikationen und weitere Entwicklungen

In diesem abschließenden Abschnitt wird zunächst beschrieben, wie komplexe Fragestellungen sich weiter zu „wicked problems" entwickeln und damit die Relevanz des multidisziplinären Studienansatzes weiter steigern werden. Anschließend werden mögliche Erweiterungen der Kernmethode Trend Receiver sowie Verknüpfungen zu komplementären Entwicklungen wie Big Data vorgeschlagen.

Wicked Problems in der Automobilindustrie

Die aktuellen Treiber der Dynamik in der Automobilindustrie weisen darauf hin, dass sich die reine Komplexität in der Planung zu einem „wicked problem" (Rittel und Webber 1973), einem schwer oder sogar unlösbaren Problem, entwickelt. Dieses Konzept beschreibt Probleme, die aufgrund ihrer Verflechtung und Interdependenzen mit zahlreichen anderen Problemfeldern und Aspekten keine eindeutig „richtige" Sichtweise auf das Problem zulassen. Vielmehr zeichnen sie sich dadurch aus, dass sie nur schwer exakt als Problem definiert und formuliert werden können und Lösungen dafür nicht richtig oder falsch, sondern lediglich gut oder schlecht sein können (Camillus 2008). Häufig zitierte Beispiele für „wicked problems" sind Terrorismus, Armut oder globale Erwärmung.

Infolge der digitalen Transformation der Autoindustrie, die geprägt ist von der Konnektivität aktueller Fahrzeuge und der Disruption des autonomen Fahrens, wird das vormals relativ geschlossene System „Auto" zu einem zur Offenheit gezwungenem Ökosystem, das mehr und mehr Akteure fremder Branchen als unumgängliche Partner und möglicherweise neue Konkurrenten akzeptieren muss. Egal ob man die Integration von Smartphones, das Angebot von Fremdsoftware wie Googles Android Auto oder Apples CarPlay auf den Infotainmentsystemen der Autohersteller, Community-basierte Service-Apps wie Googles Waze oder Access-basierte zweiseitige Plattformlösungen wie Uber betrachtet, die Verflechtungen mit anderen Industrien, Geschäftsmodellen sowie Hardware- und Software-Elementen sind augenfällig.

Im Unterschied zu den bestehenden Wertschöpfungsketten und den Beziehungen zu aktuellen Lieferanten sind die Hierarchien, Wertschöpfungsanteile, Partnerschaften und gemeinsamen Geschäftsmodelle mit Google, Apple, Uber & Co. keineswegs klar absehbar. Hinzu kommt, dass diese Akteure aus ihren originären Geschäftsbereichen heraus keineswegs „Lieferantenstatus" gewohnt sind, sondern vielmehr die Spielregeln diktieren. Vor diesem Hintergrund gewinnen Insight- und Foresight-Ansätze, die der zunehmenden „Wickedness" von Problemen Diversität und Multidisziplinarität entgegensetzen, weiter an Bedeutung.

Während das Auto schon immer ein komplexes Produkt war, das aus unzähligen Bauteilen und Komponenten von Lieferanten ein einzigartiges Ingenieurskunstwerk erstellte, so ist es heute auf dem besten Weg, eine „Plattform" für Mobilitätsdienste, Reisen, Entertainment, Wohnraum, Lifestyle und Schnittstellen zu unzähligen weiteren Industrien zu werden. Bestehende Methoden sind vielleicht noch im Stande gewesen, die Komplexität des Produkts zu bändigen. Um an der Zukunft der „Plattform" Auto zu arbeiten, bedarf es Ansätzen, die ganz unterschiedliche Perspektiven und Stakeholder zusammenführt, sowie offener Partner, die diese wahrnehmen, beschreiben und einordnen können.

Weiterentwicklungen der TR-Methode
Mögliche Erweiterungen der TR-Methode, um solche Ansätze zu schaffen, bestehen z. B. in einer Ausdifferenzierung der TR-Profile sowie in der Integration von Big-Data-Lösungen.

Weitere Studien können die unterschiedlichen benötigten Perspektiven auf Plattformlösungen im Rahmen ausdifferenzierter TR-Profile sowie einer Untersuchung benötigter Ähnlichkeiten und Unterschiede für spezifische Projektziele erforschen.

So kann ein Projektziel die Exploration sogenannter Moonshots sein. Mehr und mehr Unternehmenslenker wie Larry Page von Google sind überzeugt, dass Unternehmen langfristige und riskante Wetten (Moonshots oder auch disruptive Innovation) eingehen müssen, um überleben zu können. Für solche Überlegungen kann ein multidisziplinärer Ansatz, welcher Trend Receiver inkludiert, dazu dienen, Visionen zu konkretisieren und darzustellen, wie ein Produkt, eine Dienstleitung oder ein Geschäftsmodell im zukünftigen Alltagsleben gestaltet sein kann. Damit können Trend-Receiver-Konversationen im Zusammenspiel mit weiteren qualitativen und quantitativen Methoden dazu dienen, solche Wetten zu konkretisieren und sie auch zu gewinnen.

Data Knowledge und Visionary Competence
Eine vielversprechende Methode ist die steigende Verfügbarkeit, Vernetzung und Analysierbarkeit großer Datenmengen (Big Data). Diese Entwicklung bietet neue und vielfältige Möglichkeiten der Insight- und Foresight-Generierung: Die exponentiell steigenden Mengen an erfassten, aufbereiteten, verknüpften und analysierten Daten bieten enorme Möglichkeiten, Verhaltensweisen und Präferenzmuster offenzulegen, Produktions- und manche Entscheidungsprozesse zu automatisieren sowie verschiedene innovative Anwendungsfelder zu erschließen. Zukunft wird dadurch nicht gläsern oder vorhersehbar, sondern die Möglichkeiten, diese zu gestalten, verändern und erweitern sich.

Gleichzeitig weckt der Umgang mit Daten den Bedarf für spezifische Visionary Competence, die die Trend Receiver einbringen. Dabei bilden kreative, entdeckende, emotiona-

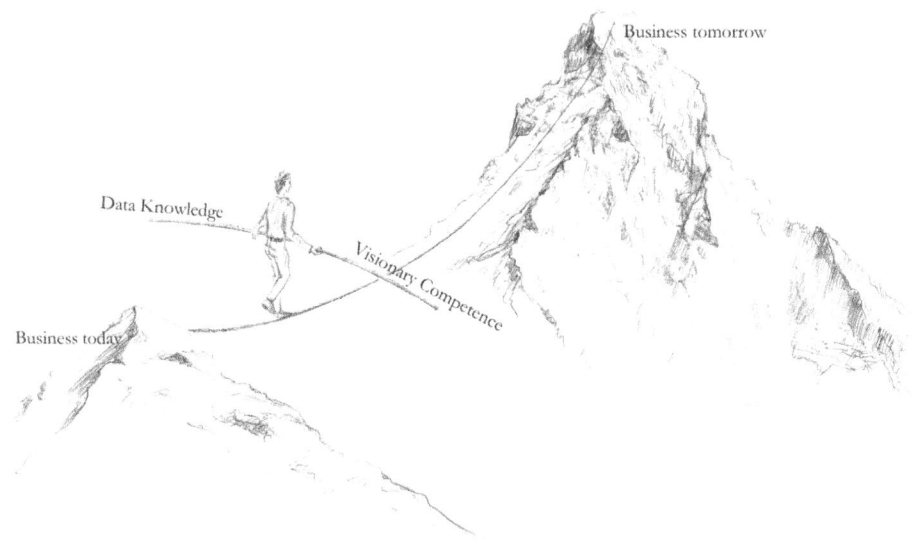

Abb. 5.8 Zusammenspiel von Datenkompetenz und Visionskraft

le, sinnliche und intuitive Fähigkeiten und Ideen, Geschichten, Visionen, Feingespür und Mut das Pendant zur steigenden Bedeutung der Algorithmen. Erfolgreiche Geschäftsmodelle, Produkte und Services für die 2020er-Jahre kommen im geschickten Zusammenspiel von Datenkompetenz und Visionskraft auf den Weg. Die Abb. 5.8 veranschaulicht den Balanceakt dieser Komplementarität.

Literatur

AUDI AG. (2015). Easy Rider – Autonomes Fahren aus Sicht von Markt und Kunde. Unveröffentlichte Studie in Kooperation mit Forschungsstelle für Customer Insight der Universität St. Gallen und HYVE AG.

Camillus, J. C. (2008). Strategy as a Wicked Problem. *Harvard Business Review*, 86, 98–101.

Campbell, D. T., & Fiske, D. W. (1959). Convergent and Discriminant Validation by the Multitrait Multimethod Matrix. *Psychological Bulletin*, 56(2), 81–105.

Conant, R. C., & Ashby, W. R. (1970). Every Good Regulator of a System Must be a Model of that System. *International Journal of System Science*, 1(2), 89–97.

Eisenführ, F., Weber, M., & Langer, T. (2010). *Rationales Entscheiden* (5. Aufl.). Berlin Heidelberg: Springer.

Fahey, L., & Randall, R. M. (1998). What Is Scenario Learning? In L. Fahey, & R. M. Randall (Hrsg.), *Learning from the Future: Competitive Foresight Scenarios* (S. 3–21). San Francisco: John Wiley & Sons.

Van der Heijden, K., Bradfield, R., Burt, G., Crains, G., & Wright, G. (2002). *The Sixth Sense*. Chichester: John Wiley & Sons.

Hoffman, D. L., Kopalle, P. K., & Novak, T. P. (2010). The „Right" Consumers for Better Concepts: Identifying Consumers High in Emergent Nature to Develop New Product Concepts. *Journal of Marketing Research, 47*(5), 854–865.

Hofmann, R. (2010). *Mit wem reden? Das Trend Receiver Konzept.* GDI Impuls, Bd. 4, S. 76–80). Rüschlikon/ Zürich: Gottlieb Duttweiler Institut.

Hofmann, R. (2011). *Trend Receiver – qualifizierte Visionskraft. Kriterien und Vorgehensweisen der Befragtenauswahl und Dialoggestaltung bei Studien zu zukünftigen Konzepten am Beispiel der AUDI AG.* Göttingen: Cuvillier.

Hofmann, R. (2014). Visionary competence for long-term development of brands, products and services: The trend receiver concept and its first applications at Audi. Technological Forecasting & Social Change. http://dx.doi.org/10.1016/j.techfore.2014.06.005.

Homburg, C. (2015). *Marketingmanagement, Strategie – Instrumente – Umsetzung – Unternehmensführung* (5. Aufl.). Wiesbaden: Gabler.

Homburg, C., Giering, A. (1996). Konzeptualisierung und Operationalisierung komplexer Konstrukte. Ein Leitfaden für die Marketingforschung. *Marketing ZFP, 18*, 5–24.

Homburg, C., & Klarmann, M. (2009). Multi Informant-Designs in der empirischen betriebswirtschaftlichen Forschung – Problemfelder und Anwendungsempfehlungen. *DBW – Die Betriebswirtschaft, 69*(2), 147–171.

Johnson, N. F. (2009). Chapter 1: Two's Company, Three is Complexity, Simply complexity: A Clear Guide to Complexity Theory. *Oneworld Publications, 3*.

Kohout, A. K., & Ullrich, W. (2015). Potenziale und Rezeption autonomen Fahrens aus kulturwissenschaftlicher und innovationsgeschichtlicher Sicht. Expertise für die Audi Trendforschung (unveröffentlicht).

Malik, F. (2006). *Strategie des Managements komplexer Systeme – Ein Beitrag zur Management-Kybernetik evolutionärer Systeme* (9. Aufl.). Bern: Haupt.

Müller, A. W., & Schwarz, J. O. (2013). *Assessing the Functions and Dimensions of Visualizations in Foresight, Paper presented at European IFA Academic Seminar*. Zurich.

Pohl, F. (1996). Thinking About the Future. *The Futurist, 30*(5), 8–13.

Rigby, D., & Bilodeau, B. (2011). *Management Tools & Trends 2011*. Bain & Company.

Rittel, H. W. J., & Webber, M. M. (1973). Dilemmas in a General Theory of Planning. *Policy Sciences, 4*, 155–169.

Rohrbeck, R. (2010). *Corporate Foresight: Towards a Maturity Model for the Future Orientation of a Firm*. Heidelberg: Physica.

Rohrbeck, R., & Schwarz, J. O. (2013). The Value Contribution of Strategic Foresight: Insights From an Empirical Study of Large European Companies. *Technological Forecasting and Social Change, 80*(8), 1593–1606.

Schoemaker, P. J. H. (1995). Scenario Planning: A Tool for Strategic Thinking. *MIT Sloan Management Review, 36*(2), 25–40.

Schoemaker, P. J. H., & van der Heijden, C. A. J. M. (1992). Integrating Scenarios into Strategic Planning at Royal Dutch/Shell. *Planning Review, 20*(3), 41–46.

Schwarz, J. O. (2008). Assessing the Future of Futures Studies in Management. *Futures, 40*(3), 237–246. Schonger, Martin (2015), Autonomes Fahren aus verhaltensökonomischer Sicht. Expertise für die Audi Trendforschung (unveröffentlicht).

Schwarz, J. O., & Masrani, S. K. (2009). *The ‚Narrative Turn' in Getting Out of the Box: Examining Ways of Breaking Path Dependency in Foresight*. Paper presented at 25th European Group of Organizational Studies Colloquium, Barcelona, Spain.

Shadish, W., Cook, T., & Campbell, D. (2002). *Experimental and Quasi-Experimental Designs for Generalized Causal Inference*. Boston: Wadsworth Cengage Learning.

Wack, P. (1985a). Scenarios: Shooting the Rapids. *Harvard Business Review, 63*(6), 139–150.

Wack, P. (1985b). Scenarios: Uncharted Waters Ahead. *Harvard Business Review, 63*(5), 73–89.

Optimierung der Ideenbewertung durch neuroökonomische/-psychologische Ansätze/Lead User

6

Aly Sabri

> **Zusammenfassung**
>
> Die Auswahl als auch der Umgang mit dem Lead User im Rahmen des Innovationsprozesses ist von zentraler Bedeutung. Der Beitrag beschreibt die Möglichkeiten mit den Erkenntnissen der neuesten Hirnforschung und der Neurobiologie die Ideenbewertung zu optimieren und gibt damit Unternehmen wertvolle Handlungsanweisungen.

Inhaltsverzeichnis

6.1	Neurowissenschaft heute – Ein Einblick	100
6.2	Die Neurowissenschaft und der Innovationsprozess	101
	6.2.1 Persönlichkeitseigenschaften von Lead Usern	102
	6.2.2 Die Auswahl des Lead Users unter neurobiologischen Aspekten	104
	6.2.3 Der Umgang mit Lead Usern unter neurobiologischen Aspekten	106
6.3	Abschließende Betrachtung	108

Der zunehmende Wettbewerbsdruck, immer ausgereiftere Produkte und kürzere Produktzyklen machen den erfolgreichen Innovationsprozess im Unternehmen mit zum wichtigsten Wettbewerbsfaktor.

Die Innovationsforschung beschäftigt sich mit Möglichkeiten, den Prozess von der Idee bis zum Produkt möglichst effektiv, das heißt schnell, kostensparend und zielsicher im Sinne des Markterfolges zu gestalten. Die moderne Neurobiologie gibt heute immer tiefere und aufschlussreichere Einblicke in die Vorgänge menschlichen Verhaltens und identifiziert somit mehr und mehr Ursache und Wirkung von situativen Entscheidungen des Menschen. Es liegt nahe, sich diese Erkenntnisse auch im Innovationsprozess zu-

A. Sabri (✉)
Korschenbroich, Deutschland
email: sabri@alysabri.com

© Springer Fachmedien Wiesbaden 2016
T. Abele (Hrsg.), *Die frühe Phase des Innovationsprozesses*, FOM-Edition,
DOI 10.1007/978-3-658-09722-6_6

nutze zu machen. Die menschliche Entscheidung ist in allen Stadien der Innovation von elementarer Tragweite, und so sind ihr Verständnis und ihre Vorhersagbarkeit von hoher Bedeutung.

Bei näherer Betrachtung spielt genau diese menschliche Entscheidung beim Lead User mit der Produktidee, bei der Ideenbewertung durch das Bewertungsgremium und letztendlich beim Endkunden mit der Akzeptanz des Produktes den Ausschlag, ob ein Produkt zum Markterfolg wird oder nicht.

In diesem Beitrag soll der Lead User näher betrachtet werden, zumal er sowohl hinsichtlich der Auswahl als auch später in Umgang und Behandlung für das Unternehmen immer wieder eine Herausforderung darstellt.

6.1 Neurowissenschaft heute – Ein Einblick

Kann das Gehirn das Gehirn entschlüsseln? Eine philosophische Frage, die sich abschließend wohl nie beantworten lassen wird.

Tatsache ist, dass bei der Erforschung der Mechanismen unseres Nervensystems in den vergangenen Jahren große Fortschritte erzielt wurden. Beschränkten sich früher die Erkenntnisse nur auf Verhaltensänderungen nach Hirnverletzungen oder Schlaganfällen, so ist es heute möglich, mit modernen Methoden dem Gehirn nahezu beim Denken zuzusehen.

So können zum Beispiel mit der funktionellen Magnetresonanztomographie (fMRI) Aktivierungen im Gehirn von Versuchspersonen beobachtet werden. Die fMRI misst Durchblutungsänderungen, die in unterschiedlichen Farbspektren angezeigt werden. Die räumliche Auflösung des fMRI ist sehr exakt, und so war es möglich, den Hirnstrukturen genaue Aufgaben in der Signal- und Prozessverarbeitung zuzuordnen. Ein Nachteil der Methode ist, dass die neuronale Aktivität nicht direkt gemessen wird sondern „nur" die veränderte Stoffwechsellage im Sinne der Durchblutung, die sogenannte BOLD Reaktion. Die geringe zeitliche Auflösung der Vorgänge ist ein weiterer Nachteil. Man könnte sagen, man misst die lokale Aktivität eines Nervenzellverbunds, nicht aber den neuronalen Prozess in seiner Chronologie.

Für die Entschlüsselung dieser Chronologie und der Vorgänge in und zwischen den Nervenzellen kommen biochemische, elektrophysiologische und molekulargenetische Untersuchungen ins Spiel. Mittels dieser Methoden kann heute bis auf Zell- und Molekülebene der neuronale Vorgang abgebildet werden. Diese Verfahren sind allerdings auf Zell- und Tierexperimente begrenzt, und so stehen die Neurowissenschaften immer wieder vor der Herausforderung, diese beiden Säulen der Datenlage – die räumlichen Befunde der bildgebenden Untersuchungen und die prozessualen Erkenntnisse der Zell- bzw. Tierversuche – möglichst korrekt in Deckung und Zusammenhang zu bringen.

Wie tief die Forschung in die Abläufe unseres Gehirns vordringt, soll ein Beispiel einer aktuellen fMRI-Studie zeigen, welche auch für das Thema dieses Beitrags eine hohe Relevanz besitzt. In dieser Studie bewegte die Forscher die Frage, ob bei einer bewussten Entscheidung oder Aktion bereits nachweisbare (unbewusste) Gehirnaktivität (länger) vorher einsetzt. Bis vor Kurzem war sich die Forschung einig, dass solch unbewusste neuronale Aktivität bei motorischen Tätigkeiten stattfindet, nicht aber bei komplexeren kognitiven Entscheidungen. Zumindest war sie hier nicht nachweisbar.

Um in dieser Frage weiteren Aufschluss zu erhalten, wurden Versuchspersonen einfache arithmetische Zahlenreihen präsentiert. Die Probanden hatten die freie Entscheidung, über diese Zahlenreihen Additionen oder Subtraktionen auszuführen, während man sie im fMRI untersuchte. Es konnte gezeigt werden, dass die Entscheidung, ob die Zahlen addiert oder subtrahiert werden, im Gehirn bereits vier Sekunden, bevor der Proband seine bewusste Entscheidung mitteilte, sichtbar war. Die neuronale Aktivität im medialen präfrontalen und parietalen Kortex zeigte bereits Aktivität, obwohl die Versuchsperson (noch) nicht bewusst diese Entscheidung traf.

Das bedeutet: Selbst Entscheidungen von komplexer Abstraktion entstehen aus der Dynamik von vorausgehender Gehirnaktivität. Dies findet mittlerweile in einer Reihe weiterer Untersuchungen Bestätigung.

Dieses Beispiel zeigt, dass die moderne Hirnforschung mittlerweile nicht mehr „nur" die konkrete Handlung im Gehirn lokalisieren kann, sondern auch schon dabei ist, die Handlungsplanung und Handlungsursache zu verstehen. In der praktischen Anwendung dieser Ergebnisse erfährt die Sicht auf bewusste (rationale) kognitive Entscheidungen eine neue Dimension, da nachgewiesen ist, dass auch der bewussten Entscheidung unbewusste – aber entscheidende – neuronale Prozesse vorausgehen. Damit entschlüsselt sich in gewisser Weise auch – zumindest neurobiologisch – das Unterbewusstsein.

Erfährt die Forschung durch die fMRI die morphologische Aufteilung der Aufgaben im Gehirn, so braucht sie für das zelluläre Verständnis den Tierversuch. In diesen Versuchen kann zum Beispiel in sogenannten Skinner-Boxen das Belohnungsverhalten von Versuchstieren untersucht werden. Hierzu werden selektiv Hirnregionen stimuliert oder bestimmte Substanzen, sogenannte Neurotransmitter, zugeführt und das resultierende Verhalten beobachtet. Oder nach einem Verhaltensimpuls werden die physiologischen Folgen im Gehirn untersucht. Auf diesem Wege können Neurotransmittern oder elektrophysiologischen Abläufen Verhaltensmuster zugeordnet werden.

Mit diesen Versuchen dringt die Neurowissenschaft immer tiefer in die Abläufe des komplexesten Organs unseres Körpers ein und versteht zunehmend die außerordentlich komplizierten Abläufe.

6.2 Die Neurowissenschaft und der Innovationsprozess

Welche Konsequenzen haben nun diese Erkenntnisse für den Innovationsprozess? Wie können Ergebnisse aus der Hirnforschung eingesetzt werden, um den Innovationsprozess schlanker und effektiver zu gestalten?

Grundsätzlich betrachtet ist die Innovation in einem Unternehmen trotz der allgegenwärtigen Automatisierung und Digitalisierung immer noch der Vorgang, bei dem der

Mensch mit seiner Vision und Kreativität und anschließend mit seiner individuellen Bewertung den entscheidenden Einfluss über den Verlauf des Prozesses ausübt. Einer der wichtigsten Akteure ist der Lead User.

Dieser soll nach dem folgenden Muster näher betrachtet werden:

- Persönlichkeitseigenschaften,
- Herstellung der neurobiologischen Ebene für diese Eigenschaften,
- Konsequenzen für den Innovationsprozess (Auswahl und Umgang).

6.2.1 Persönlichkeitseigenschaften von Lead Usern

Bei der grundlegenden Bedeutung des Lead Users liegt es nahe, sich genau mit seiner Persönlichkeit zu beschäftigen. Diverse Untersuchungen der FOM zur Persönlichkeit der Lead User haben sich diesem Thema gewidmet und kommen zu einem relativ einheitlichen Bild.

In einer Analyse dieser Untersuchungen haben Studenten der FOM folgende Kernmerkmale gefunden: (Die Aufzählung konzentriert sich auf die neurobiologisch relevanten Merkmale.)

Lead User sind

- fordernde Kunden,
- häufig Experten in ihrem Gebiet,
- unzufrieden mit dem derzeitigen Angebot an Produkten bzw. mit den Eigenschaften des Produktes,
- innovative Nutzer und dem Trend voraus,
- hoch motiviert, ihre Bedürfnisse mit selbst generierten Lösungen zu befriedigen,
- fokussiert auf Erfinden, Verändern und Neukombinieren,
- am persönlichen Nutzen der Lösung interessiert und
- aktiv in Foren beim Mitteilen der Lösung oder Diskutieren neuer Ideen.

Dieses Verhaltensprofil deutet aus neurobiologischer Sicht auf eine hohe intrinsische Motivation und ein starkes belohnungsorientiertes Verhalten. Der Lead User zielt darauf ab, mit seinem Verhalten Neues zu generieren eine (intrinsische) Belohnung zu erhalten. Diese kann aus der Erfindung selbst heraus entstehen im Sinne des besseren Produktes und/oder aus der Rückmeldung der Umwelt auf diese Erfindung. Neuropsychologisch lassen sich die genannten Eigenschaften auf folgende primäre Merkmale kondensieren:

- hohe motivationale Aufladung,
- Frustrationstoleranz und ggf. Risikobereitschaft,
- Lernbereitschaft und
- kognitive Flexibilität.

Diese Merkmale werden über das Belohnungssystem gesteuert. Dieses ist wiederum neurophysiologisch gesehen durch das Dopaminsystem repräsentiert. Die Aussicht bzw. die Suche nach Belohnung ist für die vier genannten primären Merkmale essentiell.

Die sogenannte motivationale Aufladung ist mit der ausgeprägten intrinsischen Motivation gleichzusetzen, die den Lead User dazu bringt, die Grenzen des existierenden Produktes verschieben und verbessern zu wollen. Der Lead User kann als Belohnungssucher betrachtet werden, wobei die Aussicht auf ein optimiertes Produkt ausreicht, um den Aufwand und die Mühe auf sich zu nehmen. Die Belohnung ist also das Ziel des Strebens, und als solche wird das bessere Produkt gesehen. Das Belohnungssystem ist derart in uns angelegt, dass die (von extern gegebene) Aussicht auf Geld oder andere materielle Entlohnung diese Motivation sogar korrumpieren kann.

Aus diesem „reward seeking" ergeben sich eine ausgeprägte Frustrationstoleranz und entsprechende Bereitschaft, ein (hohes) Risiko einzugehen, um die Belohnung zu erhalten. Die motivationale Aufladung wäre unsinnig, würde sich das Lebewesen nach zwei Versuchen frustrieren lassen oder nicht auch bereit sein, ein Risiko (des Neuen) einzugehen. In Extremsportarten nennt man dieses Profil „sensation seeker". Die Belohnung ist hier derart dominierend, dass unter Umständen sogar das Leben riskiert wird. Dies zeigt, wie fundamental die Evolution diesen Belohnungsmechanismus in uns angelegt hat.

Kognitive Flexibilität und Lernbereitschaft sind ebenfalls Voraussetzung für erfolgreiches Überleben, und so wurden auch diese Eigenschaften in das Belohnungssystem integriert, um es erfolgreich sein zu lassen.

Dieses Merkmalsquartett wird einheitlich über den Neurotransmitter Dopamin vermittelt.

Dopamin ist ein höchst zentraler und wichtiger Botenstoff im Gehirn, dessen Neurone aus dem Mittelhirn ihre Verzweigungen (Axone) in viele Gehirnbereiche senden. Das Mittelhirn ist ein entwicklungsgeschichtlich gesehen sehr alter Teil des Gehirns. Das bedeutet, Dopamin und das Belohnungssystem wurden schon in der frühen Evolutionsgeschichte zum Lernen und Überleben eingesetzt. Wie zentral dieser Mechanismus in uns angelegt ist, zeigen Versuche an beispielsweise Ratten, denen eine Elektrode in das Gehirn eingesetzt wurde. Die Ratte hatte in dem Versuchsaufbau die Möglichkeit, zwei Tasten zu drücken: Bei einer Taste wurden Futter und Wasser freigegeben und bei der anderen Taste die Elektrode stimuliert und Dopamin ausgeschüttet. Der Belohnungsreiz ist derart dominant für das Tier, dass die Ratten immer wieder die „Belohnungstaste" drücken, darüber Fressen und Trinken vergessen und schließlich sterben.

Steigern nun diese Dopaminneurone im Mittelhirn ihre Aktivität, wird in allen Zielbereichen Dopamin ausgeschüttet und dort die neuronale Aktivität beeinflusst.

Durch die stark verzweigten Projektionen besitzt das Dopaminsystem trotz seiner vergleichsweise überschaubaren Präsenz im Mittelhirn großen Einfluss auf viele Gehirnvorgänge, insbesondere auf diejenigen internen Prozesse (Merkmale), die mit Motivation, Kreativität und kognitiver Flexibilität im Zusammenhang stehen.

Auf molekularer Ebene findet die Belohnung statt, wenn der Neurotransmitter Dopamin an entsprechende Rezeptoren andockt und es dadurch zu einer elektrophysiologischen Erregung der Nervenzelle kommt. Hier gilt die Faustformel: Viel Dopamin und viele Rezeptoren bedingen eine hohe Erregung, d. h. große Belohnung und umgekehrt. Die Ausstattung eines Individuums mit schnellem oder langsamem Dopaminmetabolismus (entspricht viel oder wenig Dopamin an der Synapse) bzw. vielen oder wenigen Rezeptoren, die sogenannte Rezeptorendichte, ist genetisch festgelegt. Gut identifizierte Gene bestimmen die Menge und damit Dichte der Dopaminrezeptoren im synaptischen Spalt. Gleiches gilt für Gene der Dopamin abbauenden Enzyme, die die Halbwertszeit des Dopamins bestimmen. Aus diesem Grund kann der gleiche Auslöser bei verschiedenen Individuen unterschiedlich starke Erregung (Belohnung) auslösen. So wird klar, warum interindividuell ein Unterschied besteht, welche Reizstärke benötigt wird für den gleichen Belohnungseffekt. Andersherum gesagt zielt ein Lebewesen immer auf einen gewissen (maximalen) Belohnungslevel. Welche äußeren Reize notwendig sind, diesen zu erreichen, liegt an der genetischen Grundausstattung bzw. konsekutiv an der Menge an Dopamin und Rezeptoren in der Synapse.

Aus dieser Erkenntnis wird klar, dass Lead User sein kein Zufallsprodukt ist. Sondern eindeutig identifizierbare neurobiologische Mechanismen machen diese Persönlichkeit aus. Somit ergeben sich Möglichkeiten zur Identifizierung und Auswahl der Lead User sowie zum optimierten Umgang, um dieser spezifischen Persönlichkeitsstruktur gerecht zu werden.

6.2.2 Die Auswahl des Lead Users unter neurobiologischen Aspekten

Die Persönlichkeit eines Lead Users ist also durch sein Belohnungssystem beeinflusst, und dieses ist wiederum in seiner Ausprägung genetisch festgelegt. So weit die neurogenetische Erklärung, dass es Personen mit (genetisch bedingten) Lead-User-Eigenschaften gibt. Das bedeutet, die Forschung ist mittlerweile so weit, dass sie neben psychologischen empirischen Untersuchungen zu Lead-User-Profilen auch neurobiologische Faktoren identifizieren kann, die den Lead User auszeichnen, und geht damit in ihrer Treffsicherheit und Validität weit über die Empirie hinaus.

Neurobiologisch gesehen zeichnet sich also der Lead User durch einen niedrigen Dopaminspiegel und eine geringe Dopaminrezeptorendichte an der Synapse aus. Zur Wiederholung: Hier ist ein hoher Stimulus notwendig, um die gewünschte Belohnung zu erreichen, diese Persönlichkeitsstruktur führt also dazu, im jeweiligen Interessengebiet viel zu leisten, um genau diese Belohnung zu erhalten.

Folgende Möglichkeiten der Identifizierung von Lead User sind möglich:

Genanalyse
Genanalysen gehören mittlerweile zu Standardverfahren in vielen Bereichen der Medizin und können kostengünstig und sehr zuverlässig durchgeführt werden.

So wäre es aus wissenschaftlicher Sicht möglich, über einen Gentest für die entsprechenden Gensequenzen der dopaminassoziierten Gene die Personen zu identifizieren, die wenig dopaminrelevante Rezeptoren und/oder starke Enzymaktivität haben, und in dieser Gruppe wäre die Wahrscheinlichkeit hoch – bei entsprechender Interessenlage – den optimalen Lead User zu finden.

Die Durchführbarkeit des Gentests soll an dieser Stelle weder bewertet noch diskutiert werden. Er sei nur aus wissenschaftlicher Sicht wertfrei erwähnt, um den Stand der Forschung zu verdeutlichen. Auch wird hier bewusst nicht auf die entsprechenden Gene, Gensequenzen, Namen und Ausprägungen dieser eingegangen, da dies den Rahmen bzw. die sinnvolle Tiefe dieses Beitrages sprengen würde und trotz hoher Informationsdichte zum tatsächlichen Thema und dessen Umsetzung im Innovationsumfeld nicht beitragen würde.

Weitere Möglichkeiten der Identifizierung
Es wird klar, dass ein Blick in die Neurobiologie oder die Neurogenetik den Schlüssel der Persönlichkeitsstruktur und des Verhaltens offenbart. So muss bewusst sein, dass alle anderen Tests und Verfahren zur Identifizierung eines Lead Users sich (nur) auf die Ausprägungen dieser genetischen Dispositionen beziehen können und damit wiederum eine gewisse Unschärfe aufweisen müssen.

Im Vorangegangenen wurden die primären (Persönlichkeits-)Merkmale für den Lead User abgeleitet. Diese sind die hohe motivationale Aufladung, die Frustrationstoleranz und ggf. Risikobereitschaft, um Belohnung zu erreichen, und die damit gepaarte Lernbereitschaft und kognitive Flexibilität.

Die uns bekannten Such- und Identifizierungsverfahren wenden alle Fragebögen an, um Lead User zu finden bzw. anschließend zu bewerten. Das Problem solcher Verfahren ist, dass hierbei bewusste kognitive Antworten ausgewertet werden und somit die Unschärfe noch weiter ansteigt.

Der Autor hat in Zusammenarbeit mit seinem Forschungsteam Tests erarbeitet, diese primären Merkmale in einem Softwareansatz quantifizieren können, um eine Aussage über die Lead-User-Qualität geben zu können. Der Test zielt darauf ab, unbewusst emotionale Reaktionen zu quantifizieren und möglichst unabhängig von kognitiven Aspekten zu bleiben. Durch den Gaming-Aspekt der Anwendung wird der spielerische und damit emotionsbasierte Ansatz der Anwendung unterstrichen.

In dem Test werden der Testperson computer- oder mobilebasiert Stimuli präsentiert, die standardisiert zu bewerten sind. Die Stimuli sind auf die bereits beschriebenen primären Merkmale des Lead Users abgestimmt und in umfangreichen Versuchsreihen in ihrer emotionalen Qualität validiert. Protokolliert werden die qualitativen und quantitativen Reaktionen der Testperson auf diese Stimuli.

Als Stimulus kommen auf das jeweilige primäre Merkmal klassifizierte Bilder zum Einsatz, die der Testperson kurz gezeigt werden. Anschließend muss diese die Bilder zuerst über ein implizites und anschließend über ein explizites Verfahren bewerten. Auswertungsrelevant ist hierbei sowohl die Bewertung selbst als auch die zeitliche Verzögerung, mit der diese Bewertung abgegeben wird (siehe auch Abb. 6.1).

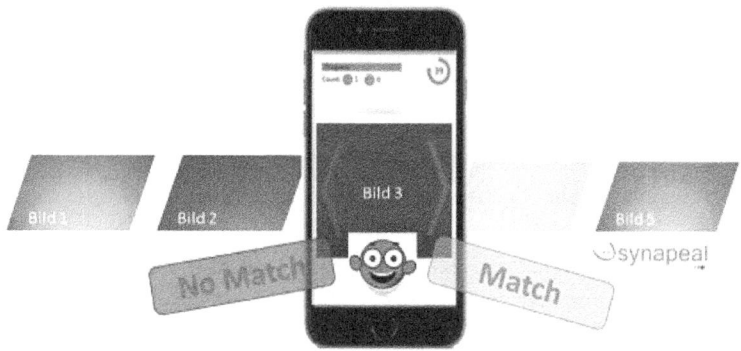

Abb. 6.1 Schematische Darstellung der app-basierten Emotionsmessung

Mit dieser Analyse lässt sich eine sehr zuverlässige Aussage zu der Ausprägung der primären Merkmale bei der Testperson treffen. Sind die Merkmale stark ausgeprägt, so kann mit einer hohen Wahrscheinlichkeit von einer Lead-User-Qualität der Testperson ausgegangen werden.

Die Testung ist einfach und schnell durchzuführen und erschließt sich damit einer breiten Anwendung zur Identifizierung der gesuchten Lead User.

6.2.3 Der Umgang mit Lead Usern unter neurobiologischen Aspekten

Neben der Identifizierung bieten die neurobiologischen Erkenntnisse sozusagen eine Umgangsanweisung mit Lead Usern. Es gilt, das spezifische Persönlichkeitsprofil entsprechend zu behandeln und zu kultivieren, um dem identifizierten Lead User die bestmögliche Umgebung für sein Schaffen zu bieten.

Gibt es denn Ereignisse, auf die unser Dopaminsystem besonders gut „anspringt"?

Der grundsätzliche Bauplan unseres Gehirns und die Funktionsweise des Dopaminsystems sind seit mehreren tausend Jahren unverändert. Das Erlegen einer Beute ist ein Reiz, der Belohnung auslöste und im Tierreich immer noch auslöst. In unserem menschlichen Umfeld haben sich die Lebensumstände drastisch geändert, und auch unser Dopaminsystem hat in enger Interaktion mit dem Großhirn gelernt. So wird unser Dopaminsystem auch durch Ereignisse unseres modernen Lebensumfelds aktiviert.

Welche grundsätzlichen Ereignisse stimulieren unser Dopaminsystem? Oder wie sollte der Umgang mit dem Lead User aussehen, um der Persönlichkeitsstruktur am besten gerecht zu werden?

Unerwarteter Erfolg
Eine besonders starke Dopaminausschüttung tritt auf, wenn Ereignisse besser als erwartet ausfallen. Ein grundsätzlicher Mechanismus des (insbesondere früher motorischen)

Lernens. Dieser Mechanismus wird in der Literatur als Vorhersagefehler beschrieben. Neurobiologisches Ziel ist, durch das erfolgreichere Verhalten das alte zu ersetzen.

Tritt ein Ereignis auf, das schlechter ist als erwartet, ist die Dopaminaktivität deutlich verringert. Wurde das positive Ereignis bereits in vollem Umfang erwartet, kommt es zu keiner Steigerung der Dopaminaktivität. Ist das Ereignis durch eigene Verursachung ausgelöst, so wirkt dies nochmals potenzierend auf die Dopaminantwort.

Die interne und externe Erwartungshaltung ändert also entscheidend die Dopaminantwort und so die empfundene Belohnung. So führt das überraschende Lösen eines relevanten Problems zu einer deutlich stärkeren Aktivierung des Dopaminsystems.

Wohlfühlen, Freude, positive Stimmung
Der starke Drang nach Freizeit und Freiheit hat ebenfalls mit unserem Dopaminsystem zu tun. Diese positiven Stimmungen vermitteln deutliche Belohnungsimpulse, und es entsteht der Anreiz, diese zu wiederholen. Studien belegen die Hemmung dopaminerger Aktivitäten durch Reglementierung und Einschränkung des Lebensumfeldes – im weitesten Sinne durch Vorschriften.

Bewegung
Bewegung und Motivation liegen evolutionsgeschichtlich und anatomisch physiologisch ganz nah zusammen. Dopaminerge Fasern strahlen im Striatum in benachbarte Zellverbunde. Lernen und Innovation war bei unseren Vorfahren immer mit Bewegung verbunden. Dies ist der Grund für diese Verwandtschaft. So lässt sich bis heute durch Bewegung das Dopaminsystem anstoßen.

Freies Schaffen
Druck, Erwartungshaltungen und Vorschriften oder Bürokratismen behindern den Lead User in seiner Produktivität. Lernen und positive Erfolgserlebnisse stellen sich nur über Raum zum selber Probieren und nicht durch Erklärung und Vorgaben ein.

Aha-Erlebnisse
Durch diesen freien Schaffensraum und die bestmögliche Unterstützung der „erfundenen" Lösung lassen sich beim Lead User diese (unerwarteten) Erfolgserlebnisse schaffen, die die nötigen Belohnungsimpulse und damit Motivation und Kreativität vermitteln.

Lösungen in der Bewegung
Soweit es möglich ist, können diese Mechanismen durch Bewegung, Lieblingsmusik und ein Umfeld unterstützt werden, in dem der Lead User selbst den Modus und den Zeitpunkt seiner Tätigkeit bestimmt. Wenn eventuell die beste Lösung in der Bewegung kommt, ist auch ein optimal ausgestattetes Büro unnütze.

Lösung im Team
Potenziert werden kann dies noch durch ein Erleben und Erfinden im Team. Hierbei ist allerdings zu beachten, dass die Auswahl der Mitglieder selbstbestimmt vorgenommen werden kann. Disharmonien machen sonst diese Effekte zunichte.

Unterschiedliches Stressverhalten
Die individuelle Reaktion auf Stress ist unterschiedlich – auch das ist durch das Dopaminsystem bzw. durch die zugrunde liegenden Genpolymorphismen zu erklären. Etwa 25 % der Mitteleuropäer reagieren auf Stress derart, dass ihre Leistungskurve in den optimalen Bereich verschoben wird. Sie leisten also erst ihr Optimum, wenn ein deutlicher Erwartungsdruck besteht. Der gleiche Prozentsatz kommt unter Druck in einen suboptimalen Leistungsbereich. Das Erkennen der Zugehörigkeit des Lead Users zu einer der beiden Gruppen bietet viel Potenzial für optimalen Output. Auch hier existieren entsprechende Techniken, um diese Zugehörigkeit zu bestimmen.

6.3 Abschließende Betrachtung

Die Neurobiologie bietet mittlerweile fundierte Erkenntnisse, die sich auch für die Innovationsforschung anwenden lassen. Am Beispiel des Lead Users zeigt sich, wie das tiefere Verständnis unseres Belohnungssystems helfen kann, ihn besser und einfacher zu identifizieren. Auch wird es möglich, im Umgang die spezifische Persönlichkeitsstruktur zu berücksichtigen, um bestmögliche Ergebnisse zu erhalten.

Die Erforschung der neurobiologischen Grundmechanismen macht täglich große Fortschritte, und so werden zum Zeitpunkt der Drucklegung bereits wieder Erkenntnisse vorliegen, die der Innovationsforschung zusätzlich helfen können. Aus der Sicht des Verfassers ist es also sinnvoll, sich für die Zukunft mit diesem Thema näher zu befassen und es in die grundsätzlichen Überlegungen des Set-ups des Innovationsprogrammes einzubeziehen.

Cross-Industry Innovation

Die Rolle von Kommunikation, Interaktion und Sozialisierung in Innnovationskollaborationen

Annika Dingler und Ellen Enkel

Zusammenfassung

Cross-Industry Innovation beschreibt einen Ansatz für Innovationsvorhaben, der vor allem hinsichtlich der systematischen Suche nach radikalen Innovationen von Unternehmen eingesetzt wird. Um möglichst erfolgreich Cross-Industry Innovation zu betreiben, sind eine aktive Betrachtung des Ansatzes mit seinen Chancen und Herausforderungen und den unterschiedlichen Prozessvarianten sowie eine systematische Herangehensweise an die einzelnen Phasen mit passenden Methoden unumgänglich. Wesentlich ist zudem auch die Betrachtung und Förderung von sozialen Integrationsmechanismen zwischen den kollaborierenden Partnern, um die Wissensaufnahme zu unterstützen. Denn im Umfeld von Cross-Industry Innovation, bei dem Unternehmen externes Wissen identifizieren, aufnehmen und verarbeiten müssen, das weit entfernt von der eigenen Expertise liegt, stellt jeder Beitrag zur besseren Integration dieses Wissens einen wichtigen Baustein für den Erfolg des Innovationsvorhabens dar.

Inhaltsverzeichnis

7.1 Einleitung 110
7.2 Struktur und Systematik 111
7.3 Die Rolle von sozialer Integration 116
Literatur 122

A. Dingler (✉) · E. Enkel
Zeppelin Universität gemeinnützige GmbH
Friedrichshafen, Deutschland
email: a.dingler@zeppelin-university.net

E. Enkel
email: ellen.enkel@zu.de

© Springer Fachmedien Wiesbaden 2016
T. Abele (Hrsg.), *Die frühe Phase des Innovationsprozesses*, FOM-Edition,
DOI 10.1007/978-3-658-09722-6_7

Keywords Cross-Industry, Cross-Industry Innovation, Innovationskollaboration, Innovation, Open Innovation, Soziale Integration

7.1 Einleitung

Mehr als zwei Drittel aller Innovationen sind Rekombinationen vorhandenen Wissens, während nur eine geringe Anzahl von Innovationen aus technologischen Neuerungen besteht. Für Unternehmen bedeutet das, dass Innovationen maßgeblich dann entstehen, wenn sie existierendes Wissen über Technologien, Produkte, Märkte, Anwendungsprinzipien oder auch Geschäftsmodelle neu kombinieren. Nachdem die meisten Unternehmen heutzutage diese Rekombination nicht mehr nur innerhalb der eigenen Organisation durchführen, z. B. durch Kreativitätsworkshops oder multidisziplinäre Projektteams, sondern auch außerhalb der Unternehmensgrenzen, können sie von zusätzlichen Wissens- und Technologiequellen profitieren. Das unter dem Namen „Open Innovation" bekannte Konzept beschreibt die Öffnung des Innovationsprozesses gegenüber der Umwelt. Während ein Großteil der Unternehmen bereits seit Jahren mit seinen Lieferanten und Kunden intensiv kooperiert, sind die daraus resultierenden Differenzierungsmöglichkeiten zunehmend eingeschränkt, da genau diese Lieferanten und Kunden auch mit der Konkurrenz kollaborieren. Eine neue Möglichkeit der Rekombination von Wissen bieten Technologien, Know-how oder Lösungsansätze von anderen Industrien. Dieser Teilbereich von Open Innovation ist der sogenannte „Cross-Industry-Innovation-Ansatz", welcher den Wissenstransfer von außerhalb bestehender Branchengrenzen beschreibt. Viele der existierenden Probleme sind nicht neu, sondern bereits früher ähnlich in anderen Industrien aufgetreten. Die hierfür entwickelten Lösungen können übertragen und angepasst zu radikalen Innovationen in der eigenen Industrie führen.

▶ **Cross-Industry Innovation** In der Cross-Industry Innovation werden existierende Systeme, Konzepte oder generelle Prinzipien einer Branche auf eine andere übertragen, um dortige Probleme oder Fragestellungen zu lösen, beispielsweise in Form von Technologien, Patenten, spezifischem Wissen oder Geschäftsprozessen.

Chancen von Cross-Industry Innovation
Die große Chance von Cross-Industry Innovation liegt vor allem in der Integration von externem Wissen, das nicht aus der bestehenden Lieferkette oder der eigenen Branche stammt. Die dadurch entstehenden, weniger offensichtlichen Kombinationen von Wissen führen deshalb meist zu radikalen Innovationen (siehe Holyoak und Thagard 1997; Hargadon und Sutton 1997). Radikale Innovationen sind durch die daraus resultierenden Wettbewerbsvorteile und Alleinstellungsmerkmale, über die sie verfügen, besonders wertvoll für Unternehmen. Zugleich minimiert der Einsatz von Wissen, welches bereits in einem anderen Kontext etabliert ist, das Risiko von Fehleinschätzungen hinsichtlich einer

Technologie oder eines Marktes (siehe De Bono 1990). Aus diesem Grund setzen viele Unternehmen Cross-Industry Innovation als Strategie zur systematischen Erzeugung von radikalen Innovationen ein. Zusätzlich können beim Einsatz von bereits etablierten Prinzipien die Entwicklungskosten und Entwicklungszeiten reduziert werden, da das Kopieren dieser Prinzipien oder entsprechende Lizenzen oftmals günstiger sind als Eigenentwicklungen.

Grundsätzlich profitiert das Unternehmen bei Cross-Industry Innovation davon, die eigenen Kompetenzen in neuen Branchen anzubieten, von fremden Industrien zu lernen und neue Wissensfelder zu erschließen. Der folgende Überblick stellt die charakteristischen ökonomischen Merkmale von Cross-Industry Innovation dar:

Charakteristische ökonomische Merkmale von Cross-Industry Innovation

- Potenzial für radikale Innovationen
- Gestärkte Innovationskraft durch Zugang zu neuem Wissen außerhalb des eigenen Arbeitsgebietes
- Gesteigerte Wachstumsraten und Profitabilität durch Differenzierung
- Zusätzliche Umsätze durch Multiplikation von vorhandenem Wissen in fremde Gebiete
- „Imitation" und Partnerschaften ohne Wettbewerbskonflikte

7.2 Struktur und Systematik

Zunächst muss klar sein, was das Unternehmen mit dem gewählten Cross-Industry-Innovation-Vorgehen erreichen möchte. Entsprechend gilt es die folgenden Fragen zu stellen und zu beantworten:

Fragen

- Soll ein vorliegendes Problem durch eine Technologie, Wissen oder eine Lösung von extern gelöst werden?
- Soll bestehendes Wissen oder bestehende Technologien für eine Problemstellung einer fremden Branche nach extern gegeben werden?
- Soll gemeinsam mit einem Partner aus einer anderen Branche eine Problemstellung bearbeitet und eine neue Lösung entwickelt werden?

Es können grundsätzlich drei Arten von Cross-Industry Innovation unterschieden werden (siehe Abb. 7.1): der Outside-in-, der Inside-out- und der Coupled-Ansatz (siehe Gassmann und Enkel 2004). Entsprechend der vorliegenden Zielsetzung muss der passende Ansatz verfolgt werden.

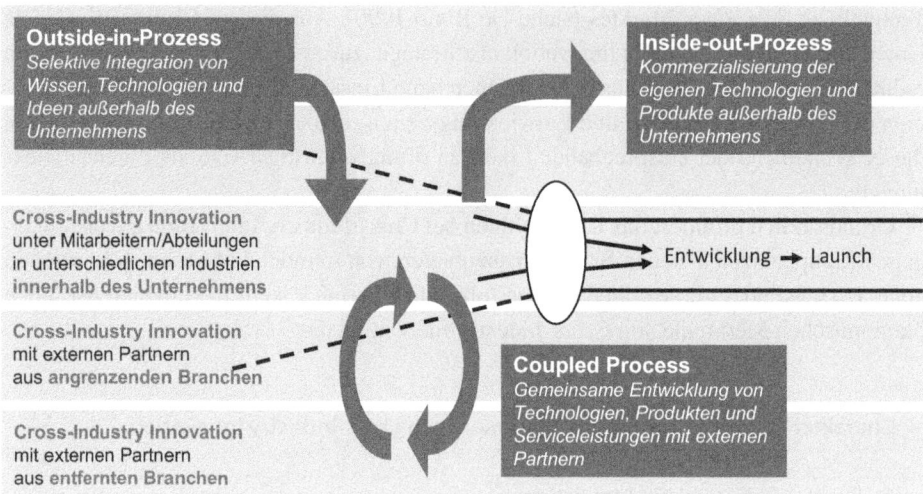

Abb. 7.1 Prozesse von Cross-Industry Innovation. (Quelle: In Anlehnung an Enkel et al. 2009)

Outside-in

Im Outside-in-Ansatz nutzen Unternehmen Technologien oder Lösungen aus fremden Industrien und übertragen diese auf eigene Fragestellungen oder Probleme. Zur Identifizierung von potenziell wertvollem externem Wissen kann ein systematisches Technologie-Sourcing in Unternehmen fremder Branchen oder Universitäten eingesetzt werden. Ein Beispiel dazu ist die Entwicklung von Industrieventilen aus Edelstahl, deren zugrunde liegende Technologie die KSB AG aus der Chemieindustrie abgeleitet hat, um sie für Pumpen in der Lebensmittelindustrie einzusetzen.

Inside-out

Im Inside-out-Ansatz hingegen suchen Unternehmen Anwendungsmöglichkeiten von eigenen Technologien oder Lösungen in fremden Industrien. Eine Erschließung neuer Umsatzpotenziale kann dabei ohne großen Aufwand beispielsweise in Form von Technologielizenzen erfolgen. Die SKF GmbH konnte beispielsweise eine bestehende Technologie für Radlagereinheiten, die in der Automobilindustrie eingesetzt wurden, für Pelletpressen in der Biomasse- und Futtermittelindustrie anpassen.

Coupled

Der Coupled-Ansatz verknüpft die beiden Vorgehensweisen, indem eine gemeinsame Entwicklung von Technologien, Produkten oder Services mit einem branchenfremden Partner erfolgt. Ein solch intensiver Austausch von Wissen kann beispielsweise über strategische Allianzen oder Innovationsnetzwerke ermöglicht werden. Wie der Automobilzulieferer ZF Friedrichshafen AG, der in einem gemeinsamen Entwicklungsprojekt mit Partnern aus der Medizintechnik neue technologische Ansätze zur Patientenüberwachung im Pkw erarbeitete.

Besteht Klarheit über die Zielsetzung und den gewählten Ansatz, hilft eine systematische Herangehensweise, sich den Herausforderungen von Cross-Industry Innovation zu stellen. Dabei lässt sich das Vorgehen in drei Phasen der Entwicklung von Cross-Industry Innovation aufteilen: die Abstraktionsphase, die Analogiephase und die Adaptionsphase. Diese Aufteilung ermöglicht eine Verankerung von Cross-Industry Innovation im bestehenden Innovationsprozess des Unternehmens, und entsprechende Methoden und Werkzeuge können genutzt und auf die spezifische Anwendung für Cross-Industry Innovation modifiziert werden (siehe Gassmann und Zeschky 2008).

Abstraktionsphase
In der Abstraktionsphase wird das eigentliche Problem abstrahiert und auf eine allgemeinere Ebene gebracht. Dieser Schritt dient der Öffnung des möglichen Lösungsraumes, denn die Abstraktion ermöglicht die Generierung von Lösungsideen aus einem anderen Bereich und hilft, den konventionellen Lösungsraum zu verlassen. Die Herausforderung der Abstraktionsphase liegt vor allem darin, den richtigen Grad der Abstraktion zu generieren. Eine zu geringe Abstraktion erschwert die Suche weniger offensichtlicher Lösungen, was häufig gleich bedeutend ist mit weniger radikalen Lösungen. Eine zu starke Abstraktion wiederum erschwert die Suche nach Ideen, die radikal und trotzdem umsetzbar sind. Um Lösungen für ein beschriebenes Problem zu suchen, hilft es darum, Funktionen, Mechanismen oder Wirkungsweisen des Problems zu identifizieren, diese zu abstrahieren und auf deren Basis dann nach möglichen Analogien zu suchen. Methoden wie beispielsweise die progressive Abstraktion, Mindmapping oder die 5-Warum-Technik eigenen sich besonders gut für den Einsatz während der Abstraktionsphase. Gegebenenfalls müssen diese Methoden für den Einsatz in einem Cross-Industry-Innovation-Projekt angepasst werden.

Abstraktion

- Technische Funktionen analysieren
- Kontext des Problems und Kundennutzen analysieren
- Abstrakte Schlüsselbegriffe definieren

Analogiephase
Die zweite Phase (Analogiephase) stellt für die meisten Unternehmen eine größere Herausforderung dar. In dieser Phase müssen das vertraute Fachgebiet und somit die bekannten Begrifflichkeiten, Technologien und Erkenntnisse verlassen werden, um neue Analogien zu generieren. Sich außerhalb seines vertrauten Arbeitsgebietes zu bewegen und neue Wissensgebiete in seine Arbeit einfließen zu lassen, stellt jedoch für Menschen

ein Hindernis dar, es ist allerdings das zentrale Element der Analogiephase. Verschiedene Möglichkeiten bestehen zur Unterstützung der Analogiesuche. Ist der Suchzeitraum länger, sind Besuche branchenfremder Messe, Tagungen und Konferenzen sowie der Austausch mit Experten aus fremden Industrien allgemein eine wertvolle Quelle für analoges Wissen und analoge Technologien. Um in der Analogiesuche kurzfristig fremdes Wissen nutzbar zu machen und es auf einen neuen Kontext zu übertragen oder zu verknüpfen, können zudem vielfältige Kreativitätstechniken wie beispielsweise die Osborn-Checkliste, die TRIZ-Methode oder die Reizwort-Konfrontation genutzt werden.

Analogie

- Schlüsselbegriffe in anderem Kontext oder anderen Industrien suchen
- Oberflächliche und strukturelle Ähnlichkeiten des Problems, der Lösung oder der Industrie suchen

Adaptionsphase

In der finalen Adaptionsphase müssen die gefundenen analogen Lösungen kritisch hinterfragt werden. Ist die Analogie in der eigenen Industrie anwendbar? Welche Anpassungen müssen erfolgen? Muss die Analogie mit weiteren Ideen verknüpft werden? Deshalb dient die Adaptionsphase dazu, unpassende Ideen auszusortieren. In der Regel sind Anpassungen auf die neue Industrie und die dadurch veränderten Gegebenheiten notwendig. Oft können gefundene Analogien das bestehende Problem zwar lösen, lassen sich aber nicht oder nur mit sehr großem Aufwand auf das Unternehmen oder den entsprechenden Einsatz übertragen. Eine Kategorisierung der gefundenen Analogien hinsichtlich ihres Neuheitsgrades für die eigene Industrie und der Umsetzbarkeit dient in der Adaptionsphase dazu, sich einen Überblick zu verschaffen. Anschließend müssen die Analogien mit einem hohen Neuheitsgrad sowie einer hohen Umsetzbarkeit priorisiert und Analogien, die sich nur schwer übertragen lassen, aussortiert werden. Für der Analogiephase eigenen sich beispielsweise Methoden wie die Nutzwertanalyse oder die „sechs Denkhüte von de Bono" als Unterstützung.

Adaption

- Zielquelle analysieren und Verständnis dafür aufbauen
- Relevantes Wissen bewerten und filtern
- Relevantes Wissen übertragen und anpassen

Die systematische Bearbeitung der drei Cross-Industry-Innovation-Phasen hilft Unternehmen, die Herausforderungen schrittweise zu bewältigen. Die Zuhilfenahme etablierter

Methoden des bestehenden Innovationsprozesses minimiert Rüstzeiten und mögliche Anlaufschwierigkeiten, jedoch erfordert eine systematische Entwicklung von Cross-Industry Innovation mehr als die reine Anknüpfung an bestehende Prozesse, Methoden und Aktivitäten des Innovationsmanagements. Innovation und Innovationsprozesse werden stark durch menschliche Interkation geprägt und beeinflusst (siehe Lewin et al. 2011), was der Rolle sozialer Integrationsmechanismen eine große Bedeutung zuschreibt.

Warum ist Cross-Industry Innovation noch kein fester Bestandteil des Innovationsportfolios aller Unternehmen?
Die Systematisierung von Cross-Industry Innovation beinhaltet zahlreiche Herausforderungen, die zunächst gelöst werden müssen. So ist die Identifizierung von Analogien in fremden Branchen eine schwer eingrenzbare Suche, da der Suchraum lediglich dadurch beschränkt ist, dass nicht in der eigenen Branche gesucht wird. Deshalb ist es notwendig, in einem Cross-Industry Innovation-Projekt von Beginn an klar zu definieren, wie viele Ressourcen man für die Suche einsetzen möchte (beispielsweise in Form von Suchdauer, Budget für Technologie-Scouts oder auch eine definierte Anzahl passender Analogien), bevor die gefundenen Ideen anschließend bewertet und eine Auswahl getroffen wird. Oft fällt es den Unternehmen schwer zu bestimmen, in welchen Branchen (zuerst) gesucht werden soll. Über die Zeit kann aber beispielsweise eine individuelle „Suchfeldübersicht" für das eigenen Unternehmen erstellt werden, die aufzeigt, welche Branchen sich in der Vergangenheit als besonders wertvolle Cross-Industry-Innovation-Quellen herausgestellt haben. Wichtige Voraussetzung hierfür ist die Dokumentation der gefundenen Lösungen in den jeweiligen Industrien und dadurch eine Identifikation von Präferenzbranchen für das eigene Unternehmen. Weiterhin ist es vor allem in größeren Unternehmen aufgrund bestehender Unternehmens- oder Einkaufsrichtlinien nicht einfach, neue Lieferanten, die nicht dem regulären Geschäft oder vorgegebenen Standards entsprechen, als Partner aufzunehmen. Dafür müsste eine erfolgreiche Systematisierung von Cross-Industry Innovation auch interne Prozesse, wie das Lieferantenmanagement und Controlling, angepasst, aber auch mehr Flexibilität im Austausch mit Partnern erzielt werden. So müssen Vertraulichkeitsvereinbarungen oder Lizenzverträge auf die Bedürfnisse des Partners der anderen Industrie angepasst werden (können). Auch interne Regelungen hinsichtlich der Patentrechte oder des Austausches von technologischem Wissen mit externen Partnern müssen berücksichtigt und eine unternehmens- oder projektspezifische Herangehensweise entwickelt werden.

Viele der genannten Herausforderungen setzen eine offene Innovationskultur sowie mehr Verantwortung des Einzelnen voraus. Häufig ist bereits das Bewusstsein für diese Herausforderungen und deren Ausprägung im eigenen Unternehmen der erste Schritt zur Bewältigung. Um jedoch Risiken zu minimieren und den Ansatz systematisch in den regulären Innovationsprozess zu integrieren, ist eine strukturierte Vorgehensweise wichtig.

> **Einbindung ins Warenwirtschaftssystem mit „deTAGtive logistics"**
> **Thomas Rösch, Managing Director Openmatics**
> Mit Openmatics bietet der Technologiekonzern ZF der Logistikbranche eine Telematik-Plattform, die auf dem Zusammenspiel einer On-Board-Unit (OBU) im Fahrzeug, einem Web-Portal sowie zahlreichen konkreten Anwendungen (Apps) basiert. Entwickelt hatte ZF dieses Telematik-System 2010 in Zusammenarbeit mit der Intel Corporation.
>
> Zahlreiche flottenbezogene Openmatics-Apps sind heute fest etabliert – sie reichen von der Fahrzeugortung über die Lenkzeitenerfassung und Verbrauchsanalysen bis hin zu Diagnosetools. Im Jahr 2013 suchte Openmatics zudem nach einer Lösung, mit der sich Logistikunternehmen laufend über die Position und den Zustand ihrer Waren informieren sowie Ereignisse entlang der Transportkette dokumentieren können. Marktanalysen und Gespräche mit potenziellen Partnern haben dabei deutlich gemacht, dass es weiterer Systeme bedarf, um sich auch in diesem Bereich vom Wettbewerb abzuheben. Deshalb fiel die Entscheidung, die neue „Bluetooth Smart"-Technologie in die Openmatics-OBU zu integrieren und – unter Einbeziehung auch branchenfremden Anwendungswissens aus dem Sport und der Unterhaltungselektronik – darauf aufbauende Produkte zu entwickeln. So entstand die Openmatics-Erweiterung „deTAGtive logistics": Eines ihrer Kernelemente bilden kleine und robuste Bluetooth-Low-Energy(BLE)-Funkchips beziehungsweise -Tags, die direkt an die Ladung kommen. Dort messen und speichern die Chips mittels integrierter Sensoren die Beschleunigung ebenso wie Erschütterungen, Temperaturen, Helligkeit und Feuchtigkeit – und übermitteln diese Informationen drahtlos an bis zu 30 Meter weit entfernte „Abnehmer".
>
> In regelmäßigem Dialog mit bestehenden und potenziellen Partnern auch aus verwandten oder fremden Branchen zu stehen, bedeutet für Openmatics mehr als nur Alltagsgeschäft. Schließlich kommt es immer wieder vor, dass direkte Gespräche auf Messen, Kongressen oder in Industrienetzwerken wichtige Initialzündungen sind, um erste Ideen weiter zu konkreten Konzepten und schließlich zu echten Innovationen zu entwickeln.

7.3 Die Rolle von sozialer Integration

Eine Studie von mehr als 35 Fallbeispielen von Cross-Industry Innovation von Firmen der Antriebstechnik hat gezeigt, dass es häufig nicht an den Prozessen und Methoden für die erfolgreiche Durchführung von Cross-Industry Innovation-Projekten mangelt, sondern dass eine systematische Kommunikation und Sozialisierung mit internen sowie externen Partnern zu wenig etabliert ist. Solche sozialen Integrationsmechanismen sind nur schwer zu operationalisieren und implementieren (siehe Lewin et al. 2011), weshalb der Aspekt der sozialen Integration bislang nur wenig Beachtung in Theorie und Praxis findet. Für Innovationskollaborationen, insbesondere über etablierte Branchengrenzen hinweg, spielen soziale Integrationsmechanismen jedoch eine wichtige Rolle. Die sozialen Integrations-

7 Cross-Industry Innovation

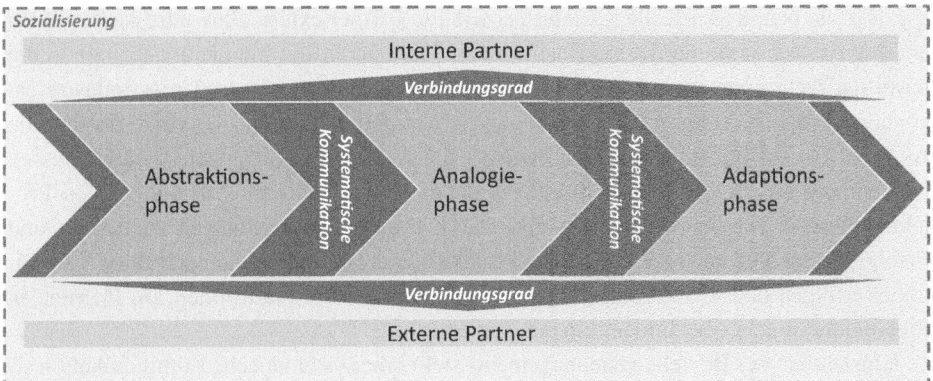

Abb. 7.2 Bedeutung von sozialen Integrationsmechanismen in den verschiedenen Phasen von Cross-Industry Innovation

mechanismen beeinflussen stark, ob, wie und in welcher Ausprägung externes Wissen im Unternehmen integriert werden kann. Soziale Integration ist folglich dann besonders wichtig, wenn externes Wissen zudem auch noch aus einer fremden Branche integriert und an die eigene Problemstellung angepasst werden muss. Soziale Integration des neuen Partners ermöglicht, dass ein gemeinsames Verständnis für Werte, Normen sowie Verbundenheit und Vertrauen zwischen verschiedenen Gruppen entstehen kann. Neues Wissen von innerhalb und auch von außerhalb des Unternehmens kann dann besser geteilt und integriert werden. Ferner vergrößern sich das Wissensspektrum und auch die Detailtiefe des geteilten Wissens (siehe Jansen et al. 2005; Lewin et al. 2011; Ebers und Maurer 2014). Wenn Unternehmen mit internen und externen Partnern aus fremden Branchen zusammenarbeiten, spielen verschiedene Integrationsmechanismen eine Rolle und beeinflussen einzeln und in Kombination, ob das Unternehmen in der Lage ist, das externe Wissen zu integrieren und zu verarbeiten (siehe Abb. 7.2).

Systematische Kommunikation
Eine systematische Kommunikation aller relevanten Informationen mit internen und externen Partnern über die gesamte Cross-Industry-Innovation-Aktivität bildet die Basis für die Wissensintegration über den gesamten Prozess hinweg und in den Beziehungen zu relevanten Partnern.

In der Prozessdimension wird durch die systematische Kommunikation sichergestellt, dass in allen drei Phasen die relevanten Informationen dem Projektteam und dessen Partnern zur Verfügung stehen und dass das neue Wissen und die erzielten Ergebnisse in die darauf folgende Phase integriert und Feedbackschleifen durchgeführt werden können. Das kann beispielsweise über ausführliche Projektberichte, Dokumentationen auf Wissensplattformen oder Statuspräsentationen erfolgen, je nachdem, welche Kommunikationskanäle im Unternehmen oder der Partnerschaft etabliert und akzeptiert sind. Wichtig ist, dass die beteiligten Kollegen intern sowie die Partner extern aktiv adressiert werden und die Art der Kommunikation (Fachsprache, aber auch Kommunikationskanal) an die jeweilige Zielgruppe angepasst sind. Am Anfang sowie am Ende des Cross-Industry-Innovation-Projektes steigert eine systematische Kommunikation das Bewusstsein und die Akzeptanz – sowohl für den Cross-Industry-Innovation-Ansatz an sich als auch dessen Anwendung im Projekt und nicht zuletzt für die Implementierung der jeweiligen Projektergebnisse. Das kann beispielsweise durch Projektausschreibungen zu Beginn und Erfolgsgeschichten nach Abschluss des Projektes in der Mitarbeiterzeitschrift oder im Intranet erfolgen oder extern auf den genutzten Social-Media-Plattformen, im Internet, in Pressemitteilungen oder im Unternehmensmagazin.

Hinsichtlich des Beziehungsmanagements stellt eine systematische Kommunikation sicher, dass in allen Phasen die jeweils relevanten internen und externen Partner einbezogen werden können. Weiterhin fördert sie, dass das Unternehmen extern als innovativ und von potenziellen Partnern für Innovationskollaborationen wahrgenommen wird. Intern stärkt sie die Bereitschaft, Cross-Industry-Innovation-Vorhaben zu unterstützen, und generiert abermals ein gesteigertes Bewusstsein für den Cross-Industry-Innovation-Ansatz und dessen Einsatzmöglichkeiten.

Interner Verbindungsgrad
Eine starke Verbindung zu internen Partnern baut Vertrauen auf und verhindert dadurch, dass das Projektteam sich vor externem Wissen oder Technologien aus fremden Branchen verschließt. Das Einbringen von externem Wissen durch vertraute Kollegen steigert die Akzeptanz, aber auch die Nutzung des externen Wissens. Der interne Partner ist offener und motivierter, das Wissen im Unternehmen aufzunehmen, zu nutzen und zu verbreiten. Auch kann der Kollege als Übersetzer des externen Wissens in die interne Fachsprache dienen, was beispielsweise auch die Akzeptanz, eine branchenfremde Technologie einzusetzen, erhöhen kann.

Externer Verbindungsgrad
Eine starke Verbindung zu externen Partnern baut ebenfalls Vertrauen auf und unterstützt den Prozess der Wissensaufnahme und des Wissenseinsatzes. Speziell das Vertrauen zu externen Partnern erhöht die Kommunikationsintensität. Die kollaborierenden Partner tauschen sich öfter und intensiver aus, die Hemmung vor Verständnisfragen sinkt, und auch Fragen nach sensiblen Details dürfen gestellt werden. Der externe Partner ist offener und motivierter, das Wissen detailliert ins Partnerunternehmen zu bringen.

Sozialisierung
Durch regelmäßige formelle und informelle Interaktion mit den Cross-Industry-Innovation-Partnern (intern wie extern) erfolgt ein Sozialisierungsprozess, der zu einer Übereinkunft der Werte und Normen führt und eine Identifizierung mit der Partnerschaft ermöglicht. Die spezifische Fachsprache des Partners wird gelernt und verstanden. Seine Herausforderungen, Ziele und Hintergrundinformationen werden verstanden und fließen

unbewusst in den Wissensaustausch mit dem Partner ein. Sozialisierung stellt dadurch einen übergeordneten Mechanismus dar, der in allen Phasen von Cross-Industry Innovation den Wissenstransfer intensiviert und gleichzeitig eine Verbindung zu den Partnern aufbaut oder diese verstärkt.

Ein weiterer positiver Aspekt von Sozialisierung im Umfeld von Cross-Industry Innovation ist die Begünstigung von glücklichen Zufällen. Denn mit steigender Interaktion zwischen den Partnern und größerem Verständnis für den Partner, seine Probleme und sein Umfeld steigt auch die Wahrscheinlichkeit, dass gemeinsam entsprechende Ideen entstehen und entwickelt werden können.

AUDI-Schweißzange verwendet Galaxie-Technologie von WITTENSTEIN
Bert Miecznik, Innovationsmanager, WITTENSTEIN AG

Die WITTENSTEIN AG ist Hersteller leistungsstarker, präziser und dynamischer Antriebstechnikkomponenten und verfügt über einen großen Erfahrungsschatz im Technikbereich der spielarmen Planetengetriebe. Zusätzlich zur ständigen Weiterentwicklung dieser Planetengetriebe forscht und arbeitet WITTENSTEIN auch an Neuentwicklungen, die über inkrementelle Entwicklungsschritte bestehender Antriebstechnologien hinausgehen. Ein Beispiel für eine solche radikale Innovation ist das sogenannte Galaxie Antriebssystem. Dessen neuartiger, weil erstmals völlig zahnradloser Aufbau, ermöglicht eine deutlich höhere technische Leistungsfähigkeit, beispielsweise gemessen als das pro Raum- oder Gewichtseinheit des Getriebes übertragbare maximale Beschleunigungsmoment.

Die Entwicklung von Galaxie – von den ersten Ideen bis zum technisch ausgereiften Produkt – zählte für den Zeitraum von mehreren Jahren zu den zentralen und auf Langfristigkeit angelegten Investitionen der WITTENSTEIN AG. Für das Hochrisikoumfeld eines radikalen Innovationsansatzes ist dies bemerkenswert und wird nur durch entwicklungsbegleitend laufendes Feedback von Partnern und Kunden tragfähig, um das Entwicklungsrisiko zu reduzieren. Die WITTENSTEIN AG unterhält solche Gesprächsformate auf verschiedenen Ebenen und mit verschiedenen Partnern, u. a. im Zuge ihrer Foresight-Aktivitäten. Bei einem solchen Austausch „auf Augenhöhe" geht es insbesondere darum, die jeweiligen Zukunftserwartungen und strategischen Handlungsprogramme miteinander zu diskutieren und mit offenem, konstruktiv-kritischem Feedback gegenseitig so weit anzureichern, wie es ohne Offenbarung detaillierter technischer Informationen möglich ist. Diese Gesprächsformate sind in der Regel für beide Seiten gleichermaßen erkenntnisreich wie ergebnisoffen, da sie ein gegenseitiges Verständnis generieren und systematisch Vertrauen zwischen den Partnern aufbauen. Die AUDI AG ist einer der Partner, mit denen WITTENSTEIN einen solchen Austausch unterhält.

Im Beispiel des Galaxie Antriebssystems arbeitete WITTENSTEIN mit dem Automobilhersteller AUDI AG, also einem Partner, der nicht aus der eigenen Branche des Maschinenbaus im engeren Sinne stammt. Bei einem Werksbesuch im Rahmen eines solchen Austauschs entstand die Ausgangsidee von WITTENSTEIN, die eigene

Entwicklung Galaxie für eine bei AUDI ebenfalls gerade in Neuentwicklung stehende Anwendung einer Schweißzange zu verwenden. Von diesem Zeitpunkt an wurde zusammengearbeitet, denn beide Unternehmen konnten dadurch Vorteile realisieren:

Für WITTENSTEIN eröffnete diese Kooperation die Chance, die zuvor primär in der eigenen Branche und mit einer begrenzten Anzahl an Leitkunden erprobte Technik noch vor der offiziellen Markteinführung 2015 in einem technisch besonders anspruchsvollen, realen Kontext einzusetzen. Dadurch konnte WITTENSTEIN das Antriebssystem bereits vor Markteinführung auf Herz und Nieren testen (Risikomanagement). Daneben entstehen bei solchen Einsätzen Ideen für völlig neuartige Einsatzgebiete und also Grundlage späteren weiteren Wachstums. Für die AUDI AG entstand durch diese Partnerschaft die Möglichkeit, die eigene Entwicklung eines Produktionsprozesses zu verbessern. Durch den Einsatz der neuartigen Motor-Getriebeeinheit „Galaxie Antriebssystem" wurde eine Optimierung der Prozesszeiten beim Schweißvorgang möglich. Dieses wird durch Anpassung der Zangenbewegung und Kraftaufbauzeit unter hohen Anpressdrücken erreicht. Das Galaxie Antriebssystem dient hierbei primär als Übermittler der hohen, eng definierten Last (Anpressdruck) beim Verschweißen, wobei von AUDI zuvor verfolgte alternative Konzepte durch den Einsatz von Galaxie erheblich vereinfacht werden konnten. So wurde das aus der Partnerschaft resultierende Projekt von der AUDI AG im internen Innovationswettbewerb mit dem „AUDI Production Award 2011" honoriert. Ein weiterer Aspekt, der die Innovation kommunikativ unterstützte und dadurch in beiden Unternehmen Vertrauen in das Projekt und die Partnerschaft generieren konnte.

Forschungsprojekt Cross-Industry Innovation
In dem Forschungsprojekt des Dr. Manfred Bischoff Institutes für Innovationsmanagement der Airbus Group an der Zeppelin Universität in Kooperation mit der Forschungsvereinigung Antriebstechnik e. V. (FVA) wurden auf Basis von mehr als 35 Fallstudien Cross-Industry-Innovation-Projekte verschiedener Unternehmen untersucht. Dabei wurde analysiert, wann und wieso in manchen Projekten fremdes Wissen erfolgreich integriert werden konnte und in anderen nur teilweise oder gar nicht. Dabei konnten die Unterschiede hinsichtlich des Lernerfolges auf verschiedene Mechanismen sozialer Integration zurückgeführt werden. Auf Basis dieser Erkenntnisse konnte das Zusammenspiel von vier Mechanismen sozialer Integration abgeleitet werden, welche einzeln und in Kombination einen Einfluss darauf haben, ob das jeweilige Projektteam in der Lage war, das externe Wissen zu integrieren und zu verarbeiten.

Fazit
Cross-Industry Innovation beschreibt einen Ansatz für Innovationsvorhaben, der vor allem hinsichtlich der systematischen Suche nach radikalen Innovationen von Unternehmen eingesetzt wird. Aber auch für inkrementelle Lösungen von Problemstellungen, die mit Wissen und Technologien der eigenen Branche nicht zu lösen sind, stellt Cross-Industry Innovation einen Open-Innovation-Ansatz mit großem Potenzial dar. Um möglichst erfolgreich Cross-Industry Innovation zu betreiben, müssen sich Unternehmen gezielt mit dem Ansatz, mit seinen Chancen und Herausforderungen sowie

den unterschiedlichen Prozessvarianten auseinandersetzen. Des Weiteren ist eine systematische Herangehensweise an die einzelnen Phasen mit passenden Methoden unumgänglich. Jedoch stellen Struktur und Systematik in der Herangehensweise allein noch keine Erfolgsgarantie dar. So müssen Unternehmen soziale Integrationsmechanismen bewusst fördern und einsetzen, um die Wissensaufnahme zu unterstützen, auch wenn solche Mechanismen nur schwer operationalisierbar sind. Speziell im Umfeld von Cross-Industry Innovation, wo Unternehmen externes Wissen identifizieren, aufnehmen und verarbeiten müssen, das weit entfernt von der eigenen Expertise liegt, stellt jeder Beitrag zur besseren Integration diesen Wissens einen wichtiger Baustein für den Erfolg der Innovationsvorhabens dar. Das bedeutet, dass gezielt Strukturen im Unternehmen geschaffen und implementiert werden müssen, die innerhalb von Cross-Industry-Innovation-Aktivitäten Kommunikation systematisieren, Verbundenheit zu internen und externen schaffen und die Sozialisierung begünstigen, um den bestmöglichen Wissenstransfer zwischen den Partnern zu bewirken (Beispiele siehe Abb. 7.3).

Sozialisierung		
Int. Verbindungsgrad	**Syst. Kommunikation**	**Ext. Verbindungsgrad**
| Verzahnung von Innovations-Projekten mit Linienorganisationen | Interdisziplinäre Teamkonstellation mit unterschiedlichen Branchenhintergründen | Schnittstelle zwischen Vertrieb und F&E etablieren | Social-Media-Ansätze im Intranet fördern Austausch zwischen den Mitarbeitern	| Branchenübergreifender Austausch über persönliches Netzwerk | Persönliche Förderung und Unterstützung von Projekten durch den Firmeninhaber | Implizite Wissensverankerung in den Köpfen | Kommunikation neuer Technologien auf Messen | Kommunikation von Erfolgsbeispielen | Kommunikation ausgewählter Projekte	| Kundenkooperationen zum Test von Produkten in neuen Anwendungsgebieten | Austausch über neue Technologien mit Kunden | Hochschulkooperation bzgl. Nachwuchskräften | Gespräche mit Fachplanern, Ingenieursfirmen und sonstigen externen Partnern

Abb. 7.3 Organisationale Strukturen für Cross-Industry Innovation in Anlehnung an Forschungsprojekt Cross-Industry Innovation

Literatur

De Bono, E. (1990). *Lateral Thinking for Management*. London: Penguin Books.

Ebers, M., & Maurer, I. (2014). Connections count: How relational embeddedness and relational empowerment foster absorptive capacity. *Research Policy, 43*(2), 318–332.

Enkel, E., Gassmann, O., & Chesbrough, H. (2009). Open R&D and open innovation: exploring the phenomenon. *R&D Management, 39*(4), 311–316.

Gassmann, O., & Enkel, E. (2004). *Towards a Theory of Open Innovation: Three Core Process Archetypes*. Proceedings of the R&D Management Conference (RADMA), Lisbon, Portugal.

Gassmann, O., & Zeschky, M. (2008). Opening up the solution space: The role of analogical thinking for breakthrough product innovation. *Creativity and Innovation Management, 17*(2), 97–106.

Hargadon, A., & Sutton, R. I. (1997). Technology Brokering and Innovation in a Product Development Firm. *Administrative Science Quarterly, 42*(4), 716–749.

Holyoak, K. J., & Thagard, P. (1997). The Analogical Mind. *American Psychologist, 52*(1), 35–44.

Jansen, J. J. P., Van Den Bosch, F. A. J., & Volberda, H. W. (2005). Managing potential and realized absorptive capacity: How do organizational antecedents matter? *Academy of Management Journal, 48*(6), 999–1015.

Lewin, A. Y., Massini, S., & Peeters, C. (2011). Microfoundations of internal and external absorptive capacity routines. *Organization Science, 22*(1), 81–98.

Kompetenzbasierte Ideengenerierung

Die Entwicklung neuer Geschäftsfelder – eine Öffnung der Innovationsprozesse über die Unternehmensgrenzen und die eigene Branche hinweg

Utz-Volker Jackisch, Thomas Abele und Zeynep Yaman

Warum das Rad neu erfinden?

Zusammenfassung

Mehr, größer, fortschrittlicher – für Unternehmen ist Wachstum ein wesentlicher Erfolgsfaktor. Eine Strategie, welche von nahezu jedem Unternehmen verfolgt wird, ist das Wachstum durch Erweiterung um ein neues Geschäftsfeld. Anstatt in teure Forschungs- und Entwicklungsaktivitäten zu investieren und neue Kompetenzen aufzubauen, bietet es sich an, neue Geschäftsfelder mit bereits bestehenden Kompetenzen zu entwickeln. Doch welche Methode eignet sich hierfür? Und vor allem: Welche Methode erweist sich als wirklich effizient? Die Antwort lautet: Cross Industry Business. Es leitet sich von dem Begriff der Cross-Industry Innovation ab und zielt insbesondere darauf ab, neue Geschäftsfelder zu identifizieren. Cross-Industry deshalb, da Lösungen, welche sich in einem Kontext bewährt haben, auf eine andere Industrie übertragen werden und dort als innovative Lösung zum Einsatz kommen. In diesem Kapitel wird der Cross Industry Business Ansatz vorgestellt und seine Relevanz und Praktikabilität herausgestellt. Außerdem definiert das Kapitel den Prozessablauf für eine praktische

U.-V. Jackisch
RAMPF Machine Systems GmbH& Co. KG
Wangen, Deutschland
email: utz-volker.jackisch@rampf-gruppe.de

T. Abele (✉)
FOM Hochschule für Oekonomie & Management
Stuttgart, Deutschland
email: thomas.abele@fom.de

Z. Yaman
Stuttgart, Deutschland
email: zeynep.yaman@tim-consulting.eu

Umsetzung des Ansatzes. Abgerundet wird das Thema mit einer Case Study, innerhalb derer die in der Theorie gewonnenen Werkzeuge und Methoden erprobt, beschrieben und kritisch hinterfragt werden.

Inhaltsverzeichnis

8.1	Einleitung	124
8.2	Cross-Industry Innovation	127
	8.2.1 Outside-In vs. Inside-Out	127
	8.2.2 Der Cross-Industry-Prozess	128
	8.2.3 Relevanz und Praktikabilität der Cross-Industry Innovation	130
8.3	Der Prozessverlauf – Von der Vorbereitung bis zur Realisierung des Cross-Industry Business Ansatzes	132
	8.3.1 Wie muss gesucht werden?	132
8.4	Case Study	136
	8.4.1 Der Prozessverlauf	136
	8.4.2 Ergebnisstand	140
8.5	Zusammenfassung	141
Literatur		141

8.1 Einleitung

Mehr, größer, fortschrittlicher – für Unternehmen ist Wachstum ein wesentlicher Erfolgsfaktor und nachhaltiges Unternehmensziel. Eine grundlegende Möglichkeit, um Wachstum zu generieren, sind Innovationen. Demzufolge ist das Wachstum durch Erweiterung um ein neues Geschäftsfeld eine Strategie, welche von nahezu jedem Unternehmen verfolgt wird. Doch wie können Innovationen gezielt generiert und ein neues Geschäftsfeld entwickelt werden?

Innovationsfindung damals und heute – Ask the right questions!
Über viele Jahrtausende hinweg waren Innovationen schlichtweg Entdeckungen, die nicht selten von Glück und Zufall geprägt waren (vgl. Abb. 8.1). So stieß man auf Techniken und Tricks, welche sich als nützlich erwiesen und bisher noch nicht aufgespürt worden waren. Als diese Methode erschöpft war, übernahmen Experimente eine wichtige Rolle in der Wissenschaft. Diese kontrollierte und planvolle Methode führte immer wieder zu Innovationen, welche Antworten auf die experimentellen Fragestellungen gaben.

Doch heute steht man vor einem Problem: Experimente liefern häufig nur noch Antworten auf Fragen, die bereits geklärt sind. Die Herausforderung ist also nicht mehr, eine Antwort auf die Frage zu finden, sondern die richtige Frage zu stellen.

Zusätzlich zur Problematik, neue Fragestellungen generieren zu müssen, machen es die heutige Informationsflut und deren enorme Geschwindigkeit es schwierig, auch heute noch neue Ideen zu generieren. Hinzu kommt, dass in der Vergangenheit oftmals Notsituationen wie Kriege, Missernten und Übervölkerung Innovationsprozesse vorangetrieben

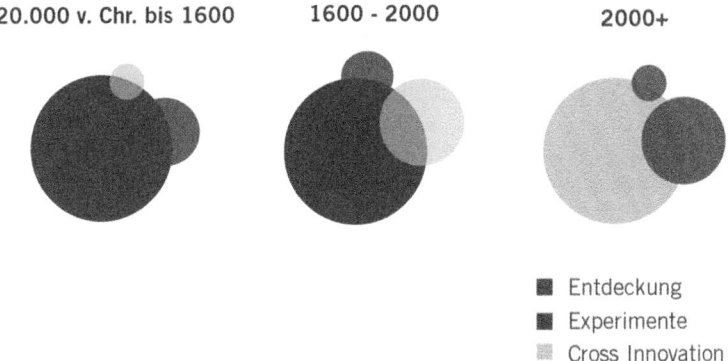

Abb. 8.1 Historische Einordnung Cross-Industry Innovation. (Quelle: In Anlehnung an Trend update 2012, S. 2)

haben. Gerade in Zeiten von existenziellen Bedrohungen, aber auch in Zeiten des Aufbruchs wie beispielsweise zur Industrialisierung, führte der erhöhte Entwicklungsdruck zu massenhaft neuen Ideen und Techniken. Zudem ist zu erwähnen, dass die heutige Gesellschaft weniger risikobereit gegenüber Veränderungen ist und eher auf Bewährtes setzt, was ebenfalls die Cross-Industry Innovation begünstigt (vgl. Trend update 2012, S. 1 ff.).

Brauchen Innovationen neue Kompetenzen?
Gerade im Hinblick auf das Wachstum durch Innovationen denken viele Unternehmen sofort daran, neue Kompetenzen aufbauen zu müssen, und investieren in langfristige Forschungsaktivitäten. Jedoch kosten F&E-Aktivitäten Unternehmen über Jahre hinweg mindestens sechs bis acht Prozent ihres jährlichen Umsatzes, Tendenz steigend (vgl. Trend Sonderheft 2014). Erst recht, wenn aus Kostengründen auf Markt- und Patentanalysen verzichtet wird, erweist sich dies als ungünstig, da dadurch häufig doppelt geforscht und entwickelt wird. Auch in der Volkswirtschaft wird zunehmend versucht, diesen Kostentreiber mit Kooperationsprojekten zu minimieren.

Doch es ist nicht zwingend notwendig, neue Kompetenzen zu entwickeln. Denn gerade das Wachstum mit bestehenden Kompetenzen stellt eine ressourcenschonendere Variante dar, die noch großes, nicht ausgeschöpftes Potential für Unternehmen birgt.

Was ist also der Weg, um die heutigen Innovationshürden zu meistern und durch bestehende Kompetenzen ein neues Geschäftsfeld zu entwickeln (siehe auch Abb. 8.2)?

Der Blick über den Tellerrand
Nach Schumpeter ist der Großteil aller Innovationen eine Rekombination vorhandenen Wissens. Wie groß ist jedoch die Bandbreite des vorhandenen Wissens, auf das dabei wirklich zurückgegriffen wird? Das gängige Branchenverständnis basiert auf einer Systematik, die sich über die vergangenen Jahrzehnte etabliert hat, jedoch keineswegs mehr den aktuellen Gegebenheiten gerecht wird. So ist es schon heute nicht immer möglich, Pro-

Abb. 8.2 Systematik in der Geschäftsfeldanalyse und -entwicklung. (Quelle: In Anlehnung an Restemeyer 2002, S. 56)

dukte in Produktgruppen wie Nahrungsmittel, Transport oder Fashion zu klassifizieren. Im Gegenteil, es kommt zu einer immer stärkeren Vernetzung unterschiedlichster Märkte. Ein Beispiel liefert die Verschmelzung der Pharmabranche mit der Nahrungsmittelindustrie. Ein Beispiel hierfür ist Functional Food, bspw. probiotische Joghurts (vgl. Steinle 2010, S. 3).

Wie sinnvoll ist es also noch, sich bei der Wissensrekombination ausschließlich auf die eigene Branche zu beschränken? Auch aus dem Blickwinkel heraus, dass innerhalb eines Unternehmens meist bereits alle Möglichkeiten der Rekombination ausgeschöpft sind, erweist sich ein Blick über den Tellerrand hinaus als unausweichlich. Um den eigenen Blickwinkel zu erweitern und ein breiter aufgestelltes Branchenwissen zu erlangen, ist eine Öffnung der Innovationsprozesse über die Unternehmensgrenzen hinweg unabdingbar. Zukünftig wird folglich die noch als Modebegriff gesehene „Open Innovation", also die Berücksichtigung sowohl interner also auch insbesondere externer Faktoren bei der Innovationsfindung, im Gegensatz zu „Closed Innovation", an Bedeutung gewinnen. In Abb. 8.3 wird der Unterschied beider Innovationstypen dargestellt.

Eine spannende Methode von Open Innovation, nämlich die industrie- bzw. branchenübergreifende Betrachtung, verspricht, mit bestehenden Kompetenzen Innovationen zu generieren und neue Geschäftsfelder zu entwickeln, und wird im Folgenden vorgestellt.

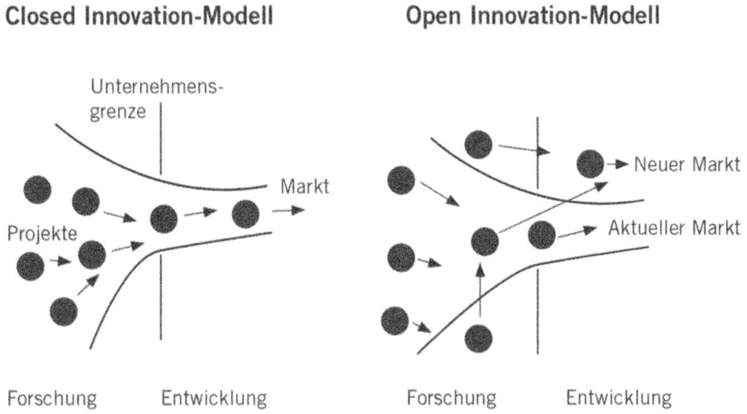

Abb. 8.3 Unterscheidung Closed von Open Innovation. (Quelle: Vahs und Brem 2013, S. 240)

8.2 Cross-Industry Innovation

> When people with different knowledge and perspective interact, they stimulate and help each other to stretch their knowledge for the purpose of bridging and connecting diverse knowledge. (Heil o.J., S. 2)

Der Joystick ist ein beliebtes Steuerungselement der Computerspielindustrie. Doch wie gelangte es ins Auto? In den Fahrzeugen befand sich irgendwann eine enorme Vielzahl an Steuerungselementen, sodass es dem Kunden schwer gefallen ist, sich noch zurecht zu finden. So begab sich BMW vor Jahren auf die Suche nach einer Lösung, die viele Steuerungsfunktionen vereinen konnte, um die Vielzahl an Tasten unter Kontrolle zu bekommen. Sie wurden fündig in der Computerspielindustrie. „iDrive" bedient in Form eines Joysticks mehrere hundert Funktionen im Fahrzeug, vom Navigationssystem bis hin zum Radio. Dies war jedoch keineswegs eine zufällige Entdeckung. BMW wandte eine ganz bestimmte Methode an: Cross-Industry Innovation.

Unter Cross-Industry Innovation versteht man den Transfer von Know-how einer Branche, in der es sich bereits bewährt hat, in eine andere innovative Lösungsanwendung. Dabei spielt es keine Rolle, ob es sich dabei um ein Produkt- oder ein Prozess Know-how handelt.

8.2.1 Outside-In vs. Inside-Out

Grundsätzlich lässt sich die Cross-Industry Innovation in zwei unterschiedliche Aufgabenstellungen untergliedern, für die jeweils ein anderer Ansatz zur Lösungsfindung genutzt wird (vgl. Dürmüller 2012, S. 24):

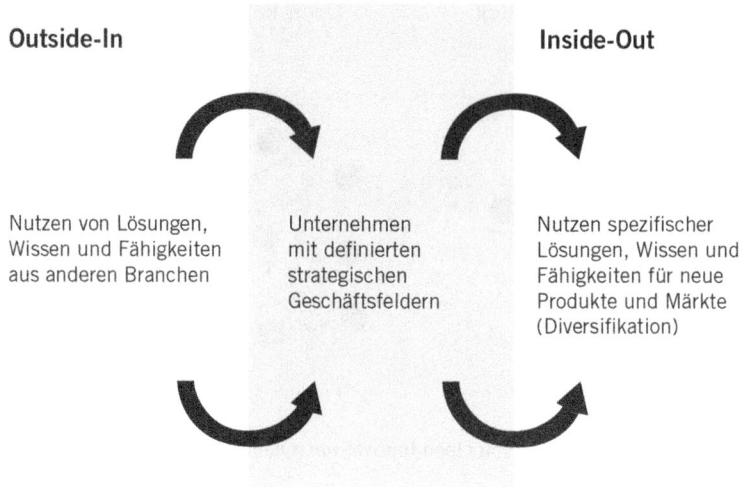

Abb. 8.4 Outside-In-Ansatz vs. Inside-Out-Ansatz. (Quelle: In Anlehnung an Dürmüller 2012, S. 26)

Outside-In-Ansatz (OI)
„Der Outside-In-Ansatz nutzt Inspirationen aus anderen Branchen, um das eigene Leistungsangebot innerhalb der heutigen Produkt-Markt-Strategie weiterzuentwickeln" (Dürmüller 2012, S. 24). Mit anderen Worten: Ein Problem sucht eine Lösung.

Inside-Out-Ansatz (IO)
„Inside-Out bedeutet hingegen, strategische Diversifikationschancen in Form neuer Produkt-Markt-Felder in anderen Industrien zu erschließen. Dies geschieht auf Basis eigener vorhandener Lösungen, Wissen, Fähigkeiten und Kernkompetenzen" (Dürmüller 2012, S. 24).

Der Inside-Out-Ansatz führt häufiger zu Cross Industry Business Feldern, mit der zielgerichteten Absicht, die Neugeschäftgenerierung proaktiv voranzutreiben. Hier ist mit anderen Worten gemeint, dass eine Lösung ein Problem sucht (vgl. Abb. 8.4).

8.2.2 Der Cross-Industry-Prozess

Cross-Industry Innovation bzw. Cross Industry Business ist kein Tool, das einfach verordnet wird, sondern bedarf einer gezielten Förderung und Organisation. Neue Innovationspotenziale zu entwickeln, erfordert dabei die Einhaltung einer dreistufigen Modellstruktur (siehe Abb. 8.5).

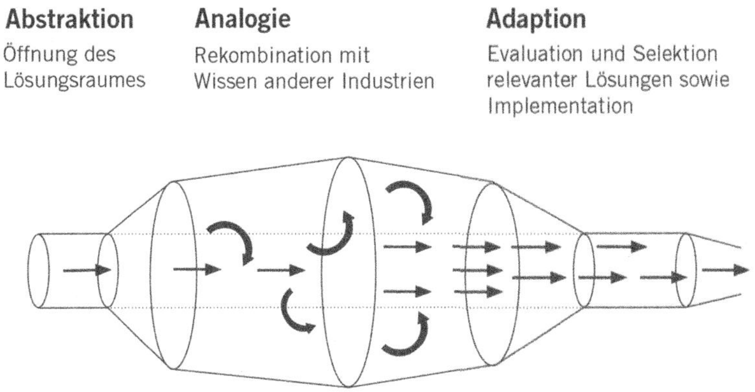

Abstraktion	Analogie	Adaption
Öffnung des Lösungsraumes	Rekombination mit Wissen anderer Industrien	Evaluation und Selektion relevanter Lösungen sowie Implementation

Abb. 8.5 Der Cross-Industry-Prozess. (Quelle: Ili 2010, S. 301)

1. **Abstraktion**
   Die Voraussetzung für Cross-Industry Innovation ist es, in der Anfangsphase Raum für Neues zu schaffen. Dazu müssen die ursprünglichen Denkmuster in bestehenden Produkten und Lösungen bewusst ausgeschaltet werden. Die Abstraktion stellt also den ersten wichtigen Schritt dar, um nach Analogien suchen zu können. Obwohl das einfach klingt, ist in der Praxis das Aufbrechen von Paradigmen eine ziemliche Herausforderung. Abb. 8.6 ist zu entnehmen, dass je nach Abstraktionsobjekt der Grad an Abstraktion und Komplexität unterschiedlich hoch ist und somit verschiedene Methoden hilfreich sind.
2. **Analogien**
   Ist die Abstraktion vollzogen, soll durch die Formulierung einer zentralen Fragestellung der Blick in andere Branchen geleitet werden. Grundlage für die Suche nach Analogien aus anderen Industrien sind die abstrahierten Funktionen, Kompetenzen, Problemstellungen oder Bedürfnisse. Dabei müssen sowohl systematische Lösungen erfasst, als auch evaluiert werden. Hier ist Branchenwissen essentiell, um passende Lösungen anderer Industrien herauszufiltern, verstehen und bewerten zu können. Eine Auswahl verschiedenster Ideen, die sich schon in einem anderen Kontext bewährt haben, ist das Ergebnis dieser Analogiephase.
3. **Adaption**
   In der Adaptionsphase werden die gefundenen Analogien auf die eigenen spezifischen Anforderungen angepasst. Jedoch lässt sich nicht jede Lösung, die in der einen Branche zu einem hervorragenden Ergebnis führt, auch auf das eigene Problem anwenden. Daher beinhaltet diese abschließende Phase die Evaluation und die Selektion der richtigen Lösung, transformiert auf den Produktkontext. Ab hier beginnt die Entwicklungsarbeit (vgl. Dürmüller 2008, S. 8; Dürmüller 2012, S. 25 f.).

Abstraktions-objekte	Kompetenz	Produkt	Problem
Innovationsziel	- Neue Märkte - Neue Ideen	- Neue Märkte - Neue Technologien	- Neue Lösungen
Vorgehensweise	- Intuitiv-spontan	- Schöpferisch-konfrontativ	- Systematisch-diskursiv
Methoden	- Brainstorming - Stummes Schreibgespräch - Galerietechnik - Mind-Mapping	- Funktionsanalyse (FMA)	- TRIZ - Widerspruchs-orientierte Innovations-strategie (WOS)
OI/IO	- Inside-Out	- Inside-Out - Outside-In	- Outside-In

Abstraktionsgrad → Komplexität

Abb. 8.6 Verwendung verschiedener Methoden zur Abstraktion. (Quelle: In Anlehnung an Gassmann und Sutter 2011, S. 221)

8.2.3 Relevanz und Praktikabilität der Cross-Industry Innovation

Cross-Industry Innovation glänzt mit vielen Vorteilen für die Unternehmen, insbesondere die Inside-Out-Variante:

- Die größere Innovationshöhe und der dadurch erlangte Wettbewerbsvorsprung führen zu einer stärkeren Differenzierung des Leistungsangebotes. Damit entstehen höhere Wachstumsraten und Margen. Beides ist dabei wiederum Antrieb für die eigene Innovationskraft.
- Die Öffnung und die branchenunabhängige Kombination unterschiedlicher Kompetenzen stärken die Innovationskraft, führen zu radikalen Innovationen und steigern die Innovationsgeschwindigkeit durch Beschleunigung der Innovationszyklen (vgl. Dürmüller 2008, S. 8; Dürmüller 2012, S. 24).
- Da keine vollständige Neuentwicklung einer Lösung stattfindet, sondern nur die gefundene Lösung auf das eigene Problem adaptiert wird, verkürzt sich die Entwicklungszeit (vgl. Enkel 2010, S. 1). Die kürzere Entwicklungszeit führt zu einer Kostensenkung, welche ebenfalls die Margen erhöht (vgl. Dürmüller 2008, S. 8). Generell herrscht also ein geringeres Entwicklungsrisiko.

8 Kompetenzbasierte Ideengenerierung

- Durch das Auffinden neuer Anwendungsfelder, die mit bestehenden Kompetenzen bedient werden können, werden neue Geschäftsfelder und -möglichkeiten erschlossen.
- Branchenfremdes Know-how kann im Allgemeinen ohne Wettbewerbskonflikte genutzt werden. Zudem schafft der Fokus auf die wesentlichen Erfolgsfaktoren und Analogien eine neue Sichtweise auf das eigene Leistungsangebot (vgl. Dürmüller 2012, S. 24).
- Das Darbieten einer Lösung für ein branchenfremdes Problem sichert Know-how und ggf. auch Lizenzrechte.
- Branchenfremde Nutzung des Know-hows verhilft zu verringerten Projektrisiken, da die Funktionsfähigkeit schon in einer anderen Branche bewiesen wurde und sich bewährt hat.

„Cross Industry Innovationen entstehen derzeit selten nach einer bestimmten Systematik heraus, da es bislang keine entsprechenden Vorgehensmodelle und Methoden zur Einbindung von branchenfremden Unternehmen gibt. Die vorhandenen Ansätze sind wenig verbreitet und beruhen auf einem eher ‚reaktiven' Leitgedanken: Sie suchen für konkrete technologische Probleme in anderen Branchen analoge Lösungsmöglichkeiten und kommen demnach erst in der Detaillierung des Produktkonzepts zum Einsatz. Doch warum sollen Unternehmen die Möglichkeiten des Transfers von branchenfremdem Know-how erst dann nutzen, wenn sie bereits durch die Begrenzung auf technologische Fragestellungen eingeschränkt sind? Warum wird auf das kreative Potenzial anderer Branchen in den frühen Innovationsphasen verzichtet? Cross Industry Innovationen nutzen das Potenzial anderer Branchen systematisch. Anhand von systematischen Prozessen können Unternehmen sich über die Grenzen der eigenen Branche hinaus vernetzen. Vernetzungen innerhalb der Branchen sind bereits Ergebnisse von Open Innovation. Durch die Öffnung des eigenen Unternehmens könnte Wettbewerb in erfolgreiche Kooperation gewandelt werden und nachhaltig Erfolge generieren. Erfolgreiche Innovatoren setzen auch auf Partnerschaften über die eigene Branche hinweg und lernen viel dazu" (Fraunhofer Homepage o.J.). Während die Relevanz dieser Outside-In-Betrachtung somit hervorgehoben ist, gilt es, sie für die Inside-Out-Betrachtung ebenso hervorzuheben. Auch hier sind keine Systematiken, Vorgehensmodelle oder Methoden bekannt, mit denen die eigenen Kompetenzen auf Marktproblematiken projiziert werden. Hier stellt sich die umgekehrte Frage: Warum soll man abwarten, bis eine branchenfremde Industrie auf die eigene Kompetenz stößt, und wir es noch nicht einmal bemerken? Warum wird hier nicht der Know-how-Zuwachs geteilt?

Die größte Herausforderung der Cross-Industry Innovation ist die Identifizierung, aber auch der Zugang zu den fremden Branchen. Dazu gibt es bewährte Vorgehen, wie bspw. das Networking. Diese Form der Öffnung ist zwar entscheidend für das Zustandekommen von Cross-Industry Innovation, jedoch gibt es hier ein Problem: Das Phänomen der „strukturellen Löcher". Denn ab einer gewissen Schwelle verringern sich die Kontaktpunkte, und die Intensität des Networkings nimmt ab (vgl. Ili 2010, S. 297). Eine weitere Schwierigkeit stellt das „Local Search Bias" dar, also dass bei der Suche innerhalb eines bekannten Netzwerkes bzw. mit bereits bestehenden persönlichen Kontakten die Quellen der außerhalb liegenden Informationen verpasst werden (vgl. Miecznik o.J., S. 2). Somit stellt nicht die Projektentwicklung, welche sich auf die Evaluation und Adaption der Lösung reduziert, sondern die Projekt- und Ideenfindung den Knackpunkt dar. Um diese Herausforderung gewinnbringend zu meistern, sind branchenübergreifende Zusammenarbeit und die Suche nach externen Partnern dringend zu empfehlen.

Dadurch, dass Cross-Industry Innovation bei der Umsetzung sowohl Einfachheit bietet als auch einen systematischen Ablauf gewährleistet, hebt sie sich von anderen Innovationsstrategien ab. Cross-Industry Innovation zeichnet sich zudem durch eine hohe Praktikabilität und Technologierelevanz aus, deckt den Einsatz vorhandener Kompetenzen vollständig ab und endet nicht mit der Variation eines bestehenden Produktes. Folglich eignet sich insbesondere die Inside-Out-Betrachtung der Cross-Industry Innovation hervorragend als Strategie, um neue Geschäftsfelder zu identifizieren und dadurch mit bestehenden Kompetenzen zu wachsen.

8.3 Der Prozessverlauf – Von der Vorbereitung bis zur Realisierung des Cross-Industry Business Ansatzes

8.3.1 Wie muss gesucht werden?

Die Definition des Prozesses für den Cross-Industry-Innovation-Ansatz stellt eine Anleitung für die praktische Umsetzung der Geschäftsfeldentwicklung dar. Dieser Prozess besteht aus vier Schritten, welche wiederum die drei Ebenen Abstraktion, Transfer und Realisierung „durchqueren":

I. **Vorbereitung**
   Mittels der Abstraktion werden bestehende Produkte oder Prozesse nach ihren Eigenschaften geordnet. Um Funktionen und Wirkprinzipien erkennen und abstrahieren zu können, sind ein umfassendes Bild und ausreichende Informationen über das Produkt oder den Prozess essenziell. Das Resultat der Vorbereitung sind Suchfelder, anhand derer die Zusammenhänge und Wirkprinzipien nachvollzogen werden können. „Suchfelder stellen das Bindeglied zwischen dem Innovationsanstoß und der Ideengewinnung dar. Sie sollen vor allem in der Phase der Ideengenerierung als Orientierungshilfe dienen, um die Vielzahl der ermittelten Ideen einordnen um damit die Ideenfindung effizienter gestalten zu können" (Vahs und Brem 2013, S. 251).

II. **Ideenfindung**
   Der zweite Schritt stellt die Frage: „Wie wird gefiltert?" Eine wichtige Grundlage für die Ideenfindung ist eine Suchlogik und Suchstrategie, d. h. die Frage „Wie muss gesucht werden?".

Nach der schon erläuterten Abstraktion des Problems gilt es, in anderen Industrien nach Lösungen zu suchen. Natürlich besteht die Möglichkeit, rein zufällig und allein durch

Abb. 8.7 Aufgaben der Funktion. (Quelle: In Anlehnung an Heubach 2009, S. 42)

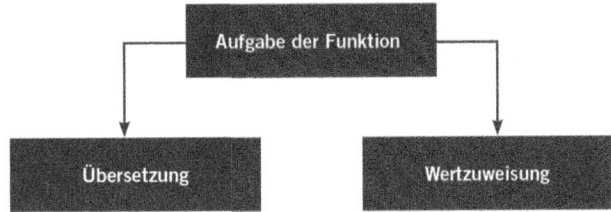

eine gefestigte Branchenkenntnis auf eine geeignete Lösung zu stoßen. Doch wie geht man vor, wenn das nicht der Fall ist? Und warum sollte man es überhaupt riskieren, die Ideenfindung dem Zufall zu überlassen, wenn es doch eine viel sicherere und effizientere Möglichkeit gibt?

Kompetenzbasierte Suche
Cross-Industry Innovation zeichnet sich auch dadurch aus, dass die Suche nach Ideen nicht zufällig, sondern systematisch abläuft, also einer leitenden Suchstrategie und Suchlogik folgt. Da das Ziel der Cross-Industry Innovation das Wachstum mittels vorhandener Kompetenzen ist, ist es wichtig, die eigenen Fähigkeiten und Kernkompetenzen zu kennen und diese als Grundlage für die Suche nach Ideen in fremden Branchen zu nehmen. Diese neue Methodik der kompetenzbasierten Suche baut auf die Technologierelevanzanalyse von Heubach (2009) auf. Diese Analyse kann generell für die Suche nach Technologien genutzt werden.

Funktionsaspekt der Technologierelevanzanalyse

1. Wertzuweisung von Technologien
2. Funktionalität als Analyse und Bewertungskriterium
3. Bewertung der Funktionalitäten

Eine Übersicht der Funktionsaspekte der Technologierelevanzanalyse ist in Abb. 8.7 zu sehen.

Methodische Ansätze zur funktionsorientierten Technologieanalyse und -bewertung
In der Literatur ist eine Vielzahl von Analyse- und Bewertungsmethoden für Technologien mit unterschiedlichen Zielsetzungen zu finden. Sie alle dienen der Technologieanalyse und -bewertung auf Basis eines funktionalen Wertbegriffs und bauen auf einer Zerlegung des produkttechnischen Systems auf, um die Leistungsmerkmale und Gestaltungselemente zu identifizieren und zu bewerten (vgl. Heubach 2009, S. 68).

Die Suchcharakteristik der Technologierelevanzanalyse ist ein Prozess, der sich durch drei unterschiedliche Ebenen vollzieht, welche den drei Phasen der Cross-Industry Innovation entsprechen: Abstraktionsebene, Transferebene und Realisierungsebene. In Abb. 8.8

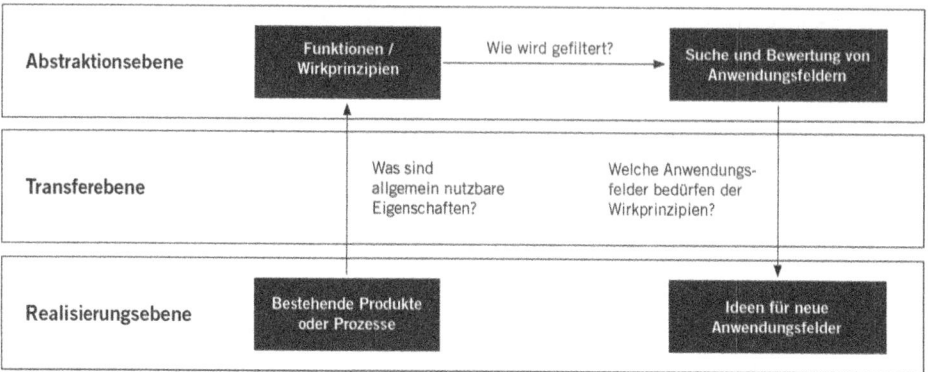

Abb. 8.8 Kompetenzbasierte Suche. (Quelle: In Anlehnung an Heubach 2009, S. 98)

sind die verschiedenen Phasen innerhalb der drei Ebenen dieser kompetenzbasierten Suche dargestellt.

Zunächst wird aus einem bestehenden Produkt bzw. Prozess durch den Transfer mittels Funktionsanalyse, Technologieportfolio oder anderen Technologieanalyse und -bewertungsansätzen eine Abstraktion in Funktionen und Wirkprinzipien vollzogen. Dies zielt auf die Kenntnis der allgemein nutzbaren Eigenschaften eines Produktes ab und stellt wie bei der Cross-Industry Innovation eine Öffnung nach außen dar. Daraufhin wird mit der Zerlegung bzw. Filterung des Analyseobjektes nach Anwendungsfeldern gesucht. Hierfür genutzte Ansätze sind beispielsweise Kreativtechniken bzw. die Patentsuche. Erst durch Bewertung und Auswahl geeigneter Anwendungsfelder sowie den erneuten Transfer zurück zur Realisierungsebene entstehen schließlich Ideen und Ansätze für neue Produkt- und/oder Marktfelder.

Die nutzenabstrahierte Suchmaschinenbefragung
Im Folgenden wird die Suche nach Anwendungsfeldern methodisch beleuchtet und so eine Antwort auf die eingangs gestellte Frage gegeben.

Dieser Ansatz und das Vorgehen bei der nutzenabstrahierten Suchmaschinenbefragung ist ein Foresight-Prozess, mithilfe dessen Trends und Treiber identifiziert und überprüft werden können. Denn nicht das Erkennen der Trends ist eine Herausforderung, sondern das Herausfiltern der wichtigsten Trends.

Kennzeichen des Verfahrens:

- Früh, einfach, ressourceneffizient, aufwandsarm.
- Schnelle und pragmatische Beherrschung und Relevanzfilterung großer Datenmengen.
- Suchmaschinenabfrage über Google, Bing und andere Datenbanken.

Der Grund für die Nutzung der allgemeinen Suchmaschinenabfrage über Google oder Bing ist die Präferenz der Masse und somit die vorstrukturierte Ergebnisauswahl. Es wird vorausgesetzt, dass die Suchalgorithmen nach diesem Prinzip funktionieren. Begonnen wird mit einer Abstraktion des zu untersuchenden Zukunftstrends. Bei der Suche spielt die Sprache eine große Rolle, wobei es nicht nur um die Ländersprache geht, sondern auch um die Sprache des relevanten Kollektivs, das angesprochen werden soll. Dies lässt sich dadurch begründen, dass mit unterschiedlichen Fachbegriffen auch unterschiedliche Kollektive angesprochen werden. Es ist zudem zu betonen, dass Suchmaschinen nicht unbedingt nach dem Kommutativgesetz arbeiten. Beispielsweise führt eine gemeinsame Suche nach „Äpfel & Birnen" zu völlig anderen Treffern als die Suche nach „Birnen & Äpfel". Zusätzlich muss beachtet werden, dass sich die Suchmaschinen ständig dynamisch anpassen, sodass die Methode der Suchmaschinenabfrage nur als eine Momentaufnahme angesehen werden darf. Bei der Anzeige der Treffer sind dann sowohl qualitative als auch unterschiedlichste Ergebniselemente zu finden. Diese sind durch Sichtung und Kategorisierung abzuhandeln. Die Quantität, also die Trefferzahl, gibt zudem einen Eindruck, wie groß das untersuchte Feld ist.

Das abstrahierte Suchvorgehen besteht demnach aus folgenden Teilschritten:

1. Definition des Untersuchungsgegenstands – Abstraktion auf Nutzenebene.
2. Nutzung von Suchstrings.
3. Suchen des Suchstrings über Suchmaschinen.
4. Kurze inhaltliche Sichtung.
5. Zusammenfassung in Trefferkategorien (vgl. Miecznik o.J., S. 1 ff.).

Diese Suchmethodik stellt aufgrund ihrer Abstraktion auf Nutzenebene eine Strategie dar, welche sich für den Prozess der Cross-Industry Innovation methodisch sehr gut eignet. So können innerhalb der kompetenzbasierten Suche anhand der zuvor abstrahierten Funktionen und Wirkprinzipien passende Anwendungsfelder gesucht und identifiziert werden.

III. **Ideenbewertung und -auswahl**
Im dritten Schritt werden die Anwendungsfelder bewertet und die Ideen ausgewählt, welche der Wirkprinzipien bedürfen.

IV. **Erstellung der Business Cases**
Schließlich kann nach den Bedürfnissen des Unternehmens bspw. ein Businessplan oder eine Sammlung mehrerer Handlungsfelder und -empfehlungen erstellt werden.

In Abb. 8.9 ist der Zusammenhang dieser Prozessdefinition noch einmal verdeutlicht. Der hier definierte vierstufige Prozessablauf findet praktisch in der Case Study im Folgenden Verwendung.

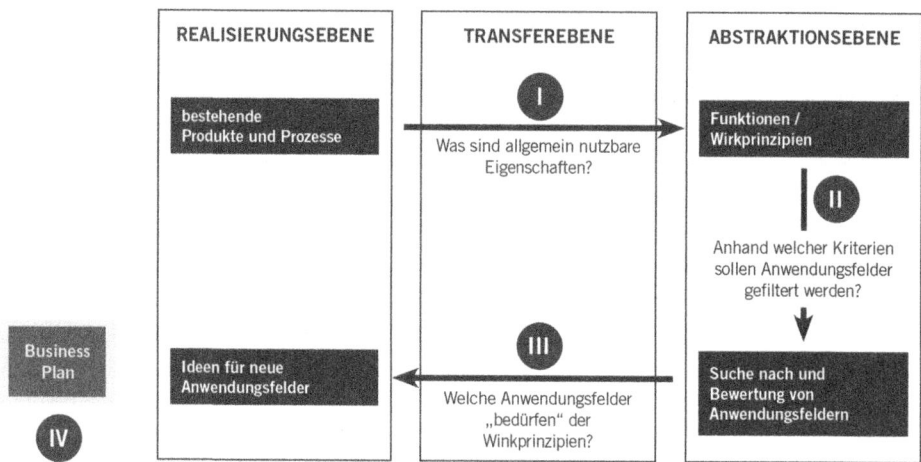

Abb. 8.9 Vorgehensmodell analog zur kompetenzbasierten Suche. (Quelle: In Anlehnung an Heubach 2009, S. 98)

8.4 Case Study

Das Ende dieses Kapitels bildet die Case Study, innerhalb derer die in der Theorie gewonnenen Werkzeuge und Methoden erkenntnisorientiert auf die Realität reflektiert wurden. Ziel dieser Case Study ist es, die Anwendbarkeit dieses Cross-Industry-Innovation-Ansatzes zu demonstrieren.

8.4.1 Der Prozessverlauf

Die Case Study basiert auf einem Projekt mit der mittelständisch geprägten Rampf-Gruppe, welche ihren Sitz in Grafenberg bei Stuttgart hat. Im Jahr 1980 gegründet, beschäftigt sie heute über 600 Mitarbeiter auf den Gebieten der Reaktionsharze und Maschinensysteme (vgl. Rampf Homepage o.J.).

Die Rampf-Gruppe steht für Engineering and Chemical Solutions und ist mit fünf Kernkompetenzen auf den Märkten vertreten: RAMPF MACHINE SYSTEMS, RAMPF PRODUCTION SYSTEMS, RAMPF ECO SOLUTIONS, RAMPF POLYMER SOLUTIONS und RAMPF TOOLING SOLUTIONS. Die Mitgliedsfirmen agieren jeweils als rechtlich selbstständige Unternehmungen (vgl. Abb. 8.10).

Das Projekt zielte darauf ab, ein weiteres, sechstes Geschäftsfeld zu entwickeln, hatte also das eingangs erläuterte Wachstum durch Erweiterung um ein neues Geschäftsfeld zum Ziel. Die angewandte Methode war die Cross-Industry Innovation bzw. das Cross Industry Business mit Einflüssen der Suchfeldbestimmung, Ideenbewertung und der kom-

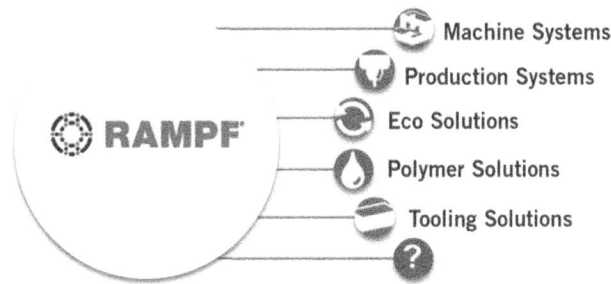

Abb. 8.10 Geschäftsfelder der Rampf Holding mit Erweiterungspotenzial. (Quelle: In Anlehnung an Rampf Homepage o.J.)

petenzbasierten Suche. Der rote Faden stützt sich auf das vierstufige Vorgehensmodell (vgl. Abb. 8.9).

8.4.1.1 Vorbereitung

In der Vorbereitungsphase erfolgte die Sichtung von Daten wie bspw. von Strategiesteckbriefen. Des Weiteren halfen persönliche Gespräche mit den Geschäftsführern, gemeinsam über diese Informationen zu diskutieren und anschließend die Informationen ihrer Relevanz nach hervorzuheben. Ziel der Vorbereitungsphase ist die Bildung von Suchfeldern bzw. der Suchmatrix.

1. **Datensichtung**
   Zu jedem der fünf Geschäftsbereiche stand ein Strategiesteckbrief zur Verfügung. Darin waren nahezu einheitlich folgende Informationen festgehalten:
   – Daten und Fakten über den Geschäftsbereich,
   – Strategische externe und interne Analysen (Wettbewerbsanalysen, SWOT, ...),
   – Strategische Ziele des Unternehmensbereichs (Produkt-Markt-Strategien, ...),
   – Maßnahmen und Maßnahmenumsetzung,
   – Strategisches Controlling,
   – Internes Strategiemarketing,
   – Strategie-Review-Meetings.
2. **Aufnahme der Technologiedaten**
   Neben diesen „Desk" Daten wurde mit allen fünf Geschäftsbereichen, einzeln und mit deren Geschäftsführern persönlich, eine einheitliche Liste mit Technologiedaten aufgenommen und diskutiert. Diese Daten bildeten die Hauptgrundlage für die kompetenzbasierte Suche. Bereits in diesem Schritt wurde versucht, den Abstraktionsschritt anzuschneiden.
3. **Suchfelddarstellung**
   Im letzten Schritt sollte anhand der unterschiedlichen Datenstrukturen eine grundlegende Darstellung mit den wichtigsten Informationen für eine systematische Suche gewählt werden, um die darauf folgende Ideenfindung effizient gestalten zu können. Für die Visualisierung von Suchfeldern haben sich in der Case Study zwei Methoden bewährt: der morphologische Kasten und die Mind-Map. Sie haben neben den

generellen Anforderungen, der sogenannten Big-Picture-Darstellung, wie beispielsweise Mehrdimensionalität und einer ganzheitlichen Betrachtung, noch zwei weitere wichtige Punkte erfüllen müssen: Übersichtlichkeit und Abstraktionsfähigkeit. Die Abstraktion, das heißt die Übersetzung der Technologie in Funktionen und Wirkprinzipien, in ein einheitliches Schema zu bringen, ist Grundlage und Hilfsmittel zugleich für die Suche nach Analogien bei der Cross-Industry Innovation.

Morphologischer Kasten
Die einzelnen Spalten des Morphologischen Kastens sind aufgeteilt worden nach Material, Funktion, Produkttechnologie und Produktionstechnologie. Er glänzte vor allem durch eine übersichtliche Synonymbegriffdarstellung und eine gut überblickbare Darstellung gleicher Eigenschaften zwischen unterschiedlichen Geschäftsbereichen. Als nachteilig erwies sich, dass die Geschäftsbereiche in jeder Spalte wieder aufgelistet werden mussten. Außerdem treten Übersichtlichkeitsverluste bei zu vielen Synonymen auf.

Mind Map
Die Aufbaustruktur der Mind Map lässt sich hingegen in drei Ebenen darstellen:

1. Rampf-Geschäftsfeld,
2. Technologie (Material/Produkt/Produktionsverfahren),
3. Eigenschaften/technische Kenngrößen/Formgebungsmerkmale.

Als vorteilig erwies sich an dieser Form der Darstellung, dass die Geschäftsfelder die Hauptäste bildeten und die Technologien untergeordnet dargestellt waren, sodass darunter Eigenschaften aufgeführt werden konnten. Als eher schwierig erwies sich allerdings die Synonymdarstellung, und Redundanzbegriffe in der dritten Ast-Ebene sind nicht auszuschließen.

8.4.1.2 Ideenfindung

Suchquellen
Die Quellen der Recherche waren hauptsächlich das Deutsche Patent- und Markenamt, Xing, allgemeine Suchmaschinen wie Google, aber auch Verlagsseiten wie beispielsweise Springer oder WTi Frankfurt. Auch internationale Patentseiten wie PatBase, MicroPatent, Espacenet oder das Japan Patent Office wurden genutzt. Wichtig hierbei ist die breite Suche über unterschiedliche Quellen hinweg. Auch das Suchen in lizenzpflichtigen Suchmaschinen erwies sich als vorteilhaft.

Suchlogik und Suchstrategie
Die Suchlogik stellte hierbei die Verknüpfung eines beliebigen Stichwortes aus dem einen Geschäftsfeld mit einem anderen Stichwort aus einem anderen Geschäftsfeld von Rampf dar. Es gestaltete sich hierbei frei, mit dem morphologischen Kasten zu arbeiten und die

Begriffe und Stichwörter hieraus auszuwählen, oder auch die Mind Map für die Begriffskombinationen zu verwenden. Dieses Vorgehen der Kombination aus einer Suchmatrix gestaltete sich in der Praxis erkenntnisorientiert. Das Besondere dieser Form des Suchens ist, dass Suchstrings genutzt werden. Es besteht allerdings die Notwendigkeit der Verwendung verschiedener Suchmaschinen und Quellen, die teilweise nur über Lizenzen zugänglich sind. Gründe sind die Reichweite und die Unterschiede in ihren Suchalgorithmen und demzufolge Ergebnissen.

Bereits in dieser Phase der Ideenfindung fand die erste Auswahl und Filterung der Trefferergebnisse statt. Man spricht hier auch von der „Sichtung". Hierbei muss noch einmal betont werden, dass das Suchergebnis keine Portfolioergänzung für eine Geschäftseinheit sein sollte. Im Gegenteil, es wurde dem übergeordneten Ziel dieses Projektes zufolge das Potenzial für ein neues Geschäftsfeld gefordert. Daher wurden zwar alle Begriffspaare in einer Tabelle aufgenommen, jedoch nur solche erweitert, die ein Potenzial für ein weiteres Geschäftsfeld für die Rampf-Gruppe innehatten.

8.4.1.3 Ideenbewertung und -auswahl

1. Stufe
In der ersten Bewertungsstufe wurden von insgesamt über 100 Einzelideen, die über alle Ideengenerierungsverfahren entstanden waren, 42 Hauptideen durch Verdichtung herausgebildet. Durch Verdichtung heißt, dass keine Ideen gefiltert wurden und somit heraus fielen, sondern die Ideen noch innerhalb eines Themenfeldes zusammengefasst wurden. Verdichtete Ideen sind u. a. auch Doppelungen gewesen.

2. Stufe
Bei der Bewertung in der 2. Stufe wurden die Geschäftsführer zu den Geschäftsbereichen Folgendes gefragt:

„Wie wollen wir vorgehen? Ich übergebe jedem von Ihnen heute virtuelle 100.000 €! Sie investieren dieses Geld in die Ideen, die Ihnen am zukunftsorientiertesten, am innovativsten und am aussichtsreichsten erscheinen (Attraktivität, Strategischer Fit, Machbarkeit, Marktrisiko). Sie dürfen maximal 25.000,00 € in eine Idee investieren."

Die zweite Stufe der Ideenbewertung und Auswahl wurde somit durch eine kollektive Meinung gebildet. Alle fünf Geschäftsbereichsleiter haben unabhängig voneinander ihre Summen in die Tabelle gesetzt. Das Ergebnis wurde am Ende zusammengeführt und ausgewertet. Als Resultat wurden einige der 42 Ideen zurückgestellt, und lediglich sechs der Themen mit den meisten Investitionssummen kamen in die engere Auswahl für die Erstellung von Mini Business Cases.

Die entstandenen Ideen für die Mini Business Cases waren wie erwartet teils auch branchenfremden Bereichen zuzuordnen.

8.4.1.4 Erstellung der Mini Business Cases

Der Mini Business Case unterscheidet sich vom gewöhnlichen Business Case dadurch, dass die Informationstiefe geringer ist. Bei der Gestaltung der Businesspläne war es nahezu unmöglich, für alle Themen eine einheitliche Struktur durchzusetzen. Der Grund liegt in der Inhomogenität der Themen und den unterschiedlichen Marktreifen. Außerdem sind themenspezifisch unterschiedliche Produkt-, Markt- und Branchendaten vorzufinden. Ein noch in der Innovationsphase befindliches Produkt beispielsweise hat noch keine festen Vertriebskanäle, die aufgezeigt werden können.

Jedes Thema wurde zu Beginn in das Lebenszyklusmodell eingeordnet und dessen aktuelle Reifephase aufgezeigt (Entstehung, Wachstum, Reife oder Alter) (vgl. Bullinger und Engel 2006, S. 173; Heubach 2009, S. 36). Auch wurde aufgezeigt, wenn sich die Technologie im Gartner Hype befand. So kann beobachtet werden, wie sich neue Technologien entwickeln, und man kann feststellen, welche Themen das Plateau der Produktivität erreicht, sich also manifestiert haben.

3. Stufe

Am Ende der Vorstellung der Mini Business Cases wurde von Geschäftsbereichsverantwortlichen der Rampf Holding per Stimmzettel und einem kurzen Kommentar am Flipchart das persönliche Top 1 Thema ausgewählt. Somit hatte jeder eine einzige Stimme, um die Fragestellung zu beantworten, welches Thema die zukunftsorientierteste, aussichtsreichste Idee für ein sechstes Geschäftsfeld der Rampf-Gruppe darstellt.

Nachdem jeder seine Stimme abgegeben hatte, wurden schlussendlich drei firmeninterne Projektgruppen gebildet, mit dem Ziel, die Entwicklung des Geschäftsfeldes voranzutreiben.

8.4.2 Ergebnisstand

Zur detaillierteren Ausarbeitung der drei priorisierten Themen wurden firmeninterne Projektgruppen gebildet. Dabei kristallisierte sich heraus, dass das Thema Composites ein besonders großes Potential für ein neues Geschäftsfeld aufweist. Auf Basis einer make-or-buy-Analyse wurde schließlich mit der kanadischen APEX Composites ein Komplettanbieter für Leichtbau in der Luftfahrt- und Medizinindustrie übernommen. Im Zusammenspiel mit den bereits bestehenden Kompetenzen ergibt sich dadurch die Möglichkeit, auch neue Anwendungsfelder zu erschließen, so z. B. Leichtbau für dynamisch bewegte Teile im Maschinenbau. (Quelle: Vgl. Rampf Homepage 2016)

8.5 Zusammenfassung

Abschließend wird noch einmal ein Überblick über die Geschäftsfeldentwicklung mittels der Cross-Industry Innovation geschaffen. Nachdem die Suche nach Wachstumsstrategien letztendlich auf die Entwicklung eines neuen Geschäftsfelds mit vorhandenen Kompetenzen eingeengt wurde, hat sich die Frage aufgetan, welche Methode dafür geeignet ist. Als Antwort wurde Cross-Industry Innovation vorgestellt, wobei Lösungen, welche sich in einem Kontext bewährt haben, auf eine andere Industrie übertragen werden, um dort als innovative Lösung zum Einsatz zu kommen. Zusätzlich wurden anhand einer kritischen Beleuchtung die Relevanz und Praktikabilität herausgestellt. Im Folgenden wurde ein Prozessablauf definiert, der einen nutzenorientierten Charakter hervorhob.

Die abschließende Case Study, innerhalb derer die in der Theorie gewonnenen Werkzeuge und Methoden erprobt, beschrieben und kritisch hinterfragt wurden, erwies sich als sehr praktikabel in der Umsetzung. Hervorzuheben ist die relativ kurze Bearbeitungszeit, die benötigt wurde, verglichen mit vergleichbaren Methoden zur Entwicklung neuer Geschäftsfelder oder gar kosten- und zeitintensiver Forschungs- und Entwicklungsaktivitäten. Gerade in der heutigen Marktdynamik bzw. Marktkomplexität ist das schnelle und sichere Handeln mit möglichst wenig Risiko ein verantwortungsvolles Führungsinstrument. Hinzu kommt die allgemeine Verkürzung der Produktlebenszyklen, wodurch eine zunehmende technologische Komplexität entsteht.

Die Case Study hat außerdem gezeigt, dass die Methodik Branchenwissen bzw. grundlegendes Expertenwissen über die Technologien und Geschäftsbereiche nicht zwingend erforderte. Dafür war hauptsächlich die Abstraktion verantwortlich. Abschließend ist zu sagen, dass diese Methodik des Cross Industry Business grundsätzlich in das Innovationsmanagement eines Unternehmens integriert werden kann, sich aber auch bestens für eine spontane Recherche in jeder produzierenden Unternehmung eignet.

Literatur

Bullinger, H.-J., & Engel, K. (2006). *Best Innovator – Erfolgsstrategien von Innovationsführern.* Augsburg: FinanzBuch Verlag GmbH.

Dürmüller, C. (2008). Technologieführerschaft durch kreative Seitenblicke. *io new management Zeitschrift für Unternehmenswissenschaften und Führungspraxis, 2008*(10), 8–13.

Dürmüller, C. (2012). Der Blick über den Tellerrand. *io new management Zeitschrift für Unternehmenswissenschaften und Führungspraxis* 3, 24–27.

Enkel, E. (2010). Warum das Rad neu erfinden? Cross-Industry Innovation als neuer Trend im Innovationsmanagement Gastbeitrag „Innovationsmanager – Magazin für Innovationskultur". http://die-erfinder.3mdeutschland.de/innovationsprozesse/%20warum-das-rad-neu-erfinden-cross-industry-innovation-als-neuer-trend-im-innovati. Zugegriffen: 29. Sept. 2015.

Fraunhofer Homepage (o.J.). http://wiki.iao.fraunhofer.de/index.php/Cross_Industry-Innovation. Zugegriffen: 19.08.2014.

Gassmann, O., & Sutter, P. (2013). *Praxiswissen Innovationserfolg: Von der Idee zum Markterfolg.* München: Carl Hanser Verlag.

Heil, S. (o.J.). Wie kommt man mit Cross-Industry Innovation zu radikalen Neuerungen? erschien unter http://www.studentlounge.org/deutsch/lehrstuehle/Innovationsmanagement/CII_Sebastian.pdf. Zugegriffen: 02.09.2014.

Heubach, D. (2009). Eine funktionsbasierte Analyse der Technologierelevanz von Nanotechnologie in der Produktplanung, Dissertation Nr. 478, Heimsheim (2009).

Ili, S. (2010). *Open Innovation umsetzen: Prozesse Methoden, Systeme, Kultur.* Düsseldorf: Symposion Publishing.

Miecznik, B. (o.J.). Nutzenabstrahierte Suchmaschinenbefragung zur Bewertung von Technologien und Trends, S. 1–15.

Rampf Homepage. (o.J.). www.rampf-gruppe.de/. Zugegriffen: 14. Aug. 2014.

Rampf Homepage (2016) http://www.rampf-gruppe.de/aktuelles/pressemitteilungen/nachrichten/archive/2016/04/article/composite-solutions-die-neue-kernkompetenz-der-internationalen-rampf-gruppe/. Zugegriffen: 19. Mai 2016.

Restemeyer, O. (2002). *Entwicklung eines Verfahrens zur Geschäftsfeldanalyse und -entwicklung in kleinen und mittleren Bauunternehmen* (Dissertation). Stemwede: Bergische Universität Wuppertal.

Steinle, A. (2010). Die Cross-Innovations-Methode. http://www.horx.com/Zukunftsforschung/Docs/02-M-16-Cross-Innovations.pdf. Zugegriffen: 28. Sept. 2015.

Trend Sonderheft. (2014). Geringe Wirkung, in: Trend Sonderheft, März 2014 vom 24.03.2014, S. 10.

Trend Update. (2012). Synnovation – Die Zukunft der Innovation zwischen inszenierter Störung und gesteuertem Zufall. Ausgabe 04/2012.

Vahs, D., & Brem, A. (2013). *Innovationsmanagement: Von der Idee zur erfolgreichen Vermarktung.* Stuttgart: Schäffer-Poeschel Verlag.

Transparenz über den Innovationsprozess mithilfe der Wertstromanalyse

9

Henrik Gommel

Zusammenfassung

Unternehmen sind stets bestrebt, neuartige Produkte und Services am Markt anbieten zu können, da Innovationen als wesentliches Element unternehmerischen Wachstums gelten. Aufgrund des steigenden Wettbewerbs sind Unternehmen mehr denn je mit der Herausforderung konfrontiert, den Prozess von der Ideenfindung bis hin zur Markteinführung möglichst schnell und mit knappen Ressourceneinsatz bei gleichzeitig möglichst hoher Erfolgswahrscheinlichkeit zu durchlaufen. Dies setzt ein ganzheitliches Innovationsmanagement, beginnend mit den frühen Phasen der Ideengenerierung, -bewertung und -auswahl, bis hin zur Weiterentwicklung der Ideen zu marktfähigen Produkten und Services voraus. Während andere Geschäftsprozesse in Unternehmen, insbesondere Produktionsprozesse, mithilfe einer Vielzahl von Kenngrößen gesteuert und hinsichtlich ihres Wertbeitrages bewertet werden, findet dies bei Innovationsprozessen in der Regel unzureichend statt. Begründet wird dies meist mit den unterschiedlichen Charakteristika der Prozesse: Während Produktionsprozesse kontinuierlich und damit gut vorhersehbar sind und sich innerhalb einer Produktfamilie stets auf gleiche oder sehr ähnliche Weise wiederholen, ist der Innovationsprozess in der Regel mit hoher Unsicherheit belastet und vielmehr ein Prozess des kreativen Schaffens – besonders in seinen frühen Phasen. Ziel dieses Beitrages ist es, die Übertragung der im Produktionsmanagement gängigen Methode der Wertstromanalyse auf den Innovationsprozess zu diskutieren. Ein besonderer Schwerpunkt liegt hierbei in der Betrachtung der frühen Phasen des Innovationsmanagements.

H. Gommel (✉)
Fraunhofer Austria Research GmbH
Wien, Österreich
email: henrik.gommel@fraunhofer.at

Inhaltsverzeichnis

9.1	Einleitung	144
9.2	Wertstromanalyse	145
	9.2.1 Vorgehensweise der Wertstromanalyse	145
	9.2.2 Symbolik der Wertstromanalyse	147
9.3	Anwendbarkeit der Wertstromanalyse auf den Innovationsprozess	147
	9.3.1 Charakteristika von Produktionsprozessen	148
	9.3.2 Charakteristika von Innovationsprozessen	148
	9.3.3 Produktions- und Innovationsprozesse im Vergleich	151
9.4	Innovationswertstromanalyse	153
	9.4.1 Elemente des Innovationswertstroms	153
	9.4.2 Aufnahme und Analyse des Innovationswertstroms	155
9.5	Zusammenfassung	159
Literatur		160

9.1 Einleitung

Innovationen sind ein wesentlicher und bestimmender Faktor für Wachstum, in der Regel unabhängig von Unternehmensgröße, Branche, Wirtschaftsregion und Tätigkeitsbereich des Unternehmens (bspw. Peters et al. 2014). So ist es nicht verwunderlich, dass mehr als zwei Drittel der Unternehmen Innovationsaktivitäten sehr hoch priorisieren, sogar in Phasen wirtschaftlichen Abschwungs (Wagner et al. 2013, S. 4). Sie dienen im Wesentlichen der Verteidigung, Unterstützung und Weiterentwicklung des aktuellen Geschäftes, aber auch der Eröffnung neuer Geschäftszweige und der Erweiterung und Vertiefung unternehmerischer Fähigkeiten (bspw. Roussel et al. 1991, S. 17). Werner (2002, S. 31) beschreibt die steigende Wichtigkeit der Effizienzmessung im Innovationsprozess mit Bezug auf die vielfältigen Veränderungen, mit denen Unternehmen im Sinne des Innovationsmanagements konfrontiert sind. So führen verkürzte Produktlebenszyklen, rückläufige Verkaufszahlen und geringere Skaleneffekte in einem stärkeren Wettbewerbsumfeld zu geringeren Margen und damit zu verlängerten Amortisationsdauern von Ausgaben für Forschung und Entwicklung (F&E). Gleichzeitig erhöht sich durch den schneller werdenden technischen Fortschritt und sich ändernde Kundenanforderungen die Anzahl an F&E-Aktivitäten, die aufgrund der steigenden Komplexität auch immer kostenintensiver werden. Um weiterhin auf neue Kundenanforderungen reagieren zu können, muss das Technologie- und Innovationsmanagement möglichst effizient und effektiv gestaltet sein. Hierzu finden die grundsätzlichen Prinzipien des „Lean Managements" Anwendung, also die Vermeidung von Verschwendung bzw. die Umwandlung von Verschwendung in Wertschöpfung (Womack und Jones 2003). Ebenso wie in Produktionsprozessen wird auch bei Innovationsprozessen darauf geachtet, dass diese einen klaren Kundennutzen generieren, die Aktivitäten einem klaren kontinuierlichen Wertstrom folgen und fließend ineinander übergehen, das sogenannte Pull-Prinzip möglichst gewährleistet ist, also die bedarfsgerechte Versorgung der nachfolgenden Prozessschritte, und nach Perfektion über eine kontinuierliche Verbesserung gestrebt wird (Schuh 2013).

Die Erfahrungen von Projekten im Bereich des Innovationsmanagements zeigen, dass in Unternehmen eine Vielzahl an Ideen zur Steigerung des Kundennutzens generiert wird, es jedoch häufig daran scheitert, diese auf effiziente Weise zu marktreifen Produkten oder Services weiterzuentwickeln. Neben aufbauorganisatorischen Grundvoraussetzungen mangelt es in der Regel an zeitlicher Kapazität zur kontinuierlichen Bearbeitung von Innovationsprojekten und an der Koordination von Schnittstellen zu relevanten Unternehmensbereichen. Im Bereich des Produktionsmanagements hat sich die Methode der Wertstromanalyse als probates Mittel zur schnellen und einfachen Schaffung von Transparenz über Schwachstellen des Produktionsprozesses erwiesen. In diesem Beitrag wird aufbauend auf Gommel et al. (2014) die Grundidee der Anwendung der Wertstromanalyse auf den Innovationsprozess aufgezeigt und mit Fokus auf die frühen Phasen des Innovationsprozesses diskutiert.

Dazu wird zunächst die klassische Wertstromanalyse kurz beschrieben, um anschließend über einen Vergleich der Gemeinsamkeiten und Unterschiede von Produktions- und Innovationsprozessen die Übertragbarkeit der Methode auf das Innovationsmanagement zu diskutieren. Im weiteren Verlauf des Beitrages wird die Grundidee der Innovationswertstromanalyse näher beschrieben. Abschließend werden mögliche Rückschlüsse aus der Analyse des Innovationswertstroms auf das Management früher Innovationsphasen abgeleitet.

9.2 Wertstromanalyse

Die Wertstromanalyse hat sich im Bereich des Produktionsmanagements als pragmatische Methode zur Aufnahme des Wertstroms eines Produktionsprozesses und der Identifikation von Verschwendung innerhalb dieses Prozessablaufes etabliert. Die ursprüngliche Methode zielt darauf ab, die wesentlichen Material- und Informationsflüsse, die ein Produkt entlang seines Wertstroms durchläuft, einfach und schnell zu visualisieren und entsprechend den dadurch ermittelten Kennzahlen zu bewerten (Rother und Shook 2003). Im Laufe der Zeit wurde die ursprüngliche Methode um weitere Betrachtungsfelder ergänzt (Edtmayr et al. 2013), für den vorliegenden Beitrag reicht es jedoch aus, die grundsätzliche Vorgehensweise und Symbolik der Wertstromanalyse aufzuzeigen.

9.2.1 Vorgehensweise der Wertstromanalyse

Die Wertstromanalyse in ihrer Grundform zielt darauf ab, die Wertströme der jeweiligen Produktfamilien innerhalb eines Werkes vom ersten Prozessschritt bis zur Auslieferung an den Kunden unter Berücksichtigung der Material- und Informationsflüsse aufzunehmen und entsprechend den daraus resultierenden Kennzahlen zu bewerten (Rother und Shook 2003). Die wesentlichen Prozessschritte der Wertstromaufnahme gliedern sich dabei in

1. Zeichnen des Ist-Wertstroms als Abfolge der einzelnen Prozessschritte,
2. Aufnehmen der wesentlichen Informationen zu jeden Prozessschritt,
3. Aufnehmen der Bestände zwischen den Prozessschritten und
4. Identifizieren der Material- und Informationsflüsse sowie der Prinzipien der Planung und Steuerung der Prozesse.

Die wesentlichen zu erhebenden Informationen zu den jeweiligen Prozessschritten umfassen die Nettoarbeitszeit gemäß Schichtmodell, die Prozess-, Zyklus- und Rüstzeiten, die Anlageneffizienz bzw. -verfügbarkeit, die Losgrößen, die Ressourcenanzahl (Maschinen/Anlagen, Mitarbeiter), die Ausschuss- und Nacharbeitsquote sowie die Anzahl der Varianten innerhalb der betrachteten Produktfamilie. Die wesentlichen Material- und Informationsflüsse, welche die Produktionsplanung und -steuerung mit den Produktionsprozessen und mit den jeweiligen Lieferanten und Kunden verbinden, sind mit Informationen zu den zeitlichen und mengenmäßigen Charakteristika der Austauschbeziehung auszustatten (bspw. Planungshorizonte, Bestell- und Lieferhäufigkeiten und -mengen). Weiterhin wird bei Informationsflüssen zwischen elektronischem und nichtelektronischem Datenaustausch unterschieden. Bei Materialflüssen wird zwischen zwei wesentlichen Steuerungsprinzipien unterschieden: „Push", wenn der Materialfluss von der Produktionsplanung und -steuerung planungsbasiert ausgelöst wird, und „Pull", wenn der Materialfluss bedarfsgerecht vom Nachfolgeprozess ausgelöst wird.

Die wesentliche Leistungskennzahl der Wertstromanalyse ist das Verhältnis von Gesamtprozesszeit zu Durchlaufzeit und misst den Flussgrad des Produktionsprozesses. Die Gesamtprozesszeit ergibt sich dabei aus der Summe aller Zykluszeiten (ZZ) inklusive prozessbedingter Wartezeiten. Die Durchlaufzeit (DLZ) beschreibt die Dauer des gesamten Prozessablaufes inklusive der bestandsbedingten Liegezeiten zwischen den Prozessschritten.[1] Diese bestandsbedingten Liegezeiten werden anhand der in der Wertstromaufnahme identifizierten Bestandsmengen und des Kundenbedarfs errechnet. Der Kundentakt, also die vom Kunden bestellte Menge in einem bestimmten Zeitraum umgerechnet auf die Nettoarbeitszeit der betrachteten Produktion in diesem Zeitraum, gibt vor, mit welcher Effizienz zu produzieren ist, um die Kundennachfrage befriedigen zu können.

Ein wesentliches Ziel der Wertstromanalyse ist es, Schwachstellen des Produktionsprozesses aufzuzeigen, die bspw. zu einer hohen Durchlaufzeit führen. Hierbei stehen in erster Linie die Ausrichtung der Teilprozesse am Kundentakt im Vordergrund, um einen kontinuierlichen Prozessfluss gewährleisten zu können. So kann vermieden werden, dass Engpässe oder Verschwendungen im Sinne einer Überproduktion mit den daraus resultierenden Beständen und damit einhergehend langen Durchlaufzeiten entstehen können.

---

[1] In der Regel ist die Summe der Zeiten für wertschöpfende Tätigkeiten deutlich kleiner als die Summe bestandsbedingter Liegezeiten, sodass diese bei der Berechnung der Durchlaufzeit häufig vernachlässigt werden.

Abb. 9.1 Grundsymbole der Wertstromanalyse. (Quelle: Rother und Shook 2003)

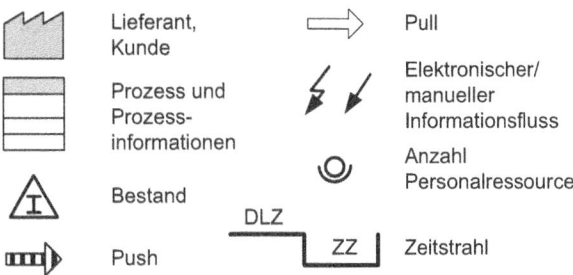

Die Ausrichtung der Teilprozesse am Kundentakt erfolgt dabei zunächst nicht durch die technische Verbesserung des Prozesses selbst, sondern vielmehr durch das Schaffen eines am Kundentakt orientierten Kapazitätsangebotes und damit durch die sinnvolle Verteilung von Aufgaben auf eine entsprechend notwendige Ressourcenanzahl.

9.2.2 Symbolik der Wertstromanalyse

Die Wertstromanalyse basiert auf einer einfachen und schnellen Skizzierung des Prozessablaufes. Dazu bedient man sich einfach zu zeichnender Symbolik. Die Auswahl der in Abb. 9.1 dargestellten Symbole orientiert sich an den im vorangegangenen Abschnitt erläuterten wesentlichen Inhalten der Wertstromanalyse.

9.3 Anwendbarkeit der Wertstromanalyse auf den Innovationsprozess

Wie im vorangegangen Abschnitt erläutert, ist der primäre Zweck der Wertstromanalyse das schnelle Schaffen von Transparenz entlang eines Produktionsprozesses mit Fokus auf die darin enthaltenen Ineffizienzen. Um die Anwendbarkeit der Wertstromanalyse auf den Innovationsprozess zu diskutieren, werden in diesem Abschnitt die wesentlichen Charakteristika von Innovationsprozessen und Produktionsprozessen kurz aufgezeigt und verglichen.

Zunächst sind Innovations- und Produktionsprozesse als Geschäftsprozesse zu verstehen. Geschäftsprozesse lassen sich als eine Folge von (teilweise) strukturierten und voneinander abhängigen und kollaborativen Aktivitäten definieren, innerhalb derer zielgerichtet aus verschiedenen Eingangsgrößen ein Mehrwert für interne oder externe Kunden geschaffen wird (bspw. Lindsay et al. 2003). Die grundsätzlichen Leistungskennzahlen dieser Prozesse sind Effektivität („die richtigen Dinge tun") und Effizienz („die Dinge richtig tun") (bspw. Becker 2008, S. 11). Die Effektivität misst demnach, ob das Ergebnis eines Prozesses dem vorgesehenen Ziel entspricht, während die Effizienz das Verhältnis zwischen Input und Output eines Prozesses betrachtet, mit dem Ziel, möglichst wenig

Aufwand zur Erzielung eines Ergebnisses aufwenden zu müssen. Die Optimierungsgrößen, denen sich das Prozessmanagement widmet, sind Zeit, Kosten, Qualität, Flexibilität und Kapitalbindung (Becker 2008, S. 12).

9.3.1 Charakteristika von Produktionsprozessen

Produktionsprozesse haben die Aufgabe, Rohstoffe oder Halbfertigwaren mit vorhandenen oder zugekauften Ressourcen in fertige Bauteile oder Produkte umzuwandeln (bspw. Westkämper und Decker 2006, S. 195; Becker 2008, S. 7). Die im Zuge dieses Transformationsprozesses verwendeten Inputs und Ressourcen sowie die fertigen Produkte werden als Objekte bezeichnet, die definierte Attribute haben, verfügbar und relevant sind (Dyckhoff 2006, S. 20). Objekte von Produktionsprozessen sind materieller (bspw. Werkstoffe, Werkzeuge, Energie) oder immaterieller (bspw. geistiges Eigentum, Information, Arbeitskraft) Art und können sowohl qualitativ als auch quantitativ beschrieben werden. Produktionsprozesse sind demnach (1) eindeutig, (2) vorhersehbar und (3) die verwendeten Inputs, die Transformation und die generierten Outputs können quantitativ gemessen werden (Dyckhoff 2006).

Wie in Abschn. 9.2 angemerkt, wird die ursprüngliche Wertstromanalyse bei Produktionsprozessen angewendet, die dem Fließprinzip entsprechen. Ausgehend von der Morphologie von Produktionstypen und -prinzipien nach Westkämper und Decker (2006, S. 198), sind die Produktionsprinzipien der Serien- und Massenproduktion für die Anwendung der Wertromanalyse am besten geeignet. Im Zuge der fortschreitenden Individualisierung von Produkten ist die Serienproduktion zwar auftragsbezogener und variantenreicher geworden (bspw. Dürrschmidt 2001, S. 21), dennoch lassen sich folgende wesentliche Charakteristika von flussorientierten Produktionsprozessen ableiten:

1. der produzierte Output eines Prozesses ist identisch bzw. standardisiert, zumindest jedoch ähnlich,
2. die Effizienz ist konstant und
3. die Prozesse sind ohne Veränderungen wiederholbar (Westkämper und Decker 2006, S. 199).

9.3.2 Charakteristika von Innovationsprozessen

Innovationsprozesse umfassen sämtliche Aufgaben, die merkliche Neuerungen technischer Art (Produkt- und Prozessinnovationen), organisationaler Art (strukturelle, kulturelle oder systemische Innovationen) oder marktbezogener Art (neue Märkte, neue Brachen) hervorbringen und eine Nachfrage generieren („Push") oder bestimmte Kundenanforderungen erfüllen („Pull") (Hauschildt und Gemünden 2011, S. 25; Werner 2002, S. 22; Zahn 1995, S. 27). Innovationsprozesse als Gegenstand des operativen Technologie-

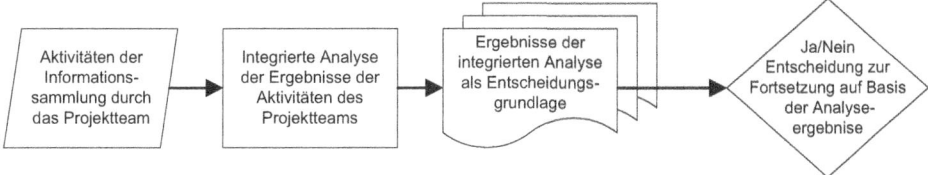

Abb. 9.2 Das Stage-Gate®-Prinzip. (Quelle: In Anlehnung an Cooper 2008)

und Innovationsmanagements (Albers und Gassmann 2011, S. 5) werden als funktional integrierte und parallelisierte Prozesse verstanden, die einen intensiven Informationsaustausch zwischen den beteiligten Funktionsbereichen voraussetzen (Rothwell 1994, S. 12). Je nachdem, ob die Innovation Nachfrage generiert und damit von größerer Ergebnisunsicherheit geprägt ist, gestaltet sich der Innovationsprozess als kreativer Prozess des Versuchens und Lernens, bzw. wenn die Innovation nachfrageerfüllend ist, als strukturierter Prozess der Erfüllung konkreter Kundenanforderungen (Schuh 2012, S. 30; Verworn und Herstatt 2007b, S. 112 ff.). Andererseits kann ein proaktives, kreatives Innovieren, das in frühen Phasen in der Regel zu einer Vielzahl alternativer Innovationsprojekte führt, einen starren und strukturierten Prozess der Evaluierung und Auswahl erforderlich machen (Lechler und Teichert 2011). Die Art und Weise, wie diese Wertkette des Innovierens gestaltet ist, also wie neue Informationen gewonnen werden, in neue Produkte oder Prozesse transformiert und zur Generierung von Wertschöpfung genutzt werden können, bestimmt maßgeblich den Wachstum und die Produktivität von Unternehmen (Roper et al. 2008).

Die am weitesten verbreitete konzeptionelle Strukturierung des Innovationsprozesses ist der „Stage-Gate®"-Prozess nach Cooper (2008). Der Stage-Gate-Prozess ist als Referenzprozess zur Verbesserung der Effektivität und Effizienz von Innovationsprozessen zu verstehen, welcher aus einer für den jeweiligen Einsatzzweck erforderlichen Anzahl von Abschnitten („Stages") besteht, innerhalb derer Forschung und Entwicklung betrieben wird, und die jeweils von klaren „Ja/Nein"-Entscheidungspunkten (Tore bzw. „Gates") abgeschlossen werden (Abb. 9.2).

Der Referenzprozess für grundlegende Neuentwicklungen gestaltet sich in fünf Abschnitte und fünf Tore (Abb. 9.3). Jeder dieser Abschnitte umfasst ein Reihe von bewährten oder empfohlenen Aktivitäten, die erforderlich sind, um zu einem Entscheidungspunkt zu gelangen (Cooper 2008, 2010). Cooper (2010) gibt neben den empfohlenen Aktivitäten auch Empfehlungen zu den möglichen Ressourcenaufwänden in Vollzeitäquivalenten an, wenngleich diese als Richtwert zu verstehen sind. Die Gates dienen anschließend der Qualitätskontrolle und der Entscheidung, ob und mit welcher Priorität das Projekt in die nächste Phase eintreten kann bzw. ob Nacharbeiten erforderlich sind (Cooper 2008). Auch wenn der Referenzprozess als linearer Prozess dargestellt wird, existieren innerhalb der Abschnitte funktionsübergreifenden Tätigkeiten, die parallel bzw. in Iterationsschleifen ablaufen. Auch die Abschnitte können einander überlappen und Iterationsschritte bein-

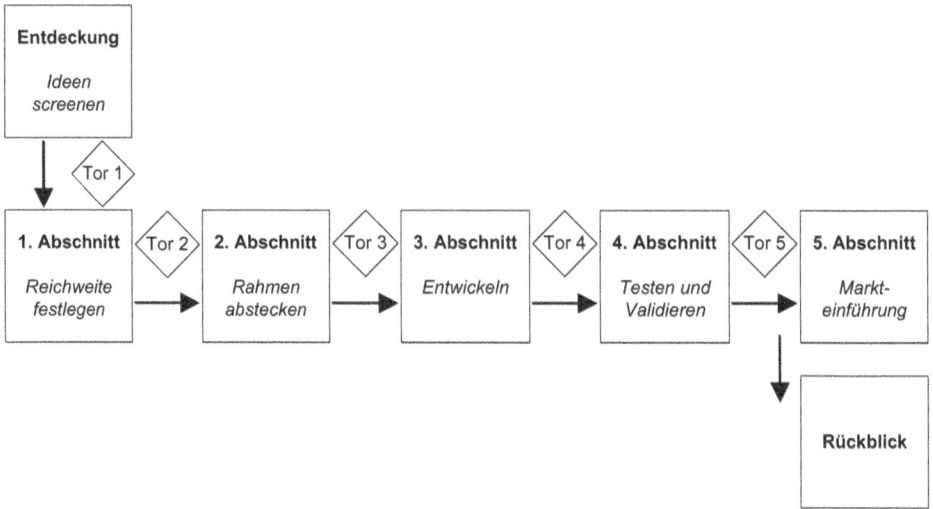

Abb. 9.3 Der fünfstufige Stage-Gate®-Prozess mit Entdeckungs- und Rückblickphase. (Quelle: Cooper 2010)

halten. Je nach Art der Entwicklungsaufgabe sollten diese Abschnitte und auch deren Aktivitäten entsprechend angepasst und daraufhin klar definiert werden.

Die Messung der Effektivität und Effizienz von Innovationsprozessen wird aufgrund der „einzigartigen und nicht reproduzierbaren Vorgänge" als „nicht oder nur sehr schwer möglich" angesehen (Werner 2002, S. 10), insbesondere in den frühen Phasen der Innovation (Werner 2002; Schuh 2013).

Nach Wördenweber und Wickord (2008, S. 11) lassen sich in Sachen Effektivität vier grundsätzliche Anforderungen ableiten, nach denen Innovationsprozesse

1. neue Trends und Möglichkeiten identifizieren,
2. Selektionsprozesse zum Vergleich und zur Priorisierung von aktiven und inaktiven Projekten in Abhängigkeit der Informationsverfügbarkeit beinhalten,
3. Entwicklungsprozesse definieren, welche die Zielerreichung von Projekten in möglichst kurzer Zeit gewährleisten und
4. Kommunikationsprozesse etablieren, die Unternehmen ermöglichen, kollaborativ und fokussiert zu arbeiten.

Größen zur Messung der Effektivität von Innovationsprozessen werden in der Technology Value Pyramid (TVP) strukturiert (Tipping et al. 1995). Dabei beziehen sich die fundamentalen Metriken auf den Beitrag von Forschungs- und Entwicklungsprozessen zu Innovationen und den Vermögenswert von Technologie, während strategische Größen auf die Portfoliobewertung hinsichtlich der Integration mit dem Geschäftszweck des Unternehmens eingehen. Ergebnisbezogene Metriken beziehen sich auf den konkreten Wertbeitrag von Innovationen. Aktuellere Umfragen auf Basis der TVP identifizieren und bewerten weitere Messgrößen, zum Beispiel zu Open Innovation, nichtfinanziellen Messgrößen oder zu Wertbeiträgen von Services (Schwartz et al. 2011, S. 32). Auch hier sind die am häufigsten angewendeten Kenngrößen vorwiegend finanzieller Natur (bspw. Ertragsraten, Erlösspannen und Gewinne neuer Produkte und Services sowie der prognostizierte Wert laufender F&E-Projekte). Nichtfinanzielle Kenngrößen beziehen sich auf Produktqualität, Projektfortschrittsraten, Kundenbewertungen und Anzahl technischer Berichte.

Die Messung der Effizienz von Innovationsprozessen in Bezug auf ein minimales Verhältnis von Input zu Output gestaltet sich schwierig, da Input und Output von Innovationsprojekten häufig nicht direkt voneinander abhängig sind bzw. zeitlich stark verzögert sind (bspw. Schuh 2013, S. 144; Werner 2002, S. 10 f.). In der Regel werden hier zur quantitativen Messung Zielerreichungsquoten bzw. Vergleiche herangezogen, welche sich auf zeitliche Kriterien (bspw. Markteinführungszeit, Zeit zur Erreichung der Gewinnschwelle), kostenbezogene Kriterien (bspw. interne F&E-Aufwände, Aufwände der Technologiebeschaffung) und fortschrittsbezogene Kriterien (bspw. Ergebniserreichung innerhalb des Prozesses, Anzahl von Patenten) beziehen.

9.3.3 Produktions- und Innovationsprozesse im Vergleich

Der Vergleich zwischen Produktions- und Innovationsprozessen soll die in den vorangegangenen Abschnitten beschriebenen wesentlichen Charakteristika zusammenfassend anhand der Kriterien Input, Output, Wertstrom bzw. Transformationsprozess, Ressourcen, Kenngrößen und Organisation einander gegenüberstellen (Tab. 9.1).

Der Vergleich der beiden Prozessarten zeigt, dass es wesentliche Unterschiede gibt, insbesondere was die Freiheitsgrade und damit verbundenen Unsicherheiten betrifft. Während Produktionsprozesse vorhersehbar sind, vorwiegend linear ablaufen und sich wiederholen, sind Innovationsprozesse, insbesondere in den frühen Phasen, von hoher Unsicherheit bestimmt und machen eine interdisziplinäre Problemlösung in iterativen Schleifen innerhalb und zwischen den Abschnitten des Prozesses notwendig. Nichtsdestotrotz gibt es bei beiden Prozessen, wenn auch unterschiedlich schwierig, die Möglichkeit, Effektivität und Effizienz zu messen. Beide Prozesse haben die Zielsetzung, möglichst schnell einen Kundennutzen zu schaffen, und streben dabei an, die Abläufe möglichst fließend zu gestalten. Im Sinne der Effizienzsteigerung ist es bei beiden Prozessen notwendig, Verschwendungen nach den Prinzipien des Lean-Managements zu identifizieren und zu beseitigen.

Im Hinblick auf die Verschwendungsarten bestehen einige Analogien zwischen Produktions- und Innovationsprozessen. So kann es in beiden Prozessen zu Überproduktion, Nachbesserungen und Ausschuss, Beständen und unnötigen Bearbeitungsschritten kommen (Schuh 2013, S. 145 f.). Bei Innovationsprozessen kann sich „Überproduktion" beispielsweise im Rahmen der Ideengenerierung äußern, wenn diese ohne gezielte Suchfeldbestimmung stattfindet (Abele und Thomas 2013). Vorstellbar ist auch „Über-

Tab. 9.1 Vergleich von Produktions- und Innovationsprozessen

Kriterien	Produktionsprozess	Innovationsprozess
Input	Materiell und immateriell Klar definierbare Eigenschaften (bspw. Menge, Qualität)	Vorwiegend immateriell Eigenschaften nicht klar definierbar, insbesondere in frühen Phasen (bspw. Informationsqualität)
Output	Materiell Art, Zeit, Menge, Erfolgsbeitrag sind vorab definierbar	Immateriell in frühen Phasen Gegebenenfalls materieller Prototyp Hohe Unsicherheit Erfolgsbeitrag zeitlich verzögert
Transformation	Vorwiegend linear Klar spezifiziert Wiederholend	Iterativ und parallelisiert Unvorhersehbar Nicht wiederholend Prozess variabel gestaltet
Ressourcen	Personal Betriebsmittel Information	Personal Information
Kenngrößen	Effektivität und Effizienz können präzise aus betrieblichen Kennzahlen ermittelt werden	Effektivität und Effizienz können nur schwer bestimmt werden
Organisation	Produktion als Funktionseinheit	Funktionsübergreifend

produktion" im Sinne unnötig hoher Detailierungsgrade bei Aktivitäten entlang des Stage-Gate-Prozesses. Überarbeitungen und Ausschuss sind bei Innovationsprozessen nicht zu vermeiden, insbesondere in den frühen Phasen sind Iterationsschleifen notwendig und eine gezielte Ideenbewertung und -selektion erforderlich. Hier ist es im Sinne der Stage-Gate-Prozessgestaltung notwendig, die Abschnitte und Tore so zu gestalten, dass möglichst wenige Iterationen durchgeführt werden müssen und klare „Ja/Nein"-Entscheidungen erfolgen, um möglichst früh ein unnötiges Weiterentwickeln von Ideen mit geringer Erfolgswahrscheinlichkeit zu vermeiden. Intransparente Informationswege sind hierbei häufige Ursache von Verschwendung (Boehm 2012). Bestände können im Kontext des Innovationsprozesses zum einen hinsichtlich der Inputs entstehen, beispielsweise durch das „Lagern" von zu viel Information bzw. veralteter Information, zum anderen entstehen Bestände an den Toren des Innovationsprozesses im Sinne laufender und pausierter Innovationsprojekte, die auf die Bearbeitung in den folgenden Abschnitten des Innovationsprozesses warten. Das Vermeiden von unnötigen Bearbeitungsschritten kann im Innovationsprozess insbesondere durch die zweckmäßige Festlegung der Abschnitte (Inhalte und Reihenfolge) und Tore erreicht werden. Um diese Verschwendungsarten in einem Prozess, der insbesondere in den frühen Phasen eher unstrukturiert und dynamisch ist, möglichst zu vermeiden, bietet sich eine Reihe von Methoden an (bspw. Verworn und Herstatt 2007a). Der fehlende oder unpassende Einsatz von Methoden kann jedoch auch zu Verschwendung führen (Wördenweber und Wickord 2008, S. 14).

Ausgehend von den Charakteristika des Innovationsprozesses und den möglichen Verschwendungsarten wird im Folgenden das Konzept der Anwendbarkeit der Wertstromanalyse auf den Innovationsprozess beschrieben.

9.4 Innovationswertstromanalyse

Die grundsätzliche Idee, die Wertstrommethode auf den Innovationsprozess anzuwenden, wurde bereits von Cooper (2008) und Schuh (2013) diskutiert. Um Ineffizienzen, insbesondere zeitlicher Natur, zu identifizieren, müssen alle Abschnitte, Entscheidungspunkte und Aktivitäten eines typischen Innovationsprojektes dargestellt und mit Referenzzeiten für sämtliche Aktivitäten und Entscheidungen versehen werden (Cooper 2008). Nachdem so ein Überblick über den Gesamtprozess geschaffen wird, können kritische Abschnitte gezielt und vertieft analysiert werden. Die von Cooper (2008, S. 225) verwendete Darstellung bedient sich jedoch nicht der in Produktionsbetrieben weit verbreiteten Symbolik der Wertstromanalyse. Funktionsübergreifende Aktivitäten werden durch Auflistung der Beteiligten im Prozessschritt gekennzeichnet.

Ein weiterer Ansatz zur Verwendung der Wertstrommethode im Innovationskontext findet sich in Schuh (2013, S. 150). Die vorgestellte Modellierungssprache „aixperanto" verwendet grafische Symbole zur Darstellung des Innovationswertstroms. So werden Tabellen mit Informationen zu den Prozessen, wie Prozesszeiten, Ressourcen, Bestände und Ausschussraten verwendet, ebenso wie Informationen zum Wertbeitrag und dem Standardisierungsgrad der Prozesse und der zugehörigen Kontrollmechanismen. Das Prozessablaufdiagramm ist als Swimlane-Diagramm dargestellt, in dem die Prozessschritte den jeweiligen Funktionsbereichen zugeordnet werden. Die Interdisziplinarität innerhalb eines Abschnittes wird im präsentierten Beispiel nicht dargestellt.

Im weiteren Verlauf des Kapitels wird eine weitere Form der Wertstromanalyse für Innovationsprozesse vorgestellt, die in Symbolik (Abb. 9.1) und Kennzahlen der im Produktionsumfeld angewandten Methode weitestgehend ähnlich ist. Die daraus resultierenden Anforderungen, ergänzende Symbolik und die grundsätzliche Vorgehensweise zur Aufnahme und Interpretation des Innovationswertstromes sind Inhalt der folgenden Abschnitte.

9.4.1 Elemente des Innovationswertstroms

Die grundsätzlichen Anforderungen an eine Methode zur Aufnahme und Bewertung von Innovationswertströmen ergeben sich aus denen der Produktionswertstromanalyse. Hier ist zunächst das schnelle und auf den ersten Blick verständliche Schaffen von Transparenz über den Gesamtprozess, den eine Produktfamilie durchläuft, besonders wichtig. In der praktischen Anwendung im Produktionsbereich findet dies im Zuge eines Werksrundganges vom Kunden (Versand) über die verschiedenen Prozessschritte (bspw. Fertigungs-

und Montageprozesse) bis hin zum Lieferanten (Wareneingang) statt, also entgegen dem eigentlichen Wertstrom. Die Verwendung einer einfach zu zeichnenden und einheitlichen Symbolik ermöglicht dabei eine schnelle und verständliche Erstaufnahme des Prozesses direkt vor Ort.

Für die Aufnahme des Innovationswertstroms sollen die relevanten Prozessschritte ebenfalls so grob wie möglich aufgenommen werden können. Als Referenz kann, sofern kein definierter Innovationsprozess im Unternehmen vorliegt, der in Abschn. 9.3.2 vorgestellte Stage-Gate-Prozess verwendet werden. Zusätzlich zur Nennung der einzelnen Prozessschritte sollten wichtige Prozessparameter aufgenommen werden, wie auch von Schuh (2013, S. 152) vorgeschlagen. Für eine Bewertung des Innovationswertstromes hinsichtlich Effektivität und Effizienz ist es notwendig, die wesentlichen Aufgaben innerhalb eines Abschnittes, die Dauer zur Durchführung dieser Aufgaben im Sinne der Prozesszeit, die Anzahl der an der Aufgabenbearbeitung beteiligten Personalressourcen, die Anzahl der Iterationsschleifen und die Überarbeitungsquote im Zuge von Iterationen aufzunehmen (Abb. 9.4). Zudem wird empfohlen, die in den Prozessschritten verwendeten Methoden des Innovationsmanagements zu nennen. Da die Prozesszeit aufgrund der Einzigartigkeit der Innovationsaufgabe nicht als konstant zu betrachten ist, ist es ausreichend, Schätz- bzw. Planwerte anzugeben. Die Angabe der Personalressourcen sollte in Form der Anzahl der am Prozess beteiligten Personen und auch in Vollzeitäquivalenten erfolgen, da die am Innovationsprozess Beteiligten häufig nur zu einem bestimmten Anteil ihrer Gesamtarbeitszeit in den Innovationsprozess eingebunden sind. Die Anzahl der Iterationsschleifen und die Überarbeitungsquote sind ebenfalls als Schätz- oder Erfahrungswerte aufzunehmen. Weitere mögliche Prozessdaten sind finanzielle Budgets und Effizienzraten bei der Durchführung des Prozesses – Letzteres dient dazu, wertschöpfende von nichtwertschöpfenden Aufgaben, wie allgemeine Weiterbildungen oder administrative Aufgabeninhalte, von tatsächlichen innovationsspezifischen Weiterentwicklungsarbeiten zu trennen.

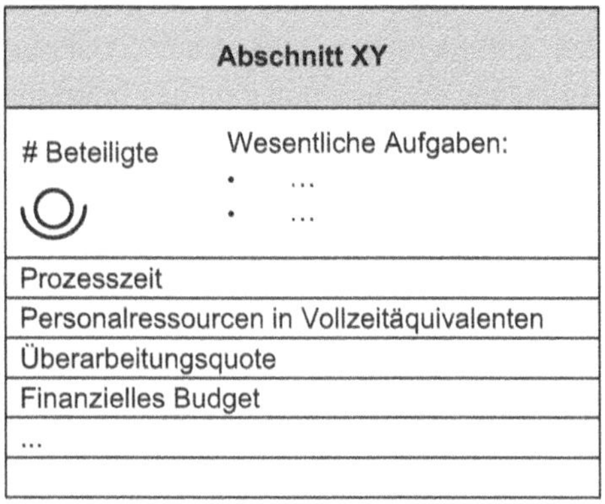

Abb. 9.4 Prozessdaten des Innovationswertstromes

Abschnitt XY	
# Beteiligte	Wesentliche Aufgaben:
⓪	• …
	• …
Prozesszeit	
Personalressourcen in Vollzeitäquivalenten	
Überarbeitungsquote	
Finanzielles Budget	
…	

An den Toren sind die in Bearbeitung befindlichen Ideen bzw. Innovationsprojekte in der Anzahl im Sinne von Beständen aufzunehmen. Die verwendete Symbolik entspricht der des klassischen Wertstroms.

Um der Interdisziplinarität der an den Abschnitten und Toren Beteiligten und der Nichtlinearität des Innovationsprozesses gerecht zu werden, ist eine Symbolik erforderlich, mittels der die Integration verschiedener Unternehmensfunktionen und die Verantwortlichkeiten dieser Funktionen in einfacher Weise dokumentiert werden können. Hier ist wichtig, die Funktionsintegration sowohl innerhalb eines Abschnittes oder Tores als auch über den Gesamtprozess hinweg darzustellen. Dazu wird in diesem Darstellungsansatz, ähnlich zu Schuh (2013), eine Swimlane-Darstellung gewählt, jedoch in der Form, dass hier die in den jeweiligen Prozessschritte eingebundenen Funktionen mit der entsprechenden Intensität (Durchführung, Unterstützung) entlang des Prozesses gekennzeichnet werden.

Aufbauend auf dieser funktionalen Abbildung des Innovationswertstromes werden die Informationsbeziehungen als Informationsquellen und -senken als Datenbanken und Informationsflüsse als Pfeile (elektronische, nichtelektronische Informationsflüsse) gemäß der klassischen Symbolik der Geschäftsprozessmodellierung dargestellt. Um die Open-Innovation-Perspektive des Innovationsmanagements in die Darstellung zu integrieren, werden institutionelle Informationsquellen wie Kunden, Lieferanten, Forschungseinrichtungen etc. durch die Kunden-Lieferanten-Darstellungsform des Produktionswertstromes repräsentiert.

Informationen zur Planung- und Steuerung der Innovationsprozesse lassen sich, sofern im betrachteten Unternehmen vorhanden, aus einer Roadmap ableiten. Hier sind die Anforderungen an die Effektivität und Effizienz des Innovationsmanagements durch die mittel- und langfristige Planung von Innovationsprojekten üblicherweise durch die Angabe von geplanten Projekten im zeitlichen Verlauf ableitbar und können entsprechend zur Berechnung des Kundentakts verwendet werden.

Die ergänzenden Symbole zur Darstellung der genannten Inhalte sind in Abb. 9.5 dargestellt.

9.4.2 Aufnahme und Analyse des Innovationswertstroms

Die Aufnahme des Wertstroms erfolgt im Zuge von Workshops mit Vertretern der beteiligten Funktionsbereiche, am besten anhand konkreter positiver und negativer Fallbeispiele im Vergleich. Hierzu werden Innovationsprojekte zunächst anhand unterschiedlicher Kriterien segmentiert. Verworn und Herstatt (2007b, S. 116) schlagen hierzu eine Klassifizierung der Entwicklungsaufgabe nach Marktunsicherheit und technischem Risiko vor. Eine weitere Möglichkeit der Klassifizierung bezieht sich auf den Veränderungsgrad des Kernkonzeptes einer Innovation und den Veränderungsgrad der Zusammenhänge des Kernkonzeptes zu den Komponenten der Systemarchitektur (Henderson und Clark 1990,

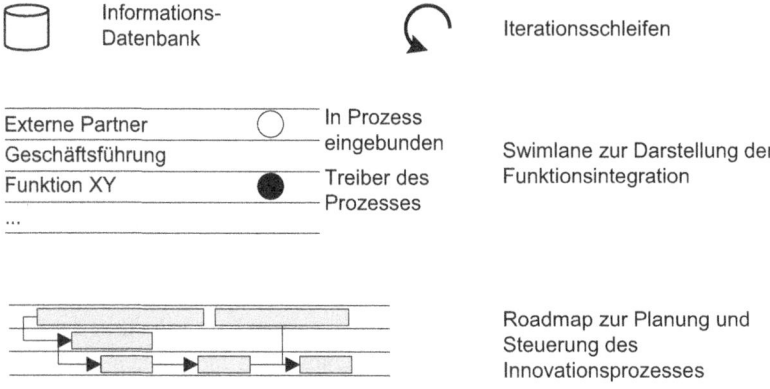

Abb. 9.5 Ergänzende Symbole der Innovationswertstromanalyse

S. 12). Cooper (2008, S. 223) schlägt entsprechende Varianten des Stage-Gate-Prozesses in Abhängigkeit der unterschiedlichen Risikopotenziale der Projekte vor.

Neben der Aufnahme des Prozessablaufes an sich werden die jeweiligen Prozessdaten und Bestände zwischen den Prozessschritten aufgenommen und dokumentiert. Analog zu den Beständen in der Produktion ist die Anzahl der aktuell in Bearbeitung befindlichen Ideen und im weiteren Verlauf des Innovationsprozesses befindlichen Projekte aufzunehmen. Weitere Elemente des Innovationswertstromes wie Informationsquellen und übliche Iterationsschleifen zwischen den Prozessschritten werden ebenso aufgenommen wie die an den jeweiligen Prozessschritt beteiligten und federführenden Unternehmensfunktionen (Swim-Lane-Darstellung). Der Zeitstrahl mit den angegebenen Zyklus- und Durchlaufzeiten vervollständigt die Darstellung des Ist-Innovationswertstromes, schematisch dargestellt in Abb. 9.6. Die Zeiten ergeben sich dabei analog zur ursprünglichen Wertstromanalyse: die Zykluszeit aus der Prozesszeit als vorgesehenes Zeitbudget zur Erfüllung der Aufgabe unter Berücksichtigung der Anzahl Vollzeitäquivalente, die am Prozess beteiligt sind, deren Verfügbarkeit und der Überarbeitungsquote aufgrund von Iterationsschleifen. Die Liegezeiten an den Toren durch „Bestände" an Ideen und Projekten ergeben sich aus der Höhe dieser Bestände und der zur Bearbeitung einer Idee bzw. eines Projektes erforderlichen Zykluszeit. Die Liegezeit gibt also an, wie lange eine Idee bzw. ein Projekt zwischen zwei Abschnitten auf die Bearbeitung warten muss, wenn die für den nachfolgenden Abschnitt vorgesehene Kapazität diese Projekte der Reihe nach abarbeitet.

Aus den genannten Elementen des Innovationswertstromes lassen sich folgende Rückschlüsse hinsichtlich der Effektivität und Effizienz des Innovationsprozesses und möglicher Verbesserungspotenziale ziehen:

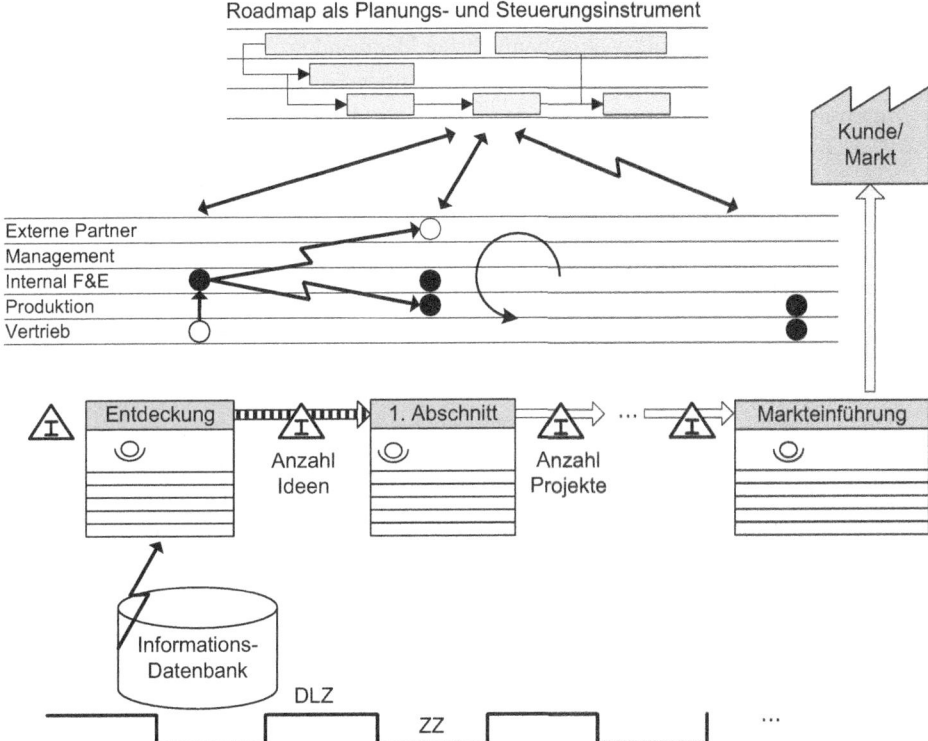

Abb. 9.6 Schematisches Beispiel eines Innovationswertstromes

1. *Verfügbarkeit von Informationen und Daten zur Erstellung des Wertstromes*
   Da die Messung der Effektivität und Effizienz im Sinne eines konsequenten Controllings von Forschungs- und Entwicklungsaufgaben nur in sehr wenigen Unternehmen implementiert ist (Werner 2002, S. 7), ist in der Regel davon auszugehen, dass die Einführung der für die Wertstromanalyse relevanten Elemente und Kennzahlen bereits eine Verbesserung darstellt.
2. *Prozesszeiten, Bestände und Personalallokation*
   Diese Kennzahlen ermöglichen die Berechnung der Gesamtdurchlaufzeit („time-to-market") des Innovationsprozesses. Je nach Innovationsgrad und Branche kann diese Gesamtdurchlaufzeit mit branchenüblichen Innovationszyklen abgeglichen werden, um festzustellen, ob die Kunden- bzw. Marktanforderungen mit den vorliegenden Prozesszeiten, Beständen und Personalressourcen zu erreichen sind.
3. *Veränderungen des Bestandes entlang des Innovationsprozesses*
   Das kontinuierliche Bewerten und Selektieren von Ideen und Projekten an den Toren des Innovationsprozesses ist essenziell. Während bei Produktionsprozessen der zu einem bestimmten Zeitpunkt identifizierte Bestand in der Regel den Prozess durchläuft,

ist eine Aufgabe des Innovationsmanagements, diesen Bestand möglichst schnell zu reduzieren, um die erfolgswahrscheinlichsten Ideen und Projekte gezielt weiter zu bearbeiten. Nimmt dieser Bestand nicht deutlich über die verschiedenen Abschnitte des Innovationsprozesses ab, so sind unterschiedliche Verbesserungspotenziale denkbar. Zunächst sollte geprüft werden, ob die „Ja/Nein"-Entscheidungskriterien an den Toren ausreichend stringent formuliert sind und zu einer entsprechenden Selektion der Projekte führen. Dies ist insbesondere in den frühen Phasen des Innovationsprozesses notwendig. Weiterhin muss in Abhängigkeit der Durchlauf- und Prozesszeiten sowie der personellen Ausstattung der Folgeabschnitte überprüft werden, ob eine längere Prozessvorgabezeit in den frühen Phasen erforderlich ist, um die Erfolgswahrscheinlichkeit einer Idee genauer zu prüfen. Entgegen der Wertstrommethode im Produktionsumfeld ist beim Innovationswertstrom nämlich weniger die Austaktung der Zykluszeiten über den Prozessablauf vordergründig, sondern vielmehr eine ausgeglichene Höhe der bestandsbedingten Liegezeiten vor den jeweiligen Prozessabschnitten. Dies ist damit zu begründen, dass die Wahrscheinlichkeit einer erfolgreichen Innovation bei gleicher Ressourcenzuordnung eher gegeben ist, wenn an wenigen Projekten intensiver, also mit höherer Projektvorgabezeit, gearbeitet werden kann. Insgesamt muss bei den Möglichkeiten zur Veränderung des Bestandes entlang des Innovationsprozesses darauf geachtet werden, dass die Gesamtdurchlaufzeit den Markterfordernissen entspricht (siehe Punkt 2).
4. *Informationsverfügbarkeiten und Informationsflüsse*
   Effiziente und transparente Informationsflüsse sind essenziell im Innovationsprozess. Sich häufig kreuzende Informationsflüsse entlang des Innovationsprozesses, häufige Medienbrüche, dezentrale oder unbekannte Informationsquellen und viele Iterationsschleifen weisen auf ein mangelndes Informationsmanagement hin. Verbesserungspotenziale liegen hier vor allem in der verbesserten Einbindung relevanter Unternehmensfunktionen innerhalb der jeweiligen Abschnitte und entlang des Innovationsprozesses und der Schaffung zentraler Informations- und Wissensdatenbanken.
5. *Interdisziplinarität*
   Die Interdisziplinarität innerhalb eines Prozessabschnittes und entlang des Prozessablaufes trägt wesentlich zum Erfolg von Innovationsvorhaben bei. Besonders in den frühen Phasen ist diese Interdisziplinarität erforderlich, da hier eine möglichst eindeutige Spezifikation des Produktes mit der entsprechenden Festlegung von Kosten, Qualität, Flexibilität und Differenzierung zu erfolgen hat (Verworn und Herstatt 2007a, S. 6). Auch über die unternehmensinternen Funktionen hinaus ist eine Einbindung von externen Partnern in den Innovationsprozess inzwischen gängig und trägt positiv zum Erfolg von Innovationsvorhaben bei (Saeed et al. 2015). Zur Vermeidung von Iterationsschleifen und zur Verkürzung der Prozesszeiten ist es wichtig, die richtigen Disziplinen zur richtigen Zeit in den Innovationsprozess einzubinden. Verbesserungspotenziale hinsichtlich der richtigen Zuordnung von Disziplinen ergeben sich beispielsweise bei überdurchschnittlich langen Prozesszeiten oder überdurchschnittlich vielen Iterationsschleifen im Vergleich zu Referenzprojekten.

6. *Methodeneinsatz*
Der Einsatz von Methoden (bspw. Roadmapping, Kreativitätstechniken, Portfoliotechniken, Bewertungsmodelle) entlang des Innovationsprozesses kann bei richtiger Anwendung zur Effektivität, Effizienz und Risikobeherrschung beitragen, jedoch bei unpassender oder falscher Anwendung auch zu Verschwendung führen (Wördenweber und Wickord 2008, S. 13 f.). Aus der Schaffung von Transparenz über die Methodenverwendung entlang des Innovationsprozesses können Verbesserungspotenziale hinsichtlich eines durchgängigen und zielgerichteten Methodeneinsatzes abgeleitet werden, insbesondere in Bezug auf Methoden, die dem Unternehmen nicht bekannt sind.

9.5 Zusammenfassung

Der Beitrag stellt eine Variante der Wertstromanalyse zur Schaffung von Transparenz und Ableitung grundsätzlicher Verbesserungspotenziale vor. Im Vergleich zu bestehenden Ansätzen wurde der Fokus darauf gelegt, den Innovationswertstrom zunächst sehr grob und oberflächlich zu betrachten, wie es auch die Wertstromanalyse im Bereich der Produktion vorsieht. Die Symbolik und die Kennzahlen sollen dabei möglichst einfach, aussagekräftig und nah an den Prinzipien der weit verbreiteten Produktionswertstromanalyse angelehnt sein. Aufgrund der unterschiedlichen Inhalte und Charakteristiken von Innovations- und Produktionsprozessen ist dies zwar nicht durchgängig möglich, geringe Änderungen oder Ergänzungen, bspw. in der Verwendung von Kennzahlen und Symbolik, erlauben jedoch die Schaffung von Transparenz über den Innovationsprozess unter Verwendung qualitativer und quantitativer Effektivitäts- und Effizienzkriterien. Entgegen der im Produktionsbereich eingesetzten Methode müssen aufgrund der Einzigartigkeit von Innovationsvorhaben Referenz- und Schätzwerte zur Ermittlung von quantitativen Größen wie Ressourceneinsatz, Prozesszeiten und bestandsbedingten Liegezeiten herangezogen werden. Da die Gesamtdurchlaufzeit von Innovationsprozessen in der Regel deutlich länger ist als die von Produktionsprozessen, fallen diese Ungenauigkeiten weniger stark ins Gewicht. Der Einsatzzweck der Methode soll auch nicht der detaillierten Analyse und Optimierung des Innovationsprozesses zugeordnet werden, sondern zunächst der groben Aufnahme der Ist-Situation in Unternehmen und der Identifikation von grundsätzlichen Handlungsfeldern. Die Vorgehensweise eignet sich darüber hinaus, und dies insbesondere in Produktionsunternehmen, zur Strukturierung der Initialisierung von Projekten mit dem Ziel der Verbesserung des Innovationsprozesses, da die wesentlichen Elemente eines ganzheitlichen Innovationsmanagements abgebildet und grundsätzlich bewertet werden können.

Danksagung Ich danke Peter Schieder, Arko Steinwender, Wilfried Sihn und Thomas Edtmayr für ihre Unterstützung bei der Erstellung dieses Beitrags.

Literatur

Abele, T. (2013). Einführung in die Suchfeldbestimmung und Ideenbewertung in der frühen Phase des Innovationsprozesses. In T. Abele (Hrsg.), *Suchfeldbestimmung und Ideenbewertung. Methoden und Prozesse in den frühen Phasen des Innovationsprozesses* (S. 1–18). Wiesbaden: Springer Gabler. FOM-Edition.

Albers, S., & Gassmann, O. (2011). Technologie- und Innovationsmanagement. In S. Albers, & O. Gassmann (Hrsg.), *Handbuch Technologie- und Innovationsmanagement* (2. Aufl., S. 3–20). Wiesbaden: Gabler.

Becker, T. (2008). *Prozesse in Produktion und Supply Chain optimieren* (2. Aufl.). Berlin, Heidelberg: Springer-Verlag. http://dx.doi.org/10.1007/978-3-540-77556-0.

Boehm, E. (2012). Improving Efficiency and Effectiveness in an Automotive R&D Organization. *Research Technology Management, 55*(2), 18–25.

Cooper, R. G. (2008). Perspective. The Stage-Gate® Idea-to-Launch Process – Update, What's New, and NexGen Systems. *Journal of Product Innovation Management, 25*(3), 213–232. doi:10.1111/j.1540-5885.2008.00296.x.

Cooper, R. G. (2010). *Top oder Flop in der Produktentwicklung. Erfolgsstrategien: von der Idee zum Launch* (2. Aufl.). Weinheim: Wiley-VCH. Sonderausg.

Dürrschmidt, S. (2001). Planung und Betrieb wandlungsfähiger Logistiksysteme in der variantenreichen Serienproduktion. Techn. Univ., Diss. München, 2001. München: Utz (Forschungsberichte/IWB, 152).

Dyckhoff, H. (2006). *Produktionstheorie. Grundzüge industrieller Produktionswirtschaft: mit 20 Tabellen* (5. Aufl.). Berlin, Heidelberg: Springer.

Edtmayr, T., Sunk, A., Kuhlang, P., & Sihn, W. (2013). Systematische Weiterentwicklung des Wertstromdesigns zur Steigerung der kollektiven Intelligenz von Unternehmen. In H. Biedermann (Hrsg.), *Corporate Capability Management. Wie wird kollektive Intelligenz im Unternehmen genutzt?* Schriftenreihe der Hochschulgruppe für Arbeits- und Betriebsorganisation e. V. (HAB). (S. 107–138). Berlin: Gito.

Gommel, H., Steinwender, A., Schieder, P., & Sihn, W. (2014). Approach to create transparency on the efficiency of R&D processes by applying Value Stream Mapping. In S. Schimpf (Hrsg.), *The R&D Management Conference 2014. Management of applied R&D; connecting high value solutions with future markets* 3.–6. June 2014. (S. 861–868). Stuttgart: Fraunhofer Verl.

Hausschildt, J., & Gemünden, H. G. (2011). Dimensionen der Innovation. In S. Albers, & O. Gassmann (Hrsg.), *Handbuch Technologie- und Innovationsmanagement* (2. Aufl., S. 21–38). Wiesbaden: Gabler.

Henderson, R. M., & Clark, K. B. (1990). Architectural innovation: the reconfiguration of product technologies and the failure of established firms. *Administrative Science Quarterly, 35*, 9–30.

Lechler, T., & Teichert, T. (2011). Antagonistic Effects of Innovation Proactiveness on High-tech SME Performance. In D. F. Kocaoglu (Hrsg.), *Proceedings of PICMET '11: technology management in the energy smart world (PICMET)* July 31 2011–Aug. 4 2011. Portland, OR, USA. Piscataway, NJ: IEEE.

Lindsay, A., Downs, D., & Lunn, K. (2003). Business processes – attempts to find a definition. *Information and Software Technology, 45*(15), 1015–1019.

Peters, B., Dachs, B., Dünser, M., Hud, M., Köhler, C., & Rammer, C. (2014). Firm growth, innovation and the business cycle. Background report for the 2014 competitiveness report. Mannheim: ZEW.

Roper, S., Du Jun, & Love, J. H. (2008). Modelling the innovation value chain. *Research Policy*, *37*(6–7), 961–977. doi:10.1016/j.respol.2008.04.005.

Rother, M., & Shook, J. (2003). *Learning to see. Value stream mapping to create value and eliminate muda. Version 1.3*. Brookline, MA: Lean Enterprise Institute.

Rothwell, R. (1994). Towards the Fifth-generation Innovation Process. *International Marketing Review*, *11*(1), 7–31.

Roussel, P. A., Saad, K. N., & Erickson, T. J. (1991). *Third generation R&D. Managing the link to corporate strategy*. Boston, Mass.: Harvard Business School Press.

Saeed, S., Yousafzai, S., Paladino, A., & de Luca, L. M. (2015). Inside-out and outside-in orientations. A meta-analysis of orientation's effects on innovation and firm performance. *Industrial Marketing Management*, *47*, 121–133.

Schuh, G. (2012). *Innovationsmanagement. Handbuch Produktion und Management 3* (2. Aufl.). Berlin, Heidelberg: Springer.

Schuh, G. (2013). *Lean Innovation*. VDI-Buch. Berlin, Heidelberg: Springer Vieweg.

Schwartz, L., Miller, R., Plummer, D., & Fusfeld, A. R. (2011). Measuring the effectiveness of R&D. *Research-Technology Management*, *54*(5), 29–36.

Tipping, J. W., Zeffren, E., & Fusfeld, A. R. (1995). Assessing the Value of Your Technology. *Research Technology Management*, *38*(5), 22–40.

Verworn, B., & Herstatt, C. (2007a). Bedeutung und Charakteristika der frühen Phasen des Innovationsprozesses. In C. Herstatt, & B. Verworn (Hrsg.), *Management der frühen Innovationsphasen* (S. 4–19). Wiesbaden: Springer Fachmedien.

Verworn, B., & Herstatt, C. (2007b). Strukturierung und Gestaltung der frühen Phasen des Innovationsprozesses. In C. Herstatt, & B. Verworn (Hrsg.), *Management der frühen Innovationsphasen* (S. 111–134). Wiesbaden: Springer Fachmedien.

Wagner, K., Taylor, A., Zablit, H., & Foo, E. (2013). *The Most Innovative Companies 2013 – Lessons from Leaders*. Boston: The Boston Consulting Group.

Werner, B. M. (2002). *Messung und Bewertung der Leistung von Forschung und Entwicklung im Innovationsprozess. Methodenüberblick, Entwicklung und Anwendung eines neuen Konzepts*.

Westkämper, E., & Decker, M. (2006). *Einführung in die Organisation der Produktion*. Berlin, Heidelberg: Springer.

Womack, J. P., & Jones, D. T. (2003). *Lean thinking. Banish waste and create wealth in your corporation*. New York: Free Press.

Wördenweber, B., & Wickord, W. (2008). *Technologie- und Innovationsmanagement im Unternehmen. Lean Innovation* (3. Aufl.). Berlin, Heidelberg: Springer.

Zahn, E. (1995). Gegenstand und Zweck des Technologiemanagements. In E. Zahn (Hrsg.), *Handbuch Technologiemanagement* (S. 3–32). Stuttgart: Schäffer-Poeschel.

Vom Kunden zum Lastenheft – Systems Engineering in den frühen Phasen der Entwicklung intelligenter technischer Systeme

10

Jan Stefan Michels

Zusammenfassung

Getrieben durch neue Technologien in der Mikroelektronik und der Softwaretechnik nimmt die Dynamik bei der Entwicklung technischer Systeme rasant zu. Das lässt sich nicht nur im privaten Umfeld an der Vielzahl von technischen „Helferlein" erkennen, die wir mittlerweile alltäglich nutzen und die sich im Smartphone und im Automobil meist zuallererst zeigen, sondern auch im industriellen Umfeld. Es ist klar erkennbar, dass Maschinen immer intelligenter werden und sich aus eigener Kraft an neue Umgebungsbedingungen und Anforderungen anpassen. Gleichzeitig nehmen ihr Funktionsumfang, ihre Verlässlichkeit und ihre Effizienz in signifikant zu.

Um diese Komplexität zu beherrschen und mit solchen innovativen Systemen schnell und effizient auf den Markt kommen zu können, bedarf es einer methodischen Unterstützung der Entwicklungsprozesse. Entscheidend sind dafür in den meisten Fällen die frühen Phasen, in denen es darum geht, das Kundenbedürfnis in ein technisch und wirtschaftlich machbares Konzept zu übersetzen. Dieser Beitrag gibt vor diesem Hintergrund einen praxisorientierte Überblick über drei wesentliche Bausteine des Systems Engineering: das Prozess- und Projektmanagement, das Requirements Engineering sowie die integrative Konzeptentwicklung, mit dem Fokus auf die frühen Phasen des Innovationsprozesses.

Inhaltsverzeichnis

10.1 Industrie 4.0 und intelligente technische Systeme 164
    10.1.1 Megatrends und Technologietrends 165
    10.1.2 Von der Mechatronik zu intelligenten technischen Systemen 166

J. S. Michels (✉)
Weidmüller Interface GmbH & Co. KG
Detmold, Deutschland

© Springer Fachmedien Wiesbaden 2016
T. Abele (Hrsg.), *Die frühe Phase des Innovationsprozesses*, FOM-Edition,
DOI 10.1007/978-3-658-09722-6_10

	10.1.3	Industrie 4.0 – Die Digitalisierung und Vernetzung der Produktion 166
10.2	Systems Engineering als Framework für die Entwicklung intelligenter technischer Systeme 169	
	10.2.1	Herausforderung bei der Entwicklung intelligenter technischer Systeme .. 169
	10.2.2	Systems Engineering.................................... 172
10.3	Management von Entwicklungsprozessen............................. 174	
	10.3.1	Inhalte und Nutzen des Prozessmanagements................... 174
	10.3.2	Vorgehensmodelle zur Entwicklung intelligenter technischer Systeme ... 176
	10.3.3	Implementierung der Vorgehensmodelle über Projekte 178
10.4	Anforderungsmanagement/Requirements Engineering 181	
	10.4.1	Das Bindeglied zwischen Kundenproblem und Lösung sind die Anforderungen.................................... 181
	10.4.2	Bausteine des Requirements Engineerings 182
10.5	Integrative System- und Konzeptentwicklung 185	
	10.5.1	Systems Engineering erfordert eine integrative und interdisziplinäre Konzeptentwicklung................................... 186
	10.5.2	Der Schlüssel ist die integrative Spezifikation des Lösungskonzepts..... 186
Literatur 188		

10.1 Industrie 4.0 und intelligente technische Systeme

Getrieben durch neue Technologien in der Mikroelektronik und der Softwaretechnik nimmt die Dynamik bei der Entwicklung technischer Systeme rasant zu. Das lässt sich nicht nur im privaten Umfeld an der Vielzahl von technischen „Helferlein" erkennen, die wir mittlerweile alltäglich nutzen und die sich im Smartphone und im Automobil meist zuallererst zeigen, sondern auch im industriellen Umfeld. Es ist klar erkennbar, dass Maschinen immer intelligenter werden und sich aus eigener Kraft an neue Umgebungsbedingungen und Anforderungen anpassen können. Gleichzeitig nehmen ihr Funktionsumfang, ihre Verlässlichkeit und ihre Effizienz in großen Schritten zu.

Die Konstante ist, dass wir Menschen es sind, die sie vorausdenken und entwickeln – die Automatisierung der Forschung und Entwicklung bleibt bis dato eine Vision. Auch wenn erste Ansätze dafür erkennbar sind, besteht also die Notwendigkeit, den Entwicklungsprozess für intelligente technische Systeme methodisch zu unterstützen, um schnell und effizient auf den Markt kommen zu können. Entscheidend sind dafür in fast allen Fällen die frühen Phasen, in denen es darum geht, das Kundenbedürfnis in ein technisch machbares Konzept zu übersetzen. Im Zentrum steht dabei das Systems Engineering als übergeordnete Methodik, um die interdisziplinäre Entwicklung komplexer technischer Systeme zu unterstützen. Dabei gibt es drei wesentliche Bausteine, die einen sicheren und effizienten Entwicklungsprozess sicherstellen: das Prozess- und Projektmanagement, das Requirements Engineering sowie die integrative Konzeptentwicklung. Sie sollen in diesem Beitrag kurz und praxisorientiert vorgestellt werden, wobei der Schwerpunkt auf industriellen Erzeugnissen und Applikationen liegen soll, deren Zukunftsperspektive mit dem Begriff Industrie 4.0 verbunden wird.

10 Vom Kunden zum Lastenheft

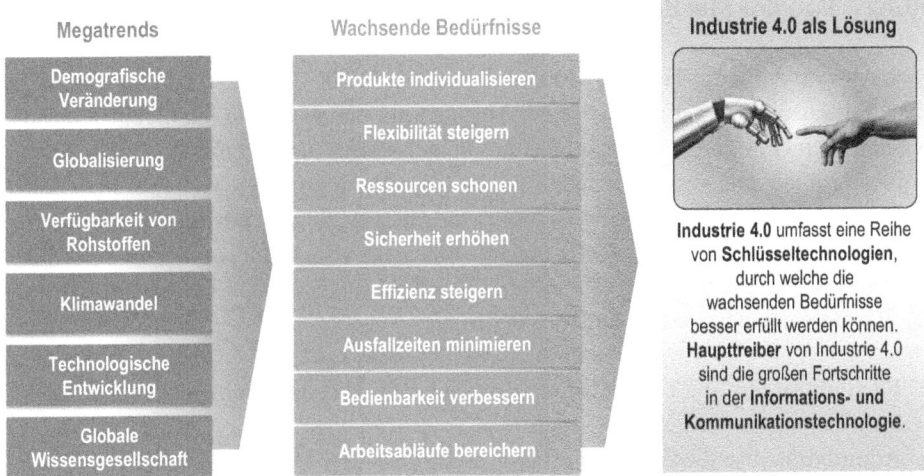

Abb. 10.1 Globale Megatrends und daraus resultierende Bedürfnisse produzierender Unternehmen. (Quelle: Köhler et al. 2015; Roland Berger Strategy Consultants 2015)

10.1.1 Megatrends und Technologietrends

Blickt man auf die wesentlichen Megatrends und Treiber der globalen Entwicklung (Roland Berger Strategy Consultants 2015), sind es im Prinzip einige wenige Argumente, auf die sich die Entwicklungsdynamik der letzten Jahrzehnte zurückführen lässt: Der demografische Wandel beschreibt die Änderung in der Anzahl und der Altersstruktur der globalen Bevölkerung. Der Begriff Globalisierung bringt die zunehmende gesellschaftliche und wirtschaftliche Verflechtung der Staaten zum Ausdruck. Die zunehmende Verknappung von Ressourcen und auch der Klimawandel lassen sich auf das Bevölkerungs- und Wirtschaftswachstum zurückführen – sicherlich verursacht durch die technologische Entwicklung, die auf der anderen Seite auch ein Schlüssel ist, dieser Entwicklung gegenzusteuern. Nicht zuletzt sei die Entwicklung zur globalen Wissensgesellschaft genannt, womit die zunehmende Bedeutung des Wissens als Grundlage des Zusammenlebens und Zusammenarbeitens in Gesellschaft und Wirtschaft gemeint ist.

Diese Trends haben einen unmittelbaren Einfluss auf Industrieunternehmen. Zuerst sei der Bedarf nach individualisierten Produkten genannt – die Kunden erwarten heutzutage keine kompromissbehafteten Standardkomponenten, sondern passgenaue Lösungen für das individuelle Problem. Die Konsequenz ist, dass Losgrößen sinken und demzufolge die Entwicklung und Produktion der Zukunft deutlich flexibler sein müssen als noch gestern und heute. Gleichzeitig müssen produzierende Unternehmen ihre Material- und Energieeffizienz und die Verfügbarkeit ihrer Anlagen steigern, um wettbewerbsfähig zu bleiben. Konsequenzen ergeben sich natürlich auch für die Arbeit von uns Menschen; als Beispiele seien die Verbesserung von Sicherheit und Bedienbarkeit sowie die Bereicherung der Arbeit genannt (Köhler et al. 2015).

10.1.2 Von der Mechatronik zu intelligenten technischen Systemen

Eine Antwort auf diese Trends und Bedürfnisse liegt in der Weiterentwicklung von traditionell mechanischen Lösungen hin zur Mechatronik und weiter zu intelligenten technischen Systemen. Gemeint ist damit das Zusammenwirken von Mechanik, Elektronik und Softwaretechnik und gegebenenfalls weiteren Ingenieurdisziplinen, wobei der Anteil und das Gewicht der Software überproportional steigen. Der Begriff **intelligente technische Systeme** soll das zum Ausdruck bringen. Das Potenzial, also der Nutzen für die Anwender solcher Systeme, lässt sich im Wesentlichen durch die folgenden Merkmale charakterisieren (Gausemeier et al. 2013; Köhler et al. 2015):

- **Flexibilität**, also die Fähigkeit, verschiedenartige Aufgaben umzusetzen, die bei der Entwicklung berücksichtigt wurden.
- **Adaptivität**, also die Anpassungsfähigkeit an geänderte Umgebungsbedingungen und Ziele. Das passiert autonom, also ohne Einwirkung des Benutzers, und über die vom Entwickler vorausgedachten Anwendungsfälle hinaus.
- **Vernetzung**, also die Fähigkeit, mit weiteren Systemen zu interagieren und Informationen auszutauschen. Diese Systeme müssen sich nicht zwangsläufig in unmittelbarer Nähe befinden, die Nutzung von Internettechnologien erlaubt dabei einen globalen Kontext.
- **Funktionsintegration**, also die Erweiterung der Funktionalität eines Systems mit neuen Features. Hierbei spielen die Miniaturisierung sowie neue Fertigungstechnologien eine Hauptrolle, um Mechanik und Elektronik zusammenzubringen.
- **Effizienz**, also der schonende und wirtschaftliche Umgang mit Energie und Rohstoffen.
- **Verlässlichkeit**, worunter im Allgemeinen die Verfügbarkeit, die Zuverlässigkeit, die funktionale Sicherheit und die Informationssicherheit zusammengefasst werden.
- **Benutzungsfreundlichkeit**, damit die Anwender mit diesen Systemen einfach, schnell und nachvollziehbar interagieren können. Eine wesentliche Anforderung dabei ist, die Komplexität auf das Maß zu reduzieren, das der Bediener je nach Situation für eine Entscheidung braucht.

10.1.3 Industrie 4.0 – Die Digitalisierung und Vernetzung der Produktion

Eine besondere Relevanz zeigen intelligente technische Systeme für die Industrie. Unter dem Begriff Industrie 4.0, der das erste Mal zur Hannover Messe 2011 geprägt wurde, wird die Nutzung von Informations- und Kommunikationstechnologien in produzierenden Unternehmen zusammengefasst (Plattform Industrie 4.0 2015a; Köhler et al. 2015). Das bezieht sich allerdings nicht nur auf die Nutzung in Maschinen und Anlagen für die Produktion, sondern auch auf die Nutzung im Entwicklungsprozess für neue Produkte und die zugehörigen Produktionssysteme. Der Wandel zur Industrie 4.0 betrifft allerdings nicht nur die konkrete technische Umsetzung, sondern es wird auch ein Paradigmenwechsel aufgezeigt, der die Wertschöpfung und Geschäftsmodelle in produzierenden Unternehmen neu definiert. Laut der Plattform Industrie 4.0 steht der Begriff

> für eine neue Stufe der Organisation und Steuerung der gesamten Wertschöpfungskette über den Lebenszyklus von Produkten, welche maßgeblich von zunehmend individualisierten Kundenwünschen und der kontinuierlichen Zunahme der marktseitigen Komplexität getrieben wird (Plattform Industrie 4.0 2015a, 2015b).

Die wesentlichen Aspekte sind:

- **Horizontale Integration**, also die Vernetzung des Wertschöpfungsprozesses sowohl innerhalb eines Unternehmens als auch in Wertschöpfungsnetzwerken. Das bedeutet nichts anderes, als dass Unternehmen in Zukunft deutlich intensiver vernetzt sein werden als heute.
- **Vertikale Integration**, also die Vernetzung der verschiedenen Ebenen der Automation und Unternehmenssteuerung, vom Aktor und Sensor über die Steuerungs- und Leitebene bis zum ERP[1]. Das ist der Schlüssel zur Informationstransparenz und zu Monitoring- und Selbstoptimierungsfunktionen, die im Rahmen der Industrie 4.0 diskutiert werden.
- **Durchgängigkeit des Engineerings**, also die Unterstützung und Optimierung der Produkt- und Produktionssystementstehung mit durchgängigen Informationsmodellen.

Die zentralen Funktionen dieser neuen Architektur sind:

- Die **Digitalisierung** der Signale und Informationen aus Prozess und Anlagen. Das umfasst die Ausstattung der Werkstücke und der Betriebsmittel bis zum einzelnen Gerät mit Kommunikationsschnittstellen und Datenmodellen.
- Ihre **Vernetzung über Internettechnologien** sowie die Sicherstellung der IT-Security.
- Die **kontinuierliche Analyse** des aktuellen Zustands von Prozess und Anlage. Das wird typisch in **übergeordneten IT-Systemen** abgebildet, z. B. webbasierten Plattformen.
- Daraus lassen sich **automatisiert Optimierungsmaßnahmen ableiten**.
- Die **Visualisierung** des Prozesszustandes und die **Rückkopplung in den Prozess** schließen den Regelkreis und führen das System zum Optimum, das kontinuierlich überwacht und gegebenenfalls neu optimiert wird.
- Die Bereitstellung aller relevanten Informationen über den kompletten Lebenszyklus einer Komponente in einem digitalen Modell, der sogenannten **Verwaltungsschale**.

Die neue Architektur löst zwar die Hierarchie der etablierten Automatisierungspyramide auf, steht allerdings nicht im Widerspruch dazu. Die betrieblichen Informations- und

---

[1] ERP – Enterprise Resource Planning, Systeme zur Betriebsplanung und -steuerung.

Abb. 10.2 Industrie 4.0 mit der Kernfunktion der Digitalisierung und Vernetzung der Produktion. (Quelle: Köhler et al. 2015)

Steuerungssysteme (z. B. ERP, MES[2], SCADA[3]) sowie die Prozesssteuerung sind nicht in Frage gestellt, sondern werden integriert, wobei sich durchaus neue Lösungen, zum Beispiel verteilte Steuerungsfunktionen, ergeben werden.

Auch wenn das Konzept der Industrie 4.0 sicherlich auf einer Reihe von Technologien basiert, die heute verfügbar sind, schafft es die Grundlage für einen Paradigmenwechsel in der Produktion und der Automation. Das eröffnet das Potenzial für Innovationen in Komponenten, Lösungen und Geschäftsmodellen, von denen wir uns viele heute noch nicht vorstellen können. Nichtsdestotrotz gibt es derzeit bereits Pilotanwendungen, die durchaus das Potenzial der Industrie 4.0 aufzeigen können.

Eine davon ist die Nutzung von Technologien zur Selbstoptimierung von Produktionsprozessen: Im Fall des Stanz-Biegens, eines breit eingesetzten Prozesses zur Herstellung von Einzelteilen aus Metallbändern (z. B. elektrischen Kontakten) erlaubt die Selbstoptimierung, dass die Maschinensteuerung Änderungen im Prozess – die Ursache kann im Rohmaterial liegen, aber auch in der Maschine oder im Werkzeug – mithilfe intelligenter Sensorik erkennt und eigenständig Optimierungsmaßnahmen durchführt, um den Prozess wieder in das Optimum zu führen.

---

[2] MES – Manufacturing Execution System, Systeme zur Produktionsplanung und -steuerung.
[3] SCADA – Supervisory Control and Data Acquisition, Systeme zur Überwachung und Steuerung von Produktionsanlagen.

Ein zweites Beispiel ist die energieeffiziente Prozessoptimierung des Kunststoff-Spritzgießens: Hier geht es darum, den Fertigungsprozess umfassend mit Sensorik auszustatten und die resultierenden Sensorsignale zu digitalisieren und im Netzwerk bereitzustellen. Dort werden sie mithilfe intelligenter Algorithmen ausgewertet – das Stichwort Big Data wird hierfür oft genutzt – und mit weiteren Informationen wie zum Beispiel dem aktuellen Energiepreis verknüpft. Der Nutzen liegt in der Möglichkeit, Fehler oder Störungen im Prozess so frühzeitig zu erkennen, dass der Betreiber reagieren kann, bevor die Anlage still steht. Darüber hinaus bietet die Verknüpfung des Prozesses mit dem Energiepreis die Möglichkeit, den Prozess je nach Kostensituation zu optimieren und die Energieeffizienz zu steigern (Köhler et al. 2015).

10.2 Systems Engineering als Framework für die Entwicklung intelligenter technischer Systeme

Dem enormen Potenzial intelligenter technischer Systeme stehen große Herausforderungen bei ihrer Entwicklung gegenüber: Forschung und Praxis sind sich einig, dass die traditionelle Entwicklungsmethodik zu kurz greift, um die Komplexität und Vielschichtigkeit der Entwicklung eines intelligenten technischen Systems zu beherrschen. Die Antwort liegt in einem systemischen Vorgehen, das alle relevanten Ingenieurdisziplinen und Aspekte gleichermaßen integriert und die Arbeiten orchestriert. Der Begriff **Systems Engineering** soll das zum Ausdruck bringen. Dieser Abschnitt soll zunächst einen Überblick über das Konzept des Systems Engineerings geben, um in den folgenden Abschnitten drei wesentliche Bausteine zu charakterisieren.

10.2.1 Herausforderung bei der Entwicklung intelligenter technischer Systeme

Vor dem Hintergrund der Charakteristika intelligenter technischer Systeme ergeben sich folgende wesentliche Herausforderungen für die Produktentstehung (Gausemeier et al. 2013; INCOSE International Council on Systems Engineering 2015):

- **Komplexität der Anforderungen und Lösungen:** Aus der in Abschn. 10.1 beschriebenen Entwicklung in Richtung intelligenter technischer Systeme lässt sich auf den ersten Blick erkennen, dass entsprechende Lösungen eine hohe Komplexität besitzen. Das bezieht sich einerseits auf die Heterogenität der Lösungselemente, die im Folgenden genauer beschrieben wird. Andererseits wird typischerweise eine deutlich größere Anzahl an Lösungselementen aus den verschiedenen Ingenieurdisziplinen eingesetzt, die intensiv miteinander vernetzt sind und hohe gegenseitige Abhängigkeiten aufweisen. Dadurch ergibt sich eine hohe Komplexität von den Anforderungen über

die technische Lösung bis zur Herstellung, die durch entsprechende Methoden und Prozesse zu managen ist.
- **Zunehmende Bedeutung von kundenindividuellen Lösungen:** Über weite Strecken des 20. Jahrhunderts waren viele Unternehmen in der komfortablen Position, ihre Produkte den Kunden „zuteilen" zu können und sie nicht im heutigen Sinne vermarkten zu müssen. Diese Situation hat sich gravierend geändert, die Wettbewerbsintensität hat massiv zugenommen. Das führt dazu, dass heute für nahezu jede Marktnische ein spezielles Produkt, für jedes individuelle Kundenbedürfnis eine spezialisierte Lösung angeboten wird. Für die Unternehmen bedeutet das, dass sie ein exaktes Bild der Anforderungen am Markt aufgreifen und dieses in entsprechende Lösungen und Geschäftspläne überführen müssen, um erfolgreich zu sein. Gleichzeitig entsteht aber auch ein hohes Risiko, mit einem neuen Produkt nicht das Bedürfnis zu treffen und am Markt einen Fehlschlag zu erleiden.
- **Variantenmanagement:** Die zunehmende Individualisierung erfordert gleichzeitig, eine große Anzahl an Varianten zu managen. Der Begriff Variante bezieht sich dabei nicht nur auf die Marktleistung in Form von Hardware und Software, sondern auch auf die entsprechenden Geschäftsmodelle. Ferner führt das typischerweise auch zu einer größeren Variantenanzahl der Produkt- und Fertigungstechnologien, die das Unternehmen entwickeln und pflegen muss.
- **Zunehmende Innovationsgeschwindigkeit:** „Innovate or die" ist eine etablierte Redensart, die die Strategie beschreibt, möglichst früh und schnell mit neuen Produkten in den Markt einzutreten, um der hohen Wettbewerbsintensität zu entgehen: In dieser Phase des Lebenszyklus gibt es typischerweise nur wenige Wettbewerber, sodass der Preisdruck bei der Entscheidung für oder gegen ein Produkt nicht die hohe Bedeutung hat wie in späteren Phasen. Für Unternehmen leitet sich daraus die Herausforderung ab, den Kundenbedürfnissen stets einen Schritt voraus zu sein und diesen Vorsprung in der Innovationsentwicklung umzusetzen.
- **Schneller Markteintritt:** Die schnelle Überführung eines identifizierten Kundenbedürfnisses in eine marktreife Lösung ist ein wesentlicher Erfolgsfaktor im Wettbewerb. Um das erreichen zu können, müssen die Produkt- und die Produktionssystementwicklung schnell und effizient arbeiten und – vorausgesetzt, die Anforderungsspezifikation beschreibt ein valides Kundenproblem – sicherstellen, dass die realisierte Lösung diese Anforderungen exakt trifft.
- **Verkürzung des Life Cycles:** Gleichzeitig nimmt die Zeitdauer, die ein Produkt im Markt besteht, von Jahr zu Jahr ab. Das gilt in ganz besonderem Maße für den Consumer-Markt, wird aber auch zunehmend für Investitionsgüter und industrielle Produkte relevant. Nichtsdestotrotz erwarten die Kunden, auch lange Zeit nach dem Kauf eines Produktes Support zu erhalten. Diese Zeit liegt bei Produktionsanlagen oft bei 30 Jahren und mehr, in denen die Ausrüster Ersatzteile oder Software-Updates bereithalten müssen. Die Herausforderung ist, mit dieser Geschwindigkeit Schritt zu halten und gleichzeitig die zunehmende Anzahl an Bestandsprodukten pflegen zu können.

- **Hohe Interdisziplinarität und Heterogenität der erforderlichen Kompetenzen:** Ein wesentliches Merkmal intelligenter technischer Systeme ist ihr Aufbau aus Technologien und Lösungselementen verschiedener Ingenieurdisziplinen. Diese Heterogenität muss natürlich durch die in die entsprechenden Innovationsprojekte eingebundenen Mitarbeiter und ihre Kompetenzen abgebildet werden, um eine erfolgreiche Entwicklung sicherzustellen. Die Herausforderung liegt darin, die verschiedenen Vorgehensweisen und Ausdrucksmittel, die diese Ingenieurdisziplinen traditionell mitbringen, zusammenzuführen und zu einer stimmigen Gesamtlösung zu integrieren, Der entscheidende Hebel ist die integrative Konzeptentwicklung, die in Abschn. 10.5 beschrieben wird.
- **Komplexe Wertschöpfungsketten und Schnittstellen:** Die Komplexität intelligenter technischer Systeme schlägt sich auch in der Arbeitsteilung und den Wertschöpfungsketten nieder. Nur sehr wenige Unternehmen sind in der Lage, die Wertschöpfung vollständig aus eigener Kraft zu leisten. In der Regel erfolgt die Entwicklung und Realisierung eines neuen Produktes in Zusammenarbeit mit einer Reihe von Partnern. Auch diese Komplexität muss entsprechend gesteuert werden, um Abhängigkeiten zu erkennen, Schnittstellen zu schließen und ein sauberes Ergebnis sicherzustellen. Die wesentlichen Hebel sind wiederum die übergreifende Zusammenarbeit, eine präzise Spezifikation und ein detailliertes Lösungskonzept.
- **Preisdruck und Kosteneffizienz:** Für die Wettbewerbsfähigkeit eines Unternehmens sind effiziente Prozesse und wirtschaftliche Lösungen zwangsläufig erforderlich – ohne sie ist das Überleben im globalen Wettbewerb schnell gefährdet. Vor diesem Hintergrund gilt es, die Zusammenarbeit aller eingebundenen Ingenieure effizient und ergebnisorientiert zu organisieren. Gleichzeitig liegt ein wesentlicher Hebel darin, Aspekte der Fertigung und der Werkstoffe – die über den Lebenszyklus die wesentlichen Treiber für die Herstellkosten und damit den Deckungsbeitrag sind – zu berücksichtigen und in die Entwicklung einfließen zu lassen. Entscheidend ist wiederum das übergreifende Lösungskonzept. Gleichzeitig sind Methoden aus dem Umfeld des Target Costings ein wesentlicher Hebel, um die Kostenziele zu erreichen.
- **Ressourceneffizienz und Umweltverträglichkeit:** Diese Anforderungen spielen zunehmend eine wichtige Rolle – einerseits, um die gesetzlichen Vorgaben nachhaltig zu erfüllen, andererseits um den Kundenwunsch nach umweltverträglichen Produkten zu erfüllen, der auch für Industriegüter immer wichtiger wird. Hebel sind die Transparenz und Nachverfolgung der Anforderungen aus diesem Bereich: Ferner können auch Methoden des Life Cycle Assessments genutzt werden, um den Aspekt der Nachhaltigkeit in der Entwicklung zu greifen.
- **Digitalisierung der Produktentstehung:** Last but not least liegt ein signifikantes Potenzial für die Optimierung und die Steigerung der Effizienz der Produktentstehung in der Nutzung digitaler Methoden und Tools – und gleichzeitig die Herausforderung, diese Systeme einzuführen und zu beherrschen. Zuerst ist die modellbasierte Entwicklung zu nennen, das heißt die Unterstützung der Produktentstehung mit Hilfe der Simulation rechnerinterner Modelle für einzelne Aspekte des zu entwickelnden Systems.

Weiteres Potenzial liegt in Model Based Engineering, das die Nutzung eines ganzheitlichen Systemmodells umschreibt. Dieses Systemmodell soll alle Domänen und Aspekte zusammenführen und Redundanzen vermeiden. Zuletzt sei das Produkt-Life-Cycle-Management genannt, also das durchgängige Management aller produktbezogenen Daten und Informationen über den gesamten Lebenszyklus. Diese Digitalisierung der Produktentstehung bietet zwar ein signifikantes Potenzial, ist allerdings gleichzeitig als Herausforderung anzusehen, weil sie hohe Anforderungen an die Implementierung und Umsetzung stellt.

10.2.2 Systems Engineering

Die beschriebenen Herausforderungen verdeutlichen, dass mit der Entwicklung intelligenter technischer Systeme der Umfang der Kompetenzen und damit auch die Anzahl der Personen, die für die Entwicklung einer Lösung notwendig sind, signifikant steigen. Damit wird eine strukturierte und synchronisierte Methodik zwangsläufig erforderlich, um alle relevanten Aspekte zu berücksichtigen und gleichzeitig effektiv und effizient zu einer marktreifen Lösung zu kommen. Gleichzeitig wird die Notwendigkeit klar, eine gemeinsame Grundlage für die Zusammenarbeit der Ingenieurdisziplinen sowie ein gemeinsames Verständnis des zu entwickelnden Produktes zu schaffen, damit sie nicht „aneinander vorbei" arbeiten – was schlimmstenfalls erst in der Anwendung beim Kunden auffallen würde.

Unter dem Begriff **Systems Engineering** (INCOSE International Council on Systems Engineering 2015; Gausemeier et al. 2013) wird ein Framework zusammengefasst, das aus diesen Herausforderungen hervorgegangen ist und zu ihrer Lösung beiträgt. Systems Engineering ist in diesen Tagen sicherlich in aller Munde. Dabei gibt es bis dato weder eine scharfe Definition des Begriffs noch ein klare Benennung der Einzelschritte bis zur Lösung. Es geht zuallererst um das **Grundverständnis**, wie komplexe und interdisziplinäre Entwicklungsprojekte anzugehen sind: Systems Engineering stellt das ganzheitliche und integrative Vorgehen sowie die Synchronisierung aller Teilaspekte des Systems in den Vordergrund. Ferner stellt das Systems Engineering ein Set verschiedener Methoden und Vorgehensweisen bereit, mit dem charakteristische Aufgaben zur Strukturierung und Erarbeitung eines intelligenten technischen Systems effizient zu handhaben sind.

Dabei ist Systems Engineering nicht grundsätzlich neu, denn seine Wurzeln reichen zurück bis in die erste Hälfte des 20. Jahrhunderts. Die Anfänge liegen im Systemdenken, das die Strukturierung und Abwicklung von Großprojekten, zum Beispiel beim Aufbau der nordamerikanischen Telefonnetze in den 1930er-Jahren oder in der Raumfahrt in den 50er-Jahren, Sicherheit und Effizienz gebracht haben. Nichtsdestotrotz ist Systems Engineering noch nicht überall in der industriellen Praxis angekommen. Vorreiter sind sicherlich die Luft- und Raumfahrtindustrie und der Automobilbau, während im klassische Maschinen- und Anlagenbau noch deutliche Potenziale zu heben sind. Die Frage ist, woran das liegt. Herausforderungen sind sicherlich die Methodenkompetenz und die

Akzeptanz solcher Vorgehensweisen. Hier besteht nach wie vor Handlungsbedarf, Unternehmen und Mitarbeiter an diese Methoden heranzuführen und sie so anzupassen, dass sie die etablierten Unternehmensprozesse und -strukturen stützen und nicht wie ein Fremdkörper wirken, der den Praktiker in seiner Kreativität einschränkt (Gausemeier et al. 2013).

Im Kern umfasst das Systems Engineering verschiedene Bausteine, von denen drei aus Sicht der Praxis einen besonders großen Nutzen versprechen und die Voraussetzungen für den Einstieg schaffen:

- Das **Prozessmanagement** für die Produktentstehung und die Implementierung über ein maßgeschneidertes **Projektmanagement**,
- das strukturierte Anforderungsmanagement oder auch **Requirements Engineering** sowie
- die **integrative System- und Konzeptentwicklung,** die eng mit einem **ganzheitlichen Systemmodell** für das zu entwickelnde Produkt zusammenhängt.

Diese drei Bausteine werden in Abschn. 10.3, 10.4 und 10.5 beschrieben. Es seien allerdings auch weitere Bausteine des Systems Engineerings genannt, die an dieser Stelle nur kurz charakterisiert werden sollen.

Die Nutzung **digitaler** und **virtueller Methoden** für die Produktentstehung, die auch unter dem Begriff **Modellbasierte Entwicklung** zusammengefasst werden, bietet ein signifikantes Potenzial zur Optimierung der Produktentstehung. 3D-CAD, die Mechanik- und Kinematik-Simulation und das Produktdatenmanagement sind heute für viele Unternehmen eine Selbstverständlichkeit. Allerdings liegt hier weiteres signifikantes Potenzial, besonders für kleine und mittlere Unternehmen, die heute oft noch nicht die Möglichkeiten der virtuellen Produktentstehung umfassend nutzen. Ein wesentlicher Ansatzpunkt ist, die verfügbaren Tools und Methoden konsequent und effektiv in den bestehenden Prozessen zu nutzen. Das schafft die Voraussetzung, um bereits in den frühen Phasen der Entwicklung einzelne Ergebnisse abzusichern und aufwändige und teure Fehlerkorrekturen zum Projektende zu vermeiden. Gleichzeitig können mithilfe virtueller Methoden deutlich umfangreichere Absicherungsmaßnahmen durchgeführt werden als auf Basis von Hardware-Prototypen und entwicklungsbegleitenden Laborprüfungen, was einen deutlich höheren Reifegrad für die Entwicklungsergebnisse erlaubt.

Wie bereits erwähnt, sind unter dem Konzept des **Product-Lifecycle-Managements** (PLM) Methoden, Prozesse und Software-Tools verfügbar, die ein erhebliches Potenzial zur Steigerung der Effizienz und Effektivität der Produktentstehung und des anschließenden Lebenszyklus des Produktes haben. Der Kern ist, alle im Rahmen der Produktlebenszyklus, also von der ersten Idee bis hin zur Entsorgung der letzten Instanz eines Systems, entstehenden Informationen durchgängig zu integrieren und transparent zu steuern. Dabei betrifft PLM nicht nur die Entwicklung und weitere in die Produktentstehung eingebundene Funktionen, sondern alle am Lebenszyklus beteiligten Fachdisziplinen wie u. a. den Vertrieb, das Marketing oder den Service. Rückgrat ist in der Regel ein PLM-System, also eine IT-Lösung, die alle produktbeschreibenden Daten integriert und bereitstellt sowie die relevanten Prozesse und Workflows steuert. Einen guten Überblick über das Konzept des PLM geben zum Beispiel Eigner und Stelzer (2009) und Sendler (2009).

10.3 Management von Entwicklungsprozessen

Blickt man auf die Herausforderungen bei der Entwicklung intelligenter technischer Systeme, stellt sich die Frage, wie ein Unternehmen sowie die einzelnen Projekte darauf ausgerichtet werden können, diese Komplexität zu managen, die Kundenorientierung sicherzustellen und gleichzeitig effizient zu einer marktreifen Lösung zu kommen. Ein wesentlicher Baustein ist das Prozessmanagement: Es darum geht, alle Aktivitäten der verschiedenen Fachfunktionen und Abteilungen in einem Unternehmen auf ein gemeinsames strategisches Ziel auszurichten und ganzheitlich die Weichen dafür zu stellen, dass dieses Ziel effizient erreicht wird.

10.3.1 Inhalte und Nutzen des Prozessmanagements

Eine etablierte Definition beschreibt den Begriff Prozessmanagement als „integriertes System aus Führung, Organisation und Controlling zur zielgerichteten Steuerung und Optimierung von Geschäftsprozessen"[4] (Schmelzer und Sesselmann 2013). Die wesentliche Frage ist, welche Prozesse ein Unternehmen braucht und wie sie idealerweise aussehen. Dabei geht es natürlich nicht drum, den Status quo zu dokumentieren oder gar zu zementieren, sondern darum, die Tatkraft aller Mitarbeiter auf den Kunden und die Unternehmensziele auszurichten. Demzufolge ist die Grundlage für das Geschäftsprozessmanagement die Unternehmensstrategie (Gausemeier und Plass 2014).

Aus ihr wird abgleitet, welche Prozesse ein Unternehmen braucht, um die Kundenanforderungen vollumfänglich zu erfüllen und seine strategischen Ziele zu erreichen. Typischerweise besitzt ein Unternehmen fünf bis sechs Hauptgeschäftsprozesse, die sich in jeweils drei bis fünf Subprozesse untergliedern lassen. Beispiele sind der Produktentstehungsprozess, der Leistungserstellungsprozess oder der Auftragsgewinnungs- und -abwicklungsprozess. Bei der Prozessgestaltung geht es darum, die relevanten Teilprozesse und Tätigkeiten zu benennen, den Ablauf zu bestimmen, die jeweils eingebundenen Mitarbeiter und ihre Rollen sowie die erforderlichen Ressourcen festzulegen und die Schnittstellen zu definieren. In diesem Zuge ist darauf zu achten, alle Prozessschritte, die keine Wertschöpfung erbringen, zu eliminieren.

---

[4] Während Prozesse im Allgemeinen als Tätigkeit beschrieben werden, die eine Eingabe in ein Ergebnis überführt, betont der Begriff Geschäftsprozessmanagement die Orientierung an den Anforderungen des Kunden und an der Leistung für den Kunden sowie die Wertschöpfung. Ausschließlich wegen der einfacheren Lesbarkeit wird im Folgenden der Begriff Prozessmanagement synonym verwendet.

Abb. 10.3 Typisches Beispiel für das Geschäftsprozessmodell eines produzierenden Unternehmens. (Quelle: In Anlehnung an Schmelzer und Sesselmann 2013)

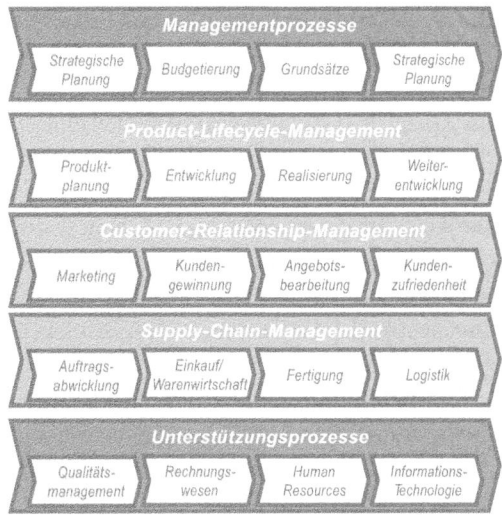

Das Ergebnis ist das Prozessmodell, das vielfach auch als Prozesslandkarte oder Prozesshaus bezeichnet wird. Auch wenn jedes Unternehmen seinen individuellen Charakter hat, haben sich typische Prozessmodelle herauskristallisiert, die durchaus vergleichbar und übertragbar sind. Das gilt auch für denjenigen Prozess, der für die Realisierung intelligenter technischer Systeme die Hauptrolle spielt und meist als Produktentstehungs- oder Innovationsprozess bezeichnet wird (Schmelzer und Sesselmann 2013). Einige etablierte Prozessmodelle aus dem Umfeld der Entwicklung intelligenter technischer Systeme werden in Abschn. 10.3.2 vorgestellt.

Sind die Hauptgeschäftsprozesse einmal definiert, müssen sie natürlich implementiert, umgesetzt und weiterentwickelt werden. Die wesentlichen Ziele sind dabei die Kundenzufriedenheit, die Durchlaufzeit, die Verlässlichkeit der Termine, die erzielte Qualität sowie Kosten. Im Umfeld der Produktentstehung erfolgt die Implementierung in der Regel über ein definiertes Projektmanagement, Abschn. 10.3.3 geht darauf näher ein. Gleichzeitig werden Geschäftsprozesse heute weitestgehend in IT-Systemen abgebildet, um die Abwicklung zu steuern, die erforderlichen Eingangsinformationen bereitzustellen und die Ergebnisse zu dokumentieren. An dieser Stelle sei auch noch einmal auf das Product-Lifecycle-Management verwiesen, das für das durchgängige Management eines Produktes über seinen gesamten Lebenszyklus steht, die zugehörigen Prozesse unterstützt und alle entstehenden Informationen durchgängig und konsistent abbildet, in Abschn. 10.2.2 sind einige Informationen zu finden. Abschließend bedarf es eines Prozesscontrollings, das Transparenz über den erreichten Reifegrad der Prozessorganisation und Optimierungspotenziale liefert (Schmelzer und Sesselmann 2013).

10.3.2 Vorgehensmodelle zur Entwicklung intelligenter technischer Systeme

Auch wenn das Geschäftsprozessmodell eines Unternehmens natürlich primär aus der Unternehmensstrategie abzuleiten und deswegen individuell ausgeprägt ist, gibt es durchaus einige Referenzprozessmodelle, die sich im Sinne eines Blue Prints oder Benchmarks als Startpunkt für die Erarbeitung und Weiterentwicklung der unternehmenseigenen Prozesse eignen. Mit Blick auf den Entstehungsprozess für intelligente technische Systeme sind im Bereich der Entwicklungsmethodik der verschiedenen Ingenieurdisziplinen etablierte Vorgehensmodelle zu finden. Die Wesentlichen seien an dieser Stelle kurz charakterisiert:

- **Konstruktionsmethodik des Maschinenbaus:** Als Ausgangspunkt für die Entwicklungsmethodik sei die Konstruktionsmethodik des Maschinenbaus genannt (Feldhusen und Grote 2013; Verein Deutscher Ingenieure e. V. 1993), auch wenn intelligente technische Systeme Anforderungen an ihre Entwicklung stellen, die darüber weit hinausgehen. Die Konstruktionsmethodik umfasst die Phasen 1) Klären und Präzisieren der Aufgabenstellung, 2) Ermitteln von Funktionen, 3) Suchen nach Lösungsprinzipien, 4) Gliedern in realisierbare Module, 5) Gestalten dieser Module, 6) Gestalten des Gesamtprodukts und 7) Ausarbeiten. Für die einzelnen Phasen werden konkrete Hinweise zur Umsetzung gegeben, die auch mit entsprechenden Methoden und Tools hinterlegt sind. Die Konstruktionsmethodik ist weit etabliert und war eine der wesentlichen Grundlagen für diejenigen Prozessmodelle, die im Zuge der Einführung der mechatronischer sowie intelligenter technischer Systeme erarbeitet wurden.
- **Rational Unified Process:** Der Rational Unified Process (RUP) untergliedert das Vorgehensmodell zur Softwareentwicklung in **statische Aspekte**, die auch als „engineering disciplines" bezeichnet werden, und in **dynamische Aspekte**, die im Prinzip Phasen eines Entwicklungsprojektes entsprechen. Die statischen Aspekte umfassen 1) die Erarbeitung des Geschäftsmodells, 2) die Spezifikation des Anforderungsmodells, 3) die Spezifikation der Software-Architektur, 4) die Realisierung bzw. Implementierung, 5) die Durchführung von Tests und 6) das Deployment, also die Abnahme und Einführung. Unterstützt werden sie durch 7) das Konfigurations- und Änderungsmanagement, 8) das Projektmanagement und 9) die Entwicklungsumgebung. Orthogonal dazu stehen die Phasen 1) Inception (Konzeptphase), 2) Elaboration (Ausarbeitung Use Cases und Festlegung der Architektur), 3) Construction (Entwicklung und Test) und 4) Transition (Übergabe und Auslieferung). Durch die prinzipielle Trennung statischer und dynamischer Aspekte wird ein iteratives Vorgehen unterstützt, das dem unterschiedlichen Gewicht der engineering disciplines in den einzelnen Projektphasen gerecht wird. Eng verbunden mit dem RUP ist die Unified Modeling Language (UML), eine grafische Spezifikationstechnik für Software (Balzert 2009).
- **Entwicklungsmethodik Mechatronik:** Als übergeordneter Leitfaden für die Entwicklung mechatronischer Produkte hat sich die VDI-Richtlinie 2206 Entwicklungsmethodik für mechatronische Systeme (Verein Deutscher Ingenieure e. V. 2004) etabliert; und

sie ist damit der erste Ansatzpunkt für die Entwicklung intelligenter technischer Systeme. Ihr Kern ist ein flexibles Vorgehensmodell, das drei Elemente umfasst: das **V-Modell** (siehe Abb. 10.4) auf der Makroebene mit **vordefinierten Prozessbausteinen** für wiederkehrende Aufgaben sowie den **Problemlösungszyklus** auf der Mikroebene. Das V-Modell beschreibt den Prozess von den Anforderungen bis zum Produkt und umfasst die Phasen **Systementwurf** (Festlegung der grundlegenden physikalischen und logischen Funktionsweise in einer domänenübergreifenden Konzeption), **domänenspezifischer Entwurf** (Konkretisierung der domänenübergreifenden Konzeption in den beteiligten Domänen mit den dort etablierten Methoden und Tools) und **Systemintegration** (Zusammenführen der domänenspezifischen Teilentwürfe zum Gesamtentwurf und Überprüfen des Zusammenwirkens der Teilentwürfe im Gesamtsystem). Es wird begleitet durch die **Modellbildung und -analyse** sowie die kontinuierliche **Eigenschaftsabsicherung**, also die ständige Überprüfung der erzielten Entwicklungsergebnisse gegen die Anforderungen.

Das V-Modell ist zunächst abstrakt und in Abhängigkeit von der konkreten Unternehmenssituation und Entwicklungsaufgabe auszuprägen. Dabei kann es im Zuge eines Entwicklungsprojekts auch mehrfach durchlaufen werden, um über zunehmende Reifegrade (Labormuster, seriennaher Prototyp etc.) bis zum marktfähigen Produkt zu gelangen. Der **Problemlösungszyklus** beschreibt allgemeingültig, wie die Lösung eines Problems geplant und durchgeführt wird (1) Situationsanalyse/Zielübernahme, 2) Analyse und Synthese, 3) Analyse und Bewertung der erarbeiteten Lösungsvarianten, 4) Entscheidung, 5) Planung des weiteren Vorgehens). Die **Prozessbausteine für wiederkehrende Arbeitsschritte** geben konkrete Hinweise für die Durchführung der Phasen des V-Modells.

- **V-Modell XT:** Das V-Modell XT (Bundesstelle für Informationstechnik 2012) versteht sich als Vorgehensmodell zur Planung und Durchführung von Systementwicklungsprojekten. Gemeint sind damit nicht nur größere IT-Projekte, sondern auch Großprojekte im Militär oder der Infrastruktur. Es wird durch den IT-Beauftragten der Bundesregierung herausgegeben und ist bei allen Projekten, die Bundesbehörden vergeben, verbindlich anzuwenden. Aus diesem Grund umfasst das V-Modell XT nicht nur die Sichtweise der Entwicklung, sondern berücksichtigt auch die Schnittstelle zwischen Auftragnehmer und Auftraggeber und sich daraus ergebende Arbeitspakete. Fokussiert man die Entwicklung und Technik, umfasst das V-Modell XT die Phasen bzw. Meilensteine 1) Anforderungen festgelegt, 2) System spezifiziert, 3) System entworfen, 4) Feinentwurf abgeschlossen, 5) Systemelemente realisiert und 6) System integriert. Diese Phasen sind jeweils mit spezifischen Aufgaben und Spezifikationen hinterlegt, die im Zuge des Systementwicklungsprojektes zu erarbeiten sind.

Diese Vorgehensmodelle haben zunächst einen generischen Charakter und dienen dazu, die grundsätzliche Struktur des Vorgehens und die wesentlichen Inhalte zu beschreiben. Die Operationalisierung über das Tailoring und ein entsprechendes Projektmanagement wird im folgenden Abschnitt beschrieben. Als Ergänzung zu diesen konkreten Vorge-

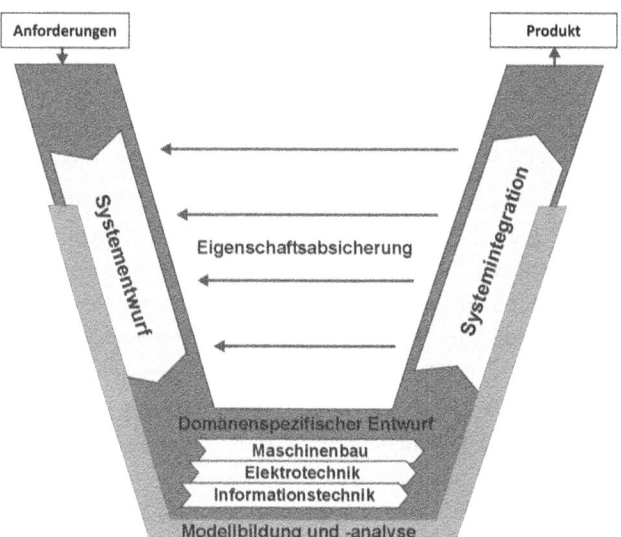

Abb. 10.4 V-Modell der Entwicklungsmethodik Mechatronik nach VDI2206. (Quelle: Verein Deutscher Ingenieure e. V. 2004)

hensmodellen aus Sicht der Entwicklung intelligenter technischer Systeme sei **Capability Maturity Modell Integration** (CMMI) (Chrissis et al. 2011) genannt. CMMI umfasst neben übergeordneten Referenzmodellen für typische Aufgaben aus den Bereichen Prozessmanagement, Entwicklung und Projektmanagement ein Bewertungsmodell für den Reifegrad von Entwicklungsorganisationen und -prozessen. Dazu gehört ein strukturiertes Set von Kriterien und Ausprägungen, die ein klares Bild der Leistungsfähigkeit und des Reifegrads erzeugen. Diese Bewertung erlaubt ein Benchmarking gegenüber anderen Unternehmen, aber vor allem die strukturierte Ableitung von Maßnahmen, um die Leistungsfähigkeit zu optimieren.

10.3.3 Implementierung der Vorgehensmodelle über Projekte

Die Frage ist, wie sich diese Vorgehensmodelle in der Praxis umsetzen lassen. Nachdem es im Umfeld intelligenter technischer Systeme im Wesentlichen um **Projekte**, also komplexe Einzelvorhaben mit definierten Zielen für Ergebnis, Zeit, Kosten und Qualität geht, liegt der Schlüssel für die erfolgreiche Operationalisierung der im vorigen Abschnitt beschriebenen Vorgehensmodelle in der Strukturierung in überschaubare Aufgabenpakete, der Synchronisierung der verschiedenen Teilaktivitäten und in der regelmäßigen Überprüfung des Projektstatus. Dazu haben sich in der Praxis unternehmensspezifische **Phasen-Meilenstein-Modelle** und ein **umfassendes Projektmanagement** bewährt (Seidl 2011; Campana 2005).

Meilensteine dienen dazu, das Gesamtprojekt von den Anforderungen bis zur abgeschlossenen Markteinführung in mehrere sinnvolle Abschnitte zu unterteilen. Diese Ab-

10 Vom Kunden zum Lastenheft

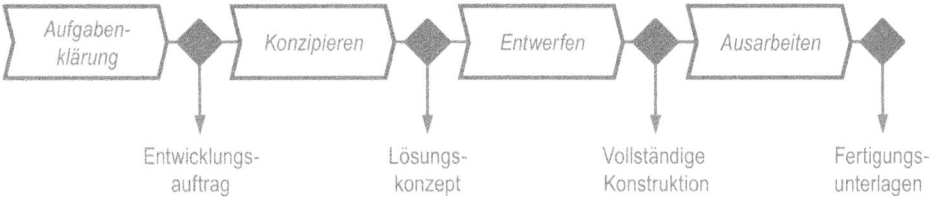

Abb. 10.5 Phasen-Meilenstein-Modell in Anlehnung an die Konstruktionsmethodik des Maschinenbaus

schnitte werden als Phasen bezeichnet und bündeln typische Aufgaben oder Teilprojekte. Die Meilensteine dienen dazu, die verschiedenen parallel laufenden Aktivitäten innerhalb des Projekts zu synchronisieren. Ziel ist, sicherzustellen, dass alle Aspekte gleichmäßig und aufeinander abgestimmt entwickelt werden und nicht eine Schieflage entsteht, z. B. weil das Mechanikkonzept schon steht, während die Software-Architektur oder die Zielkosten noch nicht festgelegt sind. Außerdem dienen die Meilensteine zur Überprüfung des Projektfortschritts und als Entscheidungspunkt für die Freigabe der folgenden Projektphase. Hier bewerten in der Regel das Projektteam und der Auftraggeber die erzielten Ergebnisse, identifizieren offene Fragestellungen, bewerten größere Änderungsbedarfe und geben den Auftrag für die nächste Projektphase frei.

Das Phasen-Meilenstein-Modell eines Unternehmens orientiert sich sicherlich an den definierten übergeordneten Vorgehensmodellen, soll aber explizit an die spezifische Entwicklungsaufgabe angepasst werden. Der Begriff **Tailoring** bringt das zum Ausdruck: das Maßschneidern des Schnittmusters für ein spezifisches Projekt, indem der Aufgabenumfang auf Basis des Vorgehensmodells angemessen reduziert oder erweitert wird, bis das richtige Maß für die konkrete Entwicklungsaufgabe erreicht ist. Das Tailoring wird natürlich maßgeblich durch die Komplexität des technischen Systems und die Anzahl der eingebundenen Ingenieurdisziplinen bestimmt. Allerdings haben weitere Rahmenbedingungen wie zum Beispiel die Kritikalität des Produkts (z. B. bei Produkten für die Medizintechnik, von denen die Gesundheit eines Patienten abhängt) oder das System, in das das Produkt integriert werden soll, ebenfalls einen maßgeblichen Einfluss auf das Tailoring, das in der Regel im Rahmen der Planung eines konkreten Projekts erfolgt.

Das Projektmanagement ist das wesentliche Tool, um die Entwicklung eines intelligenten technischen Systems professionell abzuwickeln. Es umfasst die folgenden Aufgabenkomplexe (Campana 2005; Seidl 2011):

- **Initiierung:** Kern ist die Erstellung des Projektauftrags und die Abstimmung der Projektziele. Eine wesentliche Aufgabe ist die Festlegung der Anforderungen, auf die Abschn. 10.4 näher eingeht.
- **Planung:** Es geht darum, alle relevanten Aspekte des Projektes mit Blick auf die definierte Zielsetzung zu planen. Sie umfasst 1) die Gliederung des Projektes in Phasen und Arbeitspakete (Projektstrukturplan) und ihre Verkettung zum Ablaufplan (Projektab-

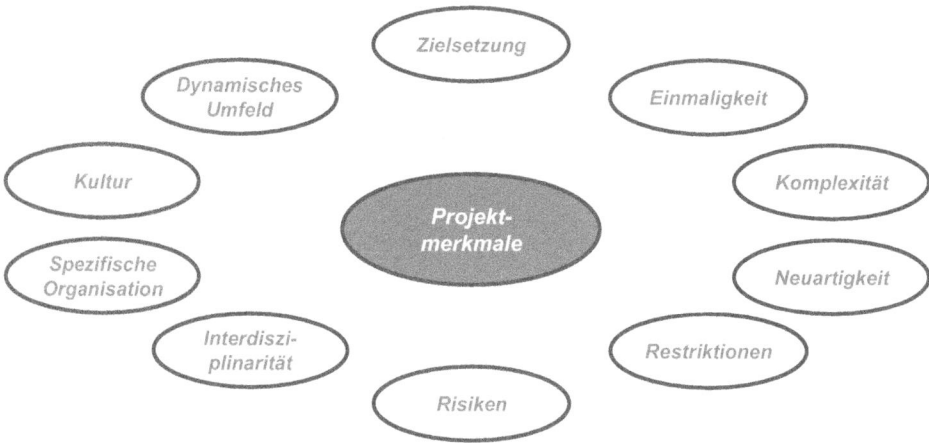

Abb. 10.6 Merkmale von Projekten. (Quelle: In Anlehnung an Seidl 2011)

laufplan), 2) die Zeitplanung, indem die Vorgänge mit Durchführungszeiten hinterlegt und zum Beispiel in Form eines Gantt-Diagramms dokumentiert werden, 3) die Planung der Mitarbeiter (Projektteam) und Ressourcen, die für die Abwicklung erforderlich sind, inkl. der Klärung der Verfügbarkeit, 4) die Aufwands- und Kostenplanung für die einzelnen Arbeitspakete und die Festlegung des Projektbudgets, 5) das Risikomanagement, um potenzielle Sollbruchstellen, aber auch Potenziale frühzeitig aufzudecken, zum Beispiel über mithilfe einer SWOT-Analyse (Strengths, Weaknesses, Opportunities Threats) sowie 6) die Festlegung des Projektcontrollings, falls das nicht durch ein übergeordnetes Berichtswesen determiniert ist.

- **Ausführung:** Damit ist die Laufzeit des Projektes gemeint, also die Umsetzung aller Phasen und Arbeitspakete des Projektplans.
- **Überwachung:** Um die erfolgreiche Abwicklung des Projektes, das heißt die Einhaltung der Ziele für Ergebnis, Zeit, Kosten und Qualität sicherzustellen, ist eine kontinuierliche Überwachung des Fortschritts notwendig. Dabei geht es zunächst darum, über ein geeignetes Berichtswesen Transparenz über den Stand des Projektes zu erzeugen. Übliche Tools sind zum Beispiel inhaltliche Fortschrittsberichte, die Meilenstein-Trend-Analyse und die Kosten-Trend-Analyse. Ferner geht es um das Änderungsmanagement, also die Erfassung von erforderlichen Projektänderungen, die Bewertung der Konsequenzen, die Entscheidungsvorbereitung sowie die Umsetzung.
- **Abschluss:** Ist das Projekt inhaltlich abgeschlossen, müssen die Ergebnisse durch den Auftraggeber abgenommen und das Projektteam muss entlastet werden. Abschließend geht es darum, die Ergebnisse zu dokumentieren, sie an die Formalorganisation zu übergeben und das Projekt aufzulösen.

Der Fokus des Projektmanagements liegt sicherlich darauf, das vorgegebene Projektziel – das Ergebnis des Projektes – unter Einhaltung der Vorgaben für die Laufzeit, die

Projektkosten und die Qualität bzw. den Reifegrad zu erreichen. Leider korrelieren die Vorgaben in der Regel nicht, sondern sie widersprechen sich in einem gewissen Maße. Gleichzeitig sind Projekte in der Regel durch ihre Neuartigkeit gekennzeichnet, was gewisse Risiken mit sich bringt. Deswegen sind die Überwachung des Projektes, das Erzeugen von Transparenz und das Aufzeigen von Änderungsbedarfen wesentliche **Erfolgsfaktoren**. Weitere Erfolgsfaktoren sind ein erfahrener Projektleiter, der den technischen Überblick behält, oder alternativ ein Gespann aus Projektleiter und Systemarchitekt, die alle Facetten des Projektes überblicken und das Projektteam kompetent und konsequent steuern können. Ferner sind ein klarer Projektauftrag mit klaren und zutreffenden Anforderungen sowie ein vollständiges und konsistentes Lösungskonzept entscheidende Erfolgsfaktoren für das Erreichen der Projektziele (Campana 2005). Auf sie gehen die beiden folgenden Abschnitte ein.

10.4 Anforderungsmanagement/Requirements Engineering

Nicht nur intelligente technische Systeme, sondern auch ein wesentlicher Anteil der Produktinnovationen aus anderen Anwendungsfeldern, die in diesen Jahren auf den Markt gebracht werden, sind durch ihre Komplexität, also die Vielzahl, Heterogenität und Vernetzung der erforderlichen Lösungselemente charakterisiert. Um diese Entwicklungsaufgabe in den entsprechenden Innovationsprojekten lösen zu können, müssen zwangsläufig verschiedene Ingenieure aus den relevanten Fachdisziplinen eingebunden werden. Was sie brauchen, um effektiv und effizient arbeiten zu können, ist eine stabile und detaillierte Spezifikation der Entwicklungsaufgabe. Dieser Aufgabenkomplex wird auch als **Anforderungsmanagement** oder **Requirements Engineering** bezeichnet (Rupp 2009). Drei Aspekte stehen dabei im Vordergrund:

- Die **Erfassung aller relevanten Anforderungen** auf einer sinnvollen Detaillierungsstufe,
- die **Abstimmung** mit und **Bestätigung** durch den Auftraggeber und gegebenenfalls weitere Stakeholder und
- die **klare, strukturierte und nachvollziehbare Dokumentation** der Anforderungen.

10.4.1 Das Bindeglied zwischen Kundenproblem und Lösung sind die Anforderungen

Im Kern geht es also darum, das Kundenproblem so weit zu durchdringen, zu detaillieren und zu beschreiben, dass alle relevanten Aspekte klar benannt sind und eine valide Grundlage für ein Realisierungsprojekt geschaffen ist. Das ist die notwendige Voraussetzung, um zwei wesentliche Risiken für das Scheitern von Entwicklungsprojekte zu minimieren, und zwar das Risiko, am Bedürfnis des Kunden vorbei zu entwickeln, und das Risiko, durch

Änderungen im laufenden Projekt die geplanten Zeit- und Kostenziele nicht erreichen zu können (Gausemeier und Plass 2014; Rupp 2009). Oder anders formuliert: Wer das Kundenproblem nicht versteht, überlässt die Chance, sein Bedürfnis zu treffen, dem Zufall. Wer es nicht korrekt und umfassend spezifiziert, läuft Gefahr, dass er die Ziele seines Projekts nicht erreicht.

Gleichzeitig sind die Anforderungen ein zentraler Bestandteil des Entwicklungsauftrags und damit die Schnittstelle zwischen Auftraggeber und Auftragnehmer. Das ist besonders dann wichtig, wenn ein solcher Auftrag an einen Entwicklungspartner, also ein anderes Unternehmen, übergeben wird. Das gilt aber auch für unternehmensintern abgewickelte Projekte, in denen die Anforderungen die konkrete Aufgabenstellung für das Projektteam und die Grundlage für seine Entlastung darstellen. Darüber hinaus gibt es einige weitere gute Gründe, die ein strukturiertes und durchgängiges Anforderungsmanagement zur Pflichtübung machen, zum Beispiel dann, wenn Produkte für sicherheitskritische Anwendungen entwickelt werden oder wenn ein Produkt in ein übergeordnetes System einfließt und damit über zahlreiche Schnittstellen vernetzt ist.

Last but not least ist die Anforderungsspezifikation der Startschuss für die Entwicklung des technischen Lösungskonzepts, mit dem die Weichen für das Projekt und das Produkt selbst gestellt werden. Fehler in dieser Phase, die Änderungen in späteren Phasen des Projekts nach sich ziehen, verursachen in der Regel hohe Kosten und führen zu Verzögerungen (Rupp 2009). Auf die Bedeutung der integrativen Konzeptentwicklung sowie Methoden und Tools zu ihrer Umsetzung geht der Abschn. 10.5 näher ein.

10.4.2 Bausteine des Requirements Engineerings

Für das Requirements Engineering gibt es einige etablierte Vorgehensmodelle und Methoden, die zum Beispiel in Rupp (2009) beschrieben werden und teils auch über Normen und Standards einen verbindlichen Charakter haben. Die Erfahrung aus der industriellen Praxis zeigt, dass die folgenden Bausteine die höchste Bedeutung haben:

- **Vorgehensweise:** In der Regel ist die Anforderungsermittlung in das übergeordnete Prozessmodell eingebettet, Beispiele hierfür lassen sich Abschn. 10.3.2 entnehmen. Konkret auf die Festlegung der einzelnen Anforderungen bezogen hat sich ein iteratives und inkrementelles Vorgehen bewährt, das heißt die sukzessive Konkretisierung bzw. Verfeinerung der Anforderungen anhand der Kernfunktionen oder Gewerke des zu entwickelnden Systems. Wichtig ist, Abhängigkeiten zwischen verschiedenen Anforderungen zu identifizieren und bei der Spezifikation zu berücksichtigen. Ziel ist, die Anforderungen so weit zu detaillieren, dass die Grundlage für die Erarbeitung und Auswahl verschiedener Realisierungsmöglichkeiten geschaffen wird. In der Praxis hat sich bewährt, zunächst auf einem groben Niveau die Kernfunktionen zu beschreiben und das Feld damit abzustecken, um in einem zweiten Schritt feste Vorgaben, zum Beispiel

aufgrund normativer oder legislativer Rahmenbedingungen, zu ergänzen und dann ins Feine zu gehen.
- **Arten der Anforderungen:** Im Zentrum stehen die **funktionalen Anforderungen**, denn sie machen den Nutzen für den Anwender aus. **Normative Anforderungen** ergeben sich aus dem Anwendungsfall und der Umgebung, in der das Produkt eingesetzt werden soll. Beispiele sind die Isolationsfestigkeit bei Automatisierungsgeräten oder die Verwendung bestimmter Werkstoffe für medizintechnische Produkte – beides sind Anforderungen, die nicht interpretierbar sind, sondern zwangsläufig umgesetzt werden müssen, wenn diese Produkte für diese Märkte zugelassen werden sollen. **Technologische Anforderungen** ergeben sich aus dem Lösungskonzept, beispielsweise bei der Verwendung bestimmter Fertigungsverfahren. **Qualitätsanforderungen** beschreiben die zu erreichende Güte des Produktes, wobei in der Regel die Zuverlässigkeit und Fehlerfreiheit gemeint sind. Sie wird meist über zulässige Fehlerraten (z. B. ppm – parts per million) oder Ausfallwahrscheinlichkeit (z. B. mtbf – mean time between failure) ausgedrückt.
- **Verbindlichkeit:** Anforderungen lassen sich untergliedern in **Festforderungen**, also zwingend zu erfüllende Anforderungen, sowie **Wunschforderungen**, also Anforderungen, auf die unter bestimmten Bedingungen verzichtet werden kann.
- **Kriterien für gute und schlechte Anforderungen:** Um eine solide Basis für die folgenden Projektphasen und den Erfolg des Produktes am Markt zu schaffen, empfiehlt IEEE[5] eine Reihe von Qualitätskriterien für die Anforderungsspezifikation (Institute of Electrical and Electronic Engineers 1998). Exemplarisch seien folgende genannt: **Vollständigkeit** (Berücksichtigung aller relevanten Aspekte und Sichten), **Korrektheit** (korrekte Beschreibung des Systems), **Eindeutigkeit** (Sicherstellung einer eineindeutigen Formulierung der Anforderung, Ausschluss einer Mehrdeutigkeit), **Verständlichkeit** (für alle eingebundenen Personen unmittelbar verständlich), **Aktualität** (Übereinstimmung mit dem letzten, aktuellen Entwicklungsstand), **Realisierbarkeit** (technische und wirtschaftliche Machbarkeit), **Konsistenz** (Widerspruchsfreiheit) und **Prüfbarkeit** (die Möglichkeit, die Erfüllung einer Anforderung mithilfe bestimmter Prüfungen nachzuweisen).
- **Strukturierte Dokumentation:** Heute werden Anforderungen oftmals unstrukturiert erfasst – typischerweise in Textdokumenten, in denen die ersten Anforderungen „einfach" aufgeschrieben und nach und nach erweitert werden. Das Chaos ist hier vorprogrammiert, denn eine solche Dokumentation ist kaum zu überblicken, sodass die genannten Qualitätskriterien nicht sichergestellt sind. Aus diesem Grund sollten Anforderungen strukturiert dokumentiert werden. Dazu sollte in der Regel eine **Datenbank** oder eines der einschlägigen Software-Tools (Birk und Heller 2015) genutzt werden, um einfach filtern und verschiedene Sichten auf die Anforderungen erzeugen zu kön-

---

[5] IEEE – Institute of Electrical and Electronic Engineers, ein weltweit aktiver Verband für Ingenieure mit dem Fokus auf Elektrotechnik und Elektronik, der auch eine Reihe von Normen und Standards herausgibt.

nen. Ferner sollte jede einzelne Anforderung mit bestimmten **Attributen** versehen werden, um den Kontext zu sichern. Wesentlich sind ein eineindeutiger Identifikator, der Autor sowie eine Versionierung. Weitere Kriterien, die besonders der Übersichtlichkeit und der Strukturierung des Projekts dienen, sind zum Beispiel die Priorität oder die Kennzeichnung kritischer oder sicherheitsrelevanter Anforderungen.

- **Nachverfolgbarkeit:** Als wesentliches Attribut für Anforderungen wurde gerade die Version genannt. Der Grund dafür ist, dass Anforderungen dynamisch sind und sich mit großer Wahrscheinlichkeit früher oder später ändern. Das gilt nicht nur für die frühen Phasen, in denen viele Einflussfaktoren und Rahmenbedingungen einfach noch unbekannt sind, sondern auch für den weiteren Lebenszyklus des Produkts: Während des Innovationsprojektes müssen Anforderungen beispielsweise angepasst werden, weil bestimmte Abhängigkeiten des Lösungskonzepts das bedingen. Später, nach der Markteinführung, sollen neue Kundenbedürfnisse berücksichtigt werden oder neue Features integriert werden, um das Produkt attraktiv zu halten. Um hierbei den Überblick bewahren zu können und den Werdegang nachvollziehen zu können, aber auch, um jederzeit Transparenz über die Motivation einer Änderungen zu haben, ist die Nachverfolgbarkeit oder auch Traceability essenziell. Hierfür sind die beschriebene strukturierte Dokumentation sowie ein entsprechendes Datenbank-basiertes Anforderungsmanagementsystem erforderlich, die häufig eingesetzten Tools zur Textverarbeitung oder Tabellenkalkulation können das schlicht nicht gewährleisten.

- **Änderungsmanagement:** Die Nachverfolgbarkeit steht auch in einem engen Zusammenhang mit einem klaren und strukturierten Umgang mit Änderungen. Auch wenn natürlich das Ziel ist, eine möglichst stabile Anforderungsspezifikation zu erreichen, lassen sich Änderungen in der Praxis nie vermeiden; einige Gründe wurden bereits genannt. Entscheidend ist allerdings, entschieden und konsequent auf solche Änderungen zu reagieren und sie nicht sukzessive „einschleichen" zu lassen. Das würde dazu führen, dass bereits spezifizierte Abhängigkeiten und Randbedingungen nicht ins Kalkül gezogen werden oder der Impact einer Änderung auf die Gesamtlösung nicht weitreichend genug betrachtet wird. Konsequenz wären Fehler, die erst in späten Projektphasen oder – noch schlimmer – im Einsatz beim Kunden erkannt werden und hohe Folgekosten nach sich ziehen. Das Änderungsmanagement wird in der Regel über ein entsprechendes Entscheidungsgremium gesteuert – das sogenannte Change Control Board –, in dem Vertreter aller relevanten Ingenieurdisziplinen die Konsequenzen der Änderung beurteilen, über die Umsetzung entscheiden und ggf. erforderliche Maßnahmen in die Wege leiten.

- **Validierung der Anforderungen:** Um nachzuweisen, dass alle Anforderung erfüllt sind, sind passende Testfälle oder Prüfungen zu definieren. Solche Prüfungen sollten bereits frühzeitig durchgeführt werden, sobald ein entsprechender Reifegrad der Entwicklung vorliegt, um frühzeitig reagieren zu können. Sobald das Entwicklungsergebnis steht und alle Gewerke integriert werden können (siehe auch Abschn. 10.3.2), kann das Gesamtsystem gegen die Anforderungen validiert werden und ggf. erforderliche Zulassungsprüfungen können durchgeführt werden.

Aus der Tradition der Konstruktionsmethodik des Maschinenbaus stammt die Differenzierung der Anforderungsspezifikation in das Lastenheft und das Pflichtenheft. Das **Lastenheft** steht dabei für die Spezifikation aus der Sicht des Anwenders oder Auftraggebers („was") und ist je nach Konstellation Grundlage für Entwicklungs- oder Lieferverträge. Das **Pflichtenheft** beschreibt die Lösung, mit der die Anforderungen des Kunden umgesetzt werden sollen („wie"), also das technische System, was in den meisten Fällen der Sichtweise der Entwicklung entspricht. Die Begriffe sind allerdings nicht eindeutig und trennscharf definiert, sondern werden teils unterschiedlich gelebt. Auch aus diesem Grund gehen einige Unternehmen dazu über, die Anforderungen nicht in getrennten Lasten- und Pflichtenheften zu dokumentieren, sondern sie ganzheitlich und prozessbegleitend zu betrachten und immer die identische Sichtweise und Formulierung zu berücksichtigen.

Nach dem Überblick der wesentlichen Bausteine des Anforderungsmanagements stellt sich die Frage, wie es professionell implementiert werden kann. Heute pflegen noch viele Unternehmen ihre Anforderung mit einer Software-Lösung für die Textverarbeitung oder die Tabellenkalkulation. Für sehr einfache Produkte ist das sicherlich opportun, vor dem Hintergrund intelligenter technischer Systeme und der genannten Herausforderungen ist allerdings dringend zu empfehlen, auf ein dezidiertes Software-Werkzeug für das Anforderungsmanagement zu setzen. Dazu ist eine Reihe verschiedener Lösungen verfügbar, ein guter Überblick ist Birk und Heller (2015) zu entnehmen. Neben der Unterstützung eines transparenten, strukturierten und nachvollziehbaren Anforderungsmanagements haben diese Tools den Vorteil, dass sie Schnittstellen zu den weiteren Werkzeugen im Umfeld der Produktentstehung verfügen, wobei das bereits in Abschn. 10.2.2 erwähnte Product-Lifecycle-Management im Vordergrund steht.

10.5 Integrative System- und Konzeptentwicklung

Wird auf die technischen Aspekte eines intelligenten technischen Systems fokussiert, lassen sich zahlreiche Herausforderungen identifizieren, die auch schon in Abschn. 10.2.1 aufgegriffen wurden. Mit Blick auf die frühen Phasen der Produktentstehung spielen zwei davon die Hauptrolle: Erstens die Vielzahl und Komplexität der Anforderungen, deren Management in Abschn. 10.4 behandelt wurde. Zweitens die Komplexität der entstehenden Lösung, die im Wesentlichen durch die typischerweise hohe Anzahl von Lösungselementen, deren intensive Vernetzung untereinander sowie ihre Herkunft aus unterschiedlichen Ingenieurdisziplinen verursacht wird. Ferner sei eine weitere Randbedingung erwähnt, die bei der Entwicklung intelligenter technischer Systeme nicht primär im Vordergrund steht, allerdings einen signifikanten Einfluss auf die Herstellkosten der Bauteile und Baugruppen hat: die fertigungs- und montagegerechte Gestaltung.

10.5.1 Systems Engineering erfordert eine integrative und interdisziplinäre Konzeptentwicklung

Der Hebel für die Beherrschung dieser Komplexität liegt in den frühen Phasen der Entwicklung eines technischen Systems: Es geht um die integrative und interdisziplinäre **Erarbeitung des Lösungskonzepts**, das in der Regel zusammen mit der Anforderungsspezifikation entsteht und alle relevanten Aspekte des intelligenten technischen Systems beleuchten muss. Mit ihm werden die Weichen für den weiteren Verlauf des Entwicklungsprojektes gestellt, denn im Anschluss an die Fixierung des Lösungskonzepts geht es an die domänenspezifische Ausarbeitung (siehe auch Abschn. 10.3.2).

Die frühen Phasen sind also in vielerlei Hinsicht entscheidend für den Erfolg – sowohl für die erfolgreiche technische Umsetzung als auch für den Erfolg am Markt. Damit beides auch gelingt, müssen die Entwickler aus allen relevanten Ingenieurdisziplinen gemeinsam das Lösungskonzept gestalten und die technisch und wirtschaftlich beste Alternative herausarbeiten – die Begriffe integrativ und interdisziplinär bringen das zum Ausdruck. Das Problem ist, dass die Entwicklung aus ihren Disziplinen sehr unterschiedliche Herangehensweisen und Begrifflichkeiten mitbringen, die sich teils auch widersprechen. Damit ergibt sich die Frage, wie es gelingen kann, eine **Plattform** zu finden, mit der die Ingenieure ein gemeinsames Verständnis erreichen können und die die Grundlage für die sichere und eindeutige Kommunikation und Kooperation schafft (Gausemeier et al. 2012).

Ferner wird mit dem Lösungskonzept die Produktstruktur festgelegt und die Grundlage für das ganzheitliche **Systemmodell** geschaffen, das den Dreh- und Angelpunkt für die Konkretisierung zur Gesamtlösung sowie den Aufbau spezifischer Teilmodelle darstellt. Dabei dient das Systemmodell auch dazu, die domänenspezifischen Teillösungen zusammenzuführen und sicherzustellen, dass sie jederzeit konsistent bleiben. Gleichzeitig können auch in den frühen Phasen der Produktentstehung erste grobe Simulationen oder formale Konsistenz- und Plausibilitätsprüfungen die Effizienz und Effektivität deutlich unterstützen. Für diese Arbeitsweise wird auch der Begriff **Model Based Systems Engineering** genutzt (Gausemeier et al. 2013).

10.5.2 Der Schlüssel ist die integrative Spezifikation des Lösungskonzepts

Wie kann es nun gelingen, die Sichtweisen und Ergebnisse aller betroffenen Ingenieurdisziplinen in der Konzeptentwicklung zusammenzuführen, damit eine übergreifende, vollständige und konsistente Lösung entsteht? Das Ausdrucksmittel der Ingenieure sind sogenannte **Spezifikationstechniken**. Sie dienen dazu, die Ergebnisse eines Entwicklungsschritts zu beschreiben und zu dokumentieren. Das Spektrum einer solchen Spezifikationstechnik ist natürlich extrem breit – es reicht von einfachen Skizzen und textlichen Beschreibungen über technische Zeichnungen, UML-Diagramme und Schaltbilder bis hin zu formalisierten Spezifikationen wie VHDL-Code oder Programmiersprachen. Wenn es darum geht, Ingenieuren eine Kommunikations- und Kooperationsplattform anzubieten, deren Fokus das gemeinsame Verständnis und die Konzeptentwicklung sind, sind sogenannte **semiformale Spezifikationstechniken** besonders geeignet. Ihr wesentlicher Vorteil liegt darin, dass sie Fachleuten schnell und einfach ein umfassendes Verständnis der Funktionsweise und der Zusammenhänge des zu entwickelnden Systems vermitteln können. Deswegen ist es auch sinnvoll, sie so zu gestalten, dass sie durchgängig über den gesamten Entwicklungsprozess genutzt werden können, um die domänenspezifischen Entwicklungsaufgaben zu synchronisieren und die Konsistenz der Ergebnisse und der Dokumentation sicherzustellen (Gausemeier et al. 2012).

Zu diesem Zweck sind in den letzten Jahren in der Hochschul- und Forschungslandschaft einige Ansätze entstanden, die teils auch mithilfe entsprechender Modellierungswerkzeuge den Weg in die industrielle Praxis gefunden haben. Als Repräsentant sei an dieser Stelle CONSENS – Conceptual Design Specification Technique for the Engineering of complex Systems genannt, die am Heinz Nixdorf Institut der Universität Paderborn entstanden ist (Gausemeier et al. 2012). Sie zählt sicherlich zu den führenden Arbeiten in diesem Bereich und wurde auch von verschiedenen Systemherstellern aus dem Umfeld CAx und PLM aufgegriffen, sodass mit einer zunehmenden Anwendung zu rechnen ist. Der Kern ist, das Lösungskonzept grafisch mithilfe verschiedener Symbole und Beziehungen zu beschreiben und mit einem formalen Modell zu hinterlegen. Dabei werden alle relevanten Aspekte des Lösungskonzepts berücksichtigt: die Anforderungen, das Umfeld, sogenannte Anwendungsszenarien, die Funktionen, die Wirkstruktur, das Verhalten, die Gestalt, der Produktionsprozess und die Ressourcen. Sie werden jeweils über spezifische Teilmodelle abgebildet, die zueinander in Beziehung stehen und ein konsistentes Ganzes ergeben. Sie bilden das Lösungskonzept ganzheitlich ab und sind damit die Grundlage für die Konkretisierung in den Ingenieurdisziplinen.

Die Praxis zeigt, dass dieser Ansatz greift: Die Methodik erfordert, dass alle Aspekte gleichermaßen berücksichtigt werden und damit ein systematisches Vorgehen sichergestellt ist. Gleichzeitig wird der Fokus auf die Erarbeitung der sogenannten Wirkstruktur gelegt, mit der das Lösungskonzept ganzheitlich und für alle Ingenieurdisziplinen beschrieben wird. Sie wird im engen Wechselspiel mit der Anforderungsspezifikation erarbeitet, sodass auch die in Abschn. 10.4.1 beschriebenen Herausforderungen beantwortet werden. Außerdem wird die Spezifikationstechnik mit einem Modellierungswerkzeug unterstützt, das die notwendigen grafischen Konstrukte und Sichten bereitstellt, das Lösungskonzept und alle Teilmodelle und ergänzenden Informationen in einem formalen Datenmodell abbildet und auch Schnittstellen zu flankierenden Systemen bietet.

Ist das Lösungskonzept fixiert, können die Weichen für die Konkretisierung in den einzelnen Ingenieurdisziplinen gestellt werden. Dort wird nach den dort üblichen Vorgehensweisen verfahren, wobei die etablierten Methoden, Spezifikationstechniken und Software-Werkzeuge genutzt werden. Nichtsdestotrotz spielt das Lösungskonzept auch in dieser Phase weiterhin eine zentrale Rolle, denn es dient als Knotenpunkt, um die spe-

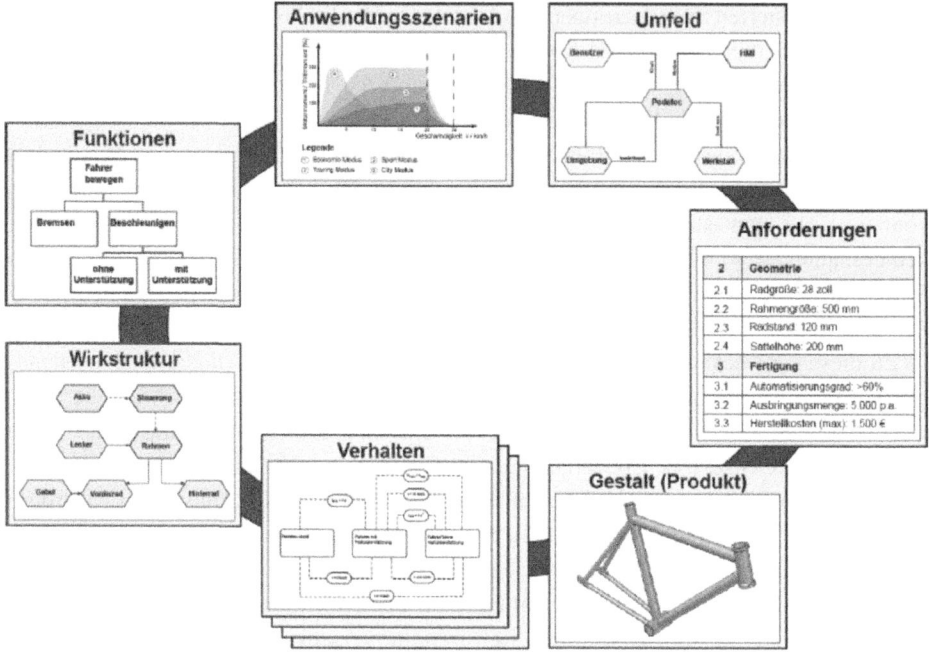

Abb. 10.7 Spezifikationstechnik CONSENS. (Quelle: in Anlehnung an Gausemeier et al. 2012)

zifischen Teilergebnisse zusammenzuführen und auf Konsistenz zu prüfen. Ferner ist es auch hilfreich, um Transparenz über die Konsequenzen einer Änderung zu schaffen, die durch die Ergebnisse aus einer der Domänen erforderlich wird, und die Entscheidung und Umsetzung zu unterstützen.

Literatur

Balzert, H. (2009). *Lehrbuch der Softwaretechnik: Basiskonzepte und Requirements Engineering*. Heidelberg: Springer Spektrum.

Birk, A., & Heller, G. (2015). The Making of Software, List of Requirements Management Tools. http://makingofsoftware.com/resources/list-of-rm-tools. Zugegriffen: 7. August 2015.

Bundesstelle für Informationstechnik (2012). V-Modell XT 1.4. http://www.cio.bund.de/Web/DE/Architekturen-und-Standards/V-Modell-XT/vmodell_xt_node.html. Zugegriffen: 7. August 2015.

Campana, C. (2005). Warum Projektmanagement für jedes Unternehmen ein kritischer Erfolgsfaktor ist. In E. Schott, & C. Campana (Hrsg.), *Strategisches Projektmanagement*. Berlin u.a.: Springer.

Chrissis, M. B., Konrad, M., & Shrum, S. (2011). *CMMI for Development. Guidelines for Process Integration and product Improvement*. Boston: Addison Wesley.

Eigner, M., & Stelzer, R. (2009). *Product Lifecycle Management. Ein Leitfaden für Product Development und Life Cycle Management*. Berlin: Springer.

Feldhusen, J., & Grote, K.-H. (2013). *Pahl / Beitz Konstruktionslehre. Methoden und Anwendung erfolgreicher Produktentwicklung*. Berlin u.a.: Springer.

Gausemeier, J., & Plass, C. (2014). *Zukunftsorientierte Unternehmensgestaltung. Strategie, Geschäftsprozesse und IT-Systeme für die Produktion von morgen*. München u.a.: Hanser.

Gausemeier, J., Lanza, G., & Lindemann, U. (2012). *Produkte und Produktionssysteme integrativ konzipieren. Modellbildung und Analyse in der frühen Phase der Produktentstehung*. München u.a.: Hanser.

Gausemeier, J., Dumitrescu, R., Steffen, D., Czaja, A., Wiederkehr, O., & Tschirner, C. (2013). *Systems Engineering in der industriellen Praxis*. Paderborn: Heinz Nixdorf Institut, Universität Paderborn: Lehrstuhl für Produktentstehung.

INCOSE International Council on Systems Engineering (2015). *INCOSE Systems Engineering Handbook: A Guide for System Life Cycle Processes and Activities*. Hoboken: Wiley.

Institute of Electrical and Electronic Engineers (1998). *IEEE Standard 830-1998 – IEEE Recommended Practice for Software Requirements Specifications*. Piscataway: IEEE.org.

Köhler, P., Six, B., & Michels, J. S. (2015). Industrie 4.0: Ein Überblick. In C. Köhler-Schute (Hrsg.), *Industrie 4.0: Ein praxisorientierter Ansatz*. Berlin: KS-Energy.

Plattform Industrie 4.0 (2015a). Umsetzungsstrategie Industrie 4.0. Ergebnisbericht der Plattform Industrie 4.0. http://www.plattform-i40.de/umsetzungsstrategie-industrie-40-0. Zugegriffen: 7. August 2015.

Plattform Industrie 4.0 (2015b). Industrie 4.0 – White Paper FuE-Themen. http://www.plattform-i40.de/industrie-40-whitepaper-fue-themen-stand-7-april-2015-0. Zugegriffen: 7. August 2015.

Roland Berger Strategy Consultants (2015). Trend Compendium 2030. http://www.rolandberger.com/gallery/trend-compendium/tc2030/. Zugegriffen: 7. August 2015.

Rupp, C. (2009). *Requirements-Engineering und -Management. Professionelle, iterative Anforderungsanalyse für die Praxis*. München: Hanser.

Schmelzer, H. J., & Sesselmann, W. (2013). *Geschäftsprozessmanagement in der Praxis. Kunden zufriedenstellen, Produktivität steigern, Wert erhöhen*. München: Hanser.

Seidl, J. (2011). *Multiprojektmanagement. Übergreifende Steuerung von Mehrprojektsituationen durch Projektportfolio- und Programmmanagement*. Berlin: Springer.

Sendler, U. (2009). *Das PLM-Kompendium. Referenzbuch des Produkt-Lebenszyklus-Managements*. Berlin: Springer.

Verein Deutscher Ingenieure e.V. (1993). *VDI-Richtlinie 2221 Methodik zum Entwickeln und Konstruieren technischer Systeme und Produkte*. Berlin: Beuth.

Verein Deutscher Ingenieure e.V. (2004). *VDI-Richtlinie 2206 Entwicklungsmethodik für mechatronische Systeme*. Berlin: Beuth.

Frühe Berücksichtigung von Aspekten der generativen Fertigung

Auswirkungen von generativer Fertigung auf den Innovationsprozess

Arko Steinwender

Nicht die Intelligentesten, nicht die Größten bzw. Stärksten werden sich durchsetzen, sondern jene, die sich am schnellsten anpassen können. (Charles Darwin)

Inhaltsverzeichnis

11.1	Generative Fertigung	192
	11.1.1 Begriffsdefinition	192
	11.1.2 Der Hype um generative Fertigung	193
11.2	Anwendung der generativen Fertigung	194
	11.2.1 Anwendungsfelder, Möglichkeiten und eine Grundsatzbetrachtung generativer Fertigungstechnologien	194
	11.2.2 Reifegrad und Anwendungsstufen generativer Technologien	199
11.3	Verfahren und Einsatzbereich generativer Fertigungstechnologien	201
	11.3.1 Unterscheidung von generativen Fertigungstechnologien	201
	11.3.2 Etablierte Anwendungen der generativen Fertigung	202
	11.3.3 Industrielle Anwendungen	203
11.4	Wann beginnt die Entwicklung von generativ gefertigten Produkten?	206
11.5	Auswirkungen auf den Innovationsprozess	207
	11.5.1 Wann sollte generative Fertigung eingesetzt werden?	208
	11.5.2 Unterschiedliche Stufen der Implementierung im Unternehmen	209
	11.5.3 Neue Einführung bzw. Erstanwendung von generativer Fertigung	210
11.6	Resümee	213
Literatur		213

A. Steinwender (✉)
Fraunhofer Austria Research GmbH
Wien, Österreich
email: arko.steinwender@fraunhofer.at

© Springer Fachmedien Wiesbaden 2016
T. Abele (Hrsg.), *Die frühe Phase des Innovationsprozesses*, FOM-Edition,
DOI 10.1007/978-3-658-09722-6_11

11.1 Generative Fertigung

Generative Fertigung wird im Volksmund auch 3D-Drucken genannt, das sind Fertigungstechnologien, die sich in Details unterscheiden, aber die allesamt etwas gemeinsam haben – dass Bauteile schichtweise aufgebaut werden. Schon im 19. Jahrhundert wurde das erste Patent (Blanther 1892) für diese Art des Aufbaus eines Produktes angemeldet, um damit Modelle von Reliefkarten maßstabsgetreu zu erstellen. Heute geht es vielmehr um einen effizienten Einsatz und Implementierung solcher Fertigungstechnologien in Wertschöpfungsketten und -netzwerken als allein um das prinzipielle Grundprinzip der schichtweisen Fertigung.

11.1.1 Begriffsdefinition

Der Begriff des 3D-Duckens wurde in den vergangenen Jahren durch das „Rapid Prototyping", also im Bereich des Prototypenbaus geprägt, in dem auch neue Maßstäbe gesetzt wurden. Der Vorteil besteht darin, dass innerhalb kürzester Zeit ein Prototypen gefertigt werden kann, der einem Serienbauteil sehr ähnlich sieht, ohne dafür aufwändig ein Werkzeug fertigen zu müssen. Richtig belebt wurde das Thema generative Fertigung aber durch 3D-Drucker, die sich auch Privatpersonen leisten konnten. Ab diesem Zeitpunkt war es nun für jeden möglich, am eigenen Computer Objekte und Bauteile zu designen, zu konstruieren und dann sofort ohne wesentlichen Aufwand selbst physisch zu produzieren. Die Frage, die sich daraus aber ergibt: „Wie sehr eignen sich diese und weitere generative Fertigungstechnologien für die industrielle Fertigung?"

Das aktuelle Spektrum der druckbaren Materialien ist mittlerweile schon sehr umfassend und erstreckt sich von unterschiedlichsten Kunststoffen über Metalle bis hin zu keramischen Werkstoffen. Darüber hinaus gibt es Composit- oder Hybrid-Materialien wie Metall-Kunststoff-Kombinationen, kohlefaserverstärkte Kunststoffe oder Holz-Kunststoffe, um nur ein paar Beispiele zu nennen. Zudem wird im Rahmen von vielen Forschungsprojekten an weiteren Materialien geforscht, die sich für den Einsatz in der generativen Fertigung, speziell auch für industrielle Anwendungen, eignen und den hohen Ansprüchen an Qualitätsstandards gerecht werden.

Um die Vorteile generativer Fertigungsverfahren bestmöglich nutzen und das volle Potenzial ausschöpfen zu können, ist es notwendig, sich mit der „Fertigungstechnologie", mit den Möglichkeiten, den Materialeigenschaften zu beschäftigen. Darüber hinaus ist es von bedeutender Relevanz, die Auswirkungen auf den Innovationsprozess zu erlangen und eine „generative Denkweise" zu etablieren. Speziell für Unternehmen, die generativ gefertigte Bauteile in ihren Endprodukten einsetzen möchten, ist es von großer Bedeutung, sich über die Veränderungen auf die gesamte Wertschöpfungskette schon zu Beginn des Innovationsprozesses klar zu werden.

Die Zukunft und die wesentlichen Potenziale dieser Technologien liegen zu einem großen Teil in der industriellen Fertigung. Über den wirtschaftlichen Erfolg entscheidet aber in den meisten Fällen nicht ein einfacher Vergleich der Herstellkosten zwischen unterschiedlichen Fertigungstechnologien. Vielmehr kann schon zu Beginn des Innovationsprozesses eine wesentliche Weichenstellung hinsichtlich eines erfolgreichen Einsatzes generativer Fertigungstechnologien erfolgen. Die Frage ist, wie die Vorteile des schichtweisen Aufbaus im Fertigungsprozess und die direkte Fertigung optimal genutzt werden können, ohne dass dabei die Nachteile wesentlich ins Gewicht fallen. Es geht nicht nur darum, eine Fertigungstechnologie durch eine andere zu ersetzen, sondern vielmehr darum herauszufinden, für welche Bauteile ein Einsatz sinnvoll ist. Es gilt, die neuen Möglichkeiten, bspw. hinsichtlich neuer Geschäftsmodelle, neuer Services im After-Sales-Bereich etc., zu identifizieren, welche durch die starke Veränderung von Faktoren im Innovationsprozess sowie in der Wertschöpfungskette entstehen. Nur durch eine Einbindung der generativen Fertigungstechnologien und aller beeinflussenden Faktoren in frühen Phasen des Innovationsprozesses in Unternehmen und ein kontinuierliches Vorantreiben des Umdenkprozesses in Richtung generative Denkweise kann die zielgerichtete und wirtschaftliche Herstellung von industriellen Bauteilen ermöglicht werden und Wettbewerbsvorteile schaffen.

In den folgenden Abschnitten wird nun auf die einzelnen Spezifika dieser Technologien im Detail eingegangen, mit dem Versuch, diese im Gesamtkontext der Eingliederung generativer Fertigungstechnologien widerzuspiegeln und aufzuzeigen, dass eine Betrachtung von wesentlichen Details schon in den frühen Phasen des Innovationsprozesses von großer Relevanz sind. Durch den Einsatz dieser Technologien verändert sich der gesamte Innovationsprozess, und darüber hinaus sind durch generative Fertigungstechnologien Veränderungen in der Wertschöpfungskette sowie in der Betrachtung des Produktlebenszyklus zu erwarten.

11.1.2 Der Hype um generative Fertigung

Generative Fertigungstechnologien haben in den letzten Jahren einen regelrechten Hype durchlebt, der weiter anhält. Die Technologietrendanalysen von Gartner, Inc. (2012–2015) zeigen in ihrer Hype-Kurve sehr anschaulich, an welchem Punkt sich die generativen Technologien befinden. Eine interessante wie auch wichtige Veränderung in den Analysen ergab sich im Jahr 2013. Seitdem werden der Consumer-Bereich und die industrielle Anwendung von „3D-Printing" separat betrachtet. Die zwei Bereiche befinden sich seitdem auch in unterschiedlichen Punkten der Entwicklung im Technologielebenszyklus. Während sich aktuell Consumer-Anwendungen gerade knapp nach dem Hype befinden, sind industrielle, generative Fertigungstechnologien schon etwas weiter bereits durch das „Tal der Ernüchterung" auf dem Weg zu einem Technologiereifegrad, der es zulässt, die generativen Fertigungstechnologien zur Produktion von Konsumgütern zu verwenden, die beim Endkunden eingesetzt werden können.

Diese Entwicklung spiegelt sich auch in aktuellen Berichten über 3D-Druck wider. Hersteller von Anlagen für den Consumer-Bereich mussten in den Jahren 2014 und 2015 starke Kursrückgänge hinnehmen. In der Hype-Kurve liegt „3D-printing consumer" bereits nach der Spitze des Hypes, ein Anzeichen dafür, dass auch im Consumer-Bereich sichtbar wird, dass man mit generativer Fertigung vieles realisieren kann, aber doch bestimmte Rahmenbedingungen zu beachten sind. Hersteller von Fertigungsanlagen für industrielle Anwendungen konnten hingegen starke Umsatzzuwächse verzeichnen, die in Gartners Hype Cycle mit einem stabilen Trend Richtung „Produktivitäts-Plateau" begründet sein können.

Zusammenfassend ist hier zu erwähnen, dass generative Fertigungstechnologien für industrielle Anwendungen eine steigende Relevanz erfahren. Und für diesen Bereich steigt auch die Wichtigkeit, generative Fertigungstechnologien schon früh im Produktlebenszyklus und somit im Innovationsprozess zu berücksichtigen. Die Technologien wie bspw. SLM (Selektives Laserschmelzen), die sich für die industrielle Anwendung eignen, sind mittlerweile auf einem Niveau, auf dem sie mit konventionellen Herstellungstechnologien konkurrieren können. Die Anlagen-, Material- und Prozessentwicklung (wie z. B. qualitätssichernde Maßnahmen) befinden sich in ständiger Weiterentwicklung, womit die Anwendungsmöglichkeiten weiter steigen. Trotzdem sind bei generativen Fertigungstechnologien unterschiedliche Aspekte zu berücksichtigen, die speziell im Innovationsprozess wesentliche Auswirkungen aufweisen.

11.2 Anwendung der generativen Fertigung

Die Herangehensweise vieler Unternehmen in Bezug auf generative Fertigungstechnologien, rein auf der Basis, „sich auch mit 3D-Druck beschäftigen zu wollen", ist zu kurzsichtig. Der Erfolg damit, diese Technologien einzusetzen, kann sich nur dann einstellen, wenn es ein Unternehmen schafft, durch die Vorteile von generativ gefertigten Produkten entweder im Produkt einen „Mehrwert" für den Kunden zu generieren, wofür der Kunde auch bereit ist, mehr zu bezahlen, oder wirtschaftliche Vorteile für den Kunden oder sich selbst, als Hersteller, darzustellen. In beiden Fällen kann das nur ermöglicht werden, wenn die Vorteile von generativen Fertigungstechnologien gegenüber konventionellen Produktionstechnologien schon früh im Innovationsprozess für neue Produkte berücksichtigt werden. Diese Spezifika haben dann in weiterer Folge Auswirkungen auf die darauf folgenden Schritte in der Wertschöpfungskette sowie fallweise auf den gesamten Produktlebenszyklus.

11.2.1 Anwendungsfelder, Möglichkeiten und eine Grundsatzbetrachtung generativer Fertigungstechnologien

Relevant ist an dieser Stelle die Auswahl geeigneter Anwendungsfälle in Unternehmen. Die jeweiligen Auswahlkriterien sind ebenso individuell und vielfältig wie die Anwendungsmöglichkeiten. Ein wesentlicher Faktor ist allerdings, die Anwendungsbereiche zu finden, in denen die generative Fertigung mit ihren Spezifika die vollen Potenziale ausschöpfen kann:

- Komplexe Geometrien → starke Design- und Geometriefreiheit,
- Konventionell nicht fertigbare Baugruppen, Bauteile sowie Bauteilstrukturen,
- Material- (ressourcen-)effiziente Bauteilgestaltung,
- Leichtbau sowie topologische Bauteilgestaltung,
- „Direct Manufacturing" – Wegfall des Werkzeugbaus,
- Einsatz im Werkzeugbau – „konturnahes Kühlen".

„Complexity for free" vs. Wegfall von Skaleneffekten
Die Eigenheit generativer Fertigungstechnologien, Bauteile im Schichtbauverfahren aufzubauen, ermöglicht nahezu unbeschränkte Möglichkeiten hinsichtlich der Komplexität der Bauteilgeometrie. Die Herstellung jeder Ebene funktioniert auf dieselbe „einfache" Art und Weise – in den meisten Fällen verändert bzw. verfestigt ein Laser, eine Lichtprojektion oder ein Bindemittel das Rohmaterial, und erst das technologiebedingte „Übereinanderlegen" der Flächen ergibt bei Bedarf die komplexe Struktur bei einer, vom Grundprinzip ausgehend, sehr einfachen Produktionstechnologie. Das bedeutet, es gibt bei komplexeren Bauteilen keine wesentlichen Veränderungen hinsichtlich des konkreten Fertigungsprozesses, ganz unabhängig von der Komplexität der jeweils „gedruckten" Ebene. Diese Eigenschaft ermöglicht die Herstellung von Produkten in einem Arbeitsgang, welche mit konventionellen Verfahren nur mit sehr großem Aufwand oder gar nicht herstellbar wären. Wie in Abb. 11.1 dargestellt, bedeutet eine hohe Bauteilkomplexität bei konventionellen Fertigungsverfahren stark ansteigende Stückkosten mit einer Komplexitätsgrenze,

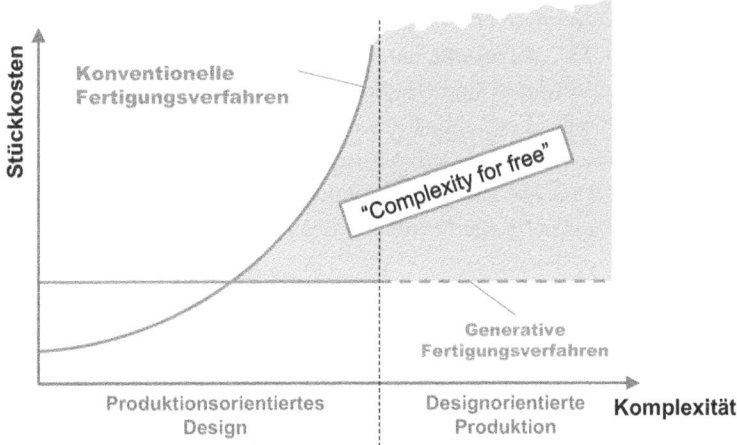

Abb. 11.1 Bauteilstückkosten in Abhängigkeit der Bauteilkomplexität – Vergleich konventionelle vs. generative Fertigungsverfahren

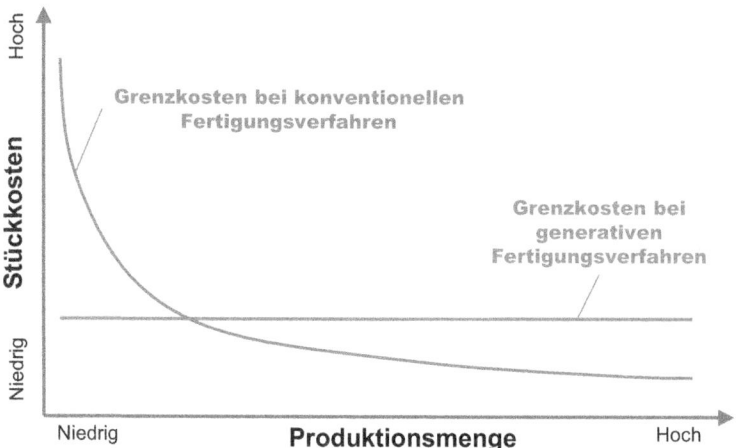

Abb. 11.2 Vergleich der Grenzkosten von konventionellen mit generativen Fertigungsverfahren

ab der ein Bauteil mit konventionellen Fertigungsverfahren nicht mehr hergestellt werden kann. Dahingegen bleiben die Herstellkosten pro generativ gefertigtem Bauteil nahezu unverändert, auch über die Komplexitätsgrenze von konventionellen Verfahren hinaus.

Diese, in Abb. 11.1 dargestellte Eigenschaft stellt einen der relevantesten Vorteile von generativ gefertigten Produkten dar, der auch genutzt werden muss, um einen Mehrwert für den Kunden erzeugen zu können. Ein Umstand, der zu Beginn des Innovationsprozesses bewusst sein muss, da er gravierende Auswirkungen auf die Ideenfokussierung sowie auf die Produktentwicklung hat. Daraus entsteht eine strategische Fragestellung, für welche Produkte eine neue Fertigungstechnologie eingesetzt werden kann bzw. auch wirtschaftlich sinnvoll erscheint. Konkret steht der Möglichkeit von komplexen Bauteilgeometrien die wertschöpfungstechnische Gegebenheit gegenüber, dass in der generativen Fertigung, wie in Abb. 11.2 dargestellt, annähernd keine Skaleneffekte bei größeren Produktionsstückzahlen zu erwarten sind (Hopkinson und Dickens 2003, S. 38; Atzeni und Salmi 2012). Die Größe des Fertigungsloses hat, abhängig von der Füllung des Bauraumes der Anlage, Einfluss auf die Herstellkosten. Bei größeren Stückzahlen wird allerdings stärker der Vorteil der einfachen Produktindividualisierung bis auf Losgröße eins als Vorteil im Innovationsprozess betrachtet werden müssen.

Generative Fertigungstechnologien sind keine Substitutionstechnologien
Schon zu Beginn des Innovationsprozesses ist relevant, die Anwendungsbereiche sowie die Vorteile der generativen Technologie zu kennen und gezielt im Produkt einzusetzen. Der Begriff „Produkt" ist bei dieser Betrachtung etwas weiter zu fassen – es gelten grundsätzlich andere Rahmenbedingungen für generativ gefertigte als für konventionell gefertigte Produkte. Es werden komplett neue Vermarktungskonzepte und revolutionäre Geschäftsmodelle ermöglicht, die durch konventionelle Fertigungstechnologien

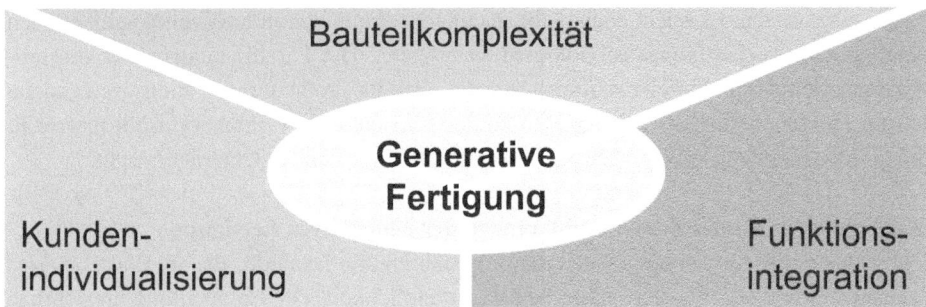

Abb. 11.3 Einsatzgebiete von generativen Fertigungstechnologien. (Quelle: In Anlehnung an Breuninger et al. 2013, S. 14)

bisher nicht möglich waren oder nicht wirtschaftlich umgesetzt werden konnten. Daher kann die generative Fertigung nicht als reine Substitutionstechnologie angesehen werden. Bei der Entscheidung, generative Technologien in das unternehmenseigene Produktionstechnologieportfolio aufzunehmen, sind daher im Innovationsprozess die Betrachtung der wesentlichsten Faktoren für den Einsatz der Technologien, die Bauteilkomplexität, die Kundenindividualisierung sowie die Funktionsintegration, notwendig. Bei einer Erfüllung aller drei Faktoren (wie in Abb. 11.3 dargestellt) führt am Einsatz generativer Fertigung nahezu kein Weg vorbei (Breuninger et al. 2013, S. 14).

Folgend sind zusätzlich zu den drei genannten Faktoren weitere Vorteile angeführt, wodurch die Potenziale dieser Technologien bestmöglich ausgeschöpft werden können:

- Bauteilkomplexität – „Complexity for free",
- Starke Kundenindividualisierung,
- Funktionsintegration,
- Produktpersonalisierung,
- Montageintegriertes Design,
- Komplexitätsunabhängige Prozesszeiten in der Herstellung,
- Kurze (virtuelle) Rüstzeiten,
- Topologische Bauteilgestaltung,
- Kostenvorteile bei Kleinserien bzw. geringen Stückzahlen.

Darüber hinaus ergeben sich, abhängig vom Anwendungsfall, Veränderungen in der gesamten Wertschöpfungskette, die neue Konzepte im Bereich der Produktion und der Logistik ermöglichen. Die Entwicklung von neuen Geschäftsmodellen wie bspw. virtuelle Ersatzteillager oder verbesserter Kundenservice durch dezentrale Produktionskonzepte stellen hier wesentliche Handlungsbereiche dar, mit dem Potenzial, gesamte Vertriebs- oder auch Logistikkonzepte zu revolutionieren.

Um das Technologiepotenzial bestmöglich ausnutzen zu können, müssen Unternehmen lernen, „generativ" zu denken und diese Denkweise schon zu Beginn des Innovationsprozesses einzusetzen. Es reicht eben nicht aus, bereits implementierte Technologien einfach durch generative Fertigungstechnologien zu ersetzen. Der Paradigmenwechsel von produktionsorientierter Bauteilgestaltung, auf die sich die produzierende Industrie über die letzten Jahrzehnte ausgerichtet hat, hin zu designorientierter Produktion stellt hier wohl die größte Herausforderung, aber auch wesentliche Chancen für Unternehmen dar.

Möglichkeiten, Dimensionen und Grenzen der generativen Fertigung
Die industrielle Anwendung generativer Verfahren für Bauteile, die in Endprodukten verbaut werden, war bis jetzt keine Selbstverständlichkeit. Die Entwicklung hinsichtlich Technologien und Materialien ist in den letzten Jahren allerdings mit großen Schritten vorangegangen. Ursprünglich entwickelten sich generative Fertigungstechnologien rund um Polymerwerkstoffe, Wachse und Papierlaminate (Gibson 2010, S. 9), durch welche die Anwendungsfälle sehr stark beschränkt wurden. Mit einem wachsenden Markt durch Ideen für neue Anwendungsfälle steigt auch der Bedarf an Werkstoffen mit speziellen Eigenschaften und einer Weiterentwicklung der entsprechenden generativen Fertigungstechnologie. Sowohl Kunststoffe und Metalle als auch Keramiken können durch generative Fertigungstechnologien mittlerweile so verarbeitet werden, dass die Endprodukte als hochbeanspruchte Bauteile für Hightech-Anwendungen eingesetzt werden können.

Aktuell stehen Unternehmen vor der Herausforderung, für den richtigen Anwendungsfall die richtige Technologie zu finden, die allen Anforderungen hinsichtlich Geometrie, Material sowie wirtschaftlichen Aspekten gerecht wird. Das Dilemma entsteht momentan an der Stelle, dass meist nicht alle drei Anforderungskategorien von einer Technologie erfüllt werden können (Stampfl 2014), was die Anwendungsmöglichkeiten und -fälle für relevante industrielle Produkte noch etwas einschränkt. Durch das große Interesse der Industrie und der sehr aktiven öffentlichen und unternehmensinternen Forschungs- und Entwicklungsaktivitäten sind hier aber in den nächsten Jahren signifikante Verbesserungen hinsichtlich Präzision, Oberflächenqualität und Materialeigenschaften zu erwarten. Darüber hinaus bieten generative Verfahren durch den schichtweisen Aufbau die Möglichkeit von Echtzeit-Prozessüberwachung, beispielsweise hinsichtlich Materialfehler, im Bauteil an. Die Verfahren werden bezüglich der Bearbeitungszeiten stets schneller, wodurch die Wirtschaftlichkeit der Anwendung steigt.

Abhängig vom Anwendungsfall, dem eingesetzten Material sowie der relevanten generativen Fertigungstechnologie ist die mögliche Spannweite der Dimension von Bauteilen schon sehr beachtlich. Im Bereich von Photopolymeren können Bauteile mit Abmessungen von wenigen Zehntel-Millimetern mit einer Genauigkeit von bis zu 100 nm gefertigt werden (AMT TU Wien 2013). Die meisten heute bekannten und eingesetzten Fertigungsanlagen, speziell auch für den industriellen Einsatz, weisen Bauräume für Produkte mit Abmessungen von wenigen Millimeter bis ungefähr einem Meter auf. In diesen Bereichen werden durchweg auch hochwertige Metalle wie bspw. Titan oder Hochleistungskeramiken verarbeitet. Ein wesentlicher Aspekt ist hier, dass die mögliche Bauraumgröße sehr stark vom der eingesetzten Fertigungstechnologie abhängt und hier aufgrund der notwendigen Prozessstabilität und Genauigkeit noch Grenzen gesetzt sind. Mit manchen Verfahren und speziellen Anlagenkonstruktionen sind aber durchaus noch größere Produktdimensionen möglich, wie bspw. das Drucken von kompletten Fahrzeugen (Local Motors 2014). Auch im Bereich des Baugewerbes finden generative Verfahren bereits Anwendung, indem vollständige Gebäude kostengünstig in einem Bauvorgang gefertigt werden.

Relevant für den sinnvollen Einsatz von generativen Fertigungstechnologien ist primär das geeignete Verfahren für den Anwendungsfall. Darüber hinaus führt eine Kombination aus den gegebenen Potenzialen bzw. geeigneten Anwendungsbereichen oder eine Generierung eines Mehrwertes im Produkt für den Anwender durch die Verwendung der generativen Fertigungsverfahren zu einem wirtschaftlich erfolgreichen Einsatz der Technologie.

11.2.2 Reifegrad und Anwendungsstufen generativer Technologien

Generative Fertigungstechnologien werden heute bereits in allen beschriebenen Anwendungsstufen eingesetzt. Diese Technologien gewinnen ständig an Bedeutung, auch abseits der Prototypenfertigung über die Kleinserienproduktion (Gausemeier et al. 2012, S. 2) bis hin zur Serienproduktion.

Abhängig von der Anwendungsstufe (siehe Abb. 11.4), in der eine Fertigung von Produkten erforderlich sein kann (Ideen-, Prototypen- oder Funktionsmusterphase) oder notwendig ist (Kleinserien- und Serienfertigung) befindet sich der Reifegrad der generativen Technologien auf unterschiedlichem Niveau. Dies hängt weniger von spezifischen Pro-

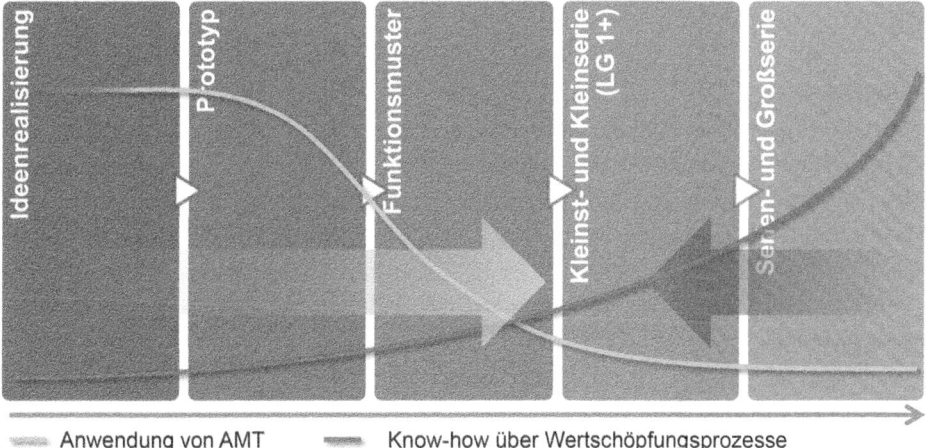

Abb. 11.4 Für generative Fertigung relevante Umsetzungsphasen. (Quelle: In Anlehnung an Mayrhofer und Steinwender 2014, S. 229–240)

zessparametern ab als vielmehr von den unterschiedlichen Anforderungen hinsichtlich erforderlicher Fertigungsqualität bzw. -toleranzen oder Materialeigenschaften. Folgend werden kurz unterschiedliche fertigungsrelevante Entwicklungsphasen im Innovationsprozess beschrieben, auf die generative Fertigungstechnologien Auswirkungen haben.

Ideenrealisierung
Die Ideen entstehen im Kopf von Mitarbeitern oder Kunden, und häufig entscheidet der Zufall, ob diese Ideen weiter verfolgt und zu einem Produkt oder sogar einer Innovation werden. Bei bisherigem Innovationsvorgehen in Unternehmen ist der Weg von der Idee bis zu einem Prototypen oder dem fertigen Produkt meist ein sehr langer. Durch generative Fertigungsverfahren ergibt sich nun die Chance, sehr kurzfristig eine Idee in ein physisches Objekt zu konvertieren. Dies wiederum unterstützt das Vorstellungsvermögen und lässt eventuell schon sehr früh im Innovationsprozess Rückschluss auf weitere Möglichkeiten, Ideen oder auch Risiken zu.

Prototypen
Durch den Begriff „Rapid Prototyping", der heutzutage noch häufig missverständlicherweise als Synonym für generative Fertigungsverfahren verwendet wird, sind diese Technologien groß und bekannt geworden – durch die Möglichkeit, ein Produkt schon während der Entwicklungsphase sehr kurzfristig und kostengünstig, dabei aber ausreichend detailgetreu herstellen zu können. Der Grund, warum generative Fertigungstechnologien es lange Zeit nicht über die Prototypenphase hinaus geschafft haben, lag schlicht und einfach an der nicht ausreichenden Genauigkeit bzw. Qualität hinsichtlich Material oder Oberfläche (Zäh 2006, S. 126), fehlender Prozessstabilität oder für Endprodukte zu teurer Herstellungstechnologie. Diese Faktoren erfüllten aber in den meisten Fällen alle Anforderungen für den Prototypenbau und ermöglichten eine wirtschaftliche Realisierung dieser.

Funktionsmuster
Abhängig von der Funktion, die ein Funktionsmuster erfüllen muss, ist auch die Anforderung an den Herstellungsprozess bzw. an das Material höher als in den vorangehenden Anwendungsstufen. Bei der Durchführung von Tests dieser Muster müssen nicht nur die Materialeigenschaften, sondern auch meist die Oberflächenqualität der eines Serienproduktes entsprechen. Werden generative Fertigungstechnologien für diese Phase eingesetzt, ist speziell darauf zu achten, dass alle relevanten Anforderungen auch tatsächlich erfüllt werden können.

Kleinst- und Kleinserien
Die Produktion von Kleinst- und Kleinserien ist in der Betrachtung der industriellen Anwendung generativer Fertigungstechnologien ein wesentlicher Faktor. Neben den klassischen Einsatzfeldern generativer Technologien überwiegen deren wirtschaftliche Vorteile

gegenüber konventionellen Technologien häufig durch einen kostenintensiven Werkzeugbau und die damit verbundene Erstinvestition für das Werkzeug, noch bevor ein Produkt hergestellt wurde. Die Voraussetzung dafür sind verfügbare erforderliche Materialeigenschaften sowie eine ausreichende Genauigkeit der Technologie.

Die Vorteile überwiegen in weiterer Folge stärker, wenn Bauteile komplexe Strukturen aufweisen oder individuell gestaltet werden, also geringe Stückzahlen pro Variante (bis Losgröße 1) und eine sehr hohe Variantenzahl (bis zu einem gefertigten Bauteil pro Variante) aufweisen. Weist ein Bauteil diese Eigenschaften in einer großen Ausprägung auf, kann dies auch aus wirtschaftlicher Sicht für die Serien- und Großserienfertigung sprechen.

Serien- und Großserienfertigung
In der Literatur ist häufig zu finden, dass sich generative Fertigungsverfahren nur für die Anwendung in den vier beschrieben Phasen eignen und wirtschaftlich einsetzen lassen (VDI 2014, S. 8). Wie allerdings bspw. die US-amerikanische Firma Invisalign (Wohlers 2015) unter Beweis stellt, wird unter Ausnutzung mehrerer Potenzialfelder auch in der individuellen Großserienfertigung gerade durch die Anwendung der generativen Technologien erst eine wirtschaftliche Produktion ermöglicht. Dies zeigt wiederum, dass nicht allein das Produkt an sich, sondern die Ausnützung der Produkteigenschaften im Kontext der Betrachtung der gesamten Wertschöpfungskette für den Erfolg für die Anwendung generativer Verfahren, gleichermaßen in allen Anwendungsstufen, verantwortlich ist.

11.3 Verfahren und Einsatzbereich generativer Fertigungstechnologien

Generative Fertigung wird häufig als „3D-Druck" bezeichnet. Tatsächlich stellt das 3D-Druck-Verfahren nur eine von mehreren generativen Fertigungstechnologien dar. Wie bereits in Abschn. 11.1 erwähnt, haben alle unterschiedlichen generativen Verfahren den schichtweisen Aufbau von Bauteilen gemeinsam. Sie unterscheiden sich aber dennoch sehr stark in Details (Breuninger et al. 2013; Leichtbau BW GmbH 2015, S. 3) voneinander.

11.3.1 Unterscheidung von generativen Fertigungstechnologien

Die unterschiedlichen Merkmale und das Know-how im Umgang mit den Eigenheiten der unterschiedlichen Technologien ist schon früh im Innovationsprozess von hoher Bedeutung, da diese Merkmale wesentliche Einflüsse auf alle nachfolgenden Schritte im gesamten Innovationsprozess haben (im Detail werden diese in Abschn. 11.4 und Abschn. 11.5 beschrieben). Im Wesentlichen kann zwischen sieben grundsätzlichen generativen Fertigungsverfahren unterschieden werden:

1. Stereolithographische Verfahren,
2. Binder jetting process – pulverbettbasiertes Verfahren,
3. 3D-Drucken/Poly-Jet Modeling,
4. Fused layer Modeling,
5. Selektives Laserschmelzen,
6. Laminated Object Manufacturing,
7. Auftragsschweißen.

Weitere Verfahren, die sich aktuell noch im Entwicklungsstadium befinden, sind zum Beispiel das Maskensintern (Breuninger et al. 2013, S. 37) und das „CLIP"-Verfahren (Carbon3d 2015). Dieses Verfahren ist sehr vielversprechend, da nicht jede Schicht einzeln erzeugt wird, sondern das Bauteil kontinuierlich „wächst" und somit auch die für generative Technologien typischen Stufeneffekte nicht aufweist.

Die Unterscheidungsmerkmale, die in den einzelnen Phasen des Innovationsprozesses berücksichtigt werden müssen, sind:

- Rohmaterialien und Zuführung der Materialien (pulverförmig, flüssig, drahtförmig).
- Bauteil wird im Baumaterial erzeugt (im Pulverbett oder in der Flüssigkeit) oder Baumaterial wird nur an relevanten Stellen aufgebracht – relevant für die Notwendigkeit von Stützstrukturen.
- Technologisches Prinzip bzw. Verbindung der einzelnen Schichten (optisch bzw. chemisch, thermisch – Kleben, Schmelzen, Aufspritzen, Verfestigen durch Binder oder fotosensitive Initiatoren etc.).
- Bauraumgröße und die damit verbundene maximale Bauteilgröße.
- Oberflächenqualität.
- Geschwindigkeit (Zykluszeiten pro Schicht bzw. Volumen, evtl. notwendige Postprozesse wie z. B. Nachsintern, Nachbelichten etc.).
- Maschinen-, Material- bzw. Prozesskosten.

11.3.2 Etablierte Anwendungen der generativen Fertigung

Ausgelaufene Patente und die unter anderem dadurch ermöglichte Realisierung von kostengünstigen 3D-Druckern „pushte" die Bekanntheit generativer Fertigungstechnologien auch im privaten Bereich enorm. Davor war der Prototypenbau das Feld, in dem sich die generative Fertigung in den letzten Jahren etabliert hat und aus dem sie nicht mehr wegzudenken ist. Diese Faszination, eine Vorstellung, eine Idee in wenigen und relativ einfachen Schritten in ein physisches Objekt umwandeln zu können, wurden auch von Architekten, Designern und der Schmuckindustrie erkannt. In diesen Bereichen steht bei der Entstehung der Idee das Design im Vordergrund und nicht die „Produzierbarkeit" von Bauteilen. Dies stellt einen großen Vorteil in Bezug auf die Etablierung einer „generativen Denkweise" im Gegensatz zur Herangehensweise in der klassischen produzierenden Industrie dar,

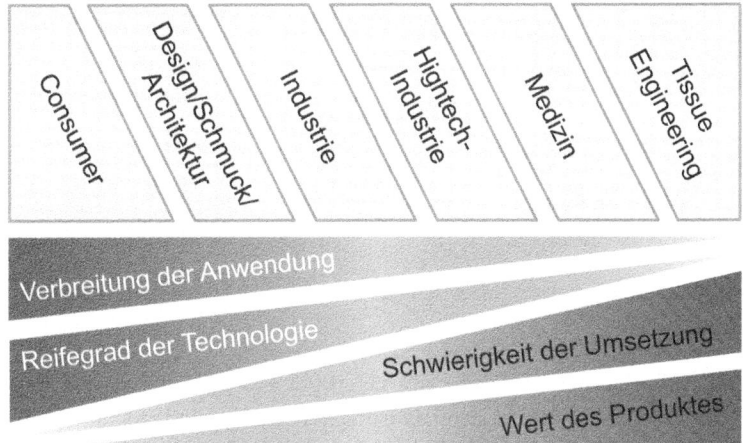

Abb. 11.5 Anwendungsbereiche generativer Fertigungsverfahren unter Berücksichtigung des Reifegrades bzw. des Produktwertes und der Schwierigkeit in der Umsetzung

die sehr stark durch produktionsorientierte Design- und Konstruktionsrichtlinien geprägt ist.

Die Hightech-Industrie (wie bspw. Luft- und Raumfahrt) sowie auch der Medizinbereich (wie bspw. Orthopädie- oder Dentaltechnik, Prothetik oder auch Tissue Engineering) stellen die Anwendung generativer Technologien vor große Herausforderungen. Zwar wären in diesen Bereichen die Vorteile wie Leichtbau, kleine Stückzahlen, kundenindividuelle Fertigung etc. gegeben, sehr häufig scheitert die Anwendung allerdings an fehlenden oder nicht zufriedenstellenden Materialeigenschaften (Hitzebeständigkeit, Biokompatibilität, Porosität etc.), fehlender Fertigungsgenauigkeit oder fehlenden Möglichkeiten einer durchgängigen Fertigungsprozesskontrolle zur Qualitätsüberprüfung. Aufgrund der Vielzahl an nationalen und internationalen Forschungsprojekten ist hier in den kommenden Jahren mit wesentlichen Durchbrüchen zu rechnen. In Abb. 11.5 ist eine Einteilung der unterschiedlichen Anwendungsbereiche in Abhängigkeit der Verbreitung der Anwendung sowie des Reifegrads der Fertigungstechnologie für den jeweiligen Anwendungsbereich dargestellt. Im Verlauf nach rechts steigt aufgrund der größeren Herausforderungen an die Produkte auch die Schwierigkeit in der Umsetzung.

11.3.3 Industrielle Anwendungen

Die industrielle Anwendung generativer Fertigung bedeutet, dass auf diese Art produzierte Bauteile in Produkten bei Endkunden Verwendung finden bzw. im Falle der generativen Werkzeugherstellung diese Produkte direkt zur Fertigung von Endprodukten verwendet

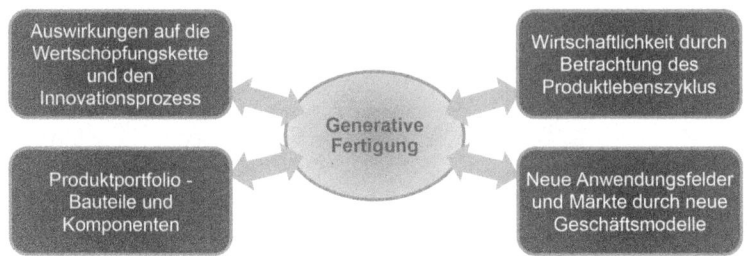

Abb. 11.6 Betrachtungsebenen der Auswirkungen generativer Fertigungstechnologien

werden. Die Anforderungen an generativ gefertigte Produkte müssen daher exakt den Kunden- bzw. Fertigungsanforderungen entsprechen. Im Speziellen kann darunter die

- Bauteil-/Komponentenfertigung (Vorserien-, Kleinserien sowie Serienfertigung),
- Werkzeugfertigung (z. B. Werkzeugeinsätze mit konturnaher Kühlung),
- Fertigung für Hilfswerkzeuge (z. B. Montagehilfen etc.)

verstanden werden. Die Entwicklung von Bauteilen erfordert, wie erwähnt, die Berücksichtigung unterschiedlicher Aspekte (Abb. 11.6), um die Potenziale generativer Fertigungstechnologien bestmöglich ausnützen und effektiv einsetzen zu können. Letztendlich entscheidet die Wirtschaftlichkeit, ob eine Fertigungstechnologie für Serienbauteile eingesetzt wird oder nicht. Die Betrachtungsgrenzen müssen dabei aber über die reinen Herstellkosten hinausgehen.

Nicht selten entscheidet ein Mehrwert, der durch generative Fertigungsverfahren erst realisiert und im Produkt implementiert werden kann, wie bspw. die Funktionsintegration. Ein weiterer wesentlicher Faktor ist die Betrachtung des Produktlebenszyklus. Schafft man es, dass durch ein generatives Produkt die Lebenszykluskosten gesenkt werden, so können eventuell höhere Herstellungskosten rasch egalisiert werden. Auch die reine Herstellkostenbetrachtung kann bis zu einem Break-Even-Point aus wirtschaftlicher Sicht für den Einsatz generativer Verfahren sprechen, wenn die Stückzahlen klein sind und für konventionelle Verfahren eine hohe Anfangsinvestition zu erwarten ist, wie bspw. die Fertigung eines Spritzgusswerkzeuges.

Die Betrachtung der reinen verfahrensbedingten Produktionskosten ist auf die Sichtweise des gesamten Herstellungsprozesses, von der Rohmaterialanlieferung bis zur Endprüfung, zu erweitern. Generative Fertigung verändert traditionelle Strukturen und fasst bisher mehrstufige Prozesse zu einer Einheit zusammen, was eine große Herausforderung für Unternehmen bedeutet. Umso mehr besteht dadurch im gesamten Innovationsprozess die Notwendigkeit, sowohl die wirtschaftliche als auch die technische Machbarkeit auf diese Weise produzierter Teile zu rechtfertigen (Wohlers 2013).

Ein weiteres Feld ist die Entwicklung von völlig neuen Geschäftsmodellen und die Notwendigkeit, die Technologie dem Markt anzupassen. Das geht weit darüber hinaus, ausschließlich mehr Verkaufskanäle zu finden oder den Markt zu durchdringen (Reeves 2012). Hier bieten einerseits die Märkte großes Potenzial, in denen starke Kundenindividualisierung gefragt ist. Andererseits ist hier auch mit Veränderungen hinsichtlich logistischer Rahmenbedingungen oder einer Rückverlagerung von Produktionsstätten zu rechnen. Dadurch sind auch neue Möglichkeiten hinsichtlich Ersatzteilmanagement entstanden und Ersatzteilstrategien sind durch die neuen Möglichkeiten komplett zu überdenken: „Wie viele Ersatzteile sollen auf Lager gelegt werden?", „Wann ist der beste Zeitpunkt für den Umstieg auf generative Technologien?" und „Wird das benötigte Ersatzteil auf den eigenen Anlagen ausgedruckt oder beim Kunden?"

Zusammenfassend gilt für die industrielle Anwendung von generativen Fertigungstechnologien, dass die zu fertigenden Bauteile eine bestimmte Komplexität aufweisen müssen und dass diese individuell an die Kundenanforderungen angepasst werden muss sowie die Notwendigkeit großer Variantenvielfalt besteht. Die Bauteile sollten eine relativ geringe Größe aufweisen, um in den vorhandenen Bauraumgrößen der Anlagen auch effizient gefertigt werden zu können (Breuninger et al. 2013, S. 206).

Architektur/Design/Schmuckindustrie
Diese Branchen haben die Vorteile der generativen Fertigung bereits sehr stark für sich erkannt und wenden diese in vielen Fällen bereits erfolgreich an. Meist handelt es sich hierbei um Einzelstücke, die nach den Designvorgaben problemlos in druckfähige Modelle transferiert und „ausgedruckt" werden können. Im Vordergrund steht die nahezu uneingeschränkte Design- und Gestaltungsfreiheit der Produkte in Kombination mit der geringen gefertigten Stückzahl. Selten stehen ein klassischer Innovationsprozess sowie eine industrielle Wertschöpfungskette und evtl. unterschiedliche Geschäftsmodelle mit dem Produkt in Verbindung, wie sich diese Ausprägung in den anderen beschriebenen Branchen einer „klassischen" industriellen Anwendung darstellt.

Textil/Schuhe
Sowohl die Textilindustrie als auch die Textilzulieferindustrie beobachtet die Entwicklungen im Hinblick auf generative Fertigung sehr genau. Es ist durchaus vorstellbar, in nicht allzu ferner Zukunft feine Textilstrukturen oder ganze nahtlose, stoffähnliche Kleidungsstücke zu „drucken". Ähnlich, wie es bei Schuhen bspw. des Sportwarenherstellers Nike (Simon 2013) bereits der Fall ist, können generative Fertigungstechnologien durch die Entwicklung neuer Geschäftsmodelle eine wirtschaftliche Produktion in neuen Märkten ermöglichen, in denen kundenindividuelle Produkte mit kurzen Lieferzeiten vermarktet werden.

Medizin/Dental/Orthopädie
Der Bereich der Medizintechnik ist prädestiniert für die Anwendung generativer Technologien. Jedes gefertigte Produkt ist einzigartig, da es individuell an jeden Patienten angepasst werden muss. Die digitale Datenaufnahme und -aufbereitung durch bereits angewendete medizintechnische digitale Aufnahmegeräte (z. B. CT, MRT, Röntgen, Scanner

etc.) ermöglicht eine rasche Weiterverarbeitung der relevanten Daten zu einem generativ fertigbaren Bauteil, bei dem die Produktionslosgröße immer bei eins liegt. Im Gegensatz dazu sind die Anforderungen an das Material hinsichtlich Festigkeit, Qualität, aber auch Bio-Kompatibilität sehr hoch. Produkte im Bereich der medizintechnischen Anwendung durchlaufen dabei keinen klassischen Innovationsprozess, wie dies bei seriengefertigten Produkten der Fall ist.

Luft- und Raumfahrt
Die Luft- und Raumfahrt steht bei der Entwicklung der eingesetzten Bauteile stets vor der Herausforderung, sehr leichte Bauteile konstruieren und bauen zu müssen, um in Folge über den Produktlebenszyklus Treibstoff und somit Kosten einzusparen. Durch Leichtbaumaßnahmen, wie bspw. auch den Einsatz topologischer Bauteiloptimierung, kann dies zu sehr komplexen Bauteilstrukturen führen, die nur mehr generativ wirtschaftlich produzierbar sind. Das Ergebnis eines Forschungsprojektes (SAVING 2012) zeigt sehr deutlich, wie durch eine Gewichtsreduktion eines generativ gefertigten Bauteiles Lebenszykluskosten eingespart werden können, die weit über die Herstellkostendifferenz des generativen Bauteils hinausgehen.

Maschinen- und Anlagenbau
Im Maschinen- und Anlagenbau stehen bei der Produktgestaltung für generativ gefertigte Bauteile primär die Faktoren Produktkomplexität, Funktionsintegration und Variantenvielfalt bzw. kleine Losgrößen im Vordergrund. Darüber hinaus ist die maximale Größe des Bauteils abhängig von der eingesetzten generativen Fertigungsanlage und deren Bauraum. Da in dieser Branche der Kostendruck und damit die Wirtschaftlichkeitsanforderungen meist sehr hoch sind, eignen sich generative Fertigungstechnologien primär für Teile, die keiner Nacharbeit bedürfen (z. B. reine Funktionsbauteile, nicht sichtbare Bauteile etc.), oder für Teile, bei denen die Wirtschaftlichkeit durch Veränderungen in der Wertschöpfungskette (Einsparung von Prozess- oder Montageschritten) oder einen Mehrwert im Produkt gegeben ist.

11.4 Wann beginnt die Entwicklung von generativ gefertigten Produkten?

Innovationsmanagement in Kombination mit Technologiemanagement umfasst im unternehmerischen Umfeld drei Betrachtungsebenen – die strategische Ebene, die normative Ebene und die operative Ebene (Albers und Gassmann 2011, S. 5). Die generative Fertigung nimmt in diesem Kontext eine besondere Stellung ein. Sie ist nicht nur eine Fertigungstechnologie, die eingesetzt wird, um ein entwickeltes Produkt zu produzieren, sondern sie beeinflusst maßgeblich alle drei Betrachtungsebenen von Beginn an und erfordert ein radikales Umdenken. Die Komplexität generativer Fertigung und die Interdisziplinarität der Auswirkungen erfordern eine breite Wissensbasis, welche bereits zu

Beginn des Innovationsprozesses gezielt einzusetzen ist. Die Auswahl von Baugruppen und -teilen für generative Fertigung findet aktuell häufig auf Basis technologie-substituiver Ansätze unter Berücksichtigung der Vorteile der generativen Fertigung statt. Dabei werden dem generativen Fertigungsprozess vor- und nachgelagerte Prozessschritte, Kunden- und Lieferantenbeziehungen sowie Support- und Administrationsprozesse nur in begrenztem Maße betrachtet oder vollständig außer Acht gelassen (Bourell et al. 2009; VDI 2014). Dies kann wiederum einen erheblichen Einfluss auf das gesamte Potenzial von generativ gefertigten Produkten und deren Chancen für eine erfolgreiche Vermarktung haben. Weitere Betrachtungsebenen (Abb. 11.6) wie bspw. die Entwicklung von neuen Geschäftsmodellen, die erst durch den Einsatz generativer Fertigung ermöglicht werden, sind, bezogen auf den Innovations- und Produktentwicklungsprozess, nicht erst zum Zeitpunkt der Konstruktion des Produktes oder der Auswahl der Fertigungstechnologie relevant.

Wo beginnt nun eigentlich die Entwicklung bzw. der Innovationsprozess von Produkten „aus dem 3D-Drucker"? Der Grundstein für den Einsatz generativer Fertigungstechnologien für die industrielle Anwendung im Unternehmen wird durch eine unternehmensstrategische Entscheidung zu Beginn des Innovationsprozesses gelegt, mit der Voraussetzung, sich der Aus- und Wechselwirkungen bewusst zu sein. In einer weiteren Phase des frühen Innovationsprozesses im Zuge der Innovationsstrategie und zu Beginn der Suchfeldbestimmung liegt die Herausforderung darin, die „Funktion" des Produktes ohne Berücksichtigung produktionstechnischer Restriktionen in den Fokus zu rücken. Darüber hinaus stellt sich in dieser Phase auch die Frage nach einem möglichen Mehrwert, der aufgrund der Kundenanforderungen, Markt- oder Produkttechnologietrends identifiziert und durch den Einsatz generativer Fertigungstechnologien in weiterer Folge in das Produkt „integriert" werden kann. Abhängig von Analysen über Kundenanforderungen und Entwicklungstrends wird auch in der frühen Phase der Grundstein zur Identifikation von weiteren Möglichkeiten zur Vermarktung, über eine reine produktbezogene „Mehrwertgenerierung" durch generative Fertigung hinaus, gelegt – im Sinne der Entwicklung neuer Geschäftsmodelle und zur Vervollständigung der produktbezogenen Vorteile.

11.5 Auswirkungen auf den Innovationsprozess

In erster Linie stellen generative Fertigungsverfahren für Unternehmen eine prozess- bzw. produktionstechnologische Innovation dar. Ganz so einfach kann diese Thematik allerdings nicht betrachtet werden, da es sich bei generativen Fertigungstechnologien nicht wie bereits beschrieben um Substitutionstechnologien im klassischen Sinne handelt. Diese Technologien benötigen vielmehr komplett neue Produktansätze und einen überarbeiteten Innovations- bzw. Produktentwicklungsprozess. Im Rahmen dieses Paradigmenwechsels sind auch Veränderungen der Wertschöpfungskette zu berücksichtigen und dementsprechend umzusetzen (Abb. 11.7).

Aufgrund der sich ständig verkürzenden Produktlebenszyklen und somit auch der Innovationszyklen ergeben sich immer dynamischere Kundenanforderungen. Dies erfordert

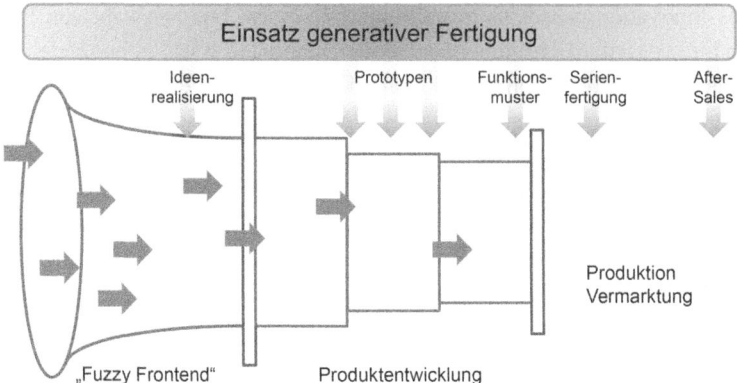

Abb. 11.7 Der Innovationsprozess und Einflüsse durch generative Fertigungstechnologien. (Quelle: In Anlehnung an Abele 2013, S. 3)

stärkere Partnerschaften zwischen den innovierenden Unternehmen und den wesentlichen Stakeholdern. Hier stehen die Kunden, aber auch weitere Akteure in der Wertschöpfungskette wie Lieferanten, Spediteure etc. im Fokus der Betrachtung. Die komplexen Zusammenhänge zwischen Produkt, dessen Funktion sowie der Kombination mit weiteren generativ-fertigungsspezifischen Eigenschaften verändert die Sichtweise auf innovations- und produktionstechnische sowie logistische Einflussfaktoren. Dadurch entstehen neue Handlungsfelder, und flexiblere, mobilere Geschäftsmodelle werden ermöglicht oder sogar notwendig (Berger et al. 2013; Cotteleer 2014; Rayna und Struikova 2014). Darüber hinaus muss eine Loslösung von der aktuell vorliegenden Bauteil- bzw. Produktorientierung erfolgen, um dadurch eine Funktions- bzw. Anwendungsorientierung zu ermöglichen. Dazu ist auch eine Abkehr vom derzeitigen reinen Kostendenken in der Herstellung notwendig, um vielmehr Zusatznutzen bzw. die Vorteile generativer Fertigung über den Produktlebens- und Produktionszyklus in den frühen Phasen des Innovationsprozesses aufzuzeigen und in weiterer Folge bewerten zu können (Lindemann et al. 2013).

Im Bereich des Prototypenbaus sind generative Verfahren seit Jahren aufgrund der kurzen Reaktionszeiten und einfachen Realisierung eines Bauteils nicht mehr wegzudenken. Allerdings sind die Anforderungen an das Produkt wie auch an die Herstellung selbst nicht mit denen einer Serienfertigung zu vergleichen. Der Schwerpunkt der Betrachtung liegt daher auf dem Einsatz generativer Fertigungstechnologien zur Herstellung von Endprodukten.

11.5.1 Wann sollte generative Fertigung eingesetzt werden?

Der aktuelle Reifegrad der für industrielle Anwendungen geeigneten generativen Technologien und der rasche technologische Fortschritt ermöglichen den Einsatz in den unterschiedlichen Phasen des Innovationsprozesses. Ein wesentlicher Vorteil besteht darin, die

Umsetzungsgeschwindigkeit in den einzelnen Phasen zu verkürzen und damit den gesamten Innovationprozess, von der Idee bis zur Auslieferung des Produktes an den Kunden, stark zu beschleunigen.

Durch das Bestreben, schon in den frühen Phasen des Innovationprozesses ein Produkt möglichst genau spezifizieren zu können (Herstatt und Verworn 2007, S. 7), muss in dieser Phase auch dem Einsatz generativer Verfahren eine hohe Bedeutung beigemessen werden. Wie bereits angesprochen, beginnt dies schon bei strategischen Überlegungen zur zukünftigen Ausrichtung des Unternehmens und der Bewusstseinsbildung, welche Veränderungen, die durch den Einsatz von generativen Fertigungstechnologien zwangsweise entstehen, in Kauf genommen werden können. In Folge können einzelne Gründe den Einsatz generativer Fertigungstechnologien notwendig machen. Bezogen auf die Bauteil- bzw. Produktebene sind Anforderungen an Bauteilkomplexität oder Leichtbau zu nennen. Darüber hinaus können auch Wirtschaftlichkeitsbetrachtungen dafür sprechen, generative Fertigung einzusetzen, speziell wenn kleinere Stückzahlen gefordert werden. Ein weiterer Grund kann eine höhere geforderte Flexibilität in der Wertschöpfungskette sein, bspw. durch neue Geschäftsmodelle, und damit verbundene kürzere Reaktions- sowie Lieferzeiten. Auch bei Veränderungen von Logistikstrukturen wie beispielsweise im Aftersales-Bereich oder in der Ersatzteilfertigung bzw. -lieferung kann ein Einsatz von generativen Technologien wirtschaftlich sinnvoll sein. Dies führt dazu, dass flexibler auf Kundenanfragen reagiert werden kann und gleichzeitig Lagerhaltungs- und Logistikkosten bei möglicherweise kürzeren Lieferzeiten eingespart werden. Im günstigsten Fall treten mehrere dieser genannten Aspekte gleichzeitig auf, wodurch das Potenzial bestmöglich ausgenutzt werden könnte.

Der richtige Zeitpunkt zur Umstellung bzw. Integration von generativer Fertigung hängt häufig von einer Durchrechnung der wirtschaftlichen Vorteile ab. Die Betrachtungsgrenzen müssen hierbei individuell abhängig vom Anwendungsfall gesetzt werden. Dabei ist abzuklären, ob eine einfache Berechnung der Herstellkosten zur Bewertung ausreicht oder ob hier Produktlebenszykluskosten oder auch weitere Kosten in der Wertschöpfungskette und auch Logistikkosten in die Bewertung einzubeziehen sind. Durch die Entwicklung von neuen Geschäftsmodellen könnten generative Fertigungstechnologien evtl. von vorneherein alternativlos sein.

11.5.2 Unterschiedliche Stufen der Implementierung im Unternehmen

Für Unternehmen bestehen mehrere Möglichkeiten, generative Fertigungstechnologien einzusetzen bzw. im Innovationprozess und in Folge in der Produktion zu implementieren. Die erste klassische Möglichkeit ist die physische Beschaffung und Implementierung einer Anlage. Hierbei steht das Unternehmen aber vor der Herausforderung, nicht nur den Innovations- und Produktentwicklungsprozess anpassen zu müssen, sondern auch die gesamte Wertschöpfungskette sowie evtl. Logistikprozesse. Dies kann man zum Teil durch eine Kooperation mit Lieferanten umgehen, an die man die Herstellung generativ gefertigter Teile auslagern kann. Abhängig von der Intensität der Zusammenarbeit besteht hier auch die Möglichkeit, auf die Erfahrung des Lieferanten im Bereich generative Fertigung zurückzugreifen. Eine weitere Option ist die Einbindung einer Produktionsplattform (Steinwender und Mayrhofer 2013). Der Vorteil besteht darin, auch auf unterschiedliche Technologien zugreifen sowie auf weitere Zusatzservices zurückgreifen zu können.

11.5.3 Neue Einführung bzw. Erstanwendung von generativer Fertigung

Zu viele Hürden hinsichtlich fehlender Qualitätsstandards (Material, Fertigungsprozess etc.), Unsicherheiten über die Auswirkungen der neuen Technologie und die Möglichkeiten sowie die wirtschaftliche Relevanz dieser Verfahren gegenüber konventionellen Verfahren ließ viele Unternehmen bisher Abstand von generativen Verfahren in der industriellen Anwendung nehmen. Darüber hinaus war auch das fehlende Know-how über die Technologie und deren Auswirkungen eine große Einstiegsbarriere.

Um diese Hürden zu minimieren, kann eingangs eine stufenweisen und systematische Identifikation von Anwendungsfällen (auf Bauteile- bzw. Komponentenebene) auf Basis standardisierter Ausgangskriterien hinsichtlich Material, Technologie, Bauteilfunktion, Produktlebenszyklus oder wertschöpfungskettenspezifischer Anforderungen erfolgen. In der frühen Phase des Innovationsprozesses ist hier auf Basis der genannten Aspekte parallel zur Ideengenerierung, wie in Abb. 11.8 dargestellt, auf mögliche Auswirkungen auf die

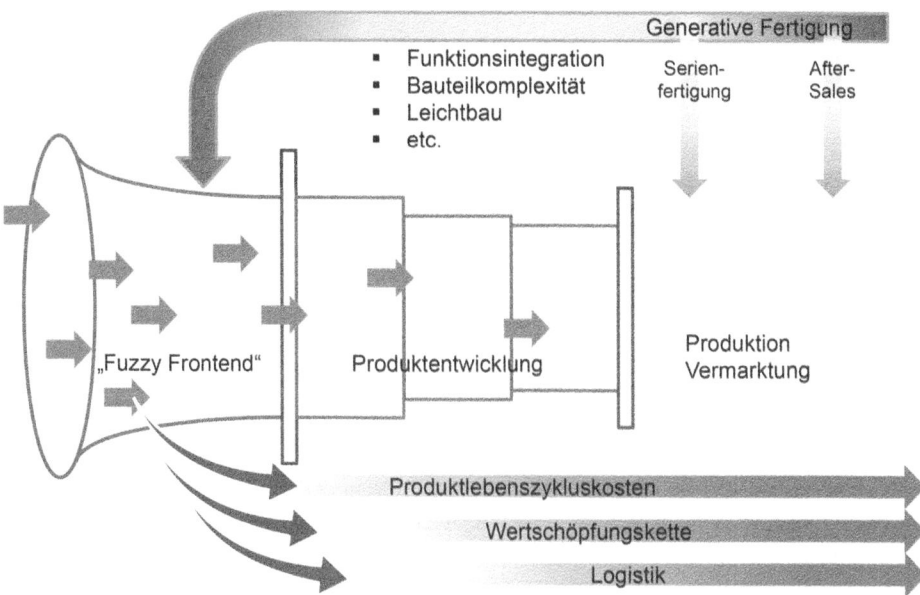

Abb. 11.8 Relevante, zu beachtende Aspekte der generativen Fertigung in der frühen Phase des Innovationsprozesses

späteren Phasen des Innovationsprozess sowie auf die Produktions- und Produktlebenszyklusphasen Rücksicht zu nehmen. Wesentlich dabei ist die umfassende Betrachtung von Anwendungsfeldern und der damit verbundenen Ideengenerierung bis zu Anforderungen für neue Geschäftsmodelle unter Berücksichtigung der Wertschöpfung sowie aller produktionsbegleitenden Support-, Administrations- und Logistikprozesse von Beginn des Auswahlprozesses an.

Durch die Entwicklung von neuen Geschäftsmodellen, parallel bzw. in Kombination mit der Produktentwicklung sind Konzepte wie „Production on demand" (VDI 2014, S. 20) oder Dezentralisierung der Produktion realisierbar, die bisher nicht realisierbar (Allison und Scudamore 2014) oder nicht wirtschaftlich umsetzbar waren. Die Möglichkeiten und Chancen, die sich dadurch ergeben, haben wiederum großen Einfluss auf die frühe Phase des Innovationsprozesses, im Speziellen die Ideengenerierung. Eine der wesentlichsten Herausforderungen ist wohl der starke Fokus auf die Funktion des Produktes und die kombinierte Generierung von Geschäftsmodellen. Der Erfolg hängt dabei wesentlich von der Fähigkeit ab, diese parallelen Entwicklungsobjekte in einem Innovationsprozess schon von Beginn an zu vereinen, mit ihren Wechselwirkungen umzugehen und die damit einhergehenden Veränderungsprozesse zu identifizieren und anzustoßen.

11.5.3.1 Risikomanagement

In Bezug auf den produktionstechnischen Einstieg für Unternehmen bestehen bei der Einführung einer generativen Fertigungstechnologie ähnliche Herausforderungen wie bei konventionellen, für das Unternehmen neuen Technologien. Wie bereits beschrieben, stellen darüber hinaus, bei effizienter An- und Verwendung generativer Technologien, die Auswirkungen auf und die Wechselwirkungen mit Innovationsprozess, Wertschöpfungskette bis hin zu Vertriebs- und Vermarktungsstrategien komplexe Anforderungen an die Unternehmensführung. Das Risiko besteht, durch Nichtberücksichtigung der relevanten Aspekte zu Beginn unwirtschaftlich zu produzieren. Diesem prozessual-organisatorischen Risiko kann durch transparente und strukturierte Vorgehensweise bei der Einführung stark entgegengewirkt werden. Je früher im Innovationsprozess sich ein Unternehmen dessen bewusst ist, desto effizienter und erfolgreicher können die Umsetzung und Implementierung generativer Technologien in der gesamten Organisation erfolgen.

Ein anderer wesentlicher Aspekt ist die virtuelle Verlagerung des Informationsflusses und der Datensicherheit. Durch die neuen Möglichkeiten in Bezug auf Produkt- und Vertriebsgestaltung (kundenindividuale Produktgestaltung, Dezentralisierung der Produktion, virtuelles Ersatzteillager etc.) dürfen datenrechtliche Aspekte nicht außer Acht gelassen werden. Da virtuelle Daten und Produkte sehr leicht digital versendet werden können, sind datenschutzrechtliche Aspekte als relevantes Risiko zu sehen. Die Schwierigkeit für Unternehmen besteht aktuell darin, dass es noch keine klaren juristischen Aussagen und Regelungen gibt und die vorhandenen sich teilweise von Geschäftsmodell zu Geschäftsmodell unterscheiden. Dadurch ist eine Berücksichtigung juristischer Aspekte in einer frühen Phase des Innovationsprozesses eventuell von Relevanz.

11.5.3.2 Qualitätsmanagement

Durch die Individualisierungsmöglichkeit und die dadurch entstehenden geringen Produktionslosgrößen entstehen in Bezug auf die Qualitäts- und Prozessüberwachung neue Herausforderungen. Die häufig fehlende Expertise von Unternehmen im Bereich der Anwendung generativer Fertigungstechnologien birgt ein höheres Risiko, die erreichbare Qualität generativer Verfahren falsch einzuschätzen. Durch die Erwartung, unter anderem kürzere Durchlaufzeiten zu erreichen, entsteht das Erfordernis, verstärkt Inline-Prozessüberwachungssysteme zu entwickeln und zu integrieren. Dadurch ergibt sich die Möglichkeit, die material- und fertigungsprozesstechnische Qualität in Echtzeit trotz des hohen Individualisierungsgrades zu überprüfen und sicherzustellen. Der schichtweise Aufbau bietet darüber hinaus den Vorteil, während des Fertigungsprozesses in das Bauteil „hineinsehen" bzw. die Entstehung überprüfen zu können, im Gegensatz zu anderen Verfahren wie bspw. dem Gießen oder dem Spritzgießen. Wesentlich ist in diesem Zusammenhang aber, dass sich Unternehmen mit der generativen „Fertigungstechnologie" auseinandersetzen müssen, wie auch bei jeder anderen für das Unternehmen neuen Fertigungstechnologie, um die gewünschte Qualität in der Fertigung zu erreichen. Speziell bei der Neueinführung bzw. dem Ersteinsatz generativer Fertigung können hier schon früh im Innovationsprozess die Weichen gestellt werden, um den Innovationsprozess und die Zeit bis zum Produktionsstart nicht unnötig zu verzögern.

11.5.3.3 Produktions- und Logistikmanagement

Die frühe Phase des Innovationsprozesses dient primär dazu, Produktideen zu generieren und zu spezifizieren. Ein starker Zusammenhang zur Wertschöpfungskette der Herstellung eines Produktes ist daher nicht unmittelbar naheliegend. Durch den Paradigmenwechsel in Bezug auf designorientierte Produktion sowie den starken Zusammenhang, dass durch generative Fertigung neue Geschäftsmodelle ermöglicht werden und diese wiederum starken Einfluss auf die Produktgestaltung und somit auch auf die frühe Phase des Innovationsmanagement haben, kann das Themenfeld des Produktions- und Logistikmanagement nicht außer Acht gelassen werden. Die Produktion kann näher an den Kunden verlagert werden, wodurch sich völlig neue Rahmenbedingungen für die gesamte Supply Chain ergeben. Ein weiterer wesentlicher Punkt dabei ist das Verständnis von Wechselwirkungen zwischen einzelnen Fertigungsschritten, welche aufgrund der unterschiedlichen eingesetzten Fertigungstechnologien, Materialien und produktspezifischen Randbedingungen zum Tragen kommen. Für einen konkreten Anwendungsfall ergibt sich somit eine große Lösungsmenge unterschiedlicher Fertigungsprozessketten, deren Komplexität nur durch die Integration von Beginn des Innovationsprozesses und bestehendes Erfahrungswissen beherrscht werden kann.

11.6 Resümee

Die Herausforderung bei der Entwicklung generativ gefertigter Produkte liegt nicht allein darin, Ideen für das Produkt zu generieren und dieses zu entwickeln. Vielmehr entstehen durch den Einsatz und die Einsatzmöglichkeiten generativer Technologien starke Wechselwirkungen zwischen den einzelnen Produktphasen sowie den unterschiedlichen Unternehmensbereichen. Beginnend bei der Thematik der Funktionsintegration über die Produktpersonalisierung und Individualisierung bis hin zur Geschäftsmodellentwicklung in Kombination mit den Möglichkeiten generativ gefertigter Produkte zeigen sich über den gesamten Innovationsprozess die Zusammenhänge, auf die schon zu Beginn des Innovationsprozesses eingegangen werden sollte. Im Wesentlichen geht es beim Einsatz generativer Fertigungstechnologien in einem ersten Schritt um eine Bewusstseinsschaffung über die Rahmenbedingungen für einen erfolgreichen Einsatz und die damit verbundenen Veränderungen im Unternehmen. Dies beginnt bei der strategischen Ausrichtung des Unternehmens, diese z. T. disruptiven Technologien durch Technologie- und Markttrendanalyse gezielt einzusetzen, sowie der Entscheidung, neue Geschäftsmodelle zu entwickeln. Über den Erfolg entscheidet hier auch, wie gut dem Unternehmen die Implementierung der „generativen Denkweise" in allen Stufen der Wertschöpfungskette des Unternehmens gelingt.

Literatur

Abele, T. (2013). *Suchfeldbestimmung und Ideenbewertung. Methoden und Prozesse in den frühen Phasen des Innovationsprozesses.* Wiesbaden: Springer Gabler.

Albers, S., & Gassmann, O. (Hrsg.). (2011). *Handbuch Technologie- und Innovationsmanagement* (2. Aufl.). Wiesbaden: Gabler.

Allison, A., & Scudamore, R. (2014). Additive Manufacturing. Stategic Research Agenda. AM Platform.

AMT TU Wien (2013). Two photon polymerisation (2PP). University of Technology, Vienna. http://amt.tuwien.ac.at/projects/two_photon_polymerization/. Zugegriffen: 3. Sept. 2015.

Atzeni, E., & Salmi, A. (2012). Economics of additive manufacturing for end-usable metal parts. *Int. Journal of Advanced Manufacturing Technologies, 62*(9), 1147–1155.

Berger, U., Hartmann, A., & Schmid, D. (2013). Additive Fertigungsverfahren. Hrsg. v. Europa Lehrmittel.

Blanther, J. E. (May 3rd, 1892). Manufacture of contour relief maps am May 3rd, 1892. Veröffentlichungsnr.: US-Patent No. 0473901.

Bourell, D. L., Leu, M. C., & Rosen, D. W. (2009). *Roadmap for Additive Manufacturing.* Austin: University of Texas.

Breuninger, J. et al. (2013). *Generative Fertigung mit Kunststoffen. Konzeption und Konstruktion für Selektives Lasersintern.* Berlin: Springer Vieweg.

Carbon3D (2015). CLIP-Technology. Continuous Liquid Interface Production. Carbon3D. carbon3d.com. Zugegriffen: 22.08.2015.

Cotteleer, M. J. (2014). 3D opportunity for production. Hrsg. v. Deloite Review.

Gartner, Inc. (2012–2015). Hype Cycle for Emerging Technologies. Gartner, Inc. Stamford, Connecticut. www.gartner.com.

Gausemeier, J., Echterhoff, N., & Wall, M. (2012). *Thinking ahead the Future of Additive Manufacturing*. Paderborn: Scenario-based Matching of Technology Push and Market Pull.

Gibson, I. (2010). *Additive manufacturing technologies. Rapid prototyping to direct digital manufacturing*. New York: Springer.

Herstatt, C., & Verworn, B. (2007). *Management der frühen Innovationsphasen. Grundlagen, Methoden, neue Ansätze* (2. Aufl.). Wiesbaden: Gabler.

Hopkinson, N., & Dickens, P. M. (2003). Analysis of rapid manufacturing. using layer manufacturing processes for production. Part C. *Journal of Mechanical Engineering Science, 217*(C1), 31–39.

Leichtbau BW GmbH (2015). Additive Manufacturing im Leichtbau. Strategische und betriebswirtschaftliche Herausforderungen und Perspektiven. Studie. http://www.leichtbau-bw.de/fileadmin/user_upload/Downloads/RZ_LeichtbauBW_Studie_Additive_Manufacturing_web.pdf.

Lindemann, C., Jahnke, U., Moi, M., & Koch, R. (2013, August). Impact and Influence Factors of Additive Manufacturing on Product Lifecycle Costs. In *SFF Symposium, International Solid Freeform Fabrication Symposium* (24), S. 998–1008.

Local Motors (2014). The Strati. 3D printed car. Hrsg. v. Local Motors. https://localmotors.com/localmotors/road-ready-3d-printed-car/activity/. Zugegriffen: 3. Sept. 2015.

Mayrhofer, W., & Steinwender, A. (2014). Produktion in der Wolke. Vom 3D-Drucker zum „4th party production provider". In P. Granig, E. Hartlieb, & H. Lercher (Hrsg.), *Innovationsstrategien. Von Produkten und Dienstleistungen zu Geschäftsmodellinnovationen* (S. 229–240). Wiesbaden: Springer Gabler.

Rayna, T., & Striukova, L. (2014). The Impact of 3D Printing Technologies on Business Model Innovation. In P.-J. Benghozi, D. Krob, A. Lonjon, & H. Panetto (Hrsg.), *Digital Enterprise Design & Management* Cham: Springer International Publishing (Advances in Intelligent Systems and Computing), (Bd. 261, S. 119–132).

Reeves, P. (2012). Emerging AM supply chains. A European perspective based on innovation activity. EU AM research activity across the supply chain. Econolyst Ltd, UK. GE Additive Manufacturing SUMMIT. Niskayuna, NY, 19.07.2012.

SAVING (2012). The Saving Project. Creating sustainable products through innovative design and additive manufacture. http://www.manufacturingthefuture.co.uk/. Zugegriffen: 23. Aug. 2015.

Simon, M. (2013). Nike Debuts First 3D Printed Cleats for Professional Athletes. Hrsg. v. Solidmack.com. http://www.solidsmack.com/design/nike-debuts-first-3d-printing-cleats-for-professional-athletes/. Zugegriffen: 3. Sept. 2015.

Stampfl, J. (2014). *Die Zukunft des 3D Drucks. 3D Printing Forum*. Wien: SUCCUS.

Steinwender, A., & Mayrhofer, W. (2013). The 4th Party Production Provider: Enabeling Additive Manufacturing In Industrial Environments. In *Management of Technology - Step to Sustainable Production* .

VDI (2014). Additive Fertigungsverfahren. Statusreport. Unter Mitarbeit von Erik Marquardt. Düsseldorf. www.vdi.de/statusadditiv.

Wohlers, T. (2013). What Works And What Doesn't In 3D Printing: A Talk with Terry Wohlers. Hrsg. v. Forbes.com. http://www.forbes.com/sites/rakeshsharma/2013/09/12/what-works-and-what-doesnt-in-3d-printing-a-talk-with-terry-wohlers/. Zugegriffen: 23. Aug. 2015.

Wohlers, T. (2015). Jobs from 3D Printing. Wohlers Associates. http://wohlersassociates.com/blog/2015/06/jobs-from-3d-printing/. Zugegriffen: 3. Sept. 2015.

Zäh, M. (2006). *Wirtschaftliche Fertigung mit Rapid-Technologien. Anwender-Leitfaden zur Auswahl geeigneter Verfahren*. München: Hanser.

Integriertes Innovationsmanagement – Vom Umfeldscanning zur Roadmap

12

Carolin Durst und Michael Durst

Zusammenfassung

Eine Organisation, die keine Vorstellung von der Zukunft hat, hat auch keine Zukunft. Natürlich lässt sich die Zukunft nur bedingt verstehen und planen. Das gezielte Managen von Innovationen hilft Unternehmen jedoch, auf (vermeintliche) Überraschungen vorbereitet zu sein und fundierte Entscheidungen zu treffen. Hierbei werden die Prozesse von der Umfeldanalyse über die Ideenfindung bis hin zur Markteinführung adressiert. Insbesondere die frühe Phase des Innovationsprozesses – das sogenannte „Front End of Innovation" – wird in den bisherigen Modellen für das Innovationsmanagement vernachlässigt. Entweder beginnt der Innovationsprozess direkt mit der Phase der Ideenfindung, oder die der Ideenfindung vorgelagerte Phase „Markt-, Trend- und Technologieanalyse" wird zu abstrakt beschrieben, um in der Praxis Nutzen stiften zu können. Dieser Beitrag stellt einen ganzheitlichen, IT-gestützten Innovationsansatz vom Umfeldscanning bis zur Innovationsroadmap vor und geht auf die Herausforderungen bei der Umsetzung dieses Ansatzes ein.

Inhaltsverzeichnis

12.1	Steigende Komplexität des Unternehmensumfelds	218
12.2	Die frühe Phase des Innovationsmanagements	219
12.3	Integriertes Innovationsmanagement	221
	12.3.1 Entitäten im Innovationsprozess	222

C. Durst (✉) · M. Durst
ITONICS GmbH
Nürnberg, Deutschland
email: carolin.durst@fau.de

M. Durst
email: michael.durst@itonics.de

© Springer Fachmedien Wiesbaden 2016
T. Abele (Hrsg.), *Die frühe Phase des Innovationsprozesses*, FOM-Edition,
DOI 10.1007/978-3-658-09722-6_12

12.3.2 IT-gestützte Umsetzung des Innovationsprozesses 224
12.4 Zusammenfassung 232
Literatur 233

12.1 Steigende Komplexität des Unternehmensumfelds

In der Publikation „The Living Company" beschreibt de Geus (1997), was seiner Untersuchung nach außergewöhnlich erfolgreiche Unternehmen ausmacht: Neben „Conservatism in Financing" und „Awareness of Their Identity" spielen die Faktoren „Sensitivity to the World Around Them" und „Tolerance of New Ideas" eine entscheidende Rolle. Dazu schreibt er: „[...] the living companies in our study were able to adapt themselves to changes in the world around them. As wars, depressions, technologies, and politics surged and ebbed, they always seemed to excel at keeping their feelers out, staying attuned to whatever was going on.", und: „The long-lived companies in our study tolerated activities in the margin: experiments and eccentricities that stretched their understanding. They recognized that new businesses may be entirely unrelated to existing businesses and that the act of starting a business need not be centrally controlled."

In seinen Untersuchungen zum Umgang mit strategischen Überraschungen und Diskontinuitäten schreibt Ansoff (1975, S. 23): „If the firm waits until information is adequate for strategic planning, it will be increasingly surprised by crises; if it accepts vague information, the content will not be specific enough for thorough strategic planning." Auf Basis dieser Erkenntnis hat Ansoff das Konzept der sogenannten schwachen Signale entwickelt: Durch deren Wahrnehmung und Interpretation können sich Unternehmen gezielt auf Veränderungen im Unternehmensumfeld vorbereiten und proaktiv Handlungsoptionen entwickeln.

Vor dem Hintergrund kurzer Produktlebenszyklen, rasanter technologischer Entwicklungen in zahlreichen Feldern, dynamischer Kundenanforderungen und neuer Geschäftsmodelle durch die Digitalisierung der Wertschöpfung reicht das alleinige Reagieren auf Veränderungen im Unternehmensumfeld nicht aus. Um nachhaltig wettbewerbsfähig zu bleiben, müssen Unternehmen proaktiv handeln und die Fähigkeit entwickeln, bereits auf schwache Signale zu reagieren und entsprechende Strategien, Veränderungen und Anpassungen frühzeitig vornehmen.

Chancen und Risiken frühzeitig zu erkennen, zu klassifizieren, zu bewerten, zu interpretieren und darauf basiert schnelle und gleichzeitig fundierte Entscheidungen zu treffen, sind die wesentlichen Aufgaben des strategischen Innovationsmanagements (Gerpott 2005). Der Innovationsprozess beginnt also nicht mit der Sammlung und Entwicklung von Ideen, sondern mit der Definition von Suchfeldern, die definieren, wo innoviert werden soll. Ein strategisches Innovationssuchfeld wird durch unternehmens- und kundenrelevante Trends, Technologien oder Kundenbedürfnisse beschrieben und bildet den Ausgangspunkt der Ideengenerierung. Ohne die Erarbeitung der strategischen Innovationssuchfelder im Rahmen eines Umfeldscannings werden Ideen oftmals am Markt oder den tatsächlichen Herausforderungen vorbei gesucht. Das resultiert darin, dass zwar eine große Anzahl an Ideen vorliegt, allerdings nur sehr wenige bis gar keine in die Umsetzung gelangen.

Die etablierten Prozessmodelle im Innovationsmanagement beginnen häufig erst mit der Ideengenerierung, wie zum Beispiel das viel zitierte Stage-Gate-Modell von Cooper (2008). Das Umfeldscanning wird entweder nur in Ansätzen beschrieben (vgl. Khurana und Rosenthal 1997, 1998) oder unter dem Stichwort „Strategiedefinition" vorausgesetzt. Diese Strategiedefinition in Innovationssuchfelder zu übersetzen oder überhaupt eine zukunftsfähige Strategierichtung festzulegen, ist eine der größten Herausforderungen des strategischen Managements. Je dynamischer und komplexer sich das Unternehmensumfeld und das eigene Unternehmen verhalten, desto mehr müssen für das Umfeldscanning Daten konsolidiert, aufbereitet, analysiert und interpretiert werden. Diese fließen dann idealerweise in den Innovationsprozess ein und sichern eine zielgerichtete Ideenentwicklung. Die besten Ideen werden dann zu Konzepten weiterentwickelt und umgesetzt. Die Aufmerksamkeit des Top-Managements liegt jedoch häufig auf den späteren Phasen des Innovationsmanagements: der Produktentwicklung. Die frühen Phasen des Innovationsmanagements werden vernachlässigt in Bezug auf die Bereitstellung von benötigten Ressourcen, Methoden und Prozessen (Herstatt und Verworn 2007).

Ebenso wie die Phase vor der Ideengenerierung wird auch die Phase danach oft nur rudimentär in den etablierten Modellen behandelt. Die Umsetzung und Kommerzialisierung der erfolgversprechenden Ideen in Produkte und Dienstleistungen scheint auf den ersten Blick logisch zu sein, in der Realität greift dieser Ansatz jedoch gerade bei komplexen Produkten zu kurz. Fragen wie „Wann ist der Markt für ein neues Produkt reif?", „Wann sind die notwendigen technischen Voraussetzungen geschaffen?" oder „Welche Ressourcen müssen zur oder während der Produktentwicklung aufgebaut werden?" sind von hoher Relevanz für eine erfolgreiche und nachhaltige Innovationsstrategie.

Der hier vorgestellte Ansatz eines integrierten Innovationsmanagements betrachtet das Innovationsmanagement ganzheitlich vom Umfeldscanning bis hin zur Umsetzungsroadmap der entwickelten Produktkonzepte. Gleichzeitig stellt die durchgängige IT-Unterstützung die systemseitige Integration des gesamten Prozesses sicher und sorgt für einen effizienten Ressourceneinsatz in der frühen Phase des Innovationsmanagements.

12.2 Die frühe Phase des Innovationsmanagements

Die frühe Phase des Innovationsmanagements wird auch als Front End of Innovation bezeichnet, da die Prozesse, Aktivitäten und Verantwortlichkeiten in diesem Bereich des Innovationsmanagements eher unstrukturiert und schwach dokumentiert sind. Es herrscht eine große Unsicherheit bezüglich marktlicher und technologischer Entwicklungen im Vergleich zu den späteren Phasen des Innovationsprozesses (Glaubinger und Rabl 2014).

- Welche gesellschaftlichen, politischen und ökonomischen Trends sind relevant für das Kerngeschäft oder bieten die Möglichkeit, neue Geschäftsmodelle zu entwickeln?
- Welche neuen Technologien bzw. alternative Technologiekombinationen können neue Bedarfe auf der Kundenseite wecken oder bedienen?

Um die frühe Phase des Innovationsmanagements besser zu strukturieren und beherrschbar zu machen, wurden verschiedene Prozessmodelle entwickelt. Das bekannteste Innovationsprozessmodell ist Coopers Stage-Gate-Prozess (Cooper 2008). Cooper unterteilt den Innovationsprozess in sogenannte Stages (Phasen), welche durch Gates getrennt werden. Das Gate entscheidet auf Basis von Informationen der davorliegenden Phase, ob eine Idee in die nächste Phase überführt wird. Der Prozess beginnt, wie viele andere Prozesse der frühen Phase des Innovationsmanagements, mit der Ideensammlung in Stage 0 und endet mit der Produkteinführung in Stage 5 (siehe Abb. 12.1).

Wie viele der bekannteren Prozessmodelle beginnt Cooper mit der Ideengenerierung. Die grundlegende Frage, in welchem Bereich denn Ideen generiert werden sollen, wird in diesem Modell nicht behandelt. Ein rein auf Ideen fokussierter Innovationsprozess ist jedoch nicht in der Lage, nachhaltig neue Lösungen oder Produkte für die zukünftigen Anforderungen des Marktes zu entwickeln (Glaubinger und Rabl 2014).

Mit dem Drei-Phasen-Front-End-Modell gehen Khurana und Rosenthal (1997, 1998) einen Schritt weiter und führen eine Vorstufe der Phase 0 ein. Laut Modell werden in dieser Vorphase Innovationschancen („Preliminary Opportunity Identification") identifi-

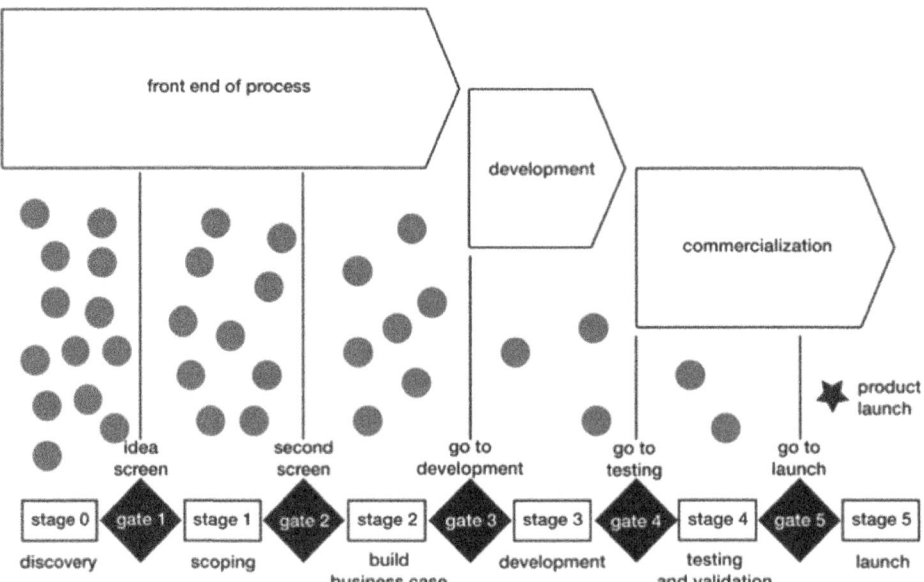

Abb. 12.1 Stage-Gate-Prozess. (Quelle: Cooper 2008)

ziert und Ideen auf Basis von Markt- und Technologieanalysen generiert. Leider bietet dieses Modell keine Informationen dazu, wie die Innovationschancen identifiziert werden und wie das Zusammenspiel aus Markt- und Technologieanalyse bei der Ideengenerierung funktioniert. Auch wenn der Ansatz von Khurana und Rosenthal (1997, 1998) wertvoll für das Verständnis der frühen Phase des Innovationsmanagements ist, erscheint das Modell zu abstrakt und vage, um in der Praxis Nutzen zu stiften.

Im folgenden Abschnitt wird daher ein integrierter Innovationsmanagementansatz vorgestellt, welcher alle Aktivitäten vom Umfeldscanning (Vorstufe der Phase 0) bis hin zum Roadmapping (Markt-, Produkt-, Technologie- und Ressourcenplanung eines neuen Produkts) strukturiert und IT-basiert unterstützt.

12.3 Integriertes Innovationsmanagement

Der hier vorgestellte Ansatz eines integrierten Innovationsmanagements setzt früher an als der klassische Stage-Gate-Prozess. Wie beim Drei-Phasen-Front-End-Modell spielen Trend-, Marktinformationen sowie verfügbare und zukünftige Technologien eine zentrale Rolle bei der Definition von Innovationsfeldern, den sogenannten Opportunity Spaces (Mootee 2011). Ein Opportunity Space definiert das „Where to play": Welche Marktentwicklungen sind für ein Unternehmen relevant und welche Trends beeinflussen das Marktgeschehen? Mit welchen Technologien sind diese Trends verknüpft bzw. welche Technologien könnten für Produkt- und Dienstleistungsinnovationen in einem Opportunity Space Anwendung finden? Ist der Opportunity Space definiert, folgt eine fokussierte und zielgerichtete Entwicklung von Ideen. Da nicht alle im Stage-Gate-Prozess entwickelten und ausgewählten Ideen unvermittelt in die Umsetzung gehen können, setzt das

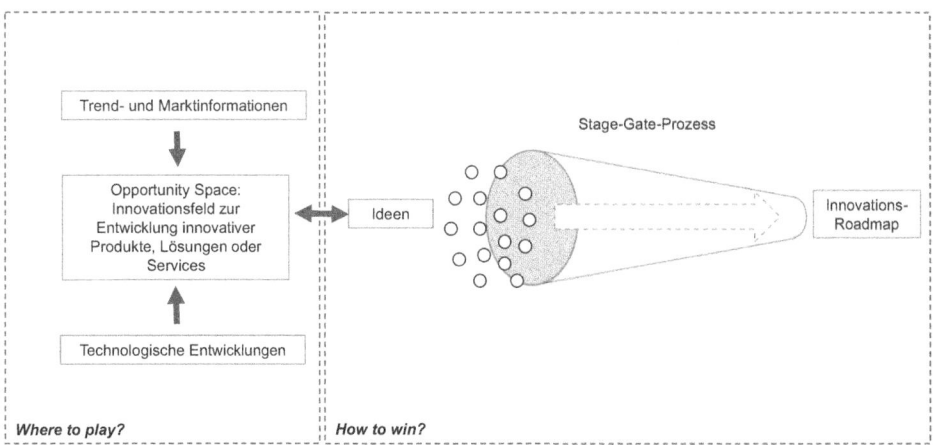

Abb. 12.2 Methode des Ansatzes „Integriertes Innovationsmanagement"

Innovationsroadmapping nach dem letzten Gate an, um die Umsetzung einer Idee zeitlich einzuordnen und in Beziehung zu allen anderen Umsetzungsprojekten zu setzen (Abele 2006). Weiterhin werden im Innovationsroadmapping Abhängigkeiten von Trends, Technologien und Ressourcen modelliert und dargestellt, um neue Produkte, Dienstleistungen und Geschäftsmodelle im Sinne einer Portfolioplanung strukturiert abarbeiten zu können. Wir bezeichnen den Prozess von der Idee zum Umsetzungsprojekt auf der Innovationsroadmap als „How to win?" im Gegensatz zum vorgelagerten „Where to play?" (siehe Abb. 12.2).

12.3.1 Entitäten im Innovationsprozess

Während des integrierten Innovationsprozesses entstehen sechs grundlegende Entitäten (oder Ergebnisse), die miteinander verknüpft und die zentralen Objekte im integrierten Innovationsmanagement sind (siehe Abb. 12.3):

- **Trends:** Im allgemeinen Verständnis kann unter einem Trend eine signifikante, über einen bestimmten Zeitraum konstante, gleichgerichtete Entwicklung einer oder mehrerer Variablen verstanden werden. Trends im Verständnis unseres Ansatzes sind mittel- bis langfristige Entwicklungen im sozioökonomischen Unternehmensumfeld. Trends wirken im Vergleich zu sogenannten „Moden" oder „Hypes" mindestens fünf Jahre und haben signifikante Auswirkungen auf die sozioökonomische Unternehmensumwelt (Durst et al. 2010).
- **Technologien:** Als Technologien im hier vorgestellten Ansatz bezeichnet man wissenschaftlich fundierte Erkenntnisse über Ziel-/Mittelbeziehungen, die bei der Lösung praktischer Probleme von Unternehmen angewendet werden können. So fließen in ein Produkt oder Herstellungsverfahren in der Regel zahlreiche Technologien bzw. Technologiekombinationen ein. Als Identifikationsquelle für neue Technologien kommen insbesondere wissenschaftliche Publikationen oder Patentdatenbanken zum Einsatz.

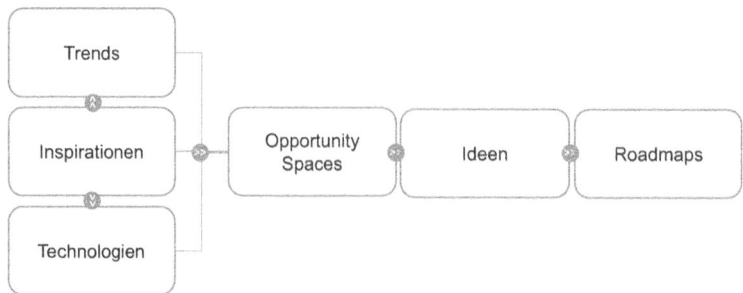

Abb. 12.3 Entitäten des Ansatzes „Integriertes Innovationsmangement"

- **Inspirationen:** Inspirationen sind spontane Einfälle, Marktbeobachtungen, Fundstücke aus dem Internet oder Anregungen von bspw. Messen oder Branchenveranstaltungen. Eine Inspiration kann einzelnen Trends und/oder Technologien zugeordnet werden, und diese inhaltlich anreichern. So sind Anwendungen in der additiven Fertigung zahlreicher Branchen relevant, um die Reife der Technologie „3D-Druck" zu verstehen und eigene Ideen zum Einsatz generieren zu können. Inspirationen fördert das tiefgreifende Verständnis über die Anwendungsmöglichkeiten einer Technologie und/oder eines Trends. Eine Inspiration regt idealerweise zum Nachdenken an und zündet – auch und gerade in der kontroversen Diskussion – die notwendige Kreativität, um aus einer oder mehreren Inspirationen im Kontext von Trends und Technologien eine Produkt- oder Dienstleistungsidee zu entwickeln. Inspirationen folgen keinem strukturierten Prozess und können fortlaufend und im Rahmen von gezielten Kampagnen generiert werden.
- **Opportunity Spaces:** Relevante Trends in Verbindung mit dazu passenden, (zukünftig) verfügbaren Technologien definieren einen Opportunity Space. Dieses auch als „Innovationsfeld" zu verstehende Konstrukt definiert einen Möglichkeitsraum (Opportunity), in dem neue und innovative Produkte, Dienstleistungen oder Geschäftsmodelle entstehen können. Opportunity Spaces werden zyklisch entwickelt und sind über einen zu definierenden Zeitraum stabil. Sie definieren die Innovationsstrategie (Mootee 2011).
- **Ideen:** Eine Idee ist nach Wahren (2004) ein plötzlicher Einfall, ein schöpferischer Gedanke oder eine Vorstellung, nach der man handeln kann. Idealerweise führt eine Idee zu einem neuen Produkt, einer neuen Dienstleistung oder einer neuen Geschäftsmöglichkeit. Ideen werden innerhalb eines Opportunity Spaces gezielt gesucht und generiert und sind mit den relevanten Trends, Technologien und/oder Inspirationen verknüpft. Natürlich können Ideen auch außerhalb der definierten Opportunity Spaces generiert werden. Diese könnte man dann als „Geistesblitz" bezeichnen, da sie nicht gezielt innerhalb eines vorgegebenen Rahmens entstehen. Verbesserungsvorschläge und Beschwerden sind keine Ideen in diesem Sinne und werden daher im Prozess des betrieblichen Vorschlagswesens behandelt. Dieser ist nicht Teil der Betrachtungen im vorliegenden Beitrag.
- **Roadmaps:** Eine Roadmap ist eine strukturierte Übersicht eines Entwicklungsvorhabens über die Zeit. Roadmaps bilden Ereignissequenzen und ihre Verknüpfungen ab. In dem hier vorliegenden Fall werden Innovationsroadmaps erstellt, welche mehrere Entwicklungsvorhaben aus vier verschiedenen Sichten betrachten: Markt, Produkt, Technologie und Ressource. Eine Roadmap dient dabei dazu, Innovationsprojekte in einzelne, leichter zu bewältigende Schritte zu strukturieren, wobei Unsicherheiten und mögliche Szenarien zur Zielerreichung auf den verschiedenen Ebenen analysiert werden können (Abele 2006).

Im folgenden Abschnitt wird dargestellt, wie diese sechs Entitäten IT-gestützt erstellt, verarbeitet und integriert werden.

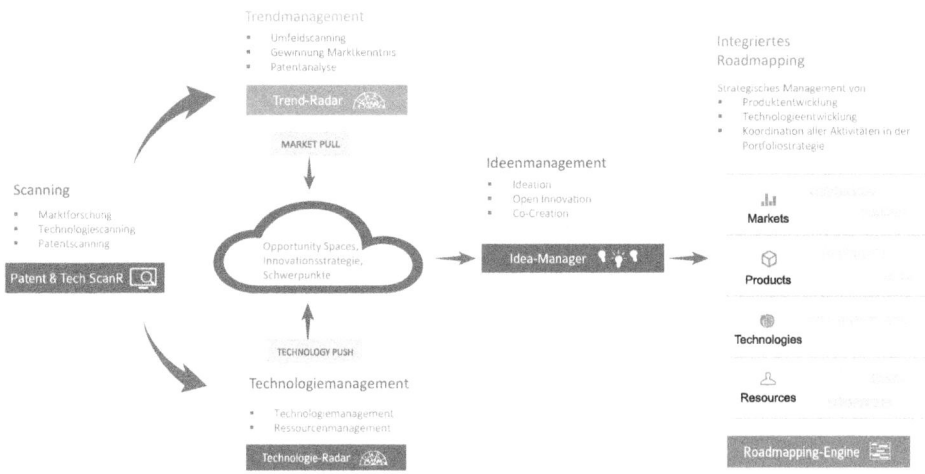

Abb. 12.4 ITONICS Innovation-Suite – vom Umfeldscanning bis zum Roadmapping

12.3.2 IT-gestützte Umsetzung des Innovationsprozesses

Ein Ansatz zur IT-Unterstützung des hier vorgestellten integrierten Innovationsmanagements wird beispielhaft anhand der Softwarelösung „Innovation-Suite" der ITONICS GmbH dargestellt. Die Softwarelösung „Innovation-Suite" unterstützt die Erstellung, Anreicherung und Verknüpfung der genannten Entitäten vom Umfeldscanning bis zum Innovationsroadmapping. Dabei kommt folgende Modulkombination zum Einsatz: Patent & Tech ScanR (softwaregestütztes Umfeldscanning), Trend-Radar (softwaregestütztes Trend-Management), Technologie-Radar (softwaregestütztes Technologie-Management), Idea-Manager (softwaregestütztes Ideenmanagement) und die sog. Roadmapping-Engine (softwaregestütztes Innovations-Roadmapping). Abb. 12.4 verdeutlicht die Zusammenhänge der einzelnen Module.

12.3.2.1 Umfeldscanning – Identifikation, Anreicherung und Bewertung von Trends und Technologien

Um zu analysieren, welche Trends und Technologien Einfluss auf ein bestimmtes Unternehmen haben, wird in einem ersten Schritt ein umfangreiches Umfeldscanning durchgeführt. Hierfür werden IT-gestützte und automatisierte Datenerhebungsmethoden angewendet und dann den Entitäten Trends, Technologien und Inspirationen zugewiesen.

IT-gestützt

Die Innovation-Suite bietet verschiedene Möglichkeiten, Trends und Technologien IT-gestützt zu identifizieren und weiterzuverarbeiten. Bei der täglichen Arbeit am PC können zufällig entdeckte neue Technologien oder Trends über ein Browser-Plug-In (sog. Webclipper) direkt in den Trend- oder Technologie-Radar gespeichert werden. Zusätzlich können Inspirationen über eine mobile Applikation erfasst werden. Die Verlinkung zu Trends und Technologien reichert diese mit Beispielen aus der Praxis an. Zusätzlich bietet die Innovation-Suite zahlreiche Schnittstellen zu Trend-, Patent- und Technologiedatenbankanbietern an. So kann der Trend- und Technologie-Radar schnell mit Inhalten zur Weiterverarbeitung gefüllt werden.

Automatisiert

Ein automatisiertes Umfeldscanning kann mithilfe des Moduls „Patent & Tech ScanR" durchgeführt werden. Dieses Modul ist query-basiert und greift auf Patent- und Technologiedatenbanken sowie Datenbanken wissenschaftlicher Publikationen zu. Über standardisierte Schnittstellen können weitere relevante Datenbanken oder RSS Feeds und Websites angebunden werden. Mithilfe dieses Moduls können neue Trends und Technologien entdeckt und beobachtet werden. Technologiefeldexperten können sich beispielsweise wöchentlich aktuelle Reports zu bestimmten Queries ausgeben lassen. Die Informationen aus dem automatisierten Umfeldscanning werden im Trend- bzw. Technologie-Radar strukturiert gespeichert.

Die Module Trend-Radar und Technologie-Radar dienen im nächsten Schritt der strukturierten Kategorisierung, Diskussion und Bewertung des Unternehmensumfelds. Diese Module bieten Kollaborationskomponenten wie gemeinsames Bewerten, Diskutieren und Weiterentwickeln von Inhalten, welche die organisationsweite Zusammenarbeit in verteilten Teams ermöglichen. Die Prozesse im Technologie- und Innovationsmanagement werden weiterhin durch Workflows unterstützt, die einen Stage-Gate-Prozess abbilden und je nach Branche und Kundenanforderung konfiguriert werden.

Im Trend-Radar bzw. Technologie-Radar werden Trends und Technologien durch dezidierte Anwendergruppen angelegt, bearbeitet, angereichert und im Rahmen eines Stage-Gate-Prozesses evaluiert und diskutiert. Die evaluierten Trends und Technologien werden im System in Form eines Radars visualisiert (siehe Abb. 12.5).

Die Dimensionen des Radars (Abstand vom Mittelpunkt, Einordnung in ein Segment, Größe, Farbe und Form der Datenpunkte) können frei konfiguriert werden. Jeder Datenpunkt im Radar steht für einen Trend oder eine Technologie. Zahlreiche Filteroptionen ermöglichen eine schnelle Analyse der vorliegenden Daten.

Der Anwender kann sich – je nach Anforderung – eine Sammlung an Trends und Technologien zusammenstellen, die dann detailliert anhand verschiedener Kriterien analysiert werden können. Beispielhafte Kriterien sind hierbei:

- Reifegrad (eines Trends/einer Technologie),
- Jahre (ab heute) bis zur Marktreife/Marktrelevanz,
- Neuigkeitsgrad (gibt einen Hinweis auf das Disruptionspotenzial),
- Relevanz (für das Kerngeschäft),
- Risiko (für das Kerngeschäft),

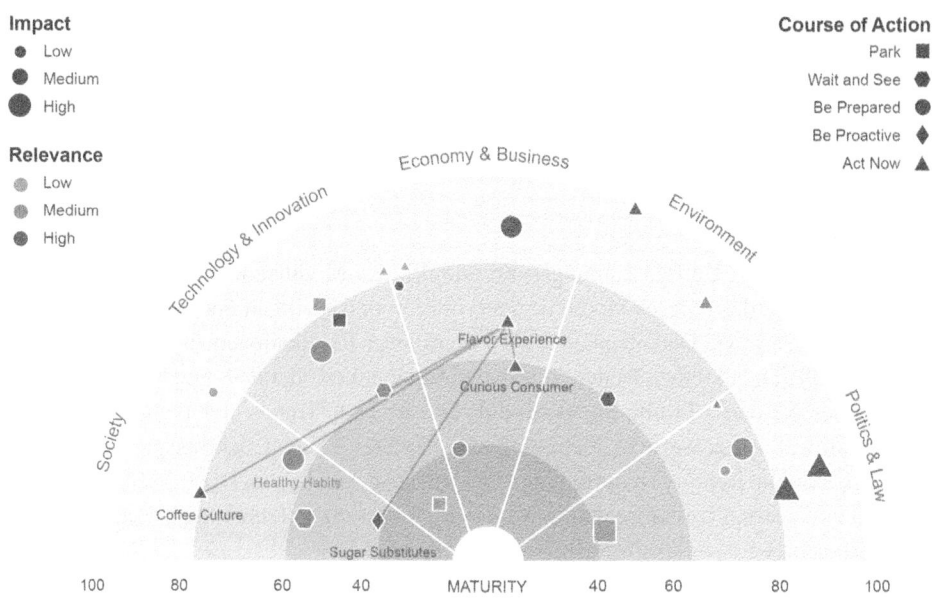

Abb. 12.5 Visualisierung von Trends und Technologien im Radar

- Handlungsbedarf (aus Sicht des Unternehmens oder aus Sicht einer Region/eines Geschäftsgebiets).

Dazu können Filter auf strategische Handlungsfelder, Regionen/Länder und/oder auf den Typ (Mikro/Makro/Mega) gesetzt werden. So kommt auch ein unerfahrener Anwender schnell zu einem relevanten Datensatz, der zum Beispiel als Grundlage für Strategieentwicklungsprozesse dienen kann.

Zur Vereinfachung und Internationalisierung der Rechercheprozesse erlaubt eine Smartphone-App das Erfassen von Inspirationen in Form von Text, Audio, Video oder Bildern. Inspirationen sind dabei entweder als Bestätigung/Unterstützung eines Trends oder als zusätzliche Quelle eines Trends/einer Technologie zu betrachten.

12.3.2.2 Ideation – Entwicklung von Opportunity Spaces, Ideen und Innovationsportfolios

Der Ideenmanagementprozess unterteilt sich grob in vier allgemeine Schritte: (1) Innovationsfeld festlegen, (2) Ideen sammeln und weiterentwickeln, (3) Ideen bewerten und (4) Ideen auswählen. Das Modul „Idea-Manager" unterstützt alle genannten Prozessschritte – von sogenannten Opportunity Spaces über die Ideeneinreichung und -entwicklung bis hin zu umsetzungsreifen Konzepten und deren Bewertung in Innovationsportfolios.

Innovationsfeld festlegen

Priorisierte Trends und Technologien werden einem Opportunity Space im Idea-Manager zugeordnet. Dieser Opportunity Space wird detailliert beschrieben, und alle verknüpften Trends, Technologien und Inspirationen können intuitiv vom Nutzer erforscht werden. Dazugehörige Audiodateien, Videos oder Publikationen helfen dem Nutzer, sich umfassend in den Opportunity Space einzuarbeiten. Basierend auf diesem Opportunity Space können Innovationsmanager nun dezidierte Kampagnen zur Ideengenerierung erstellen und gezielt Interne und Experten dazu einladen.

Ideen sammeln und weiterentwickeln

Im Rahmen einer Innovationskampagne können alle berechtigten Nutzer Ideen erstellen. Trends, Technologien und Inspirationen dienen hierbei als Grundlage zur Einarbeitung in die Aufgabenstellung der Kampagne und aktivieren die Kreativität der Nutzer. Die Nutzer haben die Möglichkeit, bestehende Ideen einer Kampagne zu kommentieren, zu diskutieren und nach einfachen Kriterien (Daumen hoch, Daumen runter oder 5-Sterne-Bewertung) zu bewerten. Diese erste Feedback-Schleife unterstützt die Weiterentwicklung und die Konkretisierung von Ideen hin zu Konzepten für Produkte, Dienstleistungen oder Geschäftsmodellen.

Ideen bewerten

Ein kritischer Punkt im Innovationsmanagementprozess ist die Ideenbewertung. Nur wenn strategisch relevante Bewertungskriterien ausgewählt und richtig angewendet werden, können fundierte Entscheidungen für die weitere Verfolgung respektive Realisierung ausgewählter Ideen getroffen werden. Darüber hinaus sind in diesem Prozessschritt zahlreiche Rollen mit unterschiedlichen Aufgaben beteiligt. Qualitätsunterschiede bei Ideenmanagementsystemen können u. a. auf die Qualität der Bewertung und des Ideenauswahlprozesses zurückgeführt werden (Douglas et al. 2006; Blair und Mumford 2007).

Die Ideenbewertung erfolgt im Rahmen von Ideenkampagnen in einem festgelegten Turnus. Auch bei Ideen außerhalb von Kampagnen (sogenannten Geistesblitz-Ideen) erfolgt die Bewertung durch Experten in periodischen Zyklen. Der generische Ideenbewertungsprozess ist in Abb. 12.6 dargestellt.

Input des Bewertungsprozesses ist eine Ideen-Shortlist. Diese Liste zeigt alle Ideen, die für eine bestimmte Bewertungsrunde relevant sind. Relevante Ideen können alle Ideen einer bestimmten Kampagne, Ideen mit bestimmten Schlagworten oder Ideen basierend auf einer dezidierten Technologie sein. Ideen können auch im Vorfeld von einem/mehreren Experten oder einer Innovation Community vorpriorisiert werden.

Jeder am Bewertungsprozess beteiligte Experte muss sich im ersten Schritt mit allen zur Bewertung anstehenden Ideen im Detail befassen. Hierfür stellt der Idea-Manager zu jeder Idee ausführliche Informationen bereit: detaillierte Beschreibung, Quellenangaben, Patente, Web-Links, Videos, Inspirationen aus anderen Branchen, vorhergehende Bewertungen, Diskussionen etc.

Im nächsten Schritt werden die Ideen anhand spezifischer Kriterien bewertet. Diese können für jede Bewertungsrunde individuell konfiguriert werden. Zusätzlich können die Kriterien gewichtet werden, zum Beispiel 30 % erwartete Machbarkeit, 30 % strategischer Fit und 40 % erwarteter Mehrumsatz. In der Regel bevorzugen Unternehmen Workshops zur Ideenbewertung, insbesondere für Ideen mit hoher strategischer Bedeutung und/oder hohen Risiken. Der Idea-Manager bietet jedoch auch die Möglichkeit, Bewertungsrunden rein virtuell (im Rahmen einer Onlinebewertung) durchzuführen.

Als Nächstes werden die abgegebenen Bewertungen von einem oder mehreren möglichst unabhängigen Sachverständigen überprüft. Dabei werden zum Beispiel Ideen geprüft, bei welchen die Varianz der abgegebenen Bewertungen hoch ist. Diese Ideen werden in einer zweiten Runde nochmals diskutiert, und es wird im Detail untersucht, wieso die Meinungen der Experten bei der Ideenbewertung so weit auseinander liegen. Je nach Unternehmen werden mehrere Feedback-Runden durchgeführt. In der Regel findet mindestens eine Feedback-Runde statt.

Das Ergebnis der Bewertungsphase ist ein Portfolio ausführlich bewerteter Ideen.

Ideen zur Umsetzung auswählen

Je nach Bewertungsergebnis und Zielsetzung der jeweiligen Ideenkampagne wird eine bestimmte Anzahl an Ideen ausgewählt, welche in die Innovations-Roadmap überführt werden.

Um eine konstant hohe Beteiligung am Ideation-Prozess zu fördern, sieht der Idea-Manager mehrere Maßnahmen vor: Neben zahlreichen Gamification-Komponenten sind auch der intuitive und visuelle Zugang zum System und ein Incentivierungssystem inkludiert. Das Incentivierungssystem ist stark konfigurierbar und wird in Abstimmung mit dem jeweiligen Unternehmen an Schwerpunkte zur Motivierung und Belohnung der Benutzer

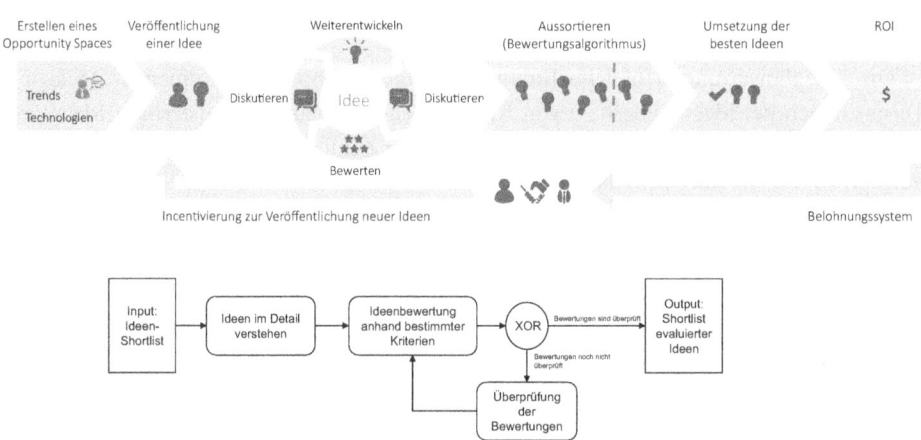

Abb. 12.6 Allgemeiner Ideenbewertungsprozess

angepasst. Der Fokus liegt auf der intrinsischen Motivation und weniger auf monetären Anreizen.

Mögliche Aktionen im System, welche eine Punktevergabe für den jeweiligen Nutzer auslösen können, sind:

- Anmelden an der Plattform (bei Single Sign-on: Das Aufrufen des Idea-Managers),
- Erfassen einer Idee,
- Eigene Diskussionsbeiträge zu einer fremden Idee („Weiterentwicklung einer Idee"),
- „Like" von Ideen,
- Bewerten einer Idee,
- Fortschreiten einer eigenen Idee in den nächsten Prozessschritt.

Weiterhin können bspw. „Likes" zu einem eigenen Diskussionsbeitrag zu einer Idee zu Punkten führen.

Punkte können im Zeitverlauf verfallen, um eine kontinuierliche Motivation der Nutzer sicherzustellen. So können zum Beispiel Punkte, welche älter als zwölf Monate sind, komplett verfallen oder halbiert werden.

Die Anwender können die gesammelten Punkte fortlaufend in einem internen Punkte-Shop einlösen. Um hier eine klare Trennung zu klassischen, rein monetären Belohnungen herzustellen, sind in der Praxis bspw. folgende Prämien möglich:

- Eine Woche einen Vorstandsparkplatz nutzen.
- Ein Kamingespräch mit einem Vorstand, um die eigene Idee tiefergehend zu diskutieren.
- Weiterbildungen.
- Trendwalks in attraktiven Locations.
- Etc.

Der Idea-Manager verfügt weiterhin über ein integriertes Messaging- und Newslettermodul. Moderatoren können zielgruppengerechte periodische Newsletter erstellen und mit den Top-Ideen automatisiert befüllen lassen. Das System sendet weiterhin Nachrichten an die Nutzer, um auf neue Bewertungen, neue Kommentare oder Aktivitäten hinzuweisen (ähnlich wie bei Facebook).

Nutzer können Ideen (auch Trends, Technologien und Opportunity Spaces) weiterhin als „Favorit" markieren. Alle Änderungen bei diesen Objekten werden bevorzugt als E-Mail an den Nutzer kommuniziert. Das Gleiche gilt für eigene Ideen. Um das E-Mail-Aufkommen zu reduzieren, können Systemnachrichten automatisiert aggregiert werden und bspw. einmal wöchentlich versandt werden.

12.3.2.3 Roadmapping – Integrierte Planung des Innovationsportfolios

Um die zur Umsetzung ausgewählten Ideen (die im Moment der Umsetzungsentscheidung eher den Charakter eines Produkt-, Dienstleistungs- oder Geschäftsmodellkonzepts haben sollten) in eine Gesamtplanung integrieren zu können, bedarf es einer Planungs- und

Steuerungsmethode. Nicht alle Ideen können zum Zeitpunkt der Umsetzungsentscheidung in eine Umsetzungsphase eintreten, da Budget- und Ressourcenrestriktionen einen engen Rahmen setzen. Weiterhin ist die Umsetzung einer Idee nicht immer sofort sinnvoll, da bspw. notwendige Technologien noch nicht verfügbar sind oder die Kunden erst nach und nach einen bestimmten, hinter der Idee liegenden Trend aufgreifen.

Die strategische Innovationsplanung hat zum Ziel, mittel- und langfristige Erfolgspotenziale zu schaffen und diese im Unternehmen zu sichern. Dazu ist der Einsatz von Technologien unter der Berücksichtigung der Abhängigkeiten und Synergien zwischen neuen Produkten (hier sind auch Dienstleistungen und neue Geschäftsmodelle subsumiert), Märkten und Ressourcen zu planen und zu steuern. Diese Aufgabe wird von der Innovationsroadmap unterstützt.

Alle zur Umsetzung ausgewählten Ideen werden in die Innovationsroadmap überführt und zeitlich geplant. Zusätzlich werden Abhängigkeiten zu weiteren Vorhaben ebenso abgebildet wie Abhängigkeiten von Technologien und Ressourcen. Über eine Zuordnung zu Märkten wird die Beziehung zum Trendmanagement wieder aufgegriffen: Welche Märkte der Zukunft werden wann mit einem zu entwickelnden Produkt, einer Dienstleistung oder einem Geschäftsmodell adressiert?

Die Innovationsroadmap umfasst somit vier Schichten: Märkte, Produkte, Technologien und Ressourcen. Die einzelnen Elemente in den Schichten werden zunächst von den in der Innovations-Umsetzung zuständigen Abteilungen separat erstellt und anschließend miteinander verknüpft, sodass ein unternehmensübergreifendes Gesamtbild entsteht. Im Folgenden werden die vier Schichten kurz erläutert:

Märkte
Hier werden die im Trendmanagement identifizierten Themen konkretisiert und mit Planungsdaten hinterlegt. Wann werden welches neue Geschäftsfeld, welche Kundengruppe, welche Konkurrenzangebote und welche gesellschaftlichen Strömungen relevant? Wie viel Umsatz lässt sich voraussichtlich wann hierbei erzielen? Erst mit der zeitlichen Planung und konkreten Planzahlen aus der Marktperspektive kann ein Innovationsportfolio holistisch zur Umsetzung geplant werden.

Produkte
Im Neuproduktmanagement werden alle aktuellen und zukünftigen Innovationsprojekte erfasst, geplant und gesteuert. Die Produkte werden in Abhängigkeit zueinander und mit den dazugehörigen Märkten, Technologien und Ressourcen verknüpft. In dieser Schicht finden sich alle im Ideenmanagement zur Umsetzung ausgewählten Ideen jeweils mit einem konkreten Umsetzungsfahrplan wieder.

Technologien
Hier werden die aus dem Technologie-Radar bekannten Technologien in eine zeitliche Planung gebracht. Wann ist voraussichtlich welche Technologie zum Einsatz in neuen Produkten, Dienstleistungen und Geschäftsmodellen verfügbar? Welche Kosten sind dafür

einzuplanen? Handelt es sich um Eigenentwicklungen oder um externe Technologien? Alle Daten aus dem Technologiemanagement finden sich hier wieder und dienen zu einer integrierten Betrachtung in der Innovationsplanung, -umsetzung und -steuerung.

Ressourcen

Als vierte Schicht in der Innovationsroadmap werden die Ressourcen, die bei der Umsetzung der Innovationsvorhaben von Bedeutung sind, erfasst. Auch hier besteht die Möglichkeit, Verknüpfungen zu allen anderen Entitäten innerhalb der Schicht und schichtübergreifend herzustellen. Analog zu den anderen Entitäten der Roadmap werden Ressourcen über ein Set an Standardattributen, die Verbindungen und die typspezifischen Detailinformationen beschrieben. Ressourcen können bspw. Fähigkeiten des Personals, Entwicklungsumgebungen, Forschungskooperationen oder auch Förderprojekte der öffentlichen Hand sein.

Alle vier Schichten, deren Elemente und Verknüpfungen werden in einer Innovationsroadmap (zeitlich-logisch) visualisiert. Durch Filteroptionen lassen sich die kritischen Pfade bzw. die kritischen Elemente der einzelnen Schichten und deren Verbindung anzeigen, sodass die Zusammenhänge bereichsübergreifend analysiert werden können. Zusätzlich helfen Filter dabei, die Komplexität der Innovationsroadmap zu reduzieren, um sich auf bestimmte strategische Fragestellungen zu fokussieren.

Weiterhin bietet die Innovationsroadmap eine Archivfunktion. Mit dieser Funktion kann die Entwicklung der unterschiedlichen Bereiche im Konzern nachvollzogen und eine nachhaltige Qualität im Innovationsroadmapping gewährleistet werden. Die Moment-

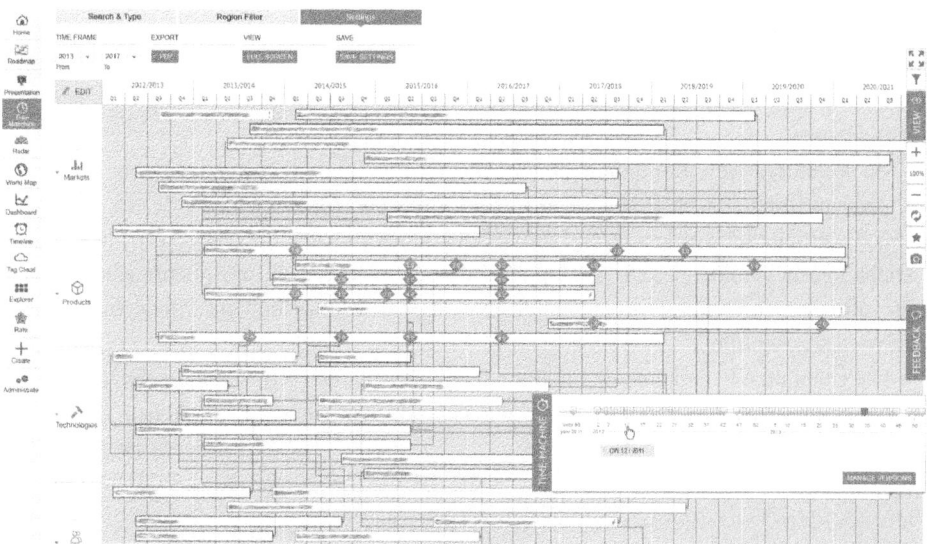

Abb. 12.7 Visualisierung Roadmap und Archivfunktion

aufnahmen können hierzu in der Roadmap aufgerufen und visualisiert werden (siehe Abb. 12.7).

12.4 Zusammenfassung

Der in diesem Beitrag vorgestellte Ansatz erweitert das klassische Verständnis von Innovationsmanagement im Sinne eines Ideenmanagements um das Trend- und Technologiemanagement als Prozess vor dem Ideenmanagement und um ein Innovationsroadmapping als Prozess nach dem Ideenmanagement. Mit den vorgestellten Werkzeugen ist es möglich, Innovation zielgerichtet, ganzheitlich und nachhaltig zu betreiben und weniger abhängig vom Zufall „guter Ideen" zu machen.

Zum einen werden in den frühen Phasen methodisch und zielgerichtet Möglichkeitsräume für Wachstum in zukünftig attraktiven Märkten durch den Einsatz neuer Technologien identifiziert. Weiterhin können dank der Innovationsroadmap attraktive Ideen und Konzepte im Gesamtkontext Innovation betrachtet und zielgerichtet umgesetzt werden.

Die gezeigte Softwareunterstützung dient dabei zur Prozesssteuerung, zur Integration aller beteiligten Individuen weltweit, zur Verdeutlichung komplexer Sachverhalte im Innovationsprozess und zur Integration aller Informationsobjekte über die gesamte Prozesskette hinweg.

Bisher werden die genannten Aktivitäten im Innovationsmanagement oftmals getrennt voneinander betrachtet: Trends werden in der Markt- und/oder Konzernforschung untersucht, Technologien werden in der Vorentwicklung identifiziert und bewertet, Ideen werden im Innovationsmanagement gesammelt und bewertet und Innovationsroadmaps werden – wenn überhaupt – in Strategie und/oder Business Development erstellt und aktualisiert. Eine integrierte Sicht mit der Möglichkeit, zu jedem gegebenen Zeitpunkt die zumindest mittelfristige Zukunft transparent zu strukturieren und zu planen, ist zumeist nicht gegeben.

Mit kollaborativen Komponenten im integrierten Innovationsmanagement kann das kreative und planerische Potenzial in einem Unternehmen wesentlich besser als heute genutzt werden. Schwerpunkte im Innovieren können präzise fundiert gesetzt, Ideen zielgerichtet gesucht und bewertet werden, Technologien werden als „Möglichmacher" in den Innovationsprozess integriert, und in der Innovationsroadmap fließen all diese Informationen wieder zusammen.

Alle genannten Komponenten finden sich in Unternehmen schon heute – die Integration ist jedoch eine große Herausforderung, die sich mit dem dargestellten Ansatz Schritt für Schritt angehen lässt.

Literatur

Abele, T. (2006). *Verfahren für das Technologie-Roadmapping zur Unterstützung des strategischen Technologiemanagements*. Heimsheim: Jost-Jetter Verlag.

Ansoff, H. (1975). Managing Strategic Surprise by Response to Weak Signals. *California Management Review, XVIII*, 21–34.

Blair, C. S., & Mumford, M. D. (2007). Errors in idea evaluation: Preference for the unoriginal? *Journal of Creative Behavior, 41*, 197–222.

Cooper, R. G. (2008). Perspective: the stage-gate idea -to-launch-process-update, what's new, and NexGenSystems. *Journal of Product Innovation Management, 25*, 213–232.

Douglas, D. L., Hender, J. M., Rodgers, T. L., & Santanen, E. L. (2006). Identifying Good Ideas : Constructs and Scales for Idea Evaluation. *Journal of the Association of Information Systems, 7*, 646–699.

Durst, M., Stang, S., Stößer, L., & Edelmann, F. (2010). Kollaboratives Trendmanagement. *HMD – Praxis Der Wirtschaftsinformatik*, 78–86.

Gerpott, T. J. (2005). *Strategisches Technologie- und Innovationsmanagement*. Stuttgart: Schäffer-Poeschel.

De Geus, A. (1997). *The living company*. Boston: Harvard Business School Press.

Glaubinger, K., & Rabl, M. (2014). Structuring the Front End of Innovation. In O. Grassmann, & M. Schweitzer (Hrsg.), *Management of the Fuzzy Front End of Innovation* (S. 15–30). Springer International Publishing.

Herstatt, C., & Verworn, B. (2007). *Management der frühen Innovationsphasen: Grundlagen – Methoden – Neue Ansätze*. Springer-Verlag.

Khurana, A., & Rosenthal, S. R. (1997). Integrating the fuzzy front end of new product development. *MIT Sloan Management Review, 2*, 103–120.

Khurana, A., & Rosenthal, S. R. (1998). Towards holistic „front ends" in new product development. *Journal of Product Innovation Management, 15*(1), 57–74.

Mootee, I. (2011). Strategic innovation and the fuzzy front end. Ivey Business Journal. Issue March/April. http://iveybusinessjournal.com/publication/strategic-innovation-and-the-fuzzy-front-end/.

Wahren, H. K. (2004). *Erfolgsfaktor Innovation – Ideen systematisch generieren, bewerten und umsetzen*. Berlin, Heidelberg, New York: Springer-Verlag.

Anhang

Prof. Dr. Thomas Abele war nach seinem Studium des Wirtschaftsingenieurwesens an der Universität Karlsruhe (TH) sowie der University of Massachusetts in Boston als Projektleiter am Fraunhofer-Institut für Produktionstechnik und Automatisierung (IPA) in Stuttgart tätig. Seine Promotion schloss er 2006 an der Universität Stuttgart zum Thema „Verfahren für das Technologie-Roadmapping zur Unterstützung des strategischen Technologiemanagements" ab. 2005 wechselte er in die Unternehmensentwicklung der Alfred Kärcher GmbH & Co. KG und war dort zuletzt als stv., operativ leitender Bereichsleiter Corporate Development u. a. für die Strategieentwicklung verantwortlich. Von September 2009 bis Februar 2011 war er als Professor für Technologie- und Innovationsmanagement an der German University in Kairo, Ägypten, tätig. Im März 2011 wechselte er als Professor an die FOM Hochschule für Oekonomie & Management, Stuttgart. Die von ihm 2009 gegründete Beratung TIM CONSULTING ist spezialisiert auf Projekte, Schulungen sowie Audits im Bereich des Technologie- und Innovationsmanagements.

Volker Bilgram ist Geschäftsführer der HYVE Innovation Research und assoziierter Wissenschaftler an der RWTH Aachen Universität. Bei HYVE betreut er Kunden wie Audi, Beiersdorf, Intel, P&G und Unilever. Er schloss das Studium des Internationalen Wirtschaftsrechts mit Schwerpunkt auf Open Innovation an der Universität Erlangen-Nürnberg ab. Im Rahmen seiner Doktorarbeit forscht er an Crowdsourcing und Co-Creation-Strategien zur Einbindung von Konsumenten. Seine wissenschaftlichen Beiträge wurden in verschiedenen Journalen wie dem International Journal of Innovation Management und dem Harvard Business Manager veröffentlicht.

Annika Dingler, Dipl.-Betriebsw. (DH), ist Gastforscherin und Doktorandin am Dr. Manfred Bischoff Institut für Innovationsmanagement der Airbus Gruppe an der Zeppelin Universität in Friedrichshafen. Zuvor arbeitete sie als Pressereferentin in der Produktkommunikation sowie im Innovationsmanagement des Automobilzuliefererkonzerns ZF Friedrichshafen AG. Ihre Forschung fokussiert auf kollaborative Innovationsvorhaben, vor allem zwischen Partnern unterschiedlicher Industrie- oder Branchenherkunft, und den Einfluss von Kommunikation und Sozialisierung auf den Wissenstransfer innerhalb dieser Kollaborationen.

Prof. Dr. Carolin Durst ist akademische Rätin am Lehrstuhl für Wirtschaftsinformatik im Dienstleistungsbereich der FAU Erlangen-Nürnberg und vertritt derzeit die Professur für Wirtschaftsinformatik an der Universität Bremen. In ihrer Forschung beschäftigt sie sich mit der Analyse und der Gestaltung von sozio-technischen Systemen. Ihre Forschungsergebnisse wurden unter anderem in den Journals Technological Forecasting and Social Change, Communications of the AIS (CAIS) und im Journal of Computer Information Systems and Industrial Management Applications publiziert.

Prof. Dr. Michael Durst hat an der FAU Erlangen-Nürnberg zum Thema „Wertorientiertes Management von IT-Architekturen" promoviert und war als Unternehmensberater bei zahlreichen Fortune500-Unternehmen im Innovations- und Technologiemanagement tätig. Von 2007 bis 2009 leitete Michael Durst bei der adidas AG die Abteilung Research & Innovations in der Global IT. Heute ist er Professor für Wirtschaftsinformatik an der FOM Hochschule für Oekonomie und Management und geschäftsführender Gesellschafter der ITONICS GmbH.

Prof. Dr. Ellen Enkel ist Leiterin des Dr. Manfred Bischoff Institutes für Innovationsmanagement der Airbus Gruppe an der Zeppelin Universität und hält den Lehrstuhl für

Innovationsmanagement. Außerdem ist sie Editorin einer der international führenden Zeitschriften im Innovationsmanagement, des R&D Management Journals. Ihre praxisorientierte Forschung fokussiert auf Open und Cross-Industry Innovationen, Geschäftsmodelle und Innovationscontrolling. Sie ist eine der am meisten zitierten Wissenschaftlerinnen im Bereich Open Innovation und arbeitet mit vielen Top-Unternehmen wie der BASF, BMW, Henkel, SAP, OSRAM und Airbus an der Optimierung des Innovationsprozesses.

Julia K. Fröhlich ist Assistenzprofessorin für Familienunternehmen an der Universität Bern, wo sie zuvor als Oberassistentin am Institut für Organisation und Personal tätig war. Seit 2013 arbeitet sie zudem als wissenschaftliche Beraterin im Bereich qualitative Online-Marktforschung. Nach ihrem Studium der Psychologie war sie während ihrer Promotion als wissenschaftliche Mitarbeiterin an der WHU – Otto Beisheim School of Management und an der Ludwig-Maximilians-Universität München tätig. Ihre Dissertation befasst sich mit den Auswirkungen thematischer Ähnlichkeit auf Managemententscheidungen. Sie ist Autorin des Buchs „Using Thematic Thinking to Achieve Business Success, Growth, and Innovation", das 2014 im Verlag der Financial Times Press erschienen ist. Neben thematischem Denken umfassen ihre Forschungsinteressen Innovationsmanagement (insbesondere Ideenbewertungsprozesse), Management von Familienunternehmen (insbesondere Nachfolgeprozesse) und Führung. In allen Bereichen liegt der Schwerpunkt auf einer kognitionspsychologischen Perspektive.

Prof. Dr. Johann Füller ist seit dem Wintersemester 2012 Universitätsprofessor am neu gegründeten Lehrstuhl Innovation und Entrepreneurship am Department of Strategic Management, Marketing and Tourism der Universität Innsbruck. Der Vorstand der Münchener Innovationsagentur HYVE ist Fellow am NASA Tournament Lab-Research an der Harvard University und promovierte im Fach Marketing zum Thema „Community Based Innovations". Johann Füller erforscht das innovative Kundenverhalten in Online Communities sowie die Nutzung von Online Communities und Crowdsourcing für die Entwicklung. Begleitend zur Forschungstätigkeit hält er regelmäßig Vorträge zu diesen Themen und veröffentlicht Artikel und Beiträge in verschiedenen Zeitschriften, u. a. im Harvard Business Manager, im Journal of Product Innovation Management, Marketing Science, MIS Quarterly, Journal of Business Research und anderen.

Henrik Gommel (Dipl.-Ing. oec.), Jahrgang 1983, hat 2009 den hochschulübergreifenden Studiengang Wirtschaftsingenieurwesen in Hamburg (HWI) mit den Schwerpunkten Volkswirtschaftslehre und Marketing sowie Produktionswirtschaft und Technische Logistik abgeschlossen. Seit 2009 ist er bei Fraunhofer Austria als wissenschaftlicher Mitarbeiter angestellt und beschäftigt sich mit Technologie- und Innovationsmanagement in produzierenden Unternehmen. Forschungsseitig steht dabei die Analyse der Auswirkungen von Innovationen auf bestehende Wertschöpfungsstrukturen im Vordergrund. In diesem Bereich ist Herr Gommel an einer Reihe von öffentlich geförderten Projekten und Projekten der industriellen Auftragsforschung beteiligt. Er ist seit 2013 an der Fachhochschule Technikum Wien als Dozent für den Themenbereich „Produktionsstrukturen und -design" im Zuge des internationalen Masterstudiengangs Wirtschaftsingenieurwesen beschäftigt.

Dr. Alexander Hahn ist Unternehmensberater bei der HYVE AG. Er arbeitet mit HYVE-Kunden an der Schnittstelle zwischen Innovation, Marketing und Sales mit Fokus auf kundenorientierte Innovationen. Alexander Hahn hat an der Universität Mannheim zu Marketing und Technologie-Start-ups promoviert und ist Dozent in Brüssel (Solvay), Linz (LIMAK) und Karlsruhe (KIT). Er hat mehrere Artikel zu innovationsorientiertem Marketing und Vertrieb in führenden internationalen Journals wie dem Journal of Marketing, dem Journal of Marketing Research und Research Policy veröffentlicht und wurde 2015 von der American Marketing Association in die Liste der 50 produktivsten Marketingforscher weltweit aufgenommen.

Dr.-Ing. Daniel Heubach arbeitet seit 2010 bei der Alfred Kärcher GmbH & Co. KG. Nach Abschluss des Diplomstudiengangs „Umweltschutztechnik" an der Universität Stuttgart arbeitete er als wissenschaftlicher Mitarbeiter am Institut für Arbeitswissenschaft und Technologiemanagement (IAT) der Universität Stuttgart, von wo er 2004 an das Fraunhofer Institut für Arbeitswirtschaft und Organisation (IAO) in Stuttgart wechselte. 2008 promovierte er an der Universität Stuttgart im Bereich der Technologiebewertung von Nanotechnologie in der Produktplanung. Am Fraunhofer IAO leitete er Forschungs- und Industrieprojekte im Technologie- und Innovationsmanagement, erstellte Nanotechnologie-Studien für Unternehmen und die öffentliche Hand und hielt Vorträge und Präsentationen. Im August 2010 wechselte Herr Dr. Heubach zur Alfred Kärcher GmbH & Co. KG als Senior Consultant für das Corporate Innovation and Technology Management. Zu seinem Verantwortungsbereich gehörte u. a. die Koordination des Technologieradars, die Weiterentwicklung des Produktentstehungsprozesse, oder die Technologie- und Produktplanung. Im September 2012 übernahm er in dieser Funktion die Abteilungsleitung. Seit September 2015 ist Herr Dr. Heubach als Head of Digital Transition für die übergeordnete Koordination und Steuerung der Digitalisierung bei Kärcher verantwortlich.

Dr. Rupert Hofmann ist für Audi im Bereich Trendforschung und Markenentwicklung tätig, wo er internationale Foresight- und Insight-Projekte konzipiert und umsetzt. Er studierte an der Akademie der Bildenden Künste in München sowie an der Universität Passau, der Columbia University in New York City und der Universidade Federal de Juiz de Fora, Brasilien. In seiner Dissertation zum Thema „Trend Receiver – qualifizierte Visionskraft. Kriterien und Vorgehensweisen der Befragtenauswahl und Dialoggestaltung bei Studien zu zukünftigen Konzepten am Beispiel der AUDI AG" entwickelte er eine qualitative Methode zur Erforschung von Trends und Potenzialen neuer Märkte und Angebote.

Rupert Hofmanns Interesse an Motiven, Verhaltensweisen und Konsumkultur prägt auch seine beobachtenden Zeichnungen, die in Kaufhäusern, Läden, Wohn- und Büroräumen, Straßensituationen, Bars und Cafés entstehen.

Dr.-Ing. Utz-Volker Jackisch war nach seinem Studium der Fertigungstechnik und Werkzeugmaschinen an der Technischen Universität Dresden dort als Leiter Technologietransfer tätig. Seine Promotion schloss er 1989 an der Technischen Universität Dresden auf dem Gebiet des Requirement Engineerings ab. Danach war er in führenden Positionen der metallverarbeitenden Industrie in Baden-Württemberg und Finnland tätig. Seit 1996 hat Herr Dr. Jackisch als Geschäftsführer die EPUCRET Mineralgusstechnik GmbH & Co. KG in Wangen bei Göppingen zum Entwicklungspartner und Systemlieferanten sowie Weltmarktführer für Maschinengestelle aus Mineralguss entwickelt. Seit 2013 ist er zusätzlich als Leiter Innovations- und Technologiemanagement der international agierenden RAMPF-Gruppe tätig.

Prof. Dr.-Ing. Claus Lang-Koetz studierte von 1994 bis 2000 Umweltschutztechnik und Water Resources Engineering and Management an der Universität Stuttgart, der University of Utah in Salt Lake City und der Montana State University in Bozeman (USA).

Darauf folgten neun Jahre Tätigkeit in der angewandten Forschung an der Universität Stuttgart (Institut für Arbeitswissenschaft und Technologiemanagement) und am Fraunhofer-Institut für Arbeitswirtschaft und Organisation IAO in Stuttgart, zuletzt als Leiter der Arbeitsgruppe Innovative Technologien. Seine Promotion schloss er 2006 an der Universität Stuttgart zum Thema „Ein Vorgehensmodell zur Einführung eines integrativen Umweltcontrollings auf Basis eines ERP-Systems" ab. 2009 bis 2014 leitete er das Innovationsmanagement bei der Eisenmann AG (mittlerweile Eisenmann SE), einem international agierenden Anlagenbauunternehmen. Seit September 2014 ist Dr. Lang-Koetz Professor für Nachhaltiges Technologie- und Innovationsmanagement an der Hochschule Pforzheim.

Andreas Meinheit studierte Soziologie und Psychologie an den Universitäten Mannheim und Heidelberg und begann seine berufliche Laufbahn 1995 im Hamburger Trendbüro. Nach diversen Stationen in Unternehmen im In- und Ausland ist er heute bei der Audi AG in der Markenstrategie/Digital Business verantwortlich für Trendforschung und Trendmanagement.

Dr.-Ing. Jan Stefan Michels ist Leiter der Standard- und Technologieentwicklung bei Weidmüller und verantwortet die Bereiche Technische Standards, Verfahrensentwicklung und Technologieentwicklung Elektronik. Zu dieser Aufgabe zählt, interne Standards für Produktfunktionen und Verfahren zu realisieren und zu implementieren. Gleichzeitig erarbeitet er mit seinem Team innovative Technologien für die Verbindungstechnik und Automation, die in Produkte und die Produktion von Weidmüller einfließen. Von 2001 bis 2005 war er wissenschaftlicher Mitarbeiter am Heinz Nixdorf Institut der Universität Paderborn und arbeitete auf dem Gebiet des Technologie- und Innovationsmanagements.

Dr.-Ing. Silvia Rummel arbeitet seit 2009 bei der Festo AG & Co. KG. Nach Abschluss des Diplomstudiengangs „Technologiemanagement" an der Universität Stuttgart erstellte Frau Dr. Rummel durch ein gemeinschaftliches Promotionsprogramm zwischen dem Fraunhofer Institut für Arbeitswirtschaft und Organisation IAO in Stuttgart und Festo im Bereich Innovation and Technology Management eine Promotion zum Thema „Tauglichkeitsprüfung von Technologiekonzepten in der Technologieentwicklung". Anschließend war sie als Spezialistin in unterschiedlichen Projekten zum Technologiemanagement sowie zu spezifischen Fragestellungen rund um das Themenfeld F&E-Management tätig. Im Januar 2015 wechselte Frau Dr. Rummel in den Bereich Process and Technology Development, wo sie bereichsübergreifende Projekte zu neuen Technologien und Fragestellungen zum Technologieroadmapping in Richtung Fertigungstechnologien koordiniert.

Dr. Aly Sabri ist Spezialist für Hirnforschung und Neuroökonomie. Sein Schwerpunkt liegt auf dem wissenschaftlichen Verständnis von Kundenverhalten und der darauf zu gründenden Segmentierung. Segmentierung – also die Einteilung des Kundenpools in Persönlichkeitsgruppen – bildet die Basis jeglichen Handelns in Forschung & Entwicklung, Marketing und Vertrieb eines Unternehmens. Dr. Sabri erforscht und entwickelt mit einem interdisziplinären Team die modernsten Methoden in diesem Feld.

Dr.-Ing. Sven Schimpf arbeitet als Projektleiter und Berater am Competence Center F&E Management des Fraunhofer Instituts für Arbeitswirtschaft und Organisation. Nach dem Abschluss des Doppeldiplomstudienganges internationales Management in Deutschland und Frankreich schloss er 2010 die Promotion zum Dr.-Ing. an der Universität Stuttgart ab. Er war in zahlreiche nationale und internationale Beratungsprojekte involviert, um Industrieunternehmen aus verschiedenen Branchen bei der Verbesserung der F&E-Strategie, Prozessen und Organisation zu unterstützen. Schwerpunktbereich seiner Arbeit stellen Technologiemanagement und -transfer dar, insbesondere die Beobachtung, Bewertung und Integration von Technologieentwicklungen und Disruptionen in einem unternehmerischen Kontext. Darüber hinaus arbeitet Sven Schimpf als Reviewer nationaler und internationaler F&E-Projekte, lehrt an unterschiedlichen Universitäten und ist in die Erstellung und Bewertung wissenschaftlicher Veröffentlichungen im Bereich F&E-Management eingebunden.

Prof. Dr. Jan Oliver Schwarz hat eine Professur für General Management an der AMD Akademie für Mode und Design in München und ist ein Research Associate an der Aarhus School of Business, Dänemark. Darüber hinaus ist er ein Associate Principal bei Decision Strategies International, einer Unternehmensberatung mit dem Fokus auf zukunftsorientierter Strategieentwicklung. Schwerpunkte seiner Arbeit sind Corporate-Foresight-Prozesse, Scenario Planning, Trend und Weak Signal Management, Strategie-Simulationen und die Verwendung von Produkten der kulturellen Originalitätsproduktion in Unternehmen.

Arko Steinwender ist seit 2007 als wissenschaftlicher Mitarbeiter bei der Fraunhofer Austria Research GmbH, Geschäftsbereich Produktions- und Logistikmanagement, sowie an der Technischen Universität Wien tätig. Er beschäftigt sich aktuell in Forschungs- und Industrieprojekten schwerpunktmäßig mit den Themen Technologie- und Innovationsmanagement, Qualitätsmanagement, Produktionsoptimierung, sowie Fabrik- und Layoutplanung. Einen aktuellen Forschungshauptschwerpunkt stellt die generative Fertigung als ein wesentlicher Teil des Technologiemanagements im Unternehmen dar. Arko Steinwender hält Lehrveranstaltungen in den Themenbereichen Qualitätsmanagement, Qualitätsmanagement (und Methoden) in der Produktentwicklung, Technologie- und Innovationsmanagement und Fabrikplanung an der TU Wien und an der Donauuniversität Krems sowie Seminare und Vorträge zum Thema generative Fertigung. Darüber hinaus ist er Mitglied im Forum Qualitätswissenschaften.

Zeynep Yaman (M. Eng.) arbeitete seit Beginn ihres Studium der internationalen technischen Betriebswirtschaftslehre an der Hochschule Esslingen bei der Trumpf GmbH + Co. KG. So hatte sie mehrmals im Monat die Möglichkeit, Theorie und Praxis zu vereinen. Internationale Erfahrung sammelte sie im Automobilbereich von Bosch in Singapur. Ihre Bachelorarbeit verfasste sie anschließend zum Thema „Prozesskonzeption und -einführung bei Neuprodukteinführungen" bei der August Mink KG. Hierfür erhielt sie vom Forum Mittelstand und der Volksbank Esslingen den Preis für die beste Bachelorarbeit. Ihren Master in Industrial Management absolvierte sie an der Hochschule in Aalen. Ihre Masterarbeit befasste sich mit Cross Industry Innovation, angewandt bei der Rampf Holding, welches Zeynap Yaman bei ihrer jetzigen Beratertätigkeit bei TIM Consulting weiterführt.

Hier studiere ich.

Das Bachelor- oder Master-Hochschulstudium neben dem Beruf.

Alle Studiengänge, alle Infos unter: **fom.de**

0800 1959595 | **studienberatung@fom.de** | fom.de

The manufacturer's authorised representative in the EU is Springer
Nature Customer Service Centre GmbH, Europaplatz 3, 69115 Heidelberg,
Germany. If you have any concerns regarding our products, please
contact ProductSafety@springernature.com

Printed and bound by CPI Group (UK) Ltd, Croydon, CR0 4YY
27/04/2026
02097650-0013